教育部人文社科研究规划项目（批准号：10YJA850045）

山东省社会科学规划项目（批准号：09CMZ004）

SHIJIE

DE

世界的信使
元明回商研究

XINSHI

杨志娟 / 著

人民出版社

| 目 录 |

序

　　回族是中国历史上最擅长经商的少数民族之一，其族源最早可追溯至唐宋时期来华的中东穆斯林和元代来华的中亚和西亚穆斯林。经商是回族先民来华的主要原因之一，中世纪海上丝绸之路和陆上丝绸之路得益于穆斯林商人的贡献。日本学者曾经说过："从八世纪初至十五世纪末，欧洲人来东洋之前，凡八百年间，执世界通商牛耳者，厥为阿拉伯人。"①尤其是元代大批来华的穆斯林，曾经对中国"重本轻末""重农抑商"传统造成极大挑战，甚至带来元代社会和国家政策的极大改变，是中国历史上少有的一幕。来自中亚、西亚穆斯林世界的回族先民将伊斯兰教文化带到中国传至中国各地，也使元代中国文化呈现丰富多彩的一面，成为中国历史上多元一体民族格局的重要阶段。明初回族形成，回族商人的经营格局发生了极大改变，经历转变的回族商人将商业经营转向国内，因地制宜，不断开拓新的市场，尤其是对边疆地区的贸易发展作出极大贡献。

　　杨志娟教授与少数民族有不解之缘。她生长在少数民族地区，本人就是少数民族，又接受严格的民族学教育，是民族学博士，还曾在西北地区的民族院校从事教学科研工作，最近又被国家民委确定为首批优秀中青年专家。现虽在东部沿海地区工作，但她心系少数民族，继续把少数民族历史文化、少数民族社会史作为自己的研究对象，主持了多项国家社科基金、教育部和山东省社科项目，发表了一系列有影响的论著，得到了专家学者的充分肯定。最近完成的《元明回商研究》一书，是她多年来关于回族商人研究积累的一个成果。通读全书，有以下几点体会：

---

　　① 【日】桑原骘藏著，陈裕青译：《蒲寿庚考》，中华书局 1954 年。

1

第一，本书是国内第一部将元明回族商人作为研究对象、进行全面研究的成果，有助于回族历史以及中国商帮史的研究。正如该项目评审专家对该成果的评价："项目中对回回商人群体的研究是目前研究回族学者中大胆将回回商人群体作为一个整体研究对象的学者，并进行了全方位的梳理和研究。"回族在历史上就是擅经商的民族，关于回族商业活动的研究，学界主要集中在清代以后，关于元代及明代的研究较少，作者将这一时期回商的活动及其影响进行全面研究，对于我们认识回族的历史以及回族商业历史提供了一个基础。

商帮史是史学界近些年研究的一个热点问题。晋商、徽商、川陕商帮等都有大量的研究成果问世，而这些商帮主要是以区域划分。在中国少数民族中，回族在历史上擅经商，但因为回族分布广泛，所以在不同时期、不同区域形成独特的民族特色，这一点使得关于回族商帮史的研究独具特色，即该商帮的研究是民族群体与地域相结合的研究，既反映了一个民族的商业和社会发展历史，也反映了这个民族在不同地域所展现的商业特色，为完成整个回族商帮史的研究提供了很坚实的基础。

第二，对元代和明代回族商人的活动和特征有精准的把握，全景展示了在此期间回族商人的活动全貌和变迁。既有宏观的准确把握，又有微观的深入研究。书中关于一些问题的研究颇有新意，如对蒙古帝国时期活跃于蒙古高原的回回商人及元朝活跃于海外贸易的回回商人进行了系统梳理和比较深入的研究，并对参与和策划元代蒙古宫廷的回回权臣与回回商人的关系及其影响作了专门研究，全面反映了蒙元时期回回商人的状况及其影响。作者在书中提出了颇具新意的概念，如"回回海商集团"，对其产生、构成、影响等作了比较详尽的阐述，并对元代回回商人与蒙古统治者的关系也作了比较深入的论述，为我们多角度认识回族历史、元朝历史提供了更多的视角。

第三，对回族商人从元代到明代所经历的转变有充足的反映。作者指出："回回商人在元代达到顶峰，给元代政治、经济、社会产生巨大的影响。至明代，回回商人实现了巨大的经营转换。"主要经营国际贸易的回商转而经营农商业，回回商人的身份也由官商转为普通商人。食品、皮毛、牛羊饲养及屠宰、贩卖，以及粮食、茶叶、布匹、食盐、珠宝玉器等是明代回族商业经营的主要领域，并且在不同区域有不同的经营内容和商品。回族的分布范围也由元代主要分布于各地城市向更广泛的全国各省各县迁移。"回族商业逐渐与中国各地社会经济以及当地民族需求紧密结合,根植于中国社会,使回族真正扎根于中国,成为中国众多民族中的一员。"

从元代到明代回回身份的转变对回族形成具有重要意义。作者不仅从回回商人的角度关注这一变化,并把这种转变放在回族民族的形成过程中,关注两者之间的关联,指出商业的转型是回族形成的必要条件,并分别从回族形成的经济基础、回族形成过程中的民族认同以及回族形成过程中的宗教复兴角度分析了回族商人对回族形成的意义,这一见解有极大的创新,对深化回族形成的理论研究很有裨益。

第四,本书紧扣当下文化和国家战略热点问题,对新时期回族商业的发展方向有一定的启示意义。京杭运河在中国历史上有重要意义,2014 年 6 月大运河申遗成功,再次掀起运河的保护开发热潮。运河沿岸蕴含着丰富的伊斯兰文化遗存,作者对运河沿岸回族分布带的形成以及回回商人对运河经济、文化发展所作的贡献进行了专题研究,丰富了运河文化遗产的研究内涵,也为大运河文化遗产的保护提出新课题。

当前,中国正在实施"一带一路"的伟大战略,其中,沿"一带一路"的许多国家都是历史上擅经商的穆斯林国家,研究他们的历史,尤其是他们与中国交往的历史,对"一带一路"战略的实施有诸多现实价值。杨志娟博士已在这方面作了有益尝试,希望能有更多的这方面研究成果问世。

崔 明 德

2016 年 3 月 6 日

前　　言

　　蒙元时期是中国历史上一个特殊的时期,来自于漠北草原的蒙古人拉开影响世界的征伐活动,开创了一个全新的时代,在中原创建了第一个由少数民族统治的统一的中央王朝——元朝。元朝拥有的广阔疆土在中国历史上是空前的;元朝对世界产生如此广泛的影响,也是中国历史上少有的充满国际性的朝代;元朝亦是历史上文化纷呈、民族多样化的时期,中原文化呈现出北方民族特点,甚至异域特色。

　　从世界地理来看,中国地处东亚,虽然形成古老的黄河、长江流域文明中心,但因北部是广袤的草原、荒漠,西部有青藏高原、帕米尔高原、阿尔金山等山脉和高寒的高原;东隔西太平洋诸岛屿——千岛群岛、日本列岛、琉球、台湾、吕宋列岛等,濒临浩瀚的太平洋;南虽邻海,但南海以南的海中散布着数以千计的岛屿,海陆交通也极为不便。缘于相对交通的不便,在人类历史的长河中,中国作为一个独立的文明中心,与以两河流域、尼罗河流域、恒河流域为中心的文明板块和欧洲鲜有来往,发展为独具特色、相对封闭的东亚农业文明。这种状况持续到唐朝之前。从唐朝开始,中国与世界的来往日益增多,尤其是与当时处于盛世的阿拉伯帝国。宋朝时期海外贸易开始发展,中国商船广布太平洋西部、印度洋以及大西洋东部。

　　十三世纪,蒙古三次大规模西征,撼动世界,中西交通为之所开,四大汗国相继建立。元朝的统一,使得东亚陆路和海路交通达到前所未有的畅通,"造就了东起太平洋、西抵地中海、北逾北极圈、南达印缅的疆域空前的蒙元帝国"。①

---

　　① 刘迎胜:《唐元四客卿史实考论》序,《海路与陆路》,北京大学出版社 2011 年,第370 页。

蒙古人西征中最先接触的主要是中亚的穆斯林,花刺子模被征服,大批城池被破,来自草原游牧文化的蒙古人第一次面对大范围的被征服的农业地区,是继续保持农业文明,还是以游牧传统抢掠、烧杀甚至变农业为牧业呢?蒙古人最终选择了任用当地人管理城池,使惨遭战争蹂躏的中亚得到战后的恢复。但蒙古人也从被征服地区挑选大量青壮年、手工工匠编到征服军中,参加灭西夏、灭南宋的战争,这些中亚回回军人随着战争的平息,"编民入社",成为元朝的编民,在中国从事农业、商业、手工业等职业。元朝"大批回回人,包括官吏、学者、宗教人士、科学家、工匠、商人等,随蒙古军万里跋涉,来到汉地定居下来。其规模之大,堪称古代东西方之间最大的移民运动。我国的回族人,主要是这些人的后裔"。①

蒙古人向来重视商业交流,西征前即鼓励中亚回回商人往来中亚与蒙古高原,蒙古铁骑所到之处,商路为之畅通。1276 年,蒙古灭南宋,控制中国通往东南亚、南亚、西亚、非洲甚至欧洲的海上商道成为元朝既定国策,武力征讨,安抚招纳,各种政策皆使用过,使得元朝海外通商很快发展起来,成为中国继宋朝后海外交通最为发达的时期。此时期,回回商人成为蒙古人商业代理人,活跃于海上、陆上,极大开拓了元代对外贸易。

元代来华的回回人因职业为商人、官吏、工匠、军士等居多,居留地也大多以城镇为多,尤其是在元代海外贸易繁荣的东南沿海城市,大多形成回回聚居区。在聚居区内,回回人修建清真寺,围寺而居。所以在蒙元时期,回回商人在回回人移民定居中国的过程中起到重要的作用。

李兴华先生说:"伊斯兰教在内地的扎根,基本上不是依靠传教士教义上的宣传,也不是依靠争取统治阶级信教和教义宣传的中国化,而是主要依靠了穆斯林商人的经济实力,依靠经济实力来提高穆斯林的社会地位,依靠这种经济实力来造成伊斯兰教信仰者富有的形象,又依靠这种经济实力来吸引、密切同中国朝廷、地方大僚的关系,来创建有异域特色的宗教活动场所,更依赖这种经济实力来牵制、化解、抵制统治当局某些不利于穆斯林和伊斯兰教生根的

---

① 刘迎胜:《唐元四客卿史实考论》序,《海路与陆路》,北京大学出版社 2011 年,第 370 页。

政策、措施的执行等。"①

　　蒙元回回商人在中国社会经济、政治生活中扮演着重要角色。"太祖以来,对蒙古帝国的建设作出莫大贡献的色目人,和中国文化是不相同的。他们具有虽然不能胜过汉民族,而又无所逊色的高度文化。仅这些,就足以得到蒙古统治阶级的充分赏识和信赖。而且对于必须统治数十、百倍中国人的蒙古贵族来说,色目人是协力者和伴侣,需要满足他们的自身愿望和给予相称的优待。因此,与蒙古人的主要路线相联的色目人势力,并非一朝一夕轻易崩溃的。"②当时成为蒙古人左膀右臂的色目人主要是来自于中亚、西亚的回回人。他们优于蒙古游牧文化的农业与商业文化是蒙古人所欠缺的,尤其是回回人擅经商、擅理财的特点深得蒙古人的信任。从成吉思汗起,即起用回回商人任官职,至元初,因为国家财政吃紧,起用许多回回商人为国理财,如阿合马位居中书平章政事,为国理财二十载。灭南宋后,因要发展海外贸易,元廷更起用了一大批回回商人招徕蕃商、经营海外贸易。许多回回商人因擅理财而得以重用,由商而仕,亦官亦商,在海外贸易、内地贸易以及中原与蒙古草原间的商品往来中扮演着重要角色。珍宝珠玉、香料药材、瓷器器皿、粮食食盐等商品流通领域均可见回回商人的身影。蒙古帝国以及元初回回商人初到中原,一些商人往来于海上,回回商人多经营海外贸易,长途跋涉于陆路或常年泛海经营。至元代中后期,一方面,回回人在全国的分布基本确定,极大地减少了回回人的迁移;另一方面,由于元代中后期对个人泛海贸易的限制,回回商人的商业经营由海外贸易转而经营国内贸易,如向运河沿岸迁移,参与运河经济的发展,再如从中原经营到蒙古草原各部,尤其是和林的粮食、手工用品等。

　　作为穆斯林,来到中国并在各地定居的回回人在他们聚居的大部分地区修建了清真寺,围寺而居,有了清真寺,又吸引了更多回回人前去定居。元代及之前修建的清真寺大部分未留下遗迹,仅在东南沿海一些城市及大都、和林、亦集乃等城市留有清真寺的遗迹。运河沿岸大批清真古寺也修建于元末

---

①　李兴华:《论穆斯林商人在回族伊斯兰教发生、发展中的某种关键作用》,《西北民族研究》1994年第1期。
②　【日】爱宕松男著,李治安译:《斡脱钱及其背景——十三世纪蒙古元朝白银的动向》,《蒙古学信息》1983年第2期。

明初。元代清真寺的分布大致反映了元代回回人的分布状况,尤其是回回商人的分布状况。

在伊斯兰教的凝聚下,蒙元时代迁居中国的回回人与唐宋时期来华的穆斯林在元末明初形成了一个新的民族——回族。这个族源主要来自域外的新兴民族从唐宋元朝迁居中国之时就带来极大的商业特色,回回商人对回族的分布、形成具有极其重要的意义。形成于元代,发展于明清,清朝后期衰落的回回商人群体在元代达到顶峰,给元代政治、经济、社会产生巨大的影响,至明代,回回商人实现了巨大的经营转换,在元明两代,其经营领域、经营方式都展现出充分的时代意义。

明代是回族形成的重要时期,原唐宋元时期来华的各国、各地区穆斯林留居中国并繁衍生息,向更广大的地区迁移。除此之外,明代仍有大批外籍穆斯林来华并定居,成为正在形成的回族的新成员。明代重视贡赐贸易,来自各国的贡使中一些人选择定居中国。明代来华的穆斯林最重要的是西域陆续内附的穆斯林以及各国来华贡使。

元末,朱元璋起义,任用了一批回回将领,如常遇春、沐英、冯胜、蓝玉、冯国用、马镇、丁德兴、胡大海、常荣、马聚成等回回人成为明初将领,为朱元璋开创明代江山立下奇功。明朝建立后,对伊斯兰教表现出极大的友好宽容政策,在各地敕建清真寺,敕令各地重新修建被破坏的清真寺,并制《至圣百字赞》,赞扬穆罕默德,百字赞被刻在石碑上,立于多地清真寺,成为当时各地回回人引以为豪的文本。明朝回族形成了"大分散、小聚居"的分布格局,各地修建的清真寺数量也突飞猛进,显示明朝廷对伊斯兰教的宽容政策。明代清真寺都呈现中国古建筑特色,展示了伊斯兰教中国化的趋势和结果,目前各地遗留下来的清真古寺大多数为明朝始建,清朝重修。

明代还涌现了一批回族官吏,对明朝历史产生过重要的影响。"如随同起义反元的军事领袖、开国元勋有常遇春、胡大海、华云、丁德兴、沐英等;在天文历法方面,有回回太师臣马沙亦黑、马哈麻、钦天监王岱舆、钦天监灵台郎臣海达尔、阿达几丁;外交方面,有大航海家三保太监郑和,等等。除上述外,还有一些地方任职的,如云南的西平侯沐春、黔国公沐晟、云南都督沐昂,湖广安化县令海源善,定州守将平安,河南涉县县令沙玉,威茂参事沙金,北京后军都督陈大策,甘肃参将达云,天河县令马云衢,等等。"①固然明代回族在朝中任职的官员较元代大为减少,影响力大为下降,但却恰恰是回族融入中国的重要时期,回族居民作为中国的一员,更深地渗入中国农业社会,只有完成这一转变,才会真正成为中国多民族的一员。回回商业从元朝的海外贸易转而主要从事国内贸易,回回商人的身份也由官商转为普通商人,商业的转型也是回族形成的必要条件。

西域回回内附是明代回族历史的重要一幕。回回大量内附的一个重要原因是中亚、西域的战乱,吐鲁番、瓦剌曾与明王朝发生战争,回回为避战乱借朝贡而内附。而明代西域绝大部分地区实现了伊斯兰化,其民族成分固然很多,致使入附者成分复杂,但入附后基本都以伊斯兰教为介融入回回中,成为明代形成的回族的重要组成部分,并主要沿河西走廊一线居于甘肃、陕西、河南等地。

明代是奠定今天回族分布格局的主要时期,元末回回将领的队伍中有大批回回军士随着战事的平息居留于云南、甘肃、河南、河北、山东等地,驻屯后这些回回人修建清真寺,经营农商业,不仅使回族分布向全国扩散,并形成西北、云南、河南、运河沿线等大的主要分布区;而且使回回人由元代主要分布于各地城市、主要经营国际贸易,转而向更广泛的全国各省各县迁移,经营农商业。食品、皮毛、牛羊饲养及屠宰贩卖、粮食、茶叶、布匹、食盐、珠宝玉器等是明代回族商业经营的主要领域,在不同区域有不同的经营内容和商品。"明清时期回回人所进行的商业,已开始向回回商业专业化方向发展……明清回族商业的发展是回族社会经济发展的一个组成部分,它是受中国社会经济发展规律制约的:一方面是在明清商业城市中进行着一般社会的需要,为中国的商业发展而参与了活动;另一方面,也在一定地区和某些专业性的商业活动上进行了带有民族色彩的独特的商品交流……"②回族商业逐渐与中国各地社会经济以及当地民族需求紧密结合,根植于中国社会,使回族真正扎根于中国,成为中国众多民族中的一员。

---

① 刘风五:《回教徒与中国古代的关系》,《中国伊斯兰教史参考资料》(上册),宁夏人民出版社 1985 年,第 146 页。

② 穆德全:《回族大分散小聚居分布特点的形成》,《西南民族学院学报》1986 年第 2 期。

第一章　元明回商研究综述

第一节　蒙元回商研究

蒙元时期是西域、中亚穆斯林大量迁徙中国的重要时期,也是回回商人比较活跃的时期。早在蒙古汗国时期,中亚穆斯林商人就深入漠北草原,与蒙古各部生意往来,并深得蒙古汗王的信任,被委以重任,担当中亚与蒙古之间的使节,甚至在蒙古征服中亚、西域、西夏、金、宋的长年征战中,一些回回商人曾担当重任。为蒙古王公贵族担任理财助手是蒙元回回商人的重要角色,斡脱随之而起,活跃于蒙古帝国及元帝国的许多地区。元朝建立后,大批中亚穆斯林签军随着蒙古战事的平息驻留中国各地,并相继重操旧业,发展起农、商各业。回回商人往来于中亚等地各蒙古汗国与元帝国之间,往来于中原与漠北之间,往来于中国各地之间,从事广泛的商业贸易。随着大运河的开凿,回回商人云集驻留,积极参与以运河为中心的南北贸易。

斡脱是元代一种特殊的高利贷模式,斡脱商人是专门从事斡脱经营的商人,而蒙元时期斡脱商人主要由回回商人担任,所以斡脱是元代关涉回回商人的主要内容。元代斡脱是蒙元史研究的重要组成部分,而专门研究斡脱的文章也较多,翁独健《斡脱杂考》(《燕京学报》1941 年第 29 期)可以说是现代关于斡脱的开山之作,文章对元代史料中出现的"斡脱"一词作了全面的考订,纠正了洪钧以来学界将斡脱与犹太人混为一谈的错误,为斡脱的进一步研究奠定了基础。二十世纪 80 年代以来,斡脱商人引起新一代中外学者的进一步关注,日本学者爱宕松男与中国学者李治安共同发表《斡脱钱及其背景——十三世纪蒙古元朝白银的动向》(《蒙古学信息》1983 年第 2 期),是研究斡脱钱的重要文章之一。文章中首先指出经营斡脱钱的主要是西域和中亚的回回人和回鹘人,对斡脱的含义、漠北时代斡脱的活跃盛况、蒙古汗国—元朝斡脱制度的沿革及经营手法作了新的探索,并着眼于十至十三世纪东西方贸易中白银流通动向,讨论了斡脱钱的国际背景。胡兴东《斡脱:蒙元时期民事制度的一个创新》(《云南师范大学学报》2003 年第 5 期)中对蒙元时期的"斡脱"一词的语义进行了分析,认为在蒙古族中早就有发这个音的词,后来西域人到蒙古国后,这个词出现了多种意义,其中之一是成为一种商业的专称,这与学界普遍认为"斡脱"一词来自波斯语的观点不同;文章重点论证了斡脱作为一种民事行为相当于现代的信托行为,并对斡脱作为信托在蒙元时期商业活动中的作用进行了评估。除此之外,李海棠《斡脱钱》(《文史杂志》2000 年第 2期);王希玲《浅谈元朝的斡脱钱》(《大庆师范学院学报》2008 年第 1 期);陈晓丽《小议元杂剧中的"斡脱钱"》(《辽东学院学报(社会科学版)》2006 年第3 期);尚衍斌《唐代"兴胡"与元代"斡脱"名义考辨》(《新疆大学学报(社会科学版)》2001 年第 2 期)等文章均从不同角度对元代斡脱作了专门的研究。在蒙元回回斡脱商人以及色目商人研究方面,值得关注的是修晓波博士的研究,其论文《元朝斡脱政策探考》(《中国社会科学院研究生院学报》1994 年第3 期)探讨了从蒙古帝国到元朝对斡脱政策的变化以及管理。《元朝对色目商人的管理》(《中国社会科学院研究生院学报》2001 年第 5 期)又对元朝的色目商人政策进行条分缕析。《大蒙古国及元初政坛上的西域商人》(《社会科学战线》1996 年第 1 期)就蒙元时期著名的西域商人牙老瓦赤、田镇海、奥都·剌合蛮、阿合马等对蒙元政治的影响作了专门研究,指出对此时期西域商人从政现象以及他们个人的是非功过应给予客观、公正的评价。《元代色目商人的分布》(《元史论丛》第六辑,中国社会科学出版社 1997 年版);《元代色目商人对泉州港的经营》(《中国边疆史地研究》1995 年第 2 期);《元代斡脱经营海外贸易的原因及影响》(《元史论丛》第七辑,江西教育出版社 1999 年版)对蒙元时期色目商人作了系统的研究,尤其对斡脱商人的经营以及蒙元政府对斡脱商人的管理作了具体研究。回回商人是蒙元色目商人中重要的组成部分,关于色目商人的研究成果在极大程度上反映出回回商人的状况。

赖存理《元代回回商人与唐宋时期"蕃商"的区别》(《青海民族学院学报》1987 年第 3 期)从称呼、来源、政治地位、居住和活动区域、经营内容和方式等方面对元代回商和唐宋"蕃商"作了对比,指出唐宋蕃商与元代回回商人既有历史的延续性,又有质的区别,因此把元代回回商人的活动作为回族商业史的开端,而把唐宋蕃商的活动看作回族萌芽时期其先民中商人的活动。赖存理在另一篇文章《元代回回商人的活动及其特点》(《宁夏社会科学》1988年第1期)指出元代回回商人十分活跃,表现出以下特点:(1)回回商人在全国各大城市,尤其是首都、各行省省会及沿海城市相当活跃;(2)回回商人与官府往来密切,亦官亦商的现象十分突出;(3)回回商人待遇往往因为回回官吏政治地位的升降而变化;(4)回回商人经营内容以珠宝、香料、药材、斡脱等为主,是对元代回商群体的综合性论述。

日本学者宇野伸浩所著《窝阔台汗与穆斯林商人》(《世界民族》1990年第3期)专对窝阔台时期的回回商人政策进行了探讨。邱树森先生《元代回回人的商业活动》(《元史论丛》第六辑,中国社会科学出版社1997年版)一文则从整体上概述了元朝回回商人的不同活动。

经营海上对外贸易是元代回回商人经营的重要领域,以蒲寿庚为代表的回回商人甚至控制了东南沿海,尤其是泉州港的海上贸易,这一领域的研究成果较多,有些文章并非回商的专门研究,但对我们了解元代回商海外贸易的经营十分有益。高荣盛《元代海外贸易研究》(四川人民出版社1998年版)系全面研究元代海外贸易的著作,从元代海外贸易的历史演进、海外贸易涉及的国家、海外贸易的类型及商品类型、管理机构、海商构成、舶船建制等多角度全方位研究了元代海外贸易,尤其在最后对元代市舶管理制度进行了详细的研究。该书是关于元代海外贸易的重要研究成果,对全面了解元代海外贸易提供了参考。王秀丽《海商与元代东南社会》(《华南师范大学学报》2003年第5期)指出元代是继宋之后东南地区海外贸易发展的又一个高峰时期,中国海商活动的范围进一步向西延伸,海商经济实力进一步增长,成为东南地区一支举足轻重的社会力量。海商在地方社会中的影响日渐增长,东南地区的社会生活中出现了一种十分明显的士商亲融现象,士人一反传统的抑商老调,开始对商人与商业大唱赞歌。聂德宁《元代泉州港海外贸易商品初探》(《南洋问题研究》2003年第3期)就《岛夷志略》中有关元代泉州港海外贸易中的外销商品、进口商品以及由泉州舶商转销的海外商品作一初步的考察,以期从进出口贸易商品的角度来探讨元代泉州港海外贸易的发展状况。廖大珂《元代私人海商构成初探》(《南洋问题研究》1996 年第 2 期)论述了元代私人海商由权贵商人、色目商人、舶商、散商、船户水手、华侨商人等构成。廖大珂《元代官营航海贸易制度初探》(《厦门大学学报(哲学社会科学版)》1996 年第 2 期)一文指出元朝推行大规模的官营航海贸易活动,其航海贸易制度主要有三种:使臣贸易、斡脱贸易和官本船贸易。它们各有渊源,其形成、发展和结局也不尽相同,但都在一定程度上压制了私人贸易的发展,阻碍了海外贸易的正常进行。这类研究成果十分之多,此处不一一介绍。关于元代回回海商代表人物,尤其是蒲寿庚的研究也比较多,代表性的如日本学者桑原骘藏的《蒲寿庚考》(中华书局 1954 年版,2009 年版),是关于宋元回回巨商蒲寿庚的开山之作,对蒲氏生平、家族作了详细考证,对宋元时期中国与阿拉伯国家的海上交通及贸易情况进行详细论述。陈高华《蒲寿庚事迹》(《陈高华文集》,上海译文出版社 2005 年版)、王仁杰《宋元之际的回回巨商蒲寿庚》(《江苏商论》2004 年第 3 期)、毛佳佳《蒲寿庚事迹考》(《海交史研究》2012 年第 1 期)都对蒲寿庚的生平事迹及其在商业上的贡献作了研究。魏德新《回商蒲寿庚的历史功过》(收入杨怀中主编:《中国回商文化》(第 1 辑),宁夏人民出版社 2009 年版)一文对宋元之际的著名回商代表蒲寿庚的生平事迹及其对国家对外贸易的历史性贡献进行了论述,并就一些史学界的论断及观点提出了自己的不同看法。

珠宝业是回回商人在蒙元时期经营的重要行业,关于元代回回珠宝商的研究也有一些成果。任树民《元代的回回珠宝商》(《西北第二民族学院学报》1998 年第 3 期)对元代回回商人经营珠宝业的盛况作了勾勒。珠宝业是回商的传统行业,在各朝代都有经营,大多研究成果是跨朝代的综合研究,此处不予赘述。

第二节　明代回商研究

随着明初回族的形成,回回群体身份较元代初中期发生根本性的变化,成为中国的一个新兴民族,其活动主要局限在国内,国内贸易活动随之展开。尤其是分布于西北的回族逐渐开辟了汉藏贸易,西北地区汉藏贸易是明清以来西北回族商人经营的重要领域,关于西北回族商人的研究成为明代回族商人研究的一个重要方面,也取得许多成果。喇秉德、勉卫忠在《明清时期青海回族与新兴商业城镇的兴起》(收入杨怀中主编:《中国回商文化》(第1辑),宁夏人民出版社2009年版)中对明清至近代以来的青海地区的回族商业经济及其地方商业重镇的兴起的关系,以及回商对地方经济发展和振兴的时代贡献进行了梳理和客观论述。

西北地区的回族行商肇始于明代的汉藏贸易和汉蒙贸易,在清代到民国时达到顶峰。关于西北回族行商的产生、发展离不开对明代西北回族商人的研究。严梦春《河州回族脚户文化》(宁夏人民出版社2007年版)、何威《明清时期河州穆斯林商帮兴起初探》(收入杨怀中主编:《中国回商文化》(第1辑)宁夏人民出版社2009年版)以及王平《河州历史上的回族运输商帮》(收入杨怀中主编:《中国回商文化》(第1辑),宁夏人民出版社2009年版)是关于河州商帮的成果。严梦春的著作是目前关于回族商帮研究的主要成果之一,从河州回族脚户产生、发展的背景,发展变迁历程,行路生活,商业活动,文化信仰等方面对河州回族脚户进行了全方位的描述。河州脚户是河州商帮的最重要组成部分,该作的不足之处是对以脚户为主体的西北回族商人在历史发展中由群体向商帮转化的过程及商帮的内在机制缺乏深度挖掘。何威和王平的两篇论文则对河州商帮的历史成因、商帮类型及其对地方社会的贡献进行了较为翔实的分析和论述。

明清时期西北回族商人在汉藏贸易中的崛起始于“歇家”贸易中间人的角色担任。这方面研究亦取得许多成果,其中胡铁球先生的研究最引人瞩目,《“歇家牙行”经营模式的形成与演变》(《历史研究》2007年第3期)认为在明清商贸民营和赋役货币化的变革过程中,作为客店之别称的“歇家”,开始与“牙行”相互转化结合,并形成一种新的“歇家牙行”经营模式,即集客店、经纪人、仓储、贸易,甚至运输、借贷于一体的新的商业运营模式。“歇家牙行”在内地,上承“邸店”“塌房”,下接“字号”“坐庄”及其他商业经营模式;在藏边地区,取代“茶马司”的职能,成为明中叶至民国主导该地区的贸易模式之一。胡铁球、霍维洮《“歇家”概况》(《宁夏大学学报》(人文社会科学版)2006年第 6 期)一文论述了"歇家"的基本概念、人员构成及"歇家"含义之延伸。认为"歇家"为客店之别称,其人员主要由牙保、棍徒、矜监、巨室豪富(勋戚甲第)、衙门胥吏所构成,"歇家"除了客店这一基本含义外,后来还特指住所和一些衙门某些特殊的职役称呼。同时,"歇家"虽是客店之别称,但它又在客店的基础上,兼营各种业务,其中商业贸易的特性尤为突出,因此,它与纯粹提供住宿服务的客店又有实质性的差别。"歇家"还利用其商业势力和特殊身份强力介入了赋役和司法领域。胡铁球《"歇家牙行"经营模式在近代西北地区的沿袭与嬗变》(《史林》2008 年第 1 期)从微观层面考察了在近代西北被称为外馆、货栈、毛栈、行栈、斗家等名称各异的商号(字号)、坐庄,依然保留了明清以来"歇家牙行"经营模式的胚胎。从宏观层面考察,随着近代沿海商埠的开辟,洋行开始以"歇家"或栈商为联接点大规模进入西北地区收购皮毛等工业原料物资,导致了近代西北出口贸易的大发展,加上在晚清及民国时期民族"边地"贸易政策和环境的变化,"歇家牙行"经营开始大规模淡化其服务贸易的内容而走上了直接贸易及混合经营模式的道路,这种嬗变也构成了我国西北地区近代化过程的一个重要内容。胡铁球《"歇家"介入司法领域的原因和方式》(《社会科学》2008 年第 5 期)提出"歇家"参与司法领域的最主要方式有三:一是利用其赋役征收功能延伸到司法领域;二是利用提供食宿服务功能延伸到司法领域;三是利用其保人、职役、解户的身份直接或间接干预司法审理及监狱制度的延伸管理。由于其延伸功能之途径有别,所以上述"歇家"参与司法领域的演变轨迹亦不同。胡铁球对歇家的研究侧重于一般意义,不着重强调回族商人在该领域的活动,但为我们研究回族歇家提供了有深度的平台。其他学者研究歇家的还有许多,如王致中《"歇家"考》(《青海社会科学》1987 年第 2 期)中主要对清代西北歇家记载的文献进行梳理,考察了作为"居间人"的歇家的主要职责和清政府对歇家的政策,指出"'歇家'存在,是西北畜牧业经济与农业经济交换过程中的产物","商品流通不够发达是'歇家'存在的一个重要基础"。马安君《近代青海歇家与洋行关系初探》(《内蒙古社会科学》(汉文版)2007 年第 3 期)指出歇家作为近代青海地区特有的民族中间商,在西北商贸活动中扮演了重要角色。它与洋行的关系,学界众说纷纭,观点不一。该文经初步探讨,指出歇家早在洋行进入之前就已活跃在青藏地区,洋行没有使歇家买办化,二者只是特定时空中的商业合作伙伴,歇家的衰落与洋行也无直接联系,青海地方官僚资本的商业垄断才是歇家退出历史舞台的根本原因,不能因为歇家曾与洋行合作过就否定其在近代西北民族商贸中的重要地位。此外,还有如李刚、卫红丽《明清时期山陕商人与青海歇家关系探微》(《青海民族研究》2004 年第 2 期);马明忠、何佩龙《青海地区的"歇家"》(《青海民族学院学报》1994 年第 4 期);许文继《歇家与明清社会》(《明史研究论丛》(第 6 辑),2004 年 8 月)等文章都从不同角度对明清时期主要活跃于青海的歇家作了不同角度的探讨。

关于明代回商的研究,西域回回入附及贡赐贸易是重要领域之一,和龑的研究成果令人关注,他的一系列论文:《明代西域入附回回的职业结构》(《宁夏社会科学》1992 年第 3 期);《关于明代回回的移向问题》(《中央民族学院学报》1987 年第 6 期);《明代丝路贸易中的回回》(《中央民族学院学报》1991年第 1 期);《明代西域回回入附中原考》(《宁夏社会科学》1987 年第 4 期);《明代西域入附回回人口及其分布》(《内蒙古社会科学》(汉文版)1990 年第2 期);《明朝与瓦剌"贡赐"贸易中的回回——回回民族研究之五》(《内蒙古社会科学(汉文版)》1987 年第 5 期)等论文系统地研究了明代西域内附回回的分布、职业以及回回商人在蒙古瓦剌部朝贡贸易中的重要地位,为我们了解内附回回的各方面情况提供了一个平台。胡云生《论明代回回的朝贡贸易》(《回族研究》1997 年第 2 期);马建春《明代回回人对贡赐贸易的垄断》(《丝绸之路》1996 年第 6 期);和洪勇《明前期中国与东南亚国家的朝贡贸易》(《云南社会科学》2003 年第 1 期)等文章都从不同角度探讨了西域、东南亚等地回回对贡赐贸易的垄断性经营。

回族经营珠宝历史悠久,从唐宋直到近现代,珠宝玉器都是回族商人的重要行业,关于回族珠宝商的研究跨越了朝代的界限。马建春《"识宝回回"与中国珠宝业的发展》(收入杨怀中主编:《中国回商文化》(第 1 辑),宁夏人民出版社 2009 年版)从回回商人经营珠宝业的历史传统出发,论述了回商对中国珠宝业的开拓和贡献,提出珠宝业成为回商文化的一大亮点;王平《"识宝回回"的历史传统与时代创新》(《回族研究》2008 年第 4 期)一文依据田野调查资料及文献记载,考述了"识宝回回"的起源以及沿革,并探讨了传统珠宝业对当代回族珠宝玉石业经营的启示意义。从其他角度研讨"识宝回回"的,如钟焓《"回回识宝"型故事试析——"他者"视角下回回形象的透视》(《西域研究》2009 年第 2 期);李德宽《"识宝回回"传说探研》(《西北第二民族学院学报》1995 年第 3 期)则从文学传说故事的角度透视历史上闻名遐迩的回回珠宝商的形象。

第三节　元明回商研究的薄弱之处

在对二十世纪 80 年代以来回商研究的相关资料进行收集和整理的过程中,我们惊喜地发现回族历史上最为闪光的成就之一——回商文化,一方面得到了越来越多的重视和挖掘,取得了众多的研究成果,积累了相当多的研究经验;另一方面参与这一领域研究的学者队伍越来越壮大,尤其是近年来一些青年学者的加入,活跃了这一队伍,并使回商的研究视野扩大,取得了许多不同角度的研究成果。

但肯定成绩的同时,可以看到关于回商的研究还存在一些不足之处:

1. 回商研究存在不均衡现象,明清以来的回商研究更被重视,成果也最多,唐宋以及蒙元时期回商的研究相对薄弱。明清以来,西北脚户、驮帮,云南马帮等有地域特色的回族商帮形成并活跃于民族交汇地区和国家边境,资料记载相对较多,引起学者的广泛关注。但对唐宋元时期资料缺乏的回商肇兴阶段的研究十分薄弱。

2. 理论建树还需要加强,关于回商、回商文化等概念的界定还较为模糊,现在学界将回商作为与晋商、徽商等并列的商帮之一,那么关于回商从概念的界定,回商作为商帮的形成历史,回族商帮生成的自然条件及社会因素的分析,回商的标志性特征的形成等理论问题都需要加大研究力度。

3. 回族商帮在回族形成过程中的意义。回族的形成过程有其特殊性,经历唐、宋、元三个朝代逐渐的整合,融合了众多的民族成分,直到元末明初才形成,而回族先民在形成之前即已形成显著的商业传统,并影响了回族的分布格局、文化形态和行业特征,元明两代是回族形成的最重要时期,也是回回先民迁移量最大的时期,回回商业活动对回族在元末明初形成究竟具有什么意义,是需要突破的理论难点,关于这一点还没引起足够的重视。

4.回族分布广泛,导致回商既有民族性特征又有极大的地域特征,同时因为回族在中国的特殊形成历史,也使回商具有极强的时代特征,这些方面特征的综合使得回商的历史极为复杂,而回商历史的研究中关于这些特征的综合把握方面存在不足。

5.大运河在元代贯通,明代最为活跃,回回先民沿运河形成分布带,这必然与回回商人有极大关系,而这一领域研究最为薄弱。

6.现有研究中有的缺乏创新,复述前人研究成果现象还存在。

7.从学术上挖掘回商文化的价值,研究当代回商面对新的经济发展机遇如何调整自己,实现嬗变,实现再次辉煌方面的探讨较为欠缺。正如何晓先生所说:"改革开放以来,压抑了百年的回族商业开始普遍复苏,并渐渐在中国的商业大潮中活跃起来,并逐渐用现代化的经营模式向全国、全世界探寻新路子。如今,除了清真餐饮业、屠宰业、皮毛加工业外,回商的经营范围还涉及长途运输、民族用品、保健用品等领域。'信仰真主,同时拴住自己的骆驼。''寻求合法的财物是每个穆斯林的天职。'这些圣训,都昭示着随着我国经济体制的逐步完善,回商这一民族性群体品牌,终会因为信仰的力量而坚韧延伸,并逐步辉煌。由于中国几千年小农经济意识的浸淫,很长一个历史时期,商业活动的通达与农业社会的封闭格格不入,回商进入中国后最不能适应的就是封闭的社会环境。这种状态便导致了回族在形成过程中,其民族文化资本始终处于'碎片化'状态,无法支持该民族的发展。所以,在我国改革开放之前,要成为一个国商大贾的回商希望十分飘渺,要形成一个回商群体更是难上加难。"面对机遇和挑战的回商需要从各方面获得支持,包括学者对回商的研究以及以研究成果支撑和启发回商的新发展都有很长的路要走。

加强学术研究并将研究成果应用于社会,使研究更好地服务于社会,是回商学者的重大社会责任。一些当代回商一直注重参与回商学术研究。在"首届回商文化论坛"中,一些回族企业家、商人积极参与,并从实践中思考和总结经验,提出回商未来发展的建议和想法,为学界作出了表率。在此方面,学者应加强调查,加强回商的实践性研究,为回商的未来发展提供更多的参考和建议。近年来,中国提出"一带一路"的伟大构想,"一带一路"正是历史上回商活跃的陆上丝绸之路和海上丝绸之路。丝路沿线穆斯林国家居多,回族正是丝路沿线穆斯林国家与中国交往的产物。所以如何挖掘传统,在"一带一路"国家战略的机遇面前,寻找回商的新的发展空间也是回商研究的重要责任和任务。

第二章　元明回回构成

　　一般而言,蒙元时期将信仰伊斯兰教的穆斯林统称为回回人,但在考证各种蒙元时期"回回"一词的用法时会发现元代"回回"一称"既非专指穆斯林,也未涵盖当时在华穆斯林诸族类"。[①]

　　在一些文献中,"回回"范围包括了被称为"术忽回回"的犹太人,信仰基督教的被称为"绿睛回回"的阿速人,信奉聂思脱里教的拂林人,信奉也里可温的被称为"啰哩回回"的波斯吉普赛人,被称为"祈都回回"的西北印度各族人,甚至,康里人、钦察人也均被元人称为回回。信奉伊斯兰教的操突厥语的阿儿浑人及哈剌鲁人也是元代回回人的重要组成。

　　《元典章》载,至元十六年(1279)十二月,忽必烈旨令:"从今以后,木速蛮回回每,术(音zhú)忽回回每,不拣是何人,杀来的肉交吃者,休抹杀羊者,休做速纳者。"[②]术忽,或称主吾、主鹘及珠赫等,均为阿拉伯语 Juhud 的元代汉语音译,指犹太人。因伊斯兰教与犹太教在食物禁忌、宰杀牲畜等方面多有相同规定,故有此令。但这份官方文件显然将穆斯林与犹太人通称为"回回"。只不过在两者之前分别置以前缀,即称穆斯林为木速蛮回回,称犹太教徒为术忽回回罢了。元末权衡《庚申外史》即云:"阿速者,绿睛回回也。"[③]彭大雅、徐霆《黑鞑事略》亦云,杭里(康里),回回国名;克鼻梢(钦察),回回国,即回纥之种。[④] 而《元史》中有"诸'啰哩回回'为民害者,从所在有司禁治"[⑤]的记

---

①　马建春:《元代穆斯林族属浅析》,《回族研究》2006 年第 4 期。
②　《元典章》卷 57《刑部・禁回回抹杀羊做速纳》,中华书局 2011 年。
③　(元)权衡:《庚申外史》卷上,豫章丛书本。
④　(南宋)彭大雅、徐霆:《黑鞑事略》,丛书集成本。
⑤　(明)宋濂:《元史》卷 105《刑法志》,中华书局 1976 年。

载。啰哩,又译剌里,是波斯语 luri 的汉语音译,意为流浪者、乞丐,即吉普赛人。蒙古西征后,部分西域啰哩人或随军东来,或自行流浪而留居中华。

清人钱大昕在其《元史氏族表》中说:"回回者,西北种落之名。其别名曰答失蛮、曰迭里威失、曰木速鲁蛮、曰木(术)忽,史称大食、于阗、拂林者,大率皆回回也。"[1]在元代的一些文献中,也以"答失蛮""迭里威失"等概念指称穆斯林,但有时这类词语又指穆斯林中的宗教职业者。

"元代回回一词,虽在很多情况下特指穆斯林,但当时无论于官方文献中,还是在私家著述里,均非专指穆斯林,即它不是元代穆斯林专用名词。原因是元人对不同宗教、种族的认识有限,概念模糊。所以,他们常常将来自西域的穆斯林诸族与同是来自西域的其他宗教信徒和种族相混。"[2]

如此看来,元代"回回"一词的含义颇广,它不特指西域穆斯林,而是包含了当时东迁的许多西域非穆斯林种类。但我们仍然选择"回回"这一概念来指元代在华穆斯林,是因为没有其他一个概念能比"回回"这一概念所涵盖元代穆斯林各族更广,而且在元代多数文献中"回回"这一概念的含义还是清楚的,是特指穆斯林各族类。将其他非穆斯林族类称为回回者只在少数著作中出现,而且在"回回"一词之前往往冠以限定族类之词,如"术忽""啰哩"等。屠寄在《蒙兀儿史记》中就"回回"一词的阐释:"回回者,回纥之音转也。蒙兀西征,不暇深辨,举天山南北,葱岭东西,凡奉摩诃末(穆罕默德)信徒,不以波斯、吐火罗、康居、乌孙、大食、突厥,通谓之回纥,而又不能正言,声伪为回回。"[3]回回,是否为回纥音转,尚难考定,但它起初作为"凡奉摩诃末信徒"之通称是可以确信的,所以本书还是使用"回回"一词指代蒙元时期的各国、各地区来华穆斯林,但在引用相关文献时会甄别考证。

除去用词的混乱,元代回回人的构成成分也十分复杂,既有原唐宋时期留居中国的回回遗民后代,又有元代来华的各种回回成分。本章所指回回是元代所有穆斯林各族类,其来源主要包括三部分,分述如下。

---

[1] (清)钱大昕:《元史氏族表》卷2《色目表》,二十五史补编本。
[2] 马建春:《元代穆斯林族属浅析》,《回族研究》2006年第4期。
[3] (清)屠寄:《蒙兀儿史记》卷155《色目氏族表》,中华书局1962年。

第一节　唐宋时期来华而居留中国的穆斯林

公元七世纪,唐朝与大食是世界闻名的两个大帝国,两个帝国都实行对外开放的政策,积极对外联络,正是这时开始,拉开了阿拉伯人来华的序幕。公元651年,唐与大食建立外交关系,此后,大食人不断来华经商、出使、游历。大批商人、使者、学者、传教士来到唐朝。651年至758年(永徽二年至贞观十四年),阿拉伯遣唐使来华30次。宋朝968年至1056年(乾德六年至至和三年)阿拉伯遣唐使来华17次。因重商、擅商是阿拉伯的传统,来往于两大帝国之间的阿拉伯人中以商人为最多,这种交往延续了唐宋两朝,唐宋政府将外来商人称为"蕃商",因为唐宋时期来华的外来商人主要是波斯、阿拉伯人,所以"蕃商"主要是指波斯、阿拉伯商人。

"招徕远人,阜通货贿"是唐宋政府的一贯政策。正因为唐宋时期的积极开放政策,与中国保持贸易关系的国家居历史上最多时期。新旧《唐书》"南蛮传"记载与中国通商的有十余个国家,宋代赵汝适《诸蕃志》记载有58个国家,赵汝适《诸蕃志》记载在宋朝时与24个穆斯林国家和地区有贸易往来。在招邀蕃商的方面,宋朝政府比唐朝积极得多,曾屡次下令招邀蕃商来华贸易,宋太宗雍熙四年(987),"遣内侍八人,赍敕书金帛,分四纲,各往南海诸藩国,勾招进奉,博买香药、犀牛、真珠、龙脑。每纲赍空名诏书三道,于所至处分赐之"。① 与中国有外贸关系的国家主要是阿拉伯、波斯及东南亚国家和地区以及欧洲、非洲诸多国家。其时阿拉伯帝国正处于扩张时期,其范围不断地扩大,使更多的伊斯兰教国家和地区建立了与中国的联系。"从八世纪初至十五世纪末,欧洲人来东洋之前,凡八百年间,执世界通商牛耳者,厥为阿拉伯人。"②

与众多国家保持交往,一方面实现了唐朝政府怀柔远人、弘扬国威的目的,另一方面可带来税收利益,唐朝政府更多的是基于前一原因,宋朝政府则

---

① （元）脱脱等:《宋史》卷186《食货志》,中华书局1985年。
② 【日】桑原骘藏著,陈裕青译:《蒲寿庚考》,中华书局1954年。

主要是因为后一原因。而对于来中国的阿拉伯商人，则是为了获得经商利益。

由于大量穆斯林商人来华进贡和贸易，来华后从进贡、纳舶脚、收市到列肆而市，再到返回，必然是一个较长的周期，于是蕃商从暂居中国到长期居留已随处可见，谓之"住唐"，尤其是在宋时期，有"土生蕃客""五世蕃客"等称呼。

唐宋长期重视蕃商贸易的政策招徕了大批蕃商来华经商，一些商人暂居广州、泉州等地，自成聚落，发展成侨民的专门社区。由于允许蕃商"除供备物之外，并任蕃商列肆而市"，①一些蕃商甚至在广州、长安等地设店经营。而且进贡使团往往人数很多，唐政府下令"海外诸蕃朝贺进贡使有下从，留其半于境；由海路朝者，广州择首领一人，左右二人入朝；所献之物，先上其数于鸿胪"。② 大量蕃商的聚集使广州、泉州等地成为闻名世界的贸易港口，唐宋政府对留居中国的蕃商也进行了一系列有效管理。在蕃商聚集之地设立"蕃坊"，见于史料，唐宋有蕃坊设置的城市有广州、泉州、杭州、扬州、长安、洛阳等。早期蕃坊作为侨民社区，其间也有外国其他宗教信徒，如祆教、基督教、佛教徒等，但因穆斯林居多，蕃坊内建有清真寺，以供穆斯林方便使用。"来自文明国家的公民（例如大食人、僧伽罗人）与文化教养较低的商贾们（例如白蛮、乌蛮等）都居住在这里，而且他们之间的交往都很密切。在这里，你会发现信奉正统宗教的外国人与信奉异教的外国人之间的关系相处得也很融洽，例如印度的佛教僧侣和什叶派穆斯林之间的关系就是如此。"③

唐宋有名的清真寺如广州怀圣寺、泉州清净寺、杭州真教寺、扬州礼拜寺等，这些清真寺所在地即是当时蕃坊所在地。蕃坊设有蕃长司机构专事管理，置蕃长一人，既是宗教领袖，又是侨民纠纷的处理者，蕃长由蕃坊内侨民公推产生，报地方政府，地方长官上报朝廷批准或委托地方官批准担任。因蕃坊内穆斯林居多，各蕃坊蕃长多由穆斯林担任。"熙宁中，蕃商辛押陀罗授怀化将军，乞统察蕃长司公事，诏广州裁处。其后户绝，遂立蕃坊。蕃人有居琼管者，

---

① 《全唐文》卷515。
② （宋）宋祁、欧阳修：《新唐书》卷48《百官志三·鸿胪寺》，中华书局1975年。
③ 【美】谢佛著，吴玉贵译：《唐代的外来文明》，中国社会科学出版社1995年，第26页。

立蕃民所。"①"大食国都蕃首蒲陀波罗慈荐其子麻忽自代,不许。"②可见,蕃长的确立由政府决定,侨民有推荐权,但无决定权。

广州蕃坊内建有怀圣寺,设有蕃长主领宗教等事务。朱彧《萍州可谈》记载:"广州蕃坊,海外诸国人聚居。置蕃长一人,管勾蕃坊公事,专切招邀蕃商人。"蕃坊中设有都蕃长一职,对内管勾蕃坊事物,对外招邀蕃商。《苏莱曼游记》:"中国皇帝因任命回教判官一人,依回教风俗治理回民。判官每星期必有数日与回民共同祈祷,朗读先圣的训诫。"③可见蕃长有宗教职能以及可以依据伊斯兰教法和中国法规管理教民,处理纠纷。在穆斯林之间发生纠纷则由都蕃长按照伊斯兰教法处理,如果穆斯林与中国民人间发生纠纷,则按照中国法律处理。

唐宋时期,蕃商长期留居中国者已有同中国人通婚的现象,"蕃獠与华人错居,相婚嫁"。④南宋时,把阿拉伯商人与中国当地女子结婚所生孩子称为"土生蕃客",也有"五世蕃客"这类概念的出现。唐后期,一些地方上书朝廷,要求禁绝蕃汉通婚的现象,在文宗开成元年(836)下令"中国人不合私与外国人交通、买卖、婚娶、往来,又举取蕃客钱,以产业、奴婢为质者,重请禁之"。⑤可见当时蕃汉通婚已很常见,但定居的蕃商则可以与中国人通婚,而且中国居民与蕃商发生借贷关系,因蕃商多富商大户,免不了有中国人向其借贷,债权人的权益也依照中国法律得到保护,当时阿拉伯商人对此也有确切的记载。⑥

对于长期留居于中国经商的蕃商,唐宋政府则采取计人头结合财产纳税,"计居人之业,而榷其利,所得与两税相埒",⑦"在中国的阿拉伯人或其他外国人,要按其动产缴纳税收,以便能保全自己的财产"。⑧

---

① 邱树森:《中国回族史》,宁夏人民出版社1996年,第104页。

② (宋)范质、谢深甫等:《宋会要》神宗熙宁六年六月条。

③ 张星烺:《中西交通史料汇编》第二册,中华书局2003年,第283页。

④ (宋)宋祁、欧阳修:《新唐书》卷182《卢钧传》,中华书局1975年,第5367页。

⑤ (宋)王钦若编:《册府元龟》卷999《外臣部·互市》,中华书局2010年,第11727—11728页。

⑥ 穆根来等译:《中国印度见闻录》,中华书局1983年,第18页。

⑦ (后晋)刘昫等:《旧唐书》卷151《王锷传》,中华书局1997年。

⑧ 穆根来等译:《中国印度见闻录》,中华书局1983年,第17页。

对于客死中国的蕃商财产的处理，唐宋政府也有明确的规定，《新唐书》卷163《孔戣传》载："旧制，海商死者，官籍其赀，满三月无妻子诣府，则没入。"孔戣任岭南节度使时，改变这一蕃商遗产继承贯制，"海道以年计往复，何月之拘？苟有验者，悉推与之，无算远近"。宋徽宗在政和四年（1114）诏定"蕃商五世遗产法"，"使侨居于五世且又想转变为永久性中国居民的穆斯林有了法律依据"。①

唐代来华蕃商国籍较多，但穆斯林商人主要是阿拉伯半岛和波斯地区的，入宋后，蕃商成分更加复杂，西域喀喇汗王朝在公元十世纪时期实现伊斯兰化，960年伊斯兰教被喀喇汗朝立为国教，此时，20万帐突厥人皈依了伊斯兰教，以一帐四五口人计算，则有80—100万喀喇汗人皈依伊斯兰教，表示喀喇汗王朝大部分人实现了伊斯兰化。② 之后，伊斯兰教继续向突厥民族传播，于阗也实现伊斯兰教化。新疆阿克苏至且末、若羌一线以西都成为伊斯兰教地区。中亚、西域的各突厥民族穆斯林陆续来到内地经商者，也成为回回民族的组成部分。

从唐到宋，来华的穆斯林商人成分随着伊斯兰教的传播而趋于多样化和复杂化。从唐时期的阿拉伯人开始，到宋朝，来华蕃商中包括了阿拉伯人、波斯人、中亚突厥人、东南亚各地区人种，包括不同民族、不同种族、不同语言、不同文化的多种来源。但他们在中国主要城市中居于同一个蕃坊，到同一座清真寺过宗教生活，最初的认同，即宗教认同产生，因为从"回族伊斯兰教早期（回族先民时期）宗教构成看，明显地具有商人、商业社会宗教缺乏学术理论形态而主要表现为一种信仰习俗、一种生活方式的特点"。③ 而且唐宋时期中国境内建有的清真寺大多是商人捐资修建，是出于宗教生活需要而建，伊斯兰教传入中国的过程是宗教信仰载体，即穆斯林植入的过程，而非宗教职业者传播所致，可见当时伊斯兰教更多地表现为穆斯林的共同生活方式。而在宗教认同产生和发展过程中，商人群体是最为重要的宗教植入载体，也是共同生活

① 吕变庭、王丽芹：《论穆斯林对宋代社会风俗的影响》，《青海民族研究》2006年第1期。
② 李进：《新疆宗教演变史》，新疆人民出版社2003年，第199页。
③ 李兴华：《论穆斯林商人在回族伊斯兰教发生、发展中的某种关键作用》，《西北民族研究》1994年第1期。

方式基础上宗教认同的实践者。在唐宋时期,商人留居、"住唐"逐渐使宗教认同基础上的不同来源穆斯林凝聚成为一个群体。宗教认同凝聚的这一群体久而久之形成更多的共同点,铸成特有的文化,进而成为一个民族。宗教认同导致民族认同是中国回族形成的特殊方式。

"五代时期(907—960),中国本土的伊斯兰教传播的中心由西部的长安一带转移到了南方,在扬州、泉州、广州等地,伊斯兰教的活动较为活跃。逐渐形成了一个新商业阶层,时人称其为'蛮裔商贾',人口与财力较之唐代均有很大增长。"①蛮夷商贾作为唐代蕃商胡贾的后代,其中主要是阿拉伯、波斯等地来华的穆斯林后代,它的形成说明回回商人群体作为已经落籍中国的特殊商人群体的形成。

李兴华先生说:"伊斯兰教在内地的扎根,基本上不是依靠传教士教义上的宣传,也不是依靠争取统治阶级信教和教义宣传的中国化,而是主要依靠了穆斯林商人的经济实力,依靠经济实力来提高穆斯林的社会地位,依靠这种经济实力来造成伊斯兰教信仰者富有的形象,又依靠这种经济实力来吸引、密切同中国朝廷、地方大僚的关系,来创建有异域特色的宗教活动场所,更依赖这种经济实力来牵制、化解、抵制统治当局某些不利于穆斯林和伊斯兰教生根的政策、措施的执行等等。"②

在《朱文公文集》中记载了与蕃商有关的事件,南宋时,泉州穆斯林商人欲建层楼于郡庠之前,"士子以为病,言之于郡",傅自得时任泉州通判,即以"是化外人,法不当城居",令其撤之。于是穆斯林商人以资财"贿通上下",待傅自得一去,即在郡学之东,建起层楼,即泉州清净寺。③

从唐到宋,从侨商到住唐,蕃商从大城市向辐射地区扩散,标志着蕃商身份的变迁,从"客居"更多地走向"定居";回回商人的扩散分布意味着回回先民分布地区的扩散,意味着以伊斯兰教为中心的凝聚意义,使不同民族、不同种族、不同语言的穆斯林凝聚成一个民族。唐宋穆斯林蕃商是形成于元末明

---

① 范立舟:《论宋元时期的外来宗教》,《宗教学研究》2002 年第 3 期。

② 李兴华:《论穆斯林商人在回族伊斯兰教发生、发展中的某种关键作用》,《西北民族研究》1994 年第 1 期。

③ (南宋)朱熹:《朱文公文集》卷 98《朝奉大夫傅公行状》,《四部丛刊》影明刻本。

初的中国回族的重要组成部分。

刘迎胜先生认为唐宋时代的穆斯林蕃客虽然入华时间较早,但其人数很少,而这样少量的海外蕃客移民及其后裔,根本不足以在中国的环境中长期保存自己的文化,以形成一个民族,回回人先民的主体是蒙元时代大批随蒙古军进入汉地的西域人。① 此说不假,回回先民最早无疑可追溯至唐宋时代来华的阿拉伯商人,但无论从规模、人数、影响力等各方面来看,回回的主要构成仍是蒙元时代大规模东迁的以波斯穆斯林为主的西域回回。

第二节　蒙元来华之回回

据学者估计,"元时迁入中国的回回人大约二三百万人",②其中人数最多的是来自西域、中亚各地的穆斯林。成吉思汗西征中首先被征服的花剌子模等原西辽所属之地,所到之处,中亚、西域大量穆斯林被签发,成为蒙古军的组成部分,也随之来到中国,成为元代回回的重要组成部分。

一、元时通过陆路、海路来华的阿拉伯人和波斯人

清人钱大昕在其《元史氏族表》中说:"回回者,西北种落之名。其别名曰答失蛮、曰迭里威失、曰木速鲁蛮、曰木(术)忽,史称大食、于阗、拂林者,大率皆回回也。"③

元代来华的西域回回族类较为复杂,在蒙古西征过程中,花剌子模境内大批穆斯林被签发、掳掠到蒙古军中。他们是东迁西域人中比例最多的。

特别是蒙古第一次西征后,被裹挟东迁的西域诸族军士、工匠、驱口等高达数十万。而西征路途中不乏主动来降的西域族类,成为蒙古西征军的组成之一。蒙古军第一次西征,即有西域回回部族首领率部来降,"回鹘八瓦耳氏,仕其国为千夫长,太祖征西域,驻跸八瓦耳之地,阿剌瓦耳思帅其部曲来

---

① 刘迎胜:《有关元代回回人语言问题》,《元史论丛》第十辑,中国广播出版社 2005 年。
② 穆宝修:《元朝时期的回回人》,《文史哲》1990 年第 6 期。
③ (清)钱大昕:《元史氏族表》卷 2《色目表》,二十五史补编本。

降"。① 八瓦耳即巴瓦儿,位于波斯呼罗珊,在蒙古远征之前,即是伊斯兰地区,元代常将回鹘与回回混用,应为回回。

　　波斯史家志费尼对成吉思汗西征时被蒙古军征发的中亚等地穆斯林签军均有较为详细的记载:当察合台、窝阔台的大军攻下讹答剌时,那些刀下余生的庶民和工匠,蒙古人把他们掳掠而去,或者在军中服役,或者从事他们的手艺,②由阿剌里那颜所率的蒙古军攻陷巴纳克忒时,屠其军卒,尽取所有居民中之工匠、青壮,分配给百户、千户。剩下来的年轻人被强制编入"哈沙儿"(Hashar)队,直扑忽毡。③ 同时,他们还从讹答剌、不花剌、撒麻耳干及别的城市、村落取得援兵,这样,该地共集中了五万签军(由被征服的西域人组成)和两万蒙古兵。全部人马都编成十人、百人的分队。每十名大食人编成一小队,十个这样的小队派一名蒙古将官监督。④ 成吉思汗攻克不花剌后,将康里男子三万多人屠戮后,把他们的幼小子女,贵人和妇孺的子女,娇弱如丝柏,全被夷为奴婢。另外,将城内居民中适于服役的青壮和成年人强征入军,往攻撒麻耳干和答不昔牙。⑤ 在撒麻耳干,蒙古人清点刀下余生者,三万有手艺的人被挑选出来,成吉思汗把他们分给他的诸子和族人,又从青壮中挑出同样的人(即三万人),编为一支签军。后来,又接连几次在撒麻耳干征军,获免的寥寥无几。⑥ 在花剌子模的国都玉龙杰赤,蒙古军把百姓赶到城外,把为数超过十万的工匠艺人跟其余的人分开来,孩童和妇孺被夷为奴婢,驱掠而去,然后,把余下的人分给军队,尽数杀绝。⑦

　　1221 年,成吉思汗又遣窝阔台征哥疾宁(今阿富汗之加兹尼),该地的百姓自愿投降。窝阔台命令把他们全赶到城外,那里,工匠一类的人留在一边,其余的人被处死,城镇也遭摧毁。⑧ 同年,拖雷在进兵马鲁时,从沿途归顺之

---

① (明)宋濂等:《元史》卷 123《阿剌瓦耳思传》。
② 【伊朗】志费尼著,何高济译:《世界征服者史》(上),商务印书馆 2007 年,第 99 页。
③ 【伊朗】志费尼著,何高济译:《世界征服者史》(上),商务印书馆 2007 年,第 107 页。
④ 【伊朗】志费尼著,何高济译:《世界征服者史》(上),商务印书馆 2007 年,第 107 页。
⑤ 【伊朗】志费尼著,何高济译:《世界征服者史》(上),商务印书馆 2007 年,第 127 页。
⑥ 【伊朗】志费尼著,何高济译:《世界征服者史》(上),商务印书馆 2007 年,第 140 页。
⑦ 【伊朗】志费尼著,何高济译:《世界征服者史》(上),商务印书馆 2007 年,第 147 页。
⑧ 【伊朗】志费尼著,何高济译:《世界征服者史》(上),商务印书馆 2007 年,第 158 页。

地,如阿必瓦而的、撒剌哈夕等,征发签军,组成一支七千人的队伍。攻下马鲁城(今土库曼斯坦之马里)后又传令:除了从百姓中挑选的四百名工匠,及掠走为奴的部分童男童女外,其余所有居民,包括妇女、儿童,统统杀掉。[①] 不久,拖雷率军进占你沙不儿(今伊朗东北境之尼沙普尔),挑出四百有技艺的人,送到突厥斯坦,其中一些人的后裔至今仍能在那里找到,[②]这里的突厥斯坦,应指当时的畏兀儿居住地,即今新疆地区。

类似这样的签军是中亚穆斯林来华的主要构成者,蒙古西征返回时,曾经作为西征军重要组成部分的中亚穆斯林签军大多跟随蒙古军队返回并参加了灭西夏、辽、宋的战争,战争结束后,这部分穆斯林签军随地"编民入社",成为元代回回的重要来源。

除签军外,商人是元代从陆路及海路来华的中亚穆斯林中重要的一支。二十世纪初相继在泉州发现的一系列穆斯林墓葬石刻中就有"来自也门、哈姆丹、土耳其斯坦的玛利卡,波斯的施拉夫、设拉子、贾杰鲁姆、布哈拉、花剌子模、霍拉桑、伊斯法罕、大不里士、吉兰尼等"众多地区的穆斯林。[③] 这些葬于泉州的中亚穆斯林应是来此经商的穆斯林商人。元代特别是伊利汗国商人,他们基本控制、垄断了这一时期东西方的海上贸易,当时的伊利汗国商人即主要指波斯穆斯林商人。元末发生于泉州的"亦思八悉"之乱,说明这时由海道东来,并留居泉州的波斯商人势力颇大。

马建春梳理了各种元代史料,归纳出元代来华的波斯人:

> 有来自途思(Tus)或称徒思,为波斯呼罗珊最大城市之一,在今伊朗马什哈德。祃榴答而(Mazandaran)位于宽田吉思海(里海)南岸。剌夷(Ray)为波斯呼罗珊属地。哈马丹(Hamadan)位于可疾云之西。赞章(Zendjan)位于阿塞拜疆境内。乃沙不耳(Nishapur)又称匿察不儿、你沙不儿,为呼罗珊都城。马鲁(Meru)亦称麻里兀,位于穆尔加布河畔,是呼罗珊名城之一。撒剌哈歹(Sarakhs)亦称昔剌思,在马鲁西南,为呼罗珊

---

① 【伊朗】志费尼著,何高济译:《世界征服者史》(上),商务印书馆 2007 年,第 187—189 页。

② 【伊朗】志费尼著,何高济译:《世界征服者史》(上),商务印书馆 2007 年,第 207 页。

③ 《泉州伊斯兰教石刻》,宁夏人民出版社 1984 年,第 3 页。

古城。巴瓦儿的(Baverd)亦称八瓦儿,位于撒剌哈歹与马鲁之间。巴里黑(Balkh)亦称班勒纥、必里罕、阿剌黑、板勒纥,为呼罗珊属地,在今阿富汗境内。元代回回学者察罕等来于此地。可疾云(Kasvin)位于阿勒布兹山脉之南。撒瓦(Sava)在里海南偏西,位于可疾云和亦思法杭之间。柯伤(Kashan)在亦思法杭之北。木剌夷(Mulahiaa)也称木乃奚、没里奚、木罗夷等,位于伊朗北部,属亦思马因教派领地。阿剌模忒(Alamut)位于阿剌夷山,是木剌夷酋长的堡垒。兰巴撒耳(Lembesser)亦称兰巴赛耳,位于迪拉姆,为木剌夷酋长城堡。泄剌失(Shulistan)亦称石罗子,波斯法而斯省都城。可咱隆(Kszerun),波斯发而斯省属城,近波斯湾。苦法(Kufah)在幼发拉底河之西。毛夕里(Mosul)位于底格里斯河岸。乞里茫沙杭(Kirmanshah)位于哈马丹与八吉打之间。马剌黑(Maragheh)亦称马拉格,在波斯乌尔米亚湖地区,并命天文学家纳速剌丁在该城之北岗兴筑天文台。帖必力思(Tabriz)位于宽田吉思海(里海)西岸,属阿哲儿拜只(阿塞拜疆)都城。1258年,旭烈兀攻陷巴格达后,曾选定帖必力思为驻节之所。木发里(Moaferin)亦称茂法里,位于狄儿拜克尔(Diabekir)与谷儿只之间。回回炮手阿老瓦丁即由此地应诏而来。忽里模子(Hormuz)又称忽鲁模思,位于波斯湾海岸,是元朝与伊利汗国海上往来的重要港口。设剌子(Shulistan)位于泄剌失和可咱隆之间。元时该地多有人从海上东来,其中居泉州的卢肯纳定还建有清真寺一所。亦思法杭(Isfahan)亦称伊思八剌纳,或亦思八撒剌儿,位于泄剌失以北,即今伊斯法罕。曾为波斯古都,12世纪时,塞尔柱王朝亦以此为都城。元代泉州回回人中多有来于该地者,元统元年进士剌马丹之祖马合谋即由此地而来。施拉夫(Siraf)亦称尸罗夫,位于波斯湾沿岸。元时该地商人多由海上东来。①

二、来自中亚蒙古察合台汗国的穆斯林

1347年,成吉思汗第七代孙,也先不花之子秃黑鲁·帖木儿被推上南疆

---

①　马建春:《蒙元时期的波斯与中国》,《回族研究》2006年第1期。

最高统治之位,建立了东察合台汗国。之后,秃黑鲁·帖木儿在中亚伊斯兰教传教师筛海贾拉里丁的劝说下,皈依了伊斯兰教。秃黑鲁·帖木儿改宗伊斯兰教后,便利用可汗的权威强迫部下也改奉伊斯兰教。在其威逼之下,察合台蒙古王公贵族也接受了伊斯兰教。由于可汗及诸部王公贵族的皈依,带动了其部属之民信仰的改宗。史载,在 1353—1354 年,秃黑鲁·帖木儿 24 岁时,阿力麻里一带 16 万蒙古人集体皈依了伊斯兰教。于是,伊斯兰教在东察合台汗国蒙古人中广泛传播开来,这部分人中也有一些迁入中国,成为元代以后回回的组成部分。

三、西域突厥穆斯林是元代回回人的重要来源

除以回回称呼的花剌子模穆斯林之外,蒙元时期往往以族名相称的其他族类穆斯林也是元代回回的重要组成分子,如东迁的哈剌鲁人、阿儿浑人等。

元代"回回"一词不但非专指穆斯林,而且其词义也未涵盖元代所有在华穆斯林诸种类,如这时东迁西域穆斯林中的哈剌鲁人、阿儿浑人,及中土的畏吾儿人、蒙古人和汉人中的穆斯林,在元代文献中仍多以其族名称之。[1] 哈剌鲁人在 10 世纪中期喀喇汗王朝统治期间,即已改信伊斯兰教。"哈剌鲁人是一个独立的民族,但其中信仰伊斯兰教的一部分,按照元代的习惯,又是'回回'的组成部分。"[2]

哈剌鲁在元代又称为合儿鲁、匣禄鲁、哈鲁、哈利鲁等,都是哈剌鲁的异译,属突厥人一支。唐代葛逻禄是哈剌鲁的祖先,蒙古西征前哈剌鲁人主要居住在海押立和阿力麻里以及斡思坚,为西辽所驭。

1124 年,耶律大石率辽部分人马西迁,自立为王,1132 年,耶律大石在叶密立(今新疆额敏)称汗,自建辽政权,史称西辽(或哈剌契丹),东西哈剌汗朝以及花剌子模先后被臣服,1134 年,西辽迁都巴拉沙衮(即虎思斡耳朵)。1143 年,耶律大石殁之时,西辽疆域最为辽阔,以都城巴拉沙衮为中心,北至伊犁河,南抵锡尔河,东辖伊塞克湖以东地区。西辽属部有粘拔思部、康里部、

---

① 马建春:《元代穆斯林族属浅析》,《回族研究》2006 年第 4 期。

② 陈高华:《元代的哈剌鲁人》,《西北民族研究》1988 年第 1 期。

葛逻禄部,属国东西喀喇汗王朝、高昌回鹘、花剌子模均实现伊斯兰化。① 而西辽所属的穆斯林部族是元代东来回回的重要组成部分,其中葛逻禄部即元代的哈剌鲁。

哈剌鲁人中最主要的一支在海押立,1209 年,畏兀儿亦都护率部降元,海押立的哈剌鲁紧随其后,《元史》记载:"六年辛未春(1211),帝居怯绿连河。西域哈剌鲁部主阿昔兰罕(即阿尔思兰罕)来降,畏吾儿国主亦都护来觐。"② 元代其他的资料也有关于这一事件的记载,阿尔思兰罕降元并率部下觐见成吉思汗表达诚意,成吉思汗甚至将一本氏族内女子作为"皇女"嫁与阿尔思兰罕,③阿尔思兰罕的后裔迈来迪嫁给明宗和世㻋,生妥欢帖睦尔,④继承帝位为元顺帝,是元代的最后一位皇帝。阿尔思兰罕回海押立时,其所率的一部军队留了下来,后来在塔不台的率领下,参加了对金的征战,"从卓赤、察合歹两太子掠汉地,下桓、昌诸州,及丰、胜、云内、大同等城"。紧接着又"从太祖亲征,大败金兵于野孤岭,取宣德等城,追掩金兵,直抵居庸关,功最诸将"。⑤ 阿尔思兰罕的随从马马的孙子哈旦被作为质子留在汗廷,为汗廷服务,哈旦之子答失蛮成为忽必烈身边的一位怯薛(蒙古大汗的禁卫军),后来逐渐显达,答失蛮历事世祖忽必烈、成宗、武宗、仁宗,官至宣徽院史,⑥答失蛮的儿子买奴、祈都、怯来、也都也分别入仕,在宣徽院任职。⑦ 白寿彝先生在《回族人物志》(元代)一书中,评价答失蛮一族"在元代回回官吏中,在朝为官者,在民族内部为世家者,达失蛮一家的地位仅次于赛典赤",并指出答失蛮一家跟朝廷的关系比赛典赤更为亲密。⑧ 在元朝中期,哈剌鲁中又兴起一个世家,即塔不台

---

① 魏良弢:《西辽史纲》,人民出版社 1991 年,第 137—138 页。

② (明)宋濂等:《元史》卷 1《太祖纪》。

③ 【伊朗】志费尼著,何高济译:《世界征服者史》(上),商务印书馆 2007 年,第 88 页;【波斯】拉施特著,余大钧、周建奇译:《史集》第一卷第一分册,商务印书馆 1997 年,第 247 页。

④ (明)宋濂等:《元史》卷 31《明宗纪》,卷 38《顺帝纪一》。

⑤ (元)黄溍:《太傅文安忠宪王传》,转引自陈高华:《元代的哈剌鲁人》,《西北民族研究》1988 年第 1 期。

⑥ 宣徽院主要掌管宫廷饮食以及蒙古诸王宿卫、怯怜口粮食和蒙古万户、千户所纳差发(赋税)等,宣徽院使都由皇帝的亲信充任,阶从二品。

⑦ 陈高华:《元代的哈剌鲁人》,《西北民族研究》1988 年第 1 期。

⑧ 白寿彝主编:《回族人物志》(元代),宁夏人民出版社 1985 年,第 74 页。

的后裔。塔不台和其子阿达台先后死于军中,塔不台之孙质理华台也是宫中一位怯薛,质理华台之子曲枢是仁宗爱育黎拔力八达的近侍,阶正一品。曲枢之子柏铁木尔幼年跟随其父事仁宗,在仁宗发动的宫廷政变中,曲枢、柏铁木尔起了重大作用,柏铁木尔先后任大都留守、中书平章政事,阶正一品。仁宗"非斯人则食不甘味,寝不安席",可见对其宠信程度。柏铁木尔之兄伯都官至中书右丞,他的三个儿子都出任显要职位。① 马马和塔不台两个家族作为哈剌鲁世家在元代早中期显赫一时,作为大都居民,其家族左右生活着一批哈剌鲁人,他们成为元代回回的重要组成部分。

虎牙思哈剌鲁人的中心在阿力麻里,首领是斡札儿。屈出律篡夺西辽政权后,这支哈剌鲁人不堪西辽统治,斡札儿遣使蒙古,献上自己的女儿兀鲁黑·哈屯,表示愿意臣服于成吉思汗。成吉思汗将术赤之女下嫁于他,后来,斡札儿亲自入朝,受到成吉思汗的礼遇和赏赐。之后斡札儿被屈出律所获,屈出律攻打阿力麻里,斡札儿的王妃撒勒必试俚塞闭门坚守,守城半年之久,后来蒙古军临城下,屈出律退兵杀死斡札儿,蒙古军到来后,封斡札儿之子昔格纳黑的斤继其父位,仍在阿力麻里维持统治,并和成吉思汗长子术赤之女结婚。

自蒙古帝国时代到 1346 年间,原哈剌鲁的聚居地阿力麻里是察合台汗国的政治中心。"阿力麻里为 13 — 14 世纪中西陆路交通的枢纽。"当地居民主要是伊斯兰教徒和聂思脱里教徒,《长春真人西游记》中记载丘处机在畏兀儿西境的昌八里,由此"西去无僧道,回纥但礼西方耳"。在阿力麻里,他受到"铺速蛮国王"和"蒙古达鲁花赤"的迎接,铺速蛮,即波斯语 musalman(木速蛮,意为"伊斯兰教徒")的一种方言读法的音译,这位铺速蛮国王应是斡札儿的继承人,可能就是昔格纳黑的斤,足见当时阿力麻里的王族是伊斯兰教徒。

斡思坚在今吉尔吉斯斯坦共和国奥什州乌兹根城。斡思坚居住的哈剌鲁首领是匣答儿密立,"以斡思坚国哈剌鲁军三千来归于太祖,又献羊牛马以万计。以千户从征回回诸国,又从睿宗及折别儿谕降河西诸城,后从攻临洮,死

---

① 陈高华:《元代的哈剌鲁人》,《西北民族研究》1988 年第 1 期。

焉"。其子密立火者遂接领其部,"从太宗灭金,又从宪宗攻蜀",①战事停息后主要留居四川。

元朝时,哈剌鲁人大批入居中原,另据陈高华先生研究,其中,大都、大名路、庆元路、真定路、南阳府以及四川等地都有哈剌鲁人的分布,元代著名诗人遁贤就是哈剌鲁军人的子孙。②

阿儿浑,元代史籍又称为阿鲁浑、阿鲁温、合鲁温等,其原居住地在怛罗斯至八剌沙衮一带,自十世纪后半期即为喀喇汗王朝的王廷(后地)和副王廷(前地)所在地。因此,阿儿浑人应该早在王朝推行伊斯兰教的过程中就已成为穆斯林,而东迁阿儿浑人信奉伊斯兰教的史实可在元代文献中找到印证。如许有壬《至正集》有《西域使者哈只哈心碑》,内云哈只哈心为阿鲁浑氏,西域人。哈只哈心生二子,阿合马、阿散;阿散生二子,凯霖和暗都剌,③都是穆斯林人名。宋濂《宋学士文集》中《西域浦氏定姓碑文》称浦君为西域阿鲁温人,其家族几代人名中有道吾、沙的、泰住丁、剌哲、马思护、罗里、赛鲁丁、木八剌、道剌沙利斤都者,也均为穆斯林人名。④ 贡师泰《玩斋集》中有亦福的哈儿丁者,阿儿温氏,其祖父名扎马剌丁,三子分别称赡思丁、木八剌沙、哈散沙,⑤显然这也是一个穆斯林家庭。此外,杨维桢《西湖竹枝集》载有诗人掌机沙(阿鲁温氏)的祖父名哈散,而这同样是伊斯兰教徒经常使用的名字。这些大量的记载反映出元代大量信奉伊斯兰教的阿儿浑人居留中原的事实。

四、来自于印度洋沿岸、东南亚国家和地区的穆斯林

宋朝时期,印度西海岸的注辇国(今印度科罗曼德尔海岸,元朝称马八儿)、柯兰(今印度南端奎隆)、三佛齐(今印度尼西亚苏门答腊岛东南)、渤泥(今文莱)、钎婆(今印尼爪哇岛)、占城(今越南中南部)等地均已实现伊斯兰

---

① （明）宋濂等:《元史》卷133《也罕的斤传》。
② 陈高华:《元代的哈剌鲁人》,《西北民族研究》1988年第1期。
③ （元）许有壬:《西域使者哈只哈心碑》,引自白寿彝:《回族人物志·附录之二》,宁夏人民出版社1985年。
④ （元）宋濂:《宋学士文集》卷17《西域浦氏定姓碑文》,四部丛刊本。
⑤ （元）贡师泰:《玩斋集》卷83《双孝传》,四库珍本三集。

化。其时南印度以及南洋岛国的伊斯兰化过程基本都是由于穆斯林商业势力作用的结果。所以从中国到南洋、印度洋、波斯湾甚至到非洲东海岸的大面积海上贸易中,活跃的主要是穆斯林商舶。

元时期,马八儿是与元政府有密切关系的国家,而注辇是马八儿国伊斯兰化之前的名称。马八儿是元时东南亚影响较大的国家之一,《元史》记载:"海外诸蕃国,惟马八儿与俱蓝足以纲领诸国,而俱蓝又为马八儿后障,自泉州至其国约十万里。其国至阿不合大王城,水路得便风,约十五日可到,比余国最大。"[1]马八儿是元朝水路通往伊利汗国的必经之道。往来于阿拉伯半岛、波斯湾诸地与中国之间的各国商人、使节等都在马八儿停留。马可·波罗在游记中记载马八儿盛产珍珠。《史集》中提到中国人称为艟克的像小山一样的大船从秦和马秦,以及祈都、印度带来各种各样的商品,商人们从马八儿输出丝料、香料树根,人们从海中采获大珠。此国之产品被运销亦剌黑(伊拉克)、呼罗珊、苦国、芦眉和佛浪。此国出产宝石、药草,在海上出产大量的珍珠。可见马八儿是东西贸易的重要中转站,不仅印度南北土特产品汇集此地,而且中国以及波斯湾沿岸的产品也经此转销各地,马八儿的特产,尤其是西洋布、珍珠等也被运销中国。

元帝国与马八儿两国之间来往密切,终元一朝,马八儿遣使元朝共计 11次,而元朝遣使亦达 7 次之多。[2] 至元十八年(1281),元使杨庭璧出使马八儿,马八儿宰相不阿里、马因的对元使说:"凡回回国金珠宝贝尽出本国,其余回回尽来商贾。"[3]而《元史》中记载两国交往中最重大的事件是马八儿国宰相不阿里于至元二十八年(1291)"偕使入觐"。不阿里事迹在《不阿里神道碑铭》中记载较为清楚,[4]据刘迎胜先生考证,不阿里祖上是哈剌哈底人,该城位于波斯湾今阿曼的一个名为 Qalhat 的古城遗址。[5] 不阿里祖上在哈剌哈底与

---

① (明)宋濂等:《元史》卷 210《外夷三·马八儿等国传》,第 4663、4669—4670 页。

② 马娟:《马八儿国与元朝之往来及其相关问题》,《兰州大学学报》2005 年第 2 期。

③ (明)宋濂等:《元史》卷 210《外夷三·马八儿等国传》。

④ 刘敏中:《不阿里神道碑铭》,《中庵集》卷 4,北京图书馆古籍珍本丛刊,书目文献出版社,册 92。

⑤ 刘迎胜:《从〈不阿里神道碑铭〉看南印度与元朝及波斯湾的交通》,《海路与陆路》,北京大学出版社 2011 年。

马八儿之间泛海贸易,后迁居马八儿。不阿里之父"得幸西洋主(马八儿国主)",被称为国王六弟,并被国王委任"总领诸部",是当时马八儿的富商,其死后,不阿里袭父职。据推断,当时马八儿的回回当中,有相当部分可能属于侨民性质。① 不阿里任马八儿宰相职时,凡元朝与波斯伊利汗国使臣往来经过马八儿时,他都"预为具舟筏,必济乃已"。②

至元二十八年(1291),世祖遣阿里伯、别帖木儿、亦列失金出使"往喻召之",不阿里乃"偕使入觐",世祖对其"大加慰谕,赐以锦衣及妻,廪之公馆,所以恩遇良渥"。成宗即位后,对其"宠数益隆"。大德三年(1299),不阿里自泉州至京师入朝,遂病卒于大都,归葬泉州,"享年四十有九"。③

日本学者辛岛升认为,大约1335年,马八儿建立了穆斯林政权。④ 马娟认为,马八儿完成伊斯兰化过程当在仁宗延祐元年(1314),依据是时其国主名为昔剌丁,是典型的穆斯林名字,据此推断1314年马八儿完成伊斯兰化过程。⑤ 事实上,早在世祖时期,马八儿伊斯兰势力已十分强大,皆因来自伊斯兰世界的商人在马八儿势力强大所致,在"马八儿这样位于印度南部地区的伊斯兰化,却是由回回商业势力造成的。至少,这种伊斯兰化在社会上层已很普遍,因为除不阿里父子外,《马八儿等国传》提到其国另一位宰相马因的,不阿里遣往元朝的使臣札马里丁,其国王称呼算弹,皆为阿拉伯文"。⑥ 这样看来,伊斯兰教早在1314年之前,已经在马八儿上层中广为传播,穆斯林商人在马八儿势力相当之大,而元朝往招马八儿时,希望与元朝建立密切关系的也是当地穆斯林商人及其代表。刘迎胜先生认为,马八儿归附元朝,系南印度回回

---

① 刘迎胜:《从〈不阿里神道碑铭〉看南印度与元朝及波斯湾的交通》,《海路与陆路》,北京大学出版社2011年。

② 刘敏中:《不阿里神道碑铭》,《中庵集》卷4,北京图书馆古籍珍本丛刊,书目文献出版社,册92,第302页。

③ 刘敏中:《不阿里神道碑铭》,《中庵集》卷4,北京图书馆古籍珍本丛刊,书目文献出版社,册92,第302页。

④ 马娟:《马八儿国与元朝之往来及其相关问题》,《兰州大学学报》2005年第2期。

⑤ 马娟:《马八儿国与元朝之往来及其相关问题》,《兰州大学学报》2005年第2期。

⑥ 刘迎胜:《陆路与海路》,北京大学出版社2011年,第22页。

富商势力推动的结果。① 整个元朝,马八儿与中国之间的贸易往来、使节互往频繁,许多马八儿的回回商人来到中国并定居中国成为元代回回的一部分。

元代俱蓝,即古里,与马八儿相邻。元代居于印度次大陆南端东海岸的是马八儿,西海岸是俱蓝,即明代之古里。元代许多文献中提到的西洋国,应当指马八儿、俱蓝(古里)和南印度。②《元史·马八儿等国传》载:"海外诸蕃国,惟马八儿与俱蓝足以纲领诸国,而俱蓝又为马八儿后障。"元代十分重视与俱蓝的关系,因其与马八儿同是当时世界贸易的重要中转站,元政府曾屡派使节前往招抚,杨庭璧于世祖至元"十九年二月,抵俱蓝国。国主及其相马合麻等迎拜玺书。三月,遣其臣祝阿里沙忙里告愿纳岁币,遣使入觐。会苏木达国亦遣人因俱蓝主乞降,庭璧皆从其请"。③ 所以俱蓝在元代也与中国贸易频繁,该地穆斯林商人来中国并定居是必然之事。

三佛齐是宋元时期称霸南海地区的重要国家,是七世纪末到九世纪起上半期南海的海上强国,首府在苏门答剌岛东南端的巴邻旁(Palembang),④其地为当时往印度阿拉伯等地必经之地,也是航线上的中舶站。《元史》虽无三佛齐的记载,但元人汪大渊撰《岛夷志略》(成书于 1349 年)一书,既有旧港条又有三佛齐条,分别志之,表明其时三佛齐不在旧港。"三佛齐国在南海之中,诸蕃水道之要冲也。东自阇婆(Jav)诸国,西自大食故临(今南印度 Qui、ion)诸国,无不由其境而入中国者。"⑤阿拉伯、印度、中国来往航舶,不是通过它所控制的巽他(Sunda)海峡,就是航行它所管属的马六甲(Malacc)海峡和克拉地峡,所以其位置极其重要。

中世纪的远洋航行靠信风行驶,中国与印度及阿拉伯过往的船舶一般都要在此停留,等待信风来临。尤其阿拉伯地区到中国,往返费时两年,在此停留更是非常必要。当时阿拉伯人到此贸易,不少久居不返者。赵汝适在《诸

---

① 刘迎胜:《从〈不阿里神道碑铭〉看南印度与元朝及波斯湾的交通》,《海路与陆路》,北京大学出版社 2011 年,第 26 页。

② 刘迎胜:《海路与陆路》,北京大学出版社 2011 年,第 41 页。

③ (明)宋濂等:《元史》卷 210《外夷三·马八儿等国传》。

④ 《诸蕃志》作巴林冯,《流涯胜览》作渤淋邦,《岛夷志略》作旧港。

⑤ 周去非:《岭外代答》,《三佛齐》条。

蕃志》中记载,三佛齐国多姓蒲,三佛齐国到中国的使者也有不少蒲姓的。"蒲,即阿拉伯语 A bu 的对音,此蒲姓者,当为到其国的阿拉伯人或他们的后裔。这是阿拉伯人到三佛齐居留下来的明证。"①由此,三佛齐自然成为东西各地的物品集散地,也吸引着擅经商的阿拉伯、波斯以及南印度诸地的穆斯林来此经商并居留。宋朝时期,三佛齐实现伊斯兰化,该地伊斯兰化主要是通过穆斯林商人等大规模迁入该地逐渐使该地伊斯兰化,而该地商人在元代多有来华贸易并留居中国者,"在当时的广州和泉州等港口,有所谓'海獠'杂居民间,亦有'蕃学'之设,专为'海獠'子弟就学之所。此所谓'海獠'者为海外诸国人,三佛齐人必然有之"。②

渤泥亦是南洋重要的国家,位于南中国海的加里曼丹岛北部,在宋代时就与中国有着密切的来往,双方互派使节。宋赵汝适在《诸蕃志》中记载:"渤泥在泉之东南,去阇婆四十五日程,去三佛齐四十日程,去占城与麻逸各三十日程,皆以顺风为则。其国以板为城,城中居民万余人,所统十四州。王居覆以贝多叶,民舍覆以草。王之服色,略仿中国。……番舶抵岸三日,其王与眷属率大人到船问劳。船人用锦籍跳板迎肃,款以酒醴。用金银器皿、袱席凉伞等分献有差。……商贾日以中国饮食献其王,故船往渤泥必挟善庖者一二辈与俱。朔望并讲贺礼,几月余,方请其王与大人论定物价,价定,然后鸣鼓以召远近之人,听其贸易。价未定而私贸易者罚。俗重商贾,有罪抵死者罚而不杀。船回日,其王亦醨酒椎牛祖席,酢以脑子番布等,称其所施。"元代汪大渊在《岛夷志略·勃泥传》中有勃泥人"尤敬爱唐人,醉则扶之以归歇处"的记述。元军曾于 1293 年远征爪哇,渤泥作为海上交通的中途站,来往甚为密切。

从宋元时期渤泥对与中国贸易的重视程度以及中国与渤泥交往情况来看,双方必互有人口落居。虽然此时渤泥还未伊斯兰化,居民大多并非穆斯林,但来自于阿拉伯、波斯、印度南部以及中国的许多穆斯林商人来往于渤泥,还有穆斯林商人落籍渤泥后来到中国并长久居留中国。

占城是宋元时与中国有频繁贸易及外交关系的国家,占城地近海南,与广

---

① 林家劲:《两宋与三佛齐友好关系述略》,《中山大学学报》1962 年第 4 期。
② 林家劲:《两宋与三佛齐友好关系述略》,《中山大学学报》1962 年第 4 期。

州、海南的贸易最为频繁。而占城商人等留居中国的也多有记载,其中最为有名的就是宋朝时迁居中国的蒲寿庚家族。汉文史料记载,其家族中蒲有良在五代时还"之占城,司西洋转运使",宋末其族人蒲甲"司占城西洋转运使"。[①]这是占城穆斯林迁居中国的最为直接的证据。另外,海南回回人多是唐宋时期来到中国的穆斯林商人落居,直到元代,海南仍是回回商人活动的重要地区。据考证,唐宋时期定居中国的穆斯林有许多是来华经商的占城穆斯林。

日本学者田坂兴道说:"在葡萄牙、荷兰的势力深入到南海航线并开展殖民活动之前,来自阿拉伯和印度的穆斯林商人长期控制着这一航路,久而久之还促使当地原先信仰佛教的土著马来人也皈依了伊斯兰教。"[②]

在唐、宋、元代以来中国流传的"回回识宝"型传说故事中,除波斯为回回主要来源外,"也有可能在某些场合下还包括了位于南海一带的马来系统的波斯,后者长期以经营南海的一些特产如香料闻名于世"。[③] 可见南海各地确实有大批经营香料等商品的来自波斯或波斯与当地人的后裔的穆斯林商人。

当然,元代回回组成远不止以上几种,他们仅是构成元代回回的重要来源。邱树森在《中国回族史》中总结元代回回包括以下族群:阿拉伯人、波斯人、伊斯兰化的突厥族系的哈剌鲁人、阿儿浑人、于阗人、阿力麻里人、别失八里人、康里人、钦察人以及黑回回、占城回回、南亚回回,还有非信仰伊斯兰教的阿速人(绿眼回回)、术忽回回(犹太人)、啰哩回回等。[④] 元代是中国历史上海外贸易最为繁盛的时期,穆斯林商人代表元朝积极参与世界海上贸易网络,泉州与埃及亚历山大港并列为世界最大的两个大港口,地中海沿岸、红海沿岸、波斯湾、非洲东海岸、印度半岛沿岸直到东南亚各岛通往中国沿海各城市的海上交通十分繁忙。中国商人和商船到达这些地方,以上各地区商人也到中国经商,而当时控制这些世界海上商道的主要是穆斯林商人。这些地区

---

① 蔡永兼:《西山杂志》卷1,抄本,转引自庄为玑《泉州宋船为蒲家私船考》,载《中国与海上丝绸之路》,福建人民出版社1991年,第347页。

② 【日】田坂兴道:《中国における回教の传来とその弘通》(下卷),东洋文库1964年,第1532—1534页。

③ 钟焓:《"回回识宝"型故事试析——"他者"视角下回回形象的透视》,《西域研究》2009年第2期。

④ 邱树森:《中国回族史》,宁夏人民出版社1996年,第134页。

来中国并留居中国的穆斯林商人都成为元代回回人的组成部分,虽语言、民族不同,但都在共同的宗教文化的整合下,成为回族的重要来源。

第三节　明代内附西域回回

至明代,回回的构成在元代基础上,有了一些新的变化,即大批西域回回内附中原,成为中国回回的新的组成部分,并与元代各种回回成分整合形成新兴的民族——回族。

回回大量内附的一个重要原因是中亚、西域的战乱,吐鲁番、瓦剌曾与明王朝发生战争,回回为避战乱有时借朝贡而内附。

1368 年,明朝建立,同年,元顺帝北逃,元代的统治者退居漠北,仍以大元作为国号,中国历史上称其为北元,其内部动荡不息。1399 年,北元政权宣告灭亡,北部蒙古地区开始了鞑靼和瓦剌争霸时期,鞑靼位于漠北东部,瓦剌位于西部,直到 1412 年。永乐六年(1408)瓦剌(卫拉特部)贵族首领马哈木等遣使向明朝贡马请封。瓦剌逐渐成为漠北蒙古部落的霸主(1412—1455),并与明朝开始了频繁的交流。马哈木登上汗位后,势力强大的瓦剌南下攻明,永乐十二年,明成祖北征瓦剌,直至土剌河(今蒙古人民共和国境内的图拉河),翌年,瓦剌首领马哈木率兵抵抗,使明朝军队遭到严重损失,但为了保存实力,瓦剌贡马谢罪。瓦剌与明朝关系复杂,时战时和,但并未阻止两个政权间政治、经济、文化的交流。

"在瓦剌汗廷及各部中担任重要职务的回回人为数不少,他们中许多人主要以使臣、商旅身份,负责漠北蒙古与明朝的政治、经济及文化交流,并参与双方许多重要活动,对相互间的关系影响极大,甚至起到了举足轻重的作用"。[①] "由《明实录》的载述看,自明永乐朝至正统朝,实际负责瓦剌与明王朝之间外事及贡赐贸易的贡使、通事,除蒙古人外,多由居于瓦剌的回回人担任,且回回人在瓦剌使团中常以正使身份出现"。[②] 1445 年,皮儿马黑麻以大

---

① 马建春:《明代西域回回人马克顺(皮尔马黑麻)事迹考》,《回族研究》2008 年第 2 期。
② 马建春:《明代西域回回人马克顺(皮尔马黑麻)事迹考》,《回族研究》2008 年第 2 期。

汗脱脱不花和太师也先及各部封建主朝贡正使身份率 1900 余人的使团来朝，再迁为都指挥同知；1447 年，又率 2472 人的瓦剌使团再来贡。① 大批瓦剌使团中的回回人来到中原后，选择留居明朝，成为内附回回的一部分。

几乎在中原朱元璋崛起并建立明朝的同时期，十四世纪 70 年代的西域，察合台贵族后裔的帖木儿在原察合台汗国故地建立帖木儿汗国，并开始大举扩张，先后夺取了伊朗和阿富汗，进而攻占两河流域；1388 年征服花剌子模，北印度也被纳入其领土；1400 年，叙利亚、土耳其大部也被帖木儿攻占。帖木儿建立了地域广阔的大帝国，鼎盛时期其疆域包括今天格鲁吉亚一直到印度的西亚、中亚和南亚。

明朝建立后与帖木儿帝国建立联系，明政府要求帖木儿帝国原例进贡，帖木儿从 1388 年起才开始遣使进贡。太祖洪武二十年（1387）九月，"帖木儿首遣回回满剌、哈非思等来朝，贡马十五，驼二。诏宴其使，赐白金十有八锭。自是频岁贡马驼"。② 之后，帖木儿帝国频繁遣使贡明。洪武二十七年（1394）八月帖木儿帝国朝明贡使向明朝上表章，谓："恭惟大明大皇帝受天明命，统一四海，仁德洪布，恩养庶类，万国欣仰。……臣帖木儿僻在万里之外，恭闻圣德宽大，超越万古。自古所无之福，皇帝皆有之。所未服之国，皇帝皆服之。……今又特蒙施恩远国，凡商贾之来中国者，使观览都邑、城池，富贵雄壮，如出昏暗之中，忽睹天日，何幸如之。又承敕书思抚劳问，使站驿相通，道路无壅，远国之人咸得其济。……"③来自帖木儿的回回使臣中有许多回回商人，来明朝后经营商贩，正德十六年（1521），"土鲁番、撒马儿罕、哈密诸夷使假进贡名，在京商贩，有留会同馆三四年者"。④

帖木儿帝国创建者帖木儿自己是穆斯林，信奉伊斯兰教，加上帖木儿帝国所征服的地区大部分是穆斯林地区，伊斯兰教成为帖木儿帝国的主要宗教。成化五年（1469），土鲁番统治者"阿力自称速檀"，⑤表明土鲁番的蒙古察合

---

① 马建春：《明代西域回回人马克顺（皮尔马黑麻）事迹考》，《回族研究》2008 年第 2 期。
② （清）张廷玉等：《明史》卷 332《西域四》。
③ （清）张廷玉等：《明史》卷 332《西域四·撒马儿罕》。
④ 《明世宗实录》卷 3，正德十六年六月庚子。
⑤ （清）张廷玉等：《明史》卷 329《土鲁番》。

台王室已改信了伊斯兰教。成化八年(1472)土鲁番的察合台后王速檀阿力入据哈密,伊斯兰教势力在哈密有了很大的发展。非伊斯兰教徒的畏兀儿和哈剌灰被迫迁往肃州定居。尤其是明弘治十八年(1505)冬,佛教徒"陕巴卒,其子拜牙即自称速檀",①与土鲁番首领结好,于正德八年(1513)秋,"拜牙即弃城叛入土鲁番"。② 哈密地区伊斯兰教与佛教力量对比发生了质的变化,哈密蒙古统治者忠顺王皈依了伊斯兰教。至此,伊斯兰教在哈密占据了统治地位,很大一部分蒙古人、畏兀儿接受了伊斯兰教,佛教衰落了,但直至明末佛教仍存在,如万历十年(1582),"哈密卫畏兀儿,哈剌灰署都督印指挥同知站卜剌差夷使也先卜剌等,并袭国师马你阿纳的纳等,……各朝贡"。③ "国师"即佛教领袖的称号。自此,伊斯兰教在土鲁番地区取得了绝对统治地位。随着统治阶级皈依伊斯兰教,到十六世纪上半叶,佛教在西域的最后堡垒土鲁番,其居民已全部皈依了伊斯兰教。

　　帖木儿帝国长期的对外征服过程中,一直对哈密、吐鲁番这两个屏障之地进行争夺。在复杂的局势下,引发了西域回回长达二百年不间断入附明朝的浪潮,且"凡是与明朝有过往来的西域诸邦和地区,几乎都有回回人入居内地"。④ 入居内地的西域穆斯林主要集中居住在以甘肃地区为主的河西走廊。因大批西域内附的穆斯林在甘肃居住日久,引致明政府的担忧。洪武二十五年二月,明政府就"谕令西番回回来互使者毋入城。先是曾遣回回使西域诸国,留其家属居于西凉,逗留五年不还,其余回回居边上者,又数劫掠,为边将所获。事闻,帝以回回使朝贡往来,恐其因生边衅,命徙其扬州。既而复有愿携家回本地者,帝始疑其为觇我中国,至是命番使止甘肃城外三十里,毋令入城"。⑤ 明英宗正统元年(1436)六月,因西陲有警,甘肃河西走廊回回太多,恐其为土鲁番内应,不得已"徙甘、凉寄居回回五百户于江南",⑥约1749人。正统三年(1438)八月,有旧归附回回二百二人,自凉州徙至浙江。

---

① (清)张廷玉等:《明史》卷329《哈密卫》。

② (清)张廷玉等:《明史》卷329《哈密卫》。

③ 《明神宗实录》卷124,万历十年五月丁卯。

④ 邱树森:《中国回族史》(上),宁夏人民出版社1996年,第352页。

⑤ 《钦定续文献通考·市籴考二·市舶互使》(第一册),卷26,商务印书馆,第3026页。

⑥ 翦伯赞:《中外历史年表》,中华书局1961年,第547页。

以上远不能表现明代西域回回内附的全貌,总之,继元代最大规模的中亚、西域穆斯林迁居中国的盛况之后,明代这样的移民潮以西域回回的内附为表现,虽然规模远不如元朝,但明朝开始奠定的中国回族以西北为多,尤其是甘肃回族的分布格局无疑与明朝大量西域回回内附并主要分布于甘肃有极大的关系。

明代内附的西域回回来源不一,除帖木儿帝国的穆斯林之外,来自于更北边的西蒙古"瓦剌"的回回人也不在少数。《明史·西域四》形容这种盛况说:"由是西域大小诸国莫不稽颡称臣,献琛恐后。又北穷沙漠,南极滇海,东西抵日出没之处,凡舟车可至者,无所不届。自是,殊方异域鸟言侏僸之使,辐辏阙廷"。①

据学者研究,明代1435年之前,西域"入居回回多为西域各地入贡使臣,而极少商旅。且多是单人匹马,绝少联络成队、聚族内徙者"。宣德后,这种情况逐渐改变,出现了成群结队、一批批的入迁回回潮。

在1436—1521年,西域回回入附达到一个高潮,其原因一是哈密城屡破,哈密各族穆斯林多举族内徙;二是"土木堡之变"后,瓦剌蒙古自岭北、西域裹挟大批回回和其他民族兵临明境,后来,这批回回中的一部分就留居在中原。1522年之后为内附余波,此时期,明王朝国势渐衰。明武宗正德八年(1513)哈密末代忠顺王拜牙即在土鲁番速檀满速儿诱迫下,叛入土鲁番,翌年,土鲁番复据哈密。明世宗嘉靖三年(1524),土鲁番速檀满速儿率两万骑入关,围攻肃州城(今甘肃酒泉),并在嘉峪关外驻兵屯田,要挟明廷。在这样的历史背景下,闭关绝贡便成为不可逆转的趋势。嘉靖八年(1529),明廷终于决定放弃哈密,不再过问西域之事。明朝立意统一天山南北所作的一个多世纪的努力,至此以失败告终。闭关绝贡,自然也就割断了东来入附中原回回的来源。这是本时期西域回回入附浪潮低落的根本原因所在。②

嘉靖七年(1528),土鲁番回回首领牙木兰率众三千帐来降。除大部安置甘肃外,牙木兰率其族入居湖广鄂城(今湖北鄂城),广置产业,经商营利,遂成江南巨富。③嘉靖二十五年(1546),土鲁番已故速檀满速儿次子马黑麻与

① (清)张廷玉等:《明史》卷332《西域四》。
② 和龑:《明代西域回回入附中原考》,《宁夏社会科学》1987年第4期。
③ 《明世宗实录》卷89、卷97、卷102,又《五边典则》卷13,又《殊域周咨录》卷14。

其兄沙速檀因王位纷争仇杀不遂,率部众数千径自入居沙州(今甘肃敦煌),耕牧自理。① 嘉靖三十六年(1557)九月,哈密卫都督米儿马黑木率族众乞内附,处诸于甘肃等地。② 此时期内附回回"基本上已无因仰慕中原文明或贪图中原利益而'乞奏愿居京自效'者。大多是因明廷与土鲁番关系恶化而被强迁戍发的吐鲁番贡使和商旅或是迫于土鲁番之压力内附的哈密人。入附回回的数量和频率亦大为逊色,除去土鲁番的牙木兰为举部内附,多达三千余帐外,其余多为零星小股"。③

西域回回内附是明代回族历史的重要一幕,明代西域绝大部分地区实现了伊斯兰化,其民族成分固然很多,致使入附者成分复杂,但入附后基本都以伊斯兰教为介融入回回中,成为明代形成的回回民族的重要组成部分,并主要沿河西走廊一线居于甘肃、陕西、河南等地。

除西域内附回回外,明朝大部分时间里鼓励各国来华朝贡,从海路来自西亚、东南亚的贡使有大部分是回回商人,他们来到中国后,留居中国的也不少,这部分穆斯林后来也成为回族新的组成部分。

永乐元年(1403)十月,成祖对礼部臣曰:"近西洋,回回哈只等在逻罗闻朝臣使至,即随来朝,远夷知尊中国,亦可嘉也。今遣之归,尔礼部给文为验,经过官司毋阻。自今诸番人愿入中国者听。"④

永乐元年(1403)十月,"西洋剌泥国回回哈只马哈没奇尼等来朝贡方物,因附载胡椒与百姓交易,有司请征其税。成祖曰:商税者,国家以抑逐末之民,岂以为利,今夷人慕义远来,乃欲侵其利所得几何,而亏辱大体"。⑤ 不准其请。成祖朝在海路上招徕外商贡使的最大行动莫过于派遣回回人郑和七下西洋,"总率巨舶百艘","浮历数万里",招徕海外诸国遣使朝贡,其中一些穆斯林商人来到中国定居,也成为回族的重要来源。

---

① 《明世宗实录》卷321。
② 《明世宗实录》卷451。
③ 和龑:《明代西域回回入附中原考》。
④ 《明太宗实录》卷23。
⑤ 《明太宗实录》卷24。

第三章　蒙古帝国的回回商人

第一节　回回商人与蒙古帝国

蒙古人在建立元朝之前已开拓了包括漠北及西域、中亚、西亚等的广阔疆域,其时,中西交通为之所开,所到之处,商业贸易随之兴盛,文化达到空前交流。中亚穆斯林商人是此时与蒙古人进行商业贸易的主要商人,他们广泛地活跃于中亚与漠北草原之间,为其后来大规模进入中原,掀起移民高潮打下基础。此时的穆斯林商人的商业活动独具特色,对日后促进回族的形成以及回族文化的形成意义深远。

一、回回商人云集蒙古高原

蒙古族崛起于漠北草原之时,中亚等地的穆斯林商人不远万里来到蒙古草原,与蒙古人进行商业贸易,其人数已达到相当大的规模。

成吉思汗时期,因为蒙古人逐水草而居,没有集镇,也无商旅汇集,所以急缺农业,尤其是手工业商品。与蒙古人做买卖所得利益十分之巨,这吸引了擅经商的中亚等地穆斯林,他们不远万里,深入蒙古各部从事商业活动。尤其是成吉思汗统治后期,"他造成一片和平安定的环境,实现繁荣富强,道路安全,骚乱止息:因此,凡有利可图之地,哪怕远在西极和东鄙,商人都向那里进发"。①

从各种资料来看,蒙古帝国成吉思汗、窝阔台汗、贵由汗、蒙哥汗时期,蒙古的统治者给来自中亚、西亚的穆斯林商人以优渥的条件,使大批穆斯林商人

---

① 【伊朗】志费尼著,何高济译:《世界征服者史》(上),商务印书馆2007年,第85页。

云集蒙古高原。成吉思汗时期发生在蒙古高原的两次事件足以说明其时穆斯林商人得到的优待以及他们聚集蒙古高原的盛况。

还在成吉思汗统一蒙古各部时,他周围就聚集了一些穆斯林商人为他服务,也许是长期交往中良好的信誉以及忠诚能干的特征,成吉思汗对穆斯林商人十分信任。1203 年,铁木真在合剌合勒只锡与王罕会战失败后,驻扎于班朱尼河(今克鲁伦河上游),其时,铁木真的随行者仅有 19 人,时有名为阿三的回回,自汪古部迁赶着一千只羯羊、一匹白驼,顺着班朱尼河换取貂鼠青鼠,至铁木真驻地时河边饮羊,遇到铁木真,随即归顺,献羊、白驼与铁木真,成为早期跟随铁木真、命为"同饮班朱尼河水"之人,且铁木真曾说"与我同饮此水者,世为我用",①后来同饮班朱尼河者皆成为元朝开国功臣。19 名"同饮班朱尼河水"的随行者中,有 3 名回回人,他们是札八儿火者、阿三、玉速阿剌。他们之中见于《元史》及其他史料记载被蒙古人委以重任的是札八儿火者和阿三。

基于对穆斯林商人的信任和蒙古部落对商业贸易的需求,成吉思汗及蒙古王公贵族给予前来蒙古草原做生意的中亚穆斯林许多方便。《世界征服者史》中记载,花剌子模人马合木、不花剌人阿里·火者和讹答剌人玉素甫·坎哈三人带着中亚大量的商品如织金料子、棉织品等往蒙古草原出发,前往汗廷交易。此时,蒙古各部大多被成吉思汗征服,基本实现了统一,成吉思汗在通往蒙古草原的大道上设置守卫哈剌赤,并颁布扎撒:凡进入蒙古国土的商人,应一律发给凭证,而值得汗受纳的货物,应连同物主一起遣送给汗。当马合木等人到达蒙古边界时,哈剌赤(守卫)看中了他们的货物,于是将他们送到大汗面前。成吉思汗要购买他们的货物,但他们对最多用十个的那儿购进的货物竟索价三个金巴里失,②成吉思汗被阿里·火者的漫天要价激怒,没收了他的商品,并将他关押起来,他的同伴表示要把自己的商品献给汗,最后汗赦免了阿里·火者,并买下了他们的商品,付给每件织金料子一个金巴里失,每两件棉织品与撒答剌织品付给一个银巴里失,这远远高出了他们货物的价值。

---

① 　(明)宋濂等:《元史》卷 122《列传第九·哈散纳》,中华书局 1976 年,第 3016 页。

② 　的那儿(又作"地那儿")是波斯货币,金银巴里失是蒙古国主要使用的货币,一个银巴里失兑换两百个的那儿,一个金巴里失兑换两千的那儿。

在他们返回时,成吉思汗命他的儿子、那颜、将官,各自从部属中挑选了几个人,组成一支由四百五十名穆斯林商人组成的商队,回访花剌子模,①欲图与花剌子模建立畅通的贸易关系。

巨大的利润以及蒙古大汗对中亚回回商人的优待政策使得更多的商人汇聚蒙古汗廷。窝阔台时期,给予他们更多的恩惠,此时期,正是穆斯林商人在蒙古草原最活跃的时期。"窝阔台汗重视穆斯林商人的既得利益,积极保护他们的商业活动,这是当时蒙古高原穆斯林商人十分活跃的主要原因。"②窝阔台是蒙古各汗中最慷慨大方和乐善好施的君王,成吉思汗极其了解自己儿子的个性和专长,他曾对周围人说:"凡是极想知道扎撒、比里克和如何守国的法规的强烈愿望的人,就去追随察合台;爱金钱、财富、安逸和高贵风度的人,可去跟随窝阔台;想学会待人接物、知识、勇敢和使用武器的人,则可去托雷汗身边效力。"③《世界征服者史》也描述:"当他(窝阔台汗)登上王位,而且他的仁爱和乐施之名传遍天下之时,商旅们从四面八方奔赴他的宫阙。"④

窝阔台乐善好施的美名远扬后,不仅商人云集蒙古草原,甚至各地的穷人和负债者也闻风而来,云集蒙古高原斡耳朵,希望得到大汗的恩赐。《世界征服者史》中记载当时尚未征服的设拉子、鲁木、巴格达等地的人,也从汗那里得到为数可观的巴里失。当窝阔台下令购买来自敌方商人的商品,朝臣对此感到疑虑,他回答:"由于我们习俗风尚的声名传给叛逆者,他们的心必然倾向于我们,因为人是恩惠的俘虏,而因这种善行,军队和百姓将免除征伐他们之劳,无需大量履危涉险。"⑤窝阔台宽大的胸怀不仅体现在政治领域,也体现在对商业和商人的态度上,商人从各地所运来的货物,不管好坏,他会下令一律全价收买。而且命令他的官吏所收货物按照商人要价增加百分之十的价格付款。⑥ 因蒙古高原对农业地区的商品,如丝织品、马、手工业品以及来自西亚的奢侈品需求量巨大,尤其是在汗廷,依游牧民族的特征,蒙古大汗往往以

① 【伊朗】志费尼著,何高济译:《世界征服者史》(上),商务印书馆 2007 年,第 85 页。
② 【日】宇野伸浩著,完泽译:《窝阔台汗与穆斯林商人》,《世界民族》1990 年第 3 期。
③ 【波斯】拉施特著,余大钧、周建奇译:《史集》(第二卷),商务印书馆 1997 年,第 172 页。
④ 【伊朗】志费尼著,何高济译:《世界征服者史》(上),商务印书馆 2007 年,第 225 页。
⑤ 【伊朗】志费尼著,何高济译:《世界征服者史》(上),商务印书馆 2007 年,第 226 页。
⑥ 【伊朗】志费尼著,何高济译:《世界征服者史》(上),商务印书馆 2007 年,第 235 页。

大量的赏赐来奖赏战争中的有功之臣或其他人等,即便是平时,可汗也习惯于赏赐物品给周围的人,尤其是窝阔台汗更是如此,甚至有朝臣担忧窝阔台汗挥金如土,赏赐频繁。"他(窝阔台汗)的习惯是,冬季三个月在狩猎之乐中度过,而其余九个月,他要每天早餐后坐在他宫外的御座上,那里分别堆放着世上有的各种货物,他要把这些分赐给穆斯林和蒙古人,扔给那些谋利者和乞丐。汗还让身材高大者尽量抢走他们看中的货物。九个月间,窝阔台汗大约每天都把从世上汇集来的衣物等物品分赐出去。"① 这样大量的赏赐物品除来自于征服地区的朝贡外,主要由商人从各地贩卖而来,这是蒙古最高统治者优待穆斯林商人的主要原因。

蒙古可汗宫廷大斡耳朵举行忽邻勒塔时,草原盛况空前,各部蒙古王公贵族、被征服地区的首领、诸王、那颜、中亚各地的算端、书记都奉命离开家乡,向大斡耳朵赶来,甚至其他国家的使节、使臣都赶来为新汗王祝贺。据《世界征服者史》记载,窝阔台登基时,蒙古草原举行第二次忽邻勒塔,各地蒙古王公贵族、各地商人等云集克鲁伦河畔,举行盛大的集会,窝阔台把国库大门打开,将从各地征集来的珠宝等全部赏赐与会者,即便是老百姓也得到赏赐,"商人、投机者、寻求一官半职的人,来自世界各地,都达到他们的目标和目的后归去"。② 贵由汗登基时,为使节、使臣准备的毡帐达两千顶,"前来的尚有带着产于东西方的奇珍异宝的商人"。③ 贵由汗继位后,继承了窝阔台乐善好施的习惯。"当商人从这世界上远近各地集中,并且携来奇珍异宝时,他下令依照其父在位时所采取的办法估价。"④ 而且所得货物全部施散。

贵由汗时期,以及其妻子斡兀立·海迷失监国时期,商人们从四处来到斡耳朵,与他后妃及宗王们做了许多交易,并拿到地方上的支票,由于贵由汗在位仅仅一年就去世了,拿到支票的商人有许多没有得到现钱或只得到一部分现钱,甚至一些商人只交了货物而连支票都没有拿到。贵由汗死后,他的许多宗亲参与了反叛蒙哥可汗的行动,商人们对是否能拿到之前交易的欠款毫无

① 【伊朗】志费尼著,何高济译:《世界征服者史》(上),商务印书馆 2007 年,第 225 页。
② 【伊朗】志费尼著,何高济译:《世界征服者史》(上),商务印书馆 2007 年,第 221 页。
③ 【伊朗】志费尼著,何高济译:《世界征服者史》(上),商务印书馆 2007 年,第 276 页。
④ 【伊朗】志费尼著,何高济译:《世界征服者史》(上),商务印书馆 2007 年,第 283 页。

把握。蒙哥可汗继位后，在大臣们的反对下仍降旨从各地区拨付所有欠商人的货款，总共花费五十多万金银巴里失；并下旨收回这些玺书和牌子，命令今后未经可汗允许，不得随意发出玺书、牌子等。蒙哥可汗还废除了在窝阔台合罕时期商人们可以骑着驿马往来于蒙古斯坦各地经商的优待，降旨让他们骑乘自己的牲畜。①

蒙哥可汗重视与商人的交易并加强这方面的管理。他从伊斯兰教徒必阇赤之中，委派曾在窝阔台合罕和贵由汗的京都担任过同一职务的异密亦马答·木勒克和宫廷中过去的近臣异密法黑剌·木勒克向商人们发放牌子，让商人们与朝廷当权人物之间，在诉讼时有一中介。他们之中一些人受命给运来出售给官家的货物估价，一些人给宝石估价，一些人给外衣估价，一些人给皮货估价，还有一些人鉴定金钱。②

另外一件史实更能说明蒙古地区对回回商人的依赖。从成吉思汗时代起，穆斯林即因为饮食习俗"断喉法"宰杀羊只与蒙古族"开膛法"不同发生许多冲突，蒙古统治者多次下发敕令禁止"断喉法"杀羊，但都为穆斯林所抵制，而蒙古贵族又离不开回回商人，所以对这样的禁令并未严格执行。《多桑蒙古史》记载忽必烈"禁止断喉之法杀羊……回教贵人及回教教长乃求丞相桑哥进言于帝，言回教商人不复至中国，列献之物因缺，而其货物所纳之关税因无所得，忽必烈乃收回其禁令"。③

以上事实说明：(1)蒙古帝国十分重视商业的发展，成吉思汗在《大扎撒》中明文规定："要保护国与国之间的贸易。"这就从法律上承认并保护经商者的合法地位和各项权益。还在通道上设置守卫，建立驿站，畅通商路，给商业往来及贸易活动提供各种方便。成吉思汗下令：凡进入他国土内的商人，一律发给凭照，保护人身和财产安全，对他们应优视厚待。这些法令和措施不仅在当时发挥了很大的作用，并且为后来的各代帝王所维护和继承。重视商业成为一项既定国策。(2)由于重商政策以及对各种商品，尤其是奢侈品的需求，使得蒙古汗廷周围聚集了大量商人，由他们从各地，尤其是中亚、西亚贩来宝

---

① 【波斯】拉施特著，余大钧、周建奇译：《史集》(第二卷)，商务印书馆1997年，第259页。
② 【波斯】拉施特著，余大钧、周建奇译：《史集》(第二卷)，商务印书馆1997年，第262页。
③ 【瑞典】多桑著，冯承钧译：《多桑蒙古史》(上)，上海书店2001年，第328页。

物,以供汗廷之需,所供货物,主要是织品、宝石、黄金、药材、香料等奢侈品。
(3)蒙古帝国时期的各位大汗对商人都十分优待,给他们提供了各方面的方便。尤其是在成吉思汗、窝阔台汗、贵由汗时期,商人得到各方面的优惠,如可乘驿马、沿途受到守军保护等,在蒙哥可汗时期,对商人加强了管理,取消了一些优待政策,但因许多商人关系到王公贵族的利益,在大多数地区,禁令未被执行,商人仍然享有诸多优待政策。(4)来自各地的商品主要以专门的估价人进行估价后卖给蒙古宫廷,但大汗往往要求付给商人高于货物估值的价格。(5)蒙古帝国有多种货币流通,蒙哥可汗曾为加强对商人和贸易的管理,专门派人"鉴定金钱",可见各种货币的兑换率是商业管理的重要方面,波斯货币"的那儿"在蒙古帝国的各种史料中经常出现,而蒙古国主要使用的货币是金银巴里失,两种货币是有明确的兑换率的,一个银巴里失兑换两百个的那儿,一个金巴里失兑换两千个的那儿。[①] (6)在蒙古高原,不仅汗廷周围有一批中亚商人为大汗提供商品,在蒙古的各王公贵族周围,也各有一些中亚商人专为他们服务。《史集》记载,窝阔台时期,托雷的妻子唆儿忽黑塔尼要求窝阔台汗把他的一个商人给她,窝阔台开始不愿意,后来把这个商人给了她。[②] 这说明不仅宗王、王妃们都有自己的专门商人,而且这类商人没有主人的同意,不得随意更换主人。(7)蒙古高原汇集的中亚回回商人数量已达到相当规模,在成吉思汗西征前,即能组织四五百人的回回商队,其人数可以想见。在汗国后期,中西交通打通,汗国之间交往频繁,中亚商人东来的人数更多,这为回回移居中国,为回回民族的形成奠定了坚实的基础。

二、蒙古高原回回商人的贸易方式

回回商人与蒙古人的交易,尤其与蒙古汗廷交易的商品主要是奢侈品,如珍珠、玉石、犀角、象牙、翡翠、玛瑙等和各种香料。中亚的葡萄酒、手工制品、金银珠宝、药材等也被大量贩运到漠北草原,补充了牧业经济的不足,尤其是满足了蒙古王公贵族对奢侈品的需求。

---

①　修晓波:《元朝斡脱政策探考》,《中国社会科学院研究生院学报》1994 年第 3 期。
②　【波斯】拉施特著,余大钧、周建奇译:《史集》(第二卷),商务印书馆 1997 年,第 203 页。

　　蒙古贵族以拥有大量珠宝为财富和身份的象征,大量聚敛珠宝玉器,甚至网罗商人专门为他们从各地收集珠宝玉器。从成吉思汗始每对有战功的大臣封赏封地、金银珠宝,之后的各代大汗延续了这一传统,大量的封赏使奢侈品的需求量十分之巨。当时波斯湾乞失岛的商人垄断了波斯湾珍珠的采集权和贸易,这些珍珠大约经由伊朗输往蒙古高原。①

　　据《世界征服者史》记载,窝阔台汗对于污蔑、诋毁穆斯林的行为向来严加指责,一次为了证明穆斯林优于契丹人,他命令仆从从库藏中取出来自"呼罗珊和两伊刺克等地的各种珠宝,如珠子、红玉和绿玉等,并取出织金料子和衣服、阿拉伯马,以及来自不花剌和帖必力思的武器……"②由此可见由穆斯林商人从中亚、西亚等地贩卖至斡耳朵的货物,以各种珍宝、织金料子、衣服等为主。

　　蒙古地区对丝织品的需求量尤其之大,大汗和他的大臣们不仅用丝织品做衣服、铺设毡帐里壁,甚至在幄帐外铺设纳什失和锦缎地毯,帐内装饰珍珠、宝石。窝阔台时,进贡和贩运至斡耳朵的丝织品甚至不敷使用,一批西域穆斯林工匠被带到弘州、荨麻林(张家口)等地,从事丝织品生产,成为元朝弘州、荨麻林纳什失局的起源。忽必烈可汗时,荨麻林城"大多数居民为撒马尔干人,他们按照撒马尔干的习俗,建起了很多花园"。③

　　正因为对奢侈品的无限需求以及贵族与商人的特定关系,使得斡脱应运而生。斡脱是突厥语 Ortag 的音译,原义是共同、联合、伙伴的意思,回回商人往往在长途贩运中结成伙伴组成商队,自称"斡脱",蒙古人以此称呼他们。蒙古帝国时期,蒙古人不善理财、经商,一些王公贵族就把自己的钱财给予常到漠北经商的回回商人,让他们代为经营,所获利润双方分成。回回商人用这些钱财经商或放高利贷,产生了一种特殊的高利贷经营方式——斡脱。蒙古帝国时期,各宗王、后妃所各自拥有的商人大多即为斡脱商人。

　　斡脱自成吉思汗时期始,太宗窝阔台时期最为兴盛。南宋彭大雅在《黑鞑事略》中记述蒙古"其商贩,则自鞑靼主以至伪诸王、伪太子、伪公主等皆付

---

① 【日】宇野伸浩著,完泽译:《窝阔台汗与穆斯林商人》,《世界民族》1990 年第 3 期。
② 【伊朗】志费尼著,何高济译:《世界征服者史》(上),商务印书馆 2007 年,第 229 页。
③ 【波斯】拉施特著,余大钧、周建奇译:《史集》(第二卷),商务印书馆 1997 年,第 324 页。

回回以银,或贷之于民而衍其息,一锭之本展转十年后,其息一千二十四锭;或市百货而懋迁;或托夜偷而责偿于民"。《史集》和《世界征服者史》中有许多关于窝阔台汗鼓励斡脱商人的言行,给愿意经营斡脱又没有资本的人提供资金,甚至由汗廷替欠债者偿还拖欠斡脱商人的钱财。① 从窝阔台时开始,许多回回商人由于与后妃宗王们联合经营商业,这些"色目人""回回商人"可持玺书,佩虎符,乘驿马,各求珍异,成为不善经商的蒙古人的左膀右臂。来往于中亚与漠北、中亚与中原之间,拿着蒙古王公贵族的钱财放高利贷或经商的回回商人使蒙古贵族从中得到的利润相当高,所以给予回回商人更多的方便。

斡脱经营发展到后来,利息越来越高,引起各种诉讼案件,蒙元政府也采取了一些限制政策,如限制利率上限、禁止回利为本等,但收效甚微。斡脱高利贷是官府、皇室、诸王后妃收入的重要来源,所以屡禁不止,甚至经营权限和范围更加扩大。尤其在元朝建立后,斡脱一度合法化。

当然回回商人与蒙古汗廷、各斡耳朵、各宗王交易奢侈品以及与宗王后妃合伙经营斡脱只是他们经商活动的一个方面。除此之外,回回商人也在中亚与蒙古草原、汉地与草原、草原各部落之间从事另一类商品交易,所涉及货品除丝织品等外,更多的是民间日常用品,如布匹、药物、食品、器皿、木材、皮货等。《黑鞑事略》记载蒙古地区所需的铁器、瓷器等生活日用品由"汉儿及回回等人贩入草地,鞑人以羊、马博易之"。回回商人"不但经常往来于乃蛮、克烈、汪古等部,还深入到额尔古纳河的山林地带从事贸易",②成吉思汗时代的阿三从汪古部迁赶牲畜来到班朱尼河遇到成吉思汗而归顺,札八儿火者作为商人很熟悉金朝的情况屡被派到金朝为使,可见他曾经经常来往于金和蒙古之间经商。

回回商人与宫廷的贸易主要是以货易币,而斡耳朵对商人的货物采取专人估价;在更多的商人与牧民的贸易中,则采取以物易物的贸易方式,如以马、羊易商人所带来的日常用品,与牧民交换的货品也与提供给王公贵族的货品有极大区别,主要以生活日用品换取牧区的畜产品。

---

① 【波斯】拉施特著,余大钧、周建奇译:《史集》(第二卷),商务印书馆1997年,第89—91页;【伊朗】志费尼著,何高济译:《世界征服者史》(上),商务印书馆2007年,第232页。

② 韩儒林:《元朝史》(上),人民出版社1986年,第39页。

三、因重商而起用回回商人

由重商而信任商人、起用商人在蒙古帝国时期逐渐成为一项传统。因经商而得到蒙古统治者重用的回回商人不乏其人。在蒙古前几代大汗对外征战时期，需要各方面人才，尤其是在长途西征中，需要熟悉当地情况的人充当使者，晓谕或劝服当地居民臣服，一些回回商人担当使臣并完成任务因此被委以重任。

如前所述，成吉思汗购买了中亚三位回回商人的货品后，于 1218 年派出一支由四百五十名穆斯林商人组成的商队回访花剌子模，使团由花剌子模人马合木、不花剌人阿里·火者和讹答剌人玉素甫·坎哈三人带领。使团驮着来自中国、蒙古等地的宝物和金块，前往中亚，成吉思汗的使者在不花剌见到花剌子模算端摩诃末，向他转达了成吉思汗想要缔结合约、建立通商互惠的愿望。摩诃末单独召见马合木，暗示他花剌子模人应为本国人效劳，以经济利益引诱马哈木为花剌子模充当间谍，并赠送马合木一块宝石作为信物。摩诃末向马合木了解蒙古军的实力，马合木机智地回答成吉思汗的军队不如算端的强大，满足了他的虚荣心，摩诃末答应与成吉思汗缔约。① 不料此时商队行至花剌子模边城讹答剌时，守将亦纳勒术为图钱财，以间谍的罪名将商队扣留，并怂恿摩诃末杀了使团成员，是为"讹答剌事件"，该事件成为成吉思汗西征花剌子模的导火线，蒙古因此发兵灭亡了花剌子模。

讹答剌事件使蒙古陈兵中亚，灭亡花剌子模。以不花剌和撒马尔干为中心的河中地区是花剌子模最为富庶和繁华的地区，占领河中地区后，成吉思汗任命熟识当地情况，且在之前担任过蒙古帝国使者的马合木·牙剌瓦赤及其子马思忽惕管理河中。牙剌瓦赤住在费尔干纳谷地的忽毡，为蒙古国驻中亚的大达鲁花赤。商人出身的牙剌瓦赤不仅早就向成吉思汗证明了他的才能和忠诚，而且善于理财，制定适合当地的赋税制度，"废除了扯里克（兵士）和签军的强制兵役，及种种临时赋税的负担、摊派"。② 实行忽卜绰尔税，使战后的河中地区得以快速恢复。1238—1239 年，不花剌制筛匠马合木煽动不花剌居

---

① 修晓波：《大蒙古国及元初政坛上的西域商人》，《社会科学战线》1996 年第 1 期。

② 【伊朗】志费尼著，何高济译：《世界征服者史》（上），商务印书馆 2007 年，第 107 页。

民叛乱。一时间叛军占领不花剌,不花剌城蒙古军任命的官吏被驱赶,牙剌瓦赤自称不花剌算端,刚有所恢复的城市再次陷于混乱,蒙古援军两次进兵才扑灭叛乱。蒙古将领将居民赶出城外,打算再次屠杀和抢掠不花剌,以报背叛之仇。马合木·牙剌瓦赤及时赶到,阻止了屠杀,并上报窝阔台汗,请求赦免叛乱之罪。窝阔台被牙剌瓦赤说服,赦免了叛军罪责,保护该地免遭第二次重创,不花剌在战后恢复的成果被保留下来。整个河中地区在牙剌瓦赤的精心治理下,到 1260 年时,即已达到战前的繁盛水平,牙剌瓦赤因此备受赞誉。窝阔台后期,马合木·牙剌瓦赤被派去管理原属契丹的中国北部地区,其子则被派去管理畏兀儿地、忽炭、可失哈耳及河中。① 牙剌瓦赤与刘敏在中都管事,仍主要负责财税等务。蒙哥即位初期,对如何处决宗王叛乱之事犹豫不决,征询大臣的意见,牙剌瓦赤以亚历山大大帝东征时,诸将心怀异念,阿里斯多德劝告大帝诛灭诸将,代以顺从鹰犬之事,要蒙哥从严处理叛党。蒙哥可汗因此下定决心果断处决叛乱者。② 牙剌瓦赤是蒙古帝国四朝元老,主要掌管中亚和中国北部的财政事务,虽然在汉地评价不如在中亚,但在从政的回回商人中仍然是声誉较高的一位。

　　成吉思汗率部西征时,长子术赤征服中亚另一个重要城市毡的,委派另一个中亚商人阿里·火者管理毡的。出身于不花剌的阿里·火者,"在成吉思汗出征前就投靠了他"。③ 这位阿里·火者就是当年到蒙古草原做生意而向成吉思汗漫天要价后被赦免的那位回回商人,他管理毡的很有成效而极受敬重,一直到他去世。④

　　而早年因为投靠成吉思汗,成为"同饮班尼朱河水"的中亚回回商人阿三(又译为哈散·哈只)在后来蒙古西征时,随同成吉思汗长子术赤西征,蒙古军到中亚毡的附近速格纳黑时,因阿三熟悉地形,受遣为使者前去劝降,遭当地居民杀害。蒙古军一怒之下取下速格纳黑并屠城,后命阿三之子管理速格

---

① 【伊朗】志费尼著,何高济译:《世界征服者史》(上),商务印书馆 2007 年,第 110 页。
② 【波斯】拉施特著,余大钧、周建奇译:《史集》(第二卷),商务印书馆 1997 年,第 250 页;【伊朗】志费尼著,何高济译:《世界征服者史》(上),商务印书馆 2007 年,第 99 页。
③ 【波斯】拉施特著,余大钧、周建奇译:《史集》(第二卷),商务印书馆 1997 年,第 276 页。
④ 【伊朗】志费尼著,何高济译:《世界征服者史》(上),商务印书馆 2007 年,第 99 页。

纳黑，①让他召集仍在穷乡僻壤的残存者，恢复战后的城市。

成吉思汗时期，与他同饮班尼朱河水的另一位中亚回回商人札八儿火者，正如成吉思汗承诺的也得到重用。《元史》称：札八儿火者，赛夷人。赛夷，西域部之族长也，因以为氏。火者，其官称也。札八儿长身美髯，方瞳广颡，雄勇善骑射。初谒太祖于军中，一见异之。太祖与克烈汪罕有隙。一夕，汪罕潜兵来，仓卒不为备，众军大溃。太祖遽引去，从行者仅十九人，札八儿与焉。至班朱尼河，馈粮俱尽，荒远无所得食。会一野马北来，诸王哈札儿射之，殪。遂刳革为釜，出火于石，汲河火煮而啖之。太祖举手仰天而誓曰："使我克定大业，当与诸人同甘苦，苟渝此言，有如河水。"将士莫不感泣。汪罕既灭，西域诸部次第亦平。乃遣札八儿使金，金不为礼而归。金人恃居庸之塞，冶铁锢关门，布铁蒺藜百余里，守以精锐。札八儿既还报，太祖遂进师，距关百里不能前，召札八儿问计。对曰："从此而北，黑树林中有间道，骑行可一人，臣向尝过之。若勒兵衔枚以出，终夕可至。"太祖乃令札八儿轻骑前导。日暮入谷，黎明，诸军已在平地，疾趋南口，金鼓之声若自天下，金人犹睡未知也。比惊起，已莫能支吾，锋镝所及，流血被野。关既破，中都大震。已而金人迁汴。太祖览中都山川形势，顾谓左右近臣曰："朕之所以至此者，札八儿之功为多。"又谓札八儿曰："汝引弓射之，随箭所落，悉畀汝为己地。"乘舆北归，留札八儿与诸将守中都。授黄河以北铁门以南天下都达鲁花赤，赐养老一百户，并四王府为居第。②

札八儿火者作为中亚富商，因熟悉金朝情况屡被成吉思汗派为使者出使金。杨志玖先生考证札八儿火者曾九次出使金朝，最后一次奉成吉思汗之命以商人和使者的双重身份到金朝沟通与蒙古的贸易，但被金人扣押，之后逃脱从小路回到成吉思汗处，成吉思汗对金人的态度十分恼火，下定决心攻打金朝，札八儿火者带蒙古军所走小路即为他从金朝逃脱之路。③

窝阔台汗之后，帝国政权曾陷入纷争，汗国政坛有一些穆斯林被重用，并

---

① 【波斯】拉施特著，余大钧、周建奇译：《史集》（第二卷），商务印书馆1997年，第275页。

② （明）宋濂等：《元史》卷120《列传第七·札八儿火者传》，中华书局1976年，第2960页；【伊朗】志费尼著，何高济译：《世界征服者史》（上），商务印书馆2007年，第270页。

③ 杨志玖：《补元史札八儿火者传》，《回族研究》1991年第3期。

被卷入帝国政权纷争中,窝阔台汗去世后,其妻脱列哥那哈敦摄政,她重用了在征服呼罗珊时从徒思的篯舍忒地方被作为女俘虏掳来的穆斯林法提玛。因法提玛十分受脱列哥那哈敦赏识而握有重权,许多大臣通过她向脱列哥那哈敦处获得利益。在法提玛的怂恿下,脱列哥那哈敦撤换窝阔台时期一些重要朝臣,因法提玛与被窝阔台任命掌管中国北方的马合木·牙剌瓦赤有旧仇,她进谗言任命了另一位名叫奥都·剌合蛮的中亚商人代替了他,成为财政大臣,并试图抓捕牙剌瓦赤和之前任宰相之职的畏兀儿人镇海,在窝阔台之子阔端的保护下,镇海和牙剌瓦赤才免于一死。①

事实上,在窝阔台时期,奥都·剌合蛮即得以重用,他"以货得政柄",扑买汉地赋税大权,汗廷最初定汉地每年课税五十万两,平定河南后,增为一百一十万两,奥都·剌合蛮扑买后,增至二百二十万两,《元史·耶律楚材传》记载:奥都·剌合蛮扑买课税这件事是一位译史向丞相镇海建议的,将中原课税从一百一十万两增至二百二十万两,即增加了一倍,同时又允许他加倍征收,税额高达四百四十万两。如此繁重的课税,使中原百姓的负担一下子增加到四倍。所以朝中重臣耶律楚材一直反对,但因蒙古长期征战,急需经济力量的补充,奥都·剌合蛮的课税正符合蒙古上层的利益需求,1240 年,他被任命为提领诸路课税所长官,主管征收汉地课税事宜。脱列哥那哈敦主政时更加重用奥都·剌合蛮,甚至以御宝印章和空纸交与奥都·剌合蛮,令其随意填写颁行,耶律楚材坚决抵制,说:"天下者,先帝之天下。朝廷自有宪章,今欲紊之,臣不敢奉诏。"竭力阻止此事,这才收回了成命。后脱列哥那哈敦又下诏:"凡奥都剌合蛮所建白,令史不为书者,断其手。"②又遭到耶律楚材的极力抵制,但不被采纳,甚至耶律楚材因此失势,郁郁而终。

贵由汗继位后,一个撒马尔干人诽谤法提玛说她在阔端生病时施行巫术害死了阔端,贵由汗处死法提玛,并处死奥都·剌合蛮,把汉地仍然交由马合木·牙剌瓦赤管理,突厥斯坦和河中交给了马思忽锡管理,镇海也重新当上了宰相。这段历史被一些学者认为是汗国重大的人事变动和汗国掌权者的权力

---

① 【伊朗】志费尼著,何高济译:《世界征服者史》(上),商务印书馆 2007 年,第 270 页;范文澜:《中国通史》(第 7 册),人民出版社 2004 年,第 62 页。

② (明)宋濂等:《元史》卷 146《耶律楚材传》,中华书局 1976 年。

争夺,是"回回法派"与"汉法派"的一次较量。① 奥都·剌合蛮是回回法派的代表,而汉化较深的契丹人耶律楚材则是汉法派的代表。确实奥都·剌合蛮与忽必烈时期另外一位回回理财大臣阿合马实行的重税之法与耶律楚材等人的轻赋主张有很大冲突,而蒙古汗国和元初战争状态使统治者急需聚敛财富支付各种开支,而奥都·剌合蛮及阿合马的政策更为符合统治者的需求。但并不能以奥都·剌合蛮及法提玛被处死而断定所谓这次回汉法斗争中回回法派的失败,据《史集》记载,奥都·剌合蛮是因为贪污被处死,他的重赋政策遭到百姓的反抗,他的结局是必然的。而贵由汗处死他,代替他的是另一位回回商人出身的马合木·牙剌瓦赤。

蒙哥可汗汗位巩固后,依然继承了之前重用回回商人的政策,"他把东方各地区赐给了撒希卜大臣马合木·牙剌瓦赤,突厥斯坦和河中诸城、畏兀儿诸城、费尔干纳和花剌子模,则赐给了异密马思忽锡伯"。② 可见汉廷政权交替中虽有一些回回商人被卷入其中,被罢职甚至被杀,但重用原来即被信任的回回商人充当理财官职确是蒙古帝国几位大汗共同的政策。尤其是在中亚各地,许多官职都由熟识当地情况的回回商人担任,他们大多也都不负汗廷信任,取得诸多政绩。

总之,从成吉思汗到忽必烈建元之前的蒙古草原帝国时期,大批中亚色目商人因巨大的商业利润吸引来到漠北草原,从事与宫廷和牧民之间的贸易,尤其与蒙古汗廷之间的贸易频繁,蒙古帝国给商人提供方便,给予他们各种优惠政策。有一些商人在成吉思汗统一蒙古各部之前就投奔他,服务于他的军中,还有一些商人因出色的理财才能而被蒙古王公贵族用来专为自己经营,成为某宗王、后妃的御用经营者,逐渐发展成为"斡脱"商人。在蒙古军征伐中亚的战事中,一些中亚回回商人因为语言优势以及熟悉当地情况而被蒙古人派遣"搜集情报,谕降敌人"③并因此而获得蒙古人的重用,有一些商人走上蒙古帝国政坛,在管理被征服地区战后恢复重建以及理财方面发挥了重要作用。

---

① 范文澜:《中国通史》(第7册),人民出版社2004年,第62页。
② 【波斯】拉施特著,余大钧、周建奇译:《史集》(第二卷),商务印书馆1997年,第258页。
③ 修晓波:《大蒙古国及元初政坛上的西域商人》,《社会科学战线》1996年第1期。

正是因为有别于中国传统汉族社会重本抑末的价值观念,蒙古人重视商业,鼓励商业,直至形成重商传统。而这一政策既是回回商人大批聚集蒙古高原的主要原因,也是回回商人得以重用的重要原因,重用回回商人担任各种官职也是蒙古帝国重商政策的具体表现。

第二节　蒙元时期活跃于北方城市的回回商人

中亚穆斯林商人活跃于漠北草原之时,蒙古草原还没有城市,只有一个个毡帐群组成的临时营地。1220 年,成吉思汗决定在和林建都,开始了蒙古草原城市的建设,而穆斯林工匠参与了这些城市的建设,穆斯林商人也随之蜂拥而至,成为这些草原城市最早的居民。蒙元时期统将穆斯林称为"回回",[①]回回商人的商业活动无疑活跃了这些城市,使这些城市的经济功能得以发挥,城市功能更为完善。同时,回回的定居也拉开了蒙元时期穆斯林迁居中国,最终形成回回民族的序幕。

蒙古帝国及元初在蒙古草原和中国北方活动的城市主要有哈剌和林、上都、大都、西京等,而回回商人活跃的城市也以这些城市为主。

一、哈剌和林

蒙古汗国都城。1206 年,成吉思汗建立蒙古汗国,当时汗国中心只是游牧营地。1220 年,成吉思汗决定建都和林(在今蒙古国后杭爱省额尔德尼召北),和林马上成为商人的目的地,尤其是 1229 年窝阔台继位后,从契丹和中亚送来各种工匠,"因为合罕十分宽弘仁爱,百姓从四方奔赴那里,在一个短时期内它成为一座城市"。[②] 窝阔台在哈剌和林修建以万安宫为中心的宫殿,哈剌和林规模不断扩大,很快发展为蒙古的政治、经济、文化中心,成为窝阔台汗、贵由汗和蒙哥可汗时代蒙古帝国的首都。随着城市的修建,和林的交通也得到很快建设,甚至成为世界性都市,以和林为中心的各条道路上,遍设驿站,

---

① 蒙元时将来自于世界各地的各色人等称为色目人,其中又以来自中亚、西亚等地的穆斯林为最多,有时又单独称之为"回回"。

② 【伊朗】志费尼著,何高济译:《世界征服者史》(上),商务印书馆 2007 年,第 237 页。

世界各地使者、商人、工匠、传教士各色人等不绝于途,奔赴和林而来。从各种史料来看,当时欧洲人、波斯人、阿拉伯人、印度人、回鹘人、契丹人、西夏人等经常活动于哈剌和林。其中信仰伊斯兰教的中亚、西亚人最为常见,他们大多以商人、工匠、使者、宗教职业者的身份来往于和林及其他地区,而蒙元一概称之为回回。

和林城南北约 2 公里,东西约 1 公里,据 1254 年到过哈剌和林的法国传教士威廉·鲁不鲁乞(William of Rubruck)记述:和林"城里有两个地区,一个是萨拉森人(Saracens,意指伊斯兰教徒)区,市场就在这个区里。许多商人聚集在这里,这是由于宫廷总是在它附近,也是由于从各地来的使者很多。另一个是契丹人区,这些契丹人都是工匠。除这些地区外,还有宫廷书记们的若干座巨大宫殿,十二座属于各种不同民族的异教徒的庙宇,两座伊斯兰教寺院(在寺院里公布着摩诃末的教规),一座基督教徒的教堂(坐落在城市的最末端)。城的周围环绕着土墙,并有四个城门。东门出售绵羊和山羊,南门出售牛和车辆,北门出售马匹",①商业相当兴盛。

关于和林的穆斯林居民数量以及回回商人的数量没有明确的记载,但从鲁不鲁乞的描述来看,穆斯林有专门的一个区域,几占全城一半,城中有两座清真寺,人数应该是较多的,而且大多以经商为业,因为市场就坐落在穆斯林聚居区,且使者经常出入,大汗宫廷即在附近。因为回回商人的经营,该区成为哈剌和林最活跃的地区。窝阔台汗也常亲临市场,《世界征服者史》记载哈剌和林初建时,窝阔台来视察,经过一家枣子店铺,命手下答失蛮哈只不为他买来一盘枣子,并付给店铺远远高于货品价值的钱。② 这个答失蛮哈只不经常跟随他身边,是大汗的书记员之一,关于回回的事情,窝阔台就让他处理。

事实上,早在成吉思汗建设哈剌和林之际,中亚回回商人就成为和林物资的贩运者,他们从中亚贩运各种货物来到和林。公元 1219 年到 1220 年际全真道长丘处机拜访成吉思汗之时来到位于哈剌和林的成吉思汗大斡耳朵,"南岸车帐千百","黍米斗白金十两,满五十两,可易面八十斤,盖面出阴山

① 【英】道森著,吕浦译,周良霄注:《出使蒙古记》,中国社会科学出版社 1983 年,第 203 页。

② 【伊朗】志费尼著,何高济译:《世界征服者史》(上),商务印书馆 2007 年,第 239 页。

(译者注:指今天山)之后两千余里,西域贾胡以橐驼负贩至也"。① 可见当时漠北草原农产品的供应也由回回商人经营。

由于窝阔台、贵由、蒙哥可汗的大斡耳朵设在和林,和林成为世界许多人的梦想之地。因为蒙古大汗重视和鼓励商业、善待商人的美名远扬,斡耳朵周围聚集了许多专为斡耳朵服务的回回商人。有一些成为专为王室服务的斡脱商人,从事官本贸易和高利贷经营,另一些回回商人专为蒙古汗廷贩运奢侈品。因为蒙古贵族对珍宝、香料、织品等的无限需求,使往来于中亚、西亚、西域与和林之间的回回商人十分之多。《南村辍耕录》记载"回回石头条目"就有出产于阿拉伯、波斯、于阗、回纥(新疆中部天山南北麓)等地的红宝石四种、绿宝石三种、鸦鹘六种、猫眼两种、甸子三种。由于蒙古人尤其是王公贵族对珠宝的大量需求,往往以官府名义,向回回商人大量购买珠玉,作为私人财物大肆聚敛,"波斯湾乞失岛的商人垄断了波斯湾珍珠的采集权和贸易,这些珍珠大约经由伊朗输往蒙古高原"。② 尤其是在蒙古草原举行忽邻勒塔之时,各国、各地区各色人等齐聚和林,商人也趋之若鹜,如贵由汗初登汗位,"商人从这世界上远近各地集中到和林,这时接受那些商人的货物,以及同天来自东方和西方,从契丹到鲁木的商品,连同来自各地各族的货物,堆积如山,分门别类堆放"。因为运到仓库,看守困难,所以贵由汗下令全部施舍。③ 回回商人更是因为中西交通畅通而往来东西,而远从中亚、西域到和林的草原丝绸之路的开辟与此时活跃于其间的回回商人有直接的关系。

哈剌和林城中聚集的回回商人中斡脱商人是最为普遍的,他们往往受雇于蒙古各宗室,专为自己的主人经营商品或放高利贷。关于斡脱商人,史学界多有论述。④ 波斯史籍《世界征服者史》《史集》以及汉文史料中多有关于斡脱的记载。窝阔台时,曾屡次将国库钱交予斡脱,由其经营。贵由汗死后,皇

---

① (元)李志常著,党宝海译注:《长春真人西游记》(卷上),河北人民出版社2001年,第35页。

② 【日】宇野伸浩著,完泽译:《窝阔台汗与穆斯林商人》,《世界民族》1990年第3期。

③ 【英】道森著,吕浦译,周良霄注:《出使蒙古记》,中国社会科学出版社1983年,第283页。

④ 可参考修晓波:《元朝斡脱政策探考》,《中国社会科学院研究生院学报》1994年第3期;翁独健:《斡脱杂考》,《燕京学报》1941年第29期。

后斡兀立海迷失监国,政出多门,"诸王滥发扎尔里黑(圣旨,令旨),他们经营商利,把额勒赤(使臣)派到世界各地"。[①] 这里的额勒赤主要是指斡脱商人,这时期,斡脱最为活跃。斡脱的经营者主要是回回商人,他们聚集于王室周围,随蒙元政治中心而迁移,和林、大都、上都无疑是他们的大本营,但他们的活动足迹却遍及全国。

入元后,和林政治中心的地位不复存在,但其繁盛仍延续下来,仍然是漠北草原规模最大的城市和定居点,而且大规模的蒙古驻军使和林城的贸易以粮食为最大宗,从事粮食贸易的商人活动最为活跃,其中回回商人功不可没。在征服中原汉地后,和林所需粮食,主要来自汉地。据何启龙先生考证,从忽必烈到元成宗初年,对和林粮食采取政府筹粮的办法,派官员押运至和林,成宗继位之后,和林粮食采用所谓"中粮""中盐"等办法,招募商人,自挽自输,把粮食运往和林,计值给以盐引、茶引或钞币。[②] 其最直接的证据是和林出土1348年《岭北省右丞郎中总管收粮记》碑中的记载"岭北省……例设和中五十余年,洎至正丁亥(1347),咨准粮数一十五万石",所列证据证明成宗之后和林粮食不再由官府垄断,而加入和中方式。成宗之后,仍可见回回官员负责押运粮食的记录,如成宗时期任职大同宣慰使的回回人法忽鲁丁也曾负责押运岭北行省及和林的粮食,大德七年(1303),中书省臣奏言:"法忽鲁丁输运和林军粮,其负欠计二十五万余石。近监察御史亦言其侵匿官钱十三万余锭。臣等议,遣官征之,不足,则籍没其财产。"成宗从之。[③]

而在元朝早期,由政府委派负责押运粮食的官员往往是回回官员,回回官员许多亦官亦商,虽是以官员身份办粮,但贩运中依然存在相当大的利益。元成宗大德元年(1297)三月派遣当时有名的亦官亦商的回回人阿里以八万锭钞为和林城籴粮。[④]

以普通回回人往往倚靠回回官吏求得更多的营商机会来看,在这些负责

① 【伊朗】志费尼著,何高济译:《世界征服者史》(上),商务印书馆2007年,第701页。

② 何启龙:《从和林碑文看元代和林的回回与汉人》,收入刘迎胜主编:《元史及民族与边疆研究集刊》(第十八辑),上海古籍出版社2006年。

③ (明)宋濂等:《元史》卷21《成宗纪四》,第454页;《元史》卷176《曹伯启传》,第4100页,对此均有记载。

④ (明)宋濂等:《元史》卷21《成宗纪四》,第410页。

解运粮食的回回官吏下面,聚集着大批普通回回商人,专门从事内地到和林城的粮食等商品的贩运。日本学者也指出,元朝为和林籴粮以及屯田都以回回官员负责,这与和林城回回民众强大的经济实力有关。①

而在成宗之后"和中"为主,政府运粮为辅的粮食供应中,回回商人也多有参与。回回人不伯,"以粮二百五十石,牛一百八十只,于和林阿剌台处与之,比者塔儿浑、木八剌沙奏,奉旨还其值"。②

关于元代和林回回商人活动的资料十分之少,其中一块立于1341年的波斯文碑无疑对于研究元代和林回回的活动具有极高的史料价值。二十世纪90年代日本学者对和林一带作了详细的考古研究,对这块碑文进行拓片研究。③ 南京大学何启龙先生对这篇波斯碑文进行了翻译和基本研究。④ 这块波斯文碑记载了伊斯兰教历742年(1341)和林城修建伊斯兰教寺院静修寺的情况,如经费来源、助修者等。因为碑文残缺,上下文往往无法连贯,但其中仍透露了一些和林回回的信息。如碑文第九行"……阿不·法亦的·撒亦的·宾(Abū al-Faid Saʿīd b.……)/////……//带着金额/////……以正直的道路从汗八里(Khānbālīq,大都)派遣/////向喀剌和林城,为的是/////从城中去/////做奴仆以为建设宫殿与那些探索建静修院(Khanqāh)";第二十九行"在地平线//阿门! 宇宙之主! ——为祈求穆罕默德及他的族裔之缘故,苏菲·札兰丁///兴建了一座商铺作寺产捐赠给静修院"。碑文中罗列了为修建寺院作出各方面贡献的人员,其中提及地方的有八剌沙衮人、阿力麻里人、不花剌人、哈密人、大都人及不知何处的杜儿芒、哈勒万等地名,大多数人未提及所属地方,当然有一些是因为残损,而大多数是定居于和林本地的回回人,所以人名之前没有地名。碑文中所见和林回回中屡见回回商人和教士的踪

---

① UNO N.(宇野伸浩)、MURAOKA H.(村冈伦)、MATSUDA Koichi(松田孝一):《元朝后期和林城建设伊斯兰教静修寺的波斯文纪念碑之研究》,《内陆亚细亚言语之研究》第14辑(1999),第1—64页。

② 《经世大典·市籴粮草》,见《永乐大典》卷11598。

③ UNO N.(宇野伸浩)、MURAOKA H.(村冈伦)、MATSUDA Koichi(松田孝一):《元朝后期和林城建设伊斯兰教静修寺的波斯文纪念碑之研究》,《内陆亚细亚言语之研究》第14辑(1999),第1—64页。

④ 何启龙:《从和林碑文看元代和林的回回与汉人》,收入刘迎胜主编:《元史及民族与边疆研究集刊》(第十八辑),文后作者以附录的形式发表了静修寺碑之汉文碑文。

影,且这些回回人活动范围十分之广,涉及中亚各地及中原大都等地。足见元代回回商人经商的足迹,且这些商人中有许多富裕者,在修建和林清真寺时多有捐助,甚至将商铺捐赠给静修院作为寺产。

据日本学者松田孝一等人的考古发现以及研究结果,和林城外北侧发现有穆斯林墓群印证了和林城内确有穆斯林社区,并且回回在和林具有强大的经济实力,和林城的繁荣经济与多数的回回民众有关,这种繁荣一直延续到1380年明军烧毁和林城之前。①

除商人外,回回其他人在和林留居也十分常见,如使者、工匠、伊斯兰教宗教职业者等,这在当时的各种史料中十分常见。1252年12月,伊斯兰教徒聚集在蒙哥可汗的斡耳朵外,由扎马剌丁·马合木·忽毡迪带领为蒙哥可汗作祈祷,蒙哥可汗降旨赏赐他们几车金银巴里失和珍贵衣服。② 窝阔台喜欢观看角力,拥有专门的角力为他服务,除蒙古、契丹、钦察角力外,呼罗珊征服后,他从呼罗珊和伊剌克招来角力士,③并十分中意中亚角力士,给予他们极多的赏赐。各种回回职业者聚集和林,也反映出回回人是当时色目人中为数最多的一支以及回回商人已成为和林乃至整个蒙古草原商人的主体。

二、上都(开平)

上都位于今内蒙古锡林郭勒盟正蓝旗东40华里闪电河北岸。蒙哥汗时期,忽必烈被委以重任,主管漠南军政事务,1256年,忽必烈在闪电河以北修建府邸,名为开平府。1256年,忽必烈决定在这片草原上修建城池,命汉族人刘秉忠选址造城,历经三年,于1259年建成并被命名为"开平府"。这里地处蒙古草地的南缘,既与漠北蒙古相连,又可直下华北,便于对汉地的控制。蒙哥汗病逝后,忽必烈于1260年在开平府继位,建元中统,1263年改开平府为上都,政治中心由哈剌和林南移至此。上都在忽必烈的建设下,很快发展为蒙

---

① UNO N.(宇野伸浩)、MURAOKA H.(村冈伦)、MATSUDA Koichi(松田孝一):《元朝后期和林城建设伊斯兰教静修寺的波斯文纪念碑之研究》,《内陆亚细亚言语之研究》第14辑(1999),第1—64页。

② 【波斯】拉施特著,余大钧、周建奇译:《史集》(第二卷),商务印书馆1997年,第261页。

③ 【伊朗】志费尼著,何高济译:《世界征服者史》(上),商务印书馆2007年,第247页。

古的政治、经济、文化中心,人口曾达118191人。各国国王、王子、使臣、教士、商人纷纷涌来,其繁盛程度超过和林。上都的交通发达,南有四条驿道通大都,北通和林,东通辽阳行省,西经丰州、宁夏、河西走廊通中亚。据记载,上都城垣周长8公里多,城内有官署约60所,各种寺庙堂观160余处,驿道四通八达,为漠北与中原的交通枢纽。皇城北城墙的承应阙上有著名的"回回司天台",是阿拉伯人扎马鲁丁的杰作。

忽必烈鼓励各地商人来上都经商,使上都商业发展迅速。上都外城建有手工业作坊和商业区,尤其是手工业作坊和商业繁盛发达,各种官营匠局星罗棋布。史料记载上都城有马市、牛市、羊市等,市场繁荣,国内外大量商人云集于此,除日常生活用品外,蒙古王公贵族所需奢侈品从世界各地运往此地,聚集于此的牧业品和特产也被商人运往其他地区。当时诗人袁桷《开平十咏》诗赞上都"煌煌千贾区,奇货耀出日"。① 公元1272年,元迁都大都,上都作为陪都、夏都,成为皇帝避暑的行都。每年四月至八、九月,皇帝去上都避暑,中央各机构都派人随从,就在上都处理重要政务,所以上都仍是元代重要都城。

上都所有需要的谷粟布帛以至纤靡奇异之物,都自各地贩运而来。元朝一再以免税、减税和"自愿徙居永业者复其家"等优惠待遇,奖励商人前往北方草原贸易。上都农业规模很小,屯田只能供应军需,故必须从内地运来粮食,而当时从事中原与草原间粮食、食盐等贩运的主要是回回商人。大批粮食的调运和储备,不仅满足了上都居民的需要,也支援了漠北蒙古地区。所以,上都在沟通中原地区与漠北地区的经济联系中,在一定程度上起到了中转站的作用。

忽必烈立国之初,起用一批汉族官吏,推行"汉法",但在理财方面一直信任回回官吏,并起用一批擅理财、出身商人的回回人。西域人祃祃,原为燕京路宣慰使,元初忽必烈建中书省,选祃祃为丞相,成为元朝第一任丞相。据推断,祃祃出身应为西域商人。② 其任职时间为中统元年七月至二年五月,虽然任职时间较短,但协助忽必烈恢复经济,发展生产,主持发行中统元宝交钞,推

---

① (元)袁桷:《清容居士集》卷16,四部丛刊影印元刻本。
② 马建春:《元代东迁西域人及其文化研究》,民族出版社2003年,第154页。

行钞法,成效显著。忽必烈时期中书平章政事回回人阿合马更是权倾一时,"挟宰相权为商贾,以网罗天下大利"。① 中统三年(1262),阿合马受领中书左右部,兼诸路都转运使,"专以财赋之任委之"。② 至元元年(1264)阿合马出任中书平章政事,当时省部官中其党羽共 714 人。③ 回回商人党服于他者人数众多,不仅依靠其权势为营商铺路,甚至一些富商向阿合马行贿入官,再以权势垄断商贸。在阿合马已经去世四十天后,有一次,忽必烈要一颗大钻石装饰他的皇冠,没有找到,该处两个商人来说道:"我们已经有一次给合罕送过来一颗大钻石,交给了异密阿合马。"合罕很生气,派人到阿合马家中搜查,在阿合马妻子滕哲哈敦处找到那颗钻石,忽必烈下令挖出阿合马的尸首,并杀死他的妻子滕哲和两个儿子异密哈散和忽辛,没收了他全部的财产。④ 由这一事件可知阿合马生前,希冀其权势而得益于朝廷的回回富商大户何止一二。

忽必烈对商业十分重视,尤其对上都的商业屡行鼓励政策,对上都商税的征收十分优厚。至元二十年(1283)七月,"敕上都商税六十分取一"。⑤ 同年九月,"徙旧城市肆局院,税务皆入大都,减税征四十分之一"。至元二十二年(1285)五月,"减上都商税"。同年六月,又"诏减商税"。⑥ 即便是屡减商税,商税收入对上都来说仍是重要的收入,至元中期,上都商税收入已逾 12000 余锭,比岭北行省高出 30 倍,⑦足可见,商业在上都的繁荣程度以及重要性。而远赴上都从事商业活动的仍主要是来自中亚等地的回回商人。

三、大都(燕京,今北京)

大都是元朝都城。突厥语称为汗八里(Qan-baliq),意即汗城。1215 年,成吉思汗攻占金中都(今北京),复旧称为燕京,作为蒙古贵族统治汉地的重要据点。窝阔台开始在这里派驻断事官,建立行政机构,统辖汉地诸路,时称

① (明)宋濂等:《元史》卷 205《阿合马传》,中华书局 1976 年。
② (明)宋濂等:《元史》卷 205《阿合马传》,中华书局 1976 年。
③ (明)宋濂等:《元史》卷 12《世祖纪》,中华书局 1976 年。
④ 【波斯】拉施特著,余大钧、周建奇译:《史集》(第二卷),商务印书馆 1997 年,第 345 页。
⑤ (明)宋濂等:《元史》卷 12《世祖纪》,中华书局 1976 年。
⑥ (明)宋濂等:《元史》卷 12《世祖纪》,中华书局 1976 年。
⑦ 《元典章》卷 20《户部》,中华书局 2011 年。

燕京行台或行尚书省。

公元1260年,忽必烈即帝位于开平,在燕京设行中书省,分遣宰执人员,行省事于燕京,后将设在开平的中书省移至燕京,与燕京行中书省调整合并。中统四年(1263)升开平为上都,至元元年(1264)改燕京为中都,四年,正式兴工,在金中都旧城的东北修建新城。负责工程的先后有张柔、段天佑和回回人也黑迭儿等。九年二月,改中都为大都,定为都城,十三年,城建成。

大都北连朔漠,南控中原,西拥太行,东濒渤海,地势优越,是辽、金两代的京城。忽必烈称帝后,元朝的统治重心已由漠北移到中原。为了巩固对这一地区的统治,忽必烈依汉制兴筑新都,把都城确定在大都。1272年之后,元都城从上都迁到大都,上都作为陪都、夏都。每年四月忽必烈到上都,八、九月返回大都。不在大都期间,通常指定一名宰相在大都驻守。

大都原来是辽、金的首都,经济、文化等各方面都有很好的发展基础,确定为元朝的国都后,各方面都得到快速发展,城市规模宏大,人口众多,号称人烟百万,商业繁荣,为天下商贾辐辏之所,举凡海内外所产珍品异物,均汇集于大都。大都城内各种专门市集三十多处,最繁华、最集中的有三处:一处在今西四(牌楼)附近,叫羊角市,有羊市、马市、牛市、驴骡市等,主要是牲畜交易市场。一处在今东四(牌楼)西南,明照坊内,称作枢密院角市。最繁华的一处是位于全城中心的钟鼓楼以西,即今积水潭北岸,积水潭即海子,当时是南北大运河的终点。南来的船舶都停留在此,商贾云集,店铺众多,有米市、面市、缎子市、皮毛市、帽子市、鹅鸭市、珠子市、铁市、沙剌(珊瑚)市等。这里有许多娱乐场所,是贵族富商经常出入的地方,也是全城的商业中心。①

意大利旅行家马可·波罗在他的游记中记载元大都城文明门外满舶着南来的船只,顺承门外是南商的聚居之地,平则门外多留居西方商人。他将大都称作汗八里(汗城),城内外人户繁多。马可·波罗深为大都之繁富所震动,描述大都的商业之繁荣,举凡世界各地奇珍异货在大都市场上均有销售。十二个城门,城门外为附廓区,"所居者,有各地来往之外国人,或来入贡方物,或来售货宫中"。他甚至说汗八里城像是一个大商场。世界上再没有城市能

---

① 刘志宽:《十大古都商业史略》,中国财政经济出版社1990年,第515页。

运进这些少见的宝货。每天运进的丝就有千车,若以每车五百公斤计,则每日入城之丝平均有五十万公斤,每年有十八万吨。汗八里周围有大小城市二百个,每城都有商人往来于大都之间。① 马可·波罗赞叹说:汗八里城里的珍贵的货物,比世界上任何一个城市都多。汗八里城诸基督教徒、回教徒及契丹人中,有星者、巫师约五千人,他们衣食皆仰于官赐,专执巫术,不为它业。② 马可·波罗也提到来大都经营的商人为其投下买卖货物,即为宗室诸王经营商业的回回斡脱商人。

与上都一样,由于各地商人往来,商税成为大都的主要财政收入,元代中期大都商税为十万三千余锭,仅次于江浙、河南行省,其余各行省的税收总数,尚不及大都一市。③ 可见大都商业发展的盛况。而且回回商人对蒙元,尤其是大都城市商业有重要作用。木速鲁蛮(穆斯林)及术忽(指犹太人)商人到蒙古草原以北、贝加尔湖以南之地用海青猎鹰去大都贩卖的零星资料也见于元代史料,④以至于在忽必烈时期因为朝廷中权力及不同宗教间的斗争,忽必烈下令禁止穆斯林以"断喉法"宰杀羊只,借此打压回回官僚势力,此禁令实施了七年,"回教商人不复至中国,列献之物因缺,而其货物所纳之关税因无所得,忽必烈乃收回其禁令"。⑤ 可见,当时回回商人对于元政府的财税收入、宫廷贡物的提供都有重要的贡献。而当时回回商人避而不来的主要地区是政治和宗教斗争都最为严重的大都。

大都是回回商人的重要留居地,尤其是在元代几位重要的回回理财大臣握有重权之时,他们周围聚集了一大批回回商人,依仗权势,从事商业活动。自壬子年(1252)至世祖中统四年(1263)统计,燕京(中都)的回回共有二千九百五十三户,其中多"富商大贾势要兼并之家,其兴贩营运,百色侵夺民利,并无分毫差役"。⑥ 时任中都监察御史的王恽所谓富商大贾主要指斡脱商人,他们聚集大都,依靠蒙古王公贵族以及回回权贵的支持不纳赋税,放债取利,给

① 【意】马可·波罗著,冯承钧译:《马可波罗行纪》,上海书店出版社 2000 年,第 235 页。
② 【意】马可·波罗著,冯承钧译:《马可波罗行纪》,上海书店出版社 2000 年,第 256 页。
③ (明)宋濂等:《元史》卷 94《食货志二·商税》,中华书局 1976 年。
④ 《元典章》卷 57《刑部·禁回回抹杀羊做速纳》,中华书局 2011 年。
⑤ 【瑞典】多桑著,冯承钧译:《多桑蒙古史》(上),上海书店 2001 年,第 328 页。
⑥ (元)王恽:《秋涧集》卷 88《为在都回回户不纳差税事状》,四库全书本。

社会造成诸多不利影响。南宋彭大雅在《黑鞑事略》中记述蒙古"其商贩，则自鞑靼主以至伪诸王、伪太子、伪公主等皆付回回以银，或贷之于民而衍其息，一锭之本展转十年后，其息一千二十四锭；或市百货而懋迁；或托夜偷而责偿于民"。

　　成吉思汗和窝阔台时期以治理刚被蒙古军征服的河中地区而闻名的马合木·牙剌瓦赤，因对西域的成功治理在窝阔台晚年时期被调到中国北部地区任职，贵由登基后，"把契丹诸州交给大丞相牙老瓦赤，以及原在异密速忽毕治的河中，突厥斯坦和其他的土地"。① 他的治地主要在中都（燕京），虽然在汉地的声誉远不如在河中地区，在贵由汗和蒙哥汗时期，牙剌瓦赤在汉地做大断事官，中都等地因他而聚集西域回回商人是自然的事情。至治三年"南坡之变"爆发，回回人倒剌沙因拥戴泰定帝而位居丞相，一时间西域人纷纷党服于他，朝廷免除了答失蛮（回回）差役，优待回回商人，元廷给钞四万锭，分别在上都及大同路修建了礼拜寺，回回商人也在这种政治势力的保护下大获其利。倒剌沙向姻亲长芦盐运司判官亦剌马丹借贷钞四万锭，"买盐营利于京师"。② "回回人哈哈的，自至治间（1321—1323），贷官钞违制别往番邦，得宝货无算，法当没官，而倒剌沙（回回人，中书左丞）私其种人，不许。"③至和元年（1328）两都之战后，元文宗即位，杀倒剌沙，下令清查其党羽，此风波及回回商人，不仅大都回回商人，甚至江南回回商人均受其害，受到极大打击。

　　大都粮食的供应是回回商人经营的重要领域。大都城市规模巨大，城市居民粮食全依赖客旅从水路大运河及海道兴贩供给，由于大量驻军及聚集大批工匠，大都所需粮食量十分庞大，但因为有畅通的商品粮贸易渠道，大都粮食供应充分。元政府为了保证粮食的交易，在"南城等处设米铺二十，每铺日粜米五十石，以济贫民，俟秋成乃罢"。④ 由于粮食商品化程度较高，有利可图，吸引了大量商人，尤其是回回商人从事粮食长途贩运，致使大都等地粮食

---

① 【伊朗】志费尼著，何高济译：《世界征服者史》（上），商务印书馆 2007 年，第 300 页。
② （明）宋濂等：《元史》卷 32《文宗纪》，中华书局 1976 年，第 714 页。
③ （明）宋濂等：《元史》卷 32《文宗纪》，中华书局 1976 年。
④ （明）宋濂等：《元史》卷 40《顺帝纪》，中华书局 1976 年。

充裕,有时甚至会出现仓库官员拒收商贩粮食的情况。有史记载,至元七年(1270)十二月,商人运粮到上都"永盈、万盈两仓下卸中纳,其两仓见百姓搬载米粮数量较多,推称元籴粮数已足,不肯收受,百姓在客日久,牛只损死,盘费俱尽,将所载米粮不得已折价贱粜"。①

四、西京(今山西大同)

西京是蒙元时期回回商人较多的城市之一,早在 1212 年,成吉思汗就率军攻打大同不克,1213 年攻克大同。之后木华黎被封为国王,建行省于云燕,西京成为蒙古军力图中原的战略要地,随之,大批穆斯林随蒙古人进驻西京。到至元十四年(1277)意大利旅行家马可·波罗奉元世祖忽必烈之命出使南洋,路经大同,称大同及其附近涿州、太原、平阳一带的城市美丽而且雄伟……其中商业及数种工业颇见繁盛,各种各样的物品都能制造,尤其是武器和其他军需品更为出名,依靠行商为生者甚众。而且在以西京为中心的地区偶像教徒之庙宇甚众,②同时"聂斯托里派教徒和萨拉森人(指穆斯林)居住"。③ 元朝曾在西京立炉炼铁,州、县拨炼铁冶户 760 煽。多次从西京运米、羊、皮、帽靴,以支战用。中亚回回工匠、商人随之大批进入西京,成为这里伊斯兰教发展传播的基础。

元代大同五教俱兴,且各教教士享有种种特权,如经商享受免税政策,蒙古帝国时,因为经商有巨利可图,各宗教教士积极参与营商,并曾一度享受免税的待遇,后来教士经商越来越普遍,甚至一些商人依靠宗教势力享受免税政策,蒙元帝国一度规定僧、道、也里可温、答失蛮"买卖出纳商税"。也里可温即基督教徒,答失蛮即元代对伊斯兰教士的称呼。"至元三十年,敕僧寺邸店商贾舍至,其货物并输税课;七年七禁京城诸寺邸舍匿商税。文宗时,又诏僧道也里可温答失蛮为商者,仍旧纳税。盖元宗崇信宗教,僧道也里可温等势可

---

① (元)魏初:《青崖集》卷4《奏议》,四库全书本。
② 【意】马可·波罗著,冯承钧译:《马可波罗行纪》,上海书店出版社 2000 年,第 260—263 页。
③ 【英】道森著,吕浦译,周良霄注:《出使蒙古记》,中国社会科学出版社 1983 年。

与权贵抗衡,商贾依止,可以免税,而僧道等亦可挟势而为商,此皆非前代所有
也。"①关于对教士经商的管理,元代《通制条格》卷29《僧道·商税地税》中屡
有涉及,时人对宗教团体营商不纳税也颇有微词,但政府屡禁不止,征税也无
法真正实施。在忽必烈时期,甚至还规定寺院采买用度及寺院出产买卖时不
纳税,寺院涉及其他大买卖要纳税,同时规定寺院不得包庇其他商人。即便是
这样,寺院参与商业买卖,甚至是宝货等大宗买卖不纳税仍然屡禁不止,甚至
一些不法商人也以寺院为依托,交易逃税。《元史·世祖本纪》载,至元十三
年(1276)六月庚午,"敕西京僧、道、也里可温、答失蛮等有家室者,与民一体
输赋"。在对全国教士经商给予纳税管理的基础上,专门对西京宗教人士按
章纳税予以专门谕令,可见在西京各种宗教势力相当之大,商人依靠宗教势力
从事商业以避税的现象在西京最为突出,其中这里也成为伊斯兰教士和回回
商人云集的重要城市。

不仅西京,在元代的北方城市,"从河套地区东达宣化一带,从丰州到大
同、平阳、太原、荨麻林,有不少回回军士、工匠、商人、官宦及伊斯兰教宗教师
居住在这里"。② 由于对丝织品的需求量非常之大,窝阔台时,进贡和贩运至
斡耳朵的丝织品甚至不敷使用,一批西域穆斯林工匠被带到弘州、荨麻林等
地,从事丝织品生产,成为元朝弘州、荨麻林纳什失局的起源。忽必烈时期,
荨麻林城"大多数居民为撒马尔干人,他们按照撒马尔干的习俗,建起了很多
花园"。③

《世界征服者史》中记载,窝阔台时期,太原百姓提交申请,为他们所欠八
百巴里失债务延期,大汗为了保护百姓和商人双方的利益,下令官府负责偿
还,并下令"凡有债权者可提出契约,要么负债者可指出债主,他就可以从国
库领取现金"。④ 而这里所欠债务大多是回回商人经营的斡脱高利贷,可见,
此时回回商人于太原经商者不在少数。

① 王孝通:《中国商业史》,团结出版社2007年,第147页。
② 白寿彝:《回族人物志》(元代),宁夏人民出版社1985年。
③ 【波斯】拉施特著,余大钧、周建奇译:《史集》(第二卷),商务印书馆1997年,第324页。
④ 【伊朗】志费尼著,何高济译:《世界征服者史》(上),商务印书馆2007年,第211页。

五、亦集乃(黑水城)

元之前,亦集乃是西夏国的古都,党项语称"亦集乃"。《元史》记载亦集乃"在甘州北一千五百里,城东北有大渍,西北具接沙碛,乃汉之西海郡居延城"。① 亦集乃是中亚通往漠北和中原的必经之路,位于居延海附近,在蒙元时代是丝绸之路的重要站点。

元太祖二十一年(1225)取黑水等城,元代亦集乃路治所设置在此,关于亦集乃的史料记载极其缺乏,大多依据后来的考古材料。

黑水城为长方形,周长约 1 公里。东西两墙中部开设城门,并筑有瓮城,现在城墙仍高耸地表,高达 10 米。城内的街道和墙壁及整齐排列的木头檐柱从流沙中露出。城外西南方,有一座蒙古包顶、壁龛样式的礼拜堂仍完整地矗立于荒野,清真寺建筑遗址也清晰可见,位于城市一角。

城内有东街、正街两条街道,考古发现,两条街道两侧均有店铺遗址,有饭馆、酒店、杂货店、作坊等,还有专门经营布匹绸缎的采帛行。东街设有柴市,城外关厢有牲畜市场,有的商人以亦集乃路治所为据点,前往岭北鞑靼地面做买卖。② 当时中亚回回商人长途跋涉,来到漠北草原经商的路线南线即由甘州北上经亦集乃北上至蒙古草原。

"马可波罗时,有道由亦集乃直达哈剌和林,今尚可见古道遗迹。"③回回商人从亦集乃到和林及岭北行省其他地方经商或从中亚经喀什、敦煌、肃州、亦集乃再到和林也是当时中亚、欧洲通往和林的重要商路之一。许多中亚回回商人行走在这条商道上。黑城出土文书中记载有亦集乃民女失林的丈夫阿兀为该路礼拜寺即奥丁哈丁管辖的穆斯林商人,他娶了失林为妾,阿兀到岭北做生意期间,失林与邻居阎从亮私通的事情。④ 据此推断,元代在亦集乃做生意的回回商人应不在少数,而以此为中转站,来往于漠北各部和中亚、西域的回回商人更是非常之多。

---

① (明)宋濂等:《元史》卷 60《地理志》,中华书局 1976 年。
② 李逸友:《黑城出土文书(汉文文书卷)》,科学出版社 1991 年,第 21—22 页。
③ 【意】马可·波罗著,冯承钧译:《马可波罗行纪》,上海书店出版社 2000 年,第 132 页。
④ 李逸友:《黑城出土文书(汉文文书卷)》,科学出版社 1991 年,第 164—171 页。

六、安西(京兆府城)

唐宋时期的长安,从唐朝起,因长安为国都,从海陆两路来华的穆斯林以使者、商人为多,且大多以长安为目的地,所以长安聚集了许多回回商人,唐宋时期长安城都有回回居民为主的蕃坊。蒙古西征时,从中亚带回的回回"签军"参加对西夏的战役后有许多留居西北,尤其是现在宁夏、陕西关中一带,元代的西北成为中国回回的重要分布区域。元朝时,忽必烈封他的三子为安西王,镇守关中,长安所沿用的京兆府的名称,在至元十六年(1279)改为安西路,安西是安西王治所,又是元代通往中亚的丝绸之路之起点。安西通往大都及通往西域、中亚的驿路畅通,商人、教士络绎不绝,商业自然兴盛。马可·波罗游记记载京兆府工商繁盛,物资丰盈。居民大多数是偶像教徒,然亦有基督教徒、突厥种人、聂斯脱里教徒及若干回教徒。[①] 所以,元代的安西是西北回回商人聚集最多的城市,也是通过丝绸之路往来于中国各地与西域、中亚、西亚和欧洲的最为重要的起点。

当然,回回商人活跃的蒙元北方城市远不止以上几座,"元时回回遍天下",说明元朝回回商人的分布之广泛。回回商人是蒙元城市中最活跃的部分,也是不擅理财的蒙古贵族的理财助手,他们在北方城市中的活动呈现出一些特色:(1)回回商人在北方主要聚集在城市,时人称回回商人"天下名城区邑必居其津要,专其膏腴",[②]因为他们主要为蒙古宗王、贵族服务,多为富商大贾,而且多聚集在蒙古政治统治中心城市。由于人数较多,在每个城市中,都开辟有回回商人或色目商人的专门居住区域,建有清真寺,供穆斯林商人宗教活动使用。(2)回回商人主要为蒙古宗王、贵族服务,蒙古人走到哪里,他们的商业活动就会跟随到哪里。同时也开辟了诸多商路,尤其是中原通往漠北草原、中亚通往和林、元朝政治中心与蒙古各汗国之间商路的开通都与回回商人有着直接的关系。随着蒙元政治中心的变迁,回回商人在沟通和林、上

---

① 【意】马可·波罗著,冯承钧译:《马可波罗行纪》,上海书店出版社 2000 年,第 266—267 页。

② 许有壬:《西域使者哈只哈心碑》,载白寿彝:《回族人物志:附卷之二》,宁夏人民出版社 1985 年。

都、大都这几个城市之间商业往来方面,担负了重要责任。(3)蒙元回回商业表现出一定的畸形发展特征,回回商人往往因为突出的经商和理财才能成为蒙古人敛财的中介。回回商人也因此官商一身,产生了像阿合马、奥都·剌合蛮、倒剌沙等一批官商以及倚靠他们经商的大量回回商人,他们多进行斡脱经营,可"持玺书,佩虎符,乘驿马",政府还出面帮助追索所贷钱银。在和林、大都、上都等城市,许多回回商人充当斡脱,持蒙古贵族甚至官府的钱财四处放贷,牟取暴利,而且得到统治者的保护。官商和斡脱是一群特殊的商人,必然对社会产生诸多的负面影响。垄断、非正常经营,扰乱市场秩序,在某种程度上影响了元代商业的公平正常发展,甚至产生斡兀立海迷失时期危及政治秩序的恶劣影响。(4)北方城市活跃的回回商人往往与蒙元政治斗争有直接的关系。从忽必烈时起,在蒙元宫廷,"回回法"与"汉法"派斗争就趋向激烈,在理财、施政等各方面,两个派别存在根本的对立,而回回富商大贾往往依靠回回权势人物经商放贷,元廷中回回官吏的去留直接影响到他们的利益,所以许多回回商人随着回回宦海的沉浮而沉浮,这也是元代回回商业畸形发展的表现之一。

从蒙古帝国在草原修建城市之日起,西亚、中亚回回商人就成为这些城镇的常客和居民,他们活跃于中亚通往草原的商路上,并跟随蒙古人,成为和林、大都、上都等元朝北方城市的主要商人,为这些城市的发展和繁荣作出巨大贡献。虽然回回商业有畸形发展的特点,但不能因此否定回回商人在蒙元商业发展及城市发展中的重要作用。城市的建设是蒙古人由游牧经济到定居,选择农业经济的开始,这一转变关系到帝国政权的稳固以及长治久安,但对于长期生活于草原,逐水草而居的蒙古人来说,这种转变是艰难的,早在蒙古人对外征服时期,面对农业文明以及城镇,尤其是征服中亚时,蒙古人曾经对当地一些城市采取毁灭行为,"是由于他们不了解农业经济,更不了解城市经济"。① 蒙古草原城市的出现说明蒙古人在征服过程中,在接触农业文明的过程中,受到农业文明的影响。征服中亚后,怎样治理城市对蒙古人来说是个全新的难题,听了中亚商人马合木·牙剌瓦赤关于城市治理的建议后,成吉思汗

---

① 【法】雷纳·格鲁塞著,龚钺译:《蒙古帝国史》,商务印书馆 2005 年。

放心地将中亚交给牙剌瓦赤父子管理。牙剌瓦赤不辱使命,对中亚的战后恢复建设十分成功。忽必烈对定居后改变治理方式也颇费心思,从在上都建立府邸开始,他日渐重视对农业定居地区的管理,改变牧业游动的特征,开始建设定居的都城,鼓励商人的活动,都是这一决策的表现。而在蒙古人的这种转变过程中,来自于中亚的回回商人承担了重要的角色,他们不仅直接影响了蒙古人的城市化进程,而且以活跃的商业活动丰富了蒙元各地城市的功能,成为元代商业发展的重要力量。因为蒙元鼓励商业的政策使大批中亚、西亚擅经商的穆斯林来到中国,并到有利可图之地经营商业,这扩大了回回先民在中国的广泛分布,回回商人跨地域的频繁活动也加速了他们以伊斯兰教为基础的民族整合过程,并在元末明初最终形成回回民族。

第四章　蒙元回回商人经商路线和商品考

从蒙古帝国甚至更早,中亚等地的回回商人就深入漠北草原,与蒙古人交易,因经商来往,整个蒙元时代,回回商人开辟了诸多商道,沟通了漠北草原与中亚、西亚的陆上商业贸易,并积极参与世界海上贸易,开拓海上航线,繁荣了中国与世界的航运交通。陆上和海上的经商路线是回回商人在蒙元经营商业的重要要素。随着大量回回商人的东来,他们开创和经营着适合元代市场特色的商品,不仅使中国被纳入世界市场体系,也沟通了中国各地区间的商品流通。

第一节　蒙元回回商人经商路线考

蒙元时代,擅经商的中亚、西亚穆斯林商人异常活跃,广泛地往来于欧亚大陆广阔的疆域,尤其是深入漠北草原与物资紧缺的蒙古人进行商业贸易,而且成为蒙古人与中亚、西域沟通的桥梁。蒙古人大规模的西征与中亚穆斯林商人有着直接的关系,中亚、西亚穆斯林与蒙古人的关系及其发展产生了重大的影响,蒙古人大规模的西征开创了一个世界蒙古时代,欧亚大陆上出现了蒙古帝国,形成了四个彼此密切联系的汗国。中亚、西亚穆斯林大批来到中国并定居下来,以他们为主在中国形成了一个新的民族——回族。而这一切都始于中亚穆斯林商人向蒙古高原的经商行为。蒙古人与西域、中亚和欧洲的联系也来自于这些商人开辟的商道。中亚、西域与漠北草原的贸易基本被回回商人垄断。

"阿姆河以北地区规模狭小的绿洲经济,需要维持与邻近地区的经常的商品交换;而地处东西文明之间的地理位置又使长途贾贩成为当地人谋生的重要手段之一。北朝、隋、唐时代的粟特商胡的后裔到了蒙古时代成了回回商贾,他们像自己的祖先一样深入漠北草原与游牧民族交易牟利。"①

回回人东来之前所处的中亚地处亚欧大陆陆上贸易的中转站之地。丝绸之路经过中亚分南北两路,南路直通中东,北路越阿尔泰山一路往东。历史悠久的古代丝绸之路在八世纪以来随着海上丝绸之路的兴盛而有所衰落,十一世纪以来,随着蒙古人势力的强大和铁蹄所向,陆上丝绸之路为之重开。

在蒙古人统一之前,中亚穆斯林商人的足迹已到达了蒙古各部,回回商人"不但经常往来于乃蛮、克烈、汪古等部,还深入到额尔古纳河的山林地带从事贸易"。② 成吉思汗时代的中亚回回商人阿三从汪古部迁赶牲畜来到班朱尼河遇到成吉思汗而归顺;札八儿火者作为回回商人很熟悉金朝的情况屡被派到金朝为使,可见他曾经经常来往于金和蒙古之间经商。

在蒙古帝国时期,中亚回回商人主要从陆路到蒙古高原从事商贸活动,蒙古人西征后,中西交通更是为之大开,钦察汗国、伊利汗国和察合台汗国的建立使蒙古高原通往各汗国的道路畅通无阻,一直持续到元朝中期。元朝中期,由于西北诸王不断掀起战乱,与中央王朝关系时好时坏,陆路时常阻塞,对外交通以海路为主。

一、陆路商道

回回商人开创的商道网络遍布亚洲大陆,主要包括蒙古各部通往中亚的通道,中亚通往西域(今新疆)的通道,以及蒙古草原通往汗地的通道。

首先,蒙古草原通往中亚的道路主要有两条:

第一条:漠北—金山路。主要是从漠北草原中部西行越杭爱山,继续西行,越金山(今阿尔泰山)向南,或沿今准噶尔沙漠北缘西行,或向南进入畏兀儿北境。

成吉思汗西征的导火线——"讹答剌"事件中的蒙古商队即经此商道。1218 年蒙古汗廷组织了一支 450 人的庞大商队前往花剌子模,这支商队沿原

---

① 刘迎胜:《陆路与海路》,北京大学出版社 2011 年,第 261 页。
② 韩儒林:《元朝史》(上),人民出版社 1986 年,第 39 页。

路到达赛蓝,再沿阿雷思河与忽阐河汇流处的花剌子模边城讹答剌时被杀。①
事发之后,只一回回驭夫逃出回到蒙古高原向蒙古汗廷报告此事,引发了成吉
思汗大规模西征花剌子模。当时西征队伍以回回商人为向导,西征行军路线
即是漠北—金山路:从哈剌和林到也儿的石河(今额尔齐斯河)集结,从乌里
雅苏台附近出发,经科布多,越金山(阿尔泰山)走白骨甸、和州(高昌)经别失
八里,出天山北路,然后顺伊犁河西行至阿力麻里,渡伊犁河、吹河到西辽首都
虎司窝鲁朵,然后兵分三路,一路奔毡的,一路经怛罗斯直插讹答剌,一路直向
浩罕、撒马尔干。② 虎司窝鲁朵—别失阐—渡忽阐河—撒马尔干这条出征路
线实为商人开辟的商道,是回回商人最为常用的传统商路,也是中亚通往漠北
高原的最主要商道。

　　成吉思汗远在花剌子模之时,汉地全真教道长丘处机被成吉思汗所派之
人邀请到蒙古去,丘处机一行出汉地,一路北上先到达和林,再从和林出发,西
行到成吉思汗行营。丘处机一行西行路线应该是蒙古人西征和中亚回回商人
常走的道路,和林向西到镇海城,经越杭爱岭、金山经乌兰达坂隘口南行过天
山,至今新疆昌吉县,行至赛里木淖尔湖沿湖南行至阿力麻里(后来的察合台
汗国都城,遗址位于今新疆伊犁哈萨克自治州霍城西十三公里处),由阿力麻
里西行至中亚撒马尔干(今乌兹别克斯坦撒马尔罕)。

　　直到贵由汗和蒙哥汗在位时期,这条岭北行省通往中亚的商路仍频繁使
用,欧洲商人、使者、传教士多经此路来蒙古。"1245 年,罗马教皇英诺森四世
派遣普兰诺·加宾尼出使蒙古,其行程穿越波兰进入斡罗斯,经乞瓦到达库蛮
人领地边界的拔都诸地。从此穿越康里人地区,进入木速蛮领地(花剌子
模),经养吉干(在锡尔河下游)至叶密立渡阿拉湖,到达第一个斡耳朵——霍
博,再经过乃蛮人国土(阿尔泰山山地),到达蒙古。"③

　　第二条:漠北—河西—西域路。从蒙古高原中部南下越戈壁进入西夏境
内,沿河西走廊西行,之后一条向西北经哈密入天山以北,一条进高昌。这条

---

① 刘迎胜:《陆路与海路》,北京大学出版社 2011 年,第 262 页。
② 德山等:《蒙古族古代交通史》,辽宁民族出版社 2006 年,第 19 页。
③ 修晓波:《元代色目商人的分布》,《元史论丛》第六辑;【英】道森著,吕浦译,周良霄注:
《出使蒙古记》,中国社会科学出版社 1983 年,第 49、70、87 页。

商路是中原汗地通往西域、中亚的传统商路,即有名的"丝绸之路",蒙古高原沿南部沙漠进入西夏境内,过黑河城入河西走廊即与丝绸之路重合。马可·波罗东来中国的线路即是这条线路,经帕米尔高原进入新疆境内,后经可失合儿(喀什)、鸦儿看(莎车)、忽炭(和田)、车尔城(今且末南)、罗不(今若羌)、沙州(今敦煌西)、肃州(今酒泉)、亦集乃(今黑城)。丝绸之路是汉代以来汉地通往西域的传统通道,东以西安为终点,在以西安为首都的唐朝以及宋朝时期不仅沟通东西方商业贸易,在东西文化的交流方面也起到举足轻重的作用,蒙元时期,丝绸之路成为蒙古高原以及中原与西域、中亚、欧洲陆路交通的中段通道,虽然其北有漠北—金山路,但这条传统商路在蒙古西征、灭西夏后即成为东西主要通道。

其次,沟通广阔的中亚、西亚与西域的路线也有好几条。

第一条,阿力麻里(今新疆霍城西北)—虎思斡耳朵—塔剌思—赛蓝—塔什干。这条通道在蒙古西征前,即广泛为商人所使用。前文所述,成吉思汗时期从忽毡来的阿合马等三名商人为首的商队,即是经由察赤(今乌兹别克斯坦共和国首都塔什干)北行到赤麦干(今哈萨克斯坦共和国奇姆肯特,即赛蓝)再东行至塔剌思,经碎叶川流域的虎思斡耳朵,到达亦列水流域的阿力麻里而前往蒙古。[①]

蒙古西征结束后,蒙古四汗国建立,中西交通更是畅通无阻,各汗国之间商旅、使者往来不断,这条道路更为扩展。一道由敦煌经哈密、别失八里、阿力麻里经塔剌思,取道咸海和里海以北,穿行康里、钦察草原到达伏尔加河上的撒莱,由此或西通东欧各国;一道经克里米亚半岛越黑海至君士坦丁堡;一道经高加索至小亚细亚。基督教传教士孟德科维诺在写给教皇的信中说,这是最短和最安全的道路,只用五六个月的时间便可到达。在这条商路上,阿力麻里是十三、十四世纪中西陆路交通的枢纽,也是重要的商业城市,也是后来所建的察合台汗国的政治中心。成吉思汗西征时,阿力麻里也是伊斯兰教向东传播的分界线,当地居民有信奉伊斯兰教的,也有信奉聂斯脱里教的。丘处机

---

① 刘迎胜:《陆路与海路》,北京大学出版社 2011 年,第 262 页。

在畏兀儿西境昌八里了解到,由此"西去无僧道,回纥但礼西方耳"。① 回纥即指西域回回人,丘处机在阿力麻里还受到铺速蛮国王及蒙古达鲁花赤的迎接。据此推断,阿力麻里的哈剌鲁人中虽有不少聂斯脱里教徒,但其王族可能是信奉伊斯兰教的。

第二条,天山南路到威尼斯之路,这条道路是马可·波罗的东行线路,此路经敦煌、罗布泊、天山南路的葱岭,由和田越帕米尔高原,经阿富汗进入伊朗,到贴必力思(今伊朗西北境大不里士),直到意大利的威尼斯,马可·波罗即行此路到达元大都。

第三条,由阿力麻里入河中,经撒马尔罕、布哈拉,去呼罗珊(伊朗境内)而抵小亚细亚。

蒙古西征花剌子模前,先灭西辽,蒙古帝国与花剌子模的国土接壤,更加便利了回回商贾的来往。蒙古大规模西征,灭花剌子模后,彻底打通蒙古高原通往中亚的道路,在这两地之间设立站赤,以保护来往使者、商旅的利益。

早在蒙古帝国时代,成吉思汗平定各部后,在东西商路上设置守卫,并颁布扎撒,凡进入蒙古国土的商贾一律颁给凭照,携有贵重物品的商贾应直接护送到大汗那里。② 元朝建立后,在广袤的疆域,实行严密的站赤制度,国土境内遍设驿站,多达 1500 多处,东北到奴儿干之地(今黑龙江入海口一带),北达吉利吉思部落(今叶尼塞河上游地方),西南至于乌思藏宣慰司辖境(今西藏)。③ 贯通欧亚大陆,使"四方往来之使止则有馆舍,顿则有供帐,饥渴则有饮食,而梯航毕达,海宇会同,元之天下,视前代所以为极盛"。④ 良好的交通设置使元朝的对内、对外联系空前繁荣,尤其是元政府一直对商业采取保护措施,商人往来往往受驿站的保护,甚至可使用驿站设施,极大地促进了东西商业的发展。

元代中后期,由于西北诸王不断掀起战乱,各汗国之间也时战时和,陆路交通时常受阻,海外贸易主要依靠海路,伊利汗国与元朝的往来也多由海路往

---

① (元)李志常著,党宝海译注:《长春真人西游记》,河北人民出版社 2001 年。
② 【伊朗】志费尼著,何高济译:《世界征服者史》,商务印书馆 2007 年,第 90 页。
③ 鲍志成:《元大都和杭州的国际性》,《大同高专学报》1998 年第 3 期。
④ 庄景辉:《略论元代泉州的繁盛及其原因》,《福建学刊》1989 年第 1 期。

来,马可·波罗回程即走海路。尤其是至元五年(1268),海都叛据中亚以后,通过海上交通加强与伊利汗国的联系就显得更为重要。而通过伊利汗国与欧洲的来往也使得海路显得更为重要。元朝的商业贸易逐渐转向海洋,而且因为海路的畅通使得元朝的贸易走向更宽广的天地,更多地参与世界贸易体系。

二、海路商道

从宋代起,中国海船出洋前往今东南亚和北印度洋海区大体有两条航线。

一条航线是"大陆航线",即从福建、广东大体沿东亚大陆海岸线南下,经占城,穿马六甲海峡,过印支半岛,进入暹罗湾,继续向西,所经海外诸地皆称为"西洋"。占城是这条航线中重要的一站,从宋到元,许多回回商人在占城经商,蒲寿庚家族即是他们的杰出代表。《西山杂志》记载,泉州蒲氏家族成员蒲有良五代时"之占城,司西洋转运使",宋末其族人蒲甲又"司占城西洋之转运使"。① "泉州蒲氏任'占城西洋转运使'时,所经营的就是西洋航线的贸易。"②

这条航线中产自马鲁古群岛(摩鹿加群岛)的豆蔻和丁香是世界贸易的重要物品,③不仅西方人,中国乃至印度洋沿岸都大量进口,而由此至马六甲海峡之间的爪哇岛也成为这条航线中香料的中转地。

另一条航线是"岛屿航线",即从大陆出发向东航行,先横渡今台湾海峡至琉球(今台湾),或先横渡南海北部(相对今广东海舶而言),至吕宋诸岛,然后再沿今菲律宾列岛南下,以西太平洋岛弧的南部诸岛为导航的标志物,所经之地皆称为"东洋",即今菲律宾诸岛、加里曼丹岛和爪哇岛以东之西太平洋海域。"东洋"中的菲律宾诸岛与加里曼丹岛附近的南海海域被称为"小东洋",加里曼丹岛以南海域被称为"大东洋"。而从"小东洋"进入"大东洋"有两条航线:一是从加里曼丹岛西部沿海进入"大东洋",此即大东洋的西部,指

① 蔡永兼:《西山杂志》卷 1"蒲厝条",抄本,转引自庄为玑:《泉州宋船为蒲家私船考》,《中国与海上丝绸之路》,福建人民出版社 1991 年,第 347 页。
② 刘迎胜:《东洋与西洋的由来》,《海路与陆路》,北京大学出版社 2011 年,第 18 页。
③ 【新加坡】尼古拉斯·塔林主编,贺圣达等译:《剑桥东南亚史》(Ⅰ),云南人民出版社 2003 年,第 172 页。

今爪哇海和巴厘海;二是从加里曼丹岛与今菲律宾的巴拉望群岛之间的海峡穿过,进入苏禄海,再沿加里曼丹岛东部沿海南下,此即"大东洋"的东部,即今之苏拉威西海、马鲁古海、班达海和佛罗勒斯海诸地。①

两条航线都可到印度洋,而连接印度洋与地中海的航路也有两条。

其一从印度洋到达当时马八儿、俱蓝等国,或再向西渡黑海,经君士坦丁堡,可到威尼斯,这是连接印度洋与地中海的重要道路。而经陆路到达中国的马可·波罗回程时从海路沿大陆航线经马六甲海峡、孟买,至阿曼利亚,渡黑海,经君士坦丁堡,到威尼斯,所走之路即是当时连接中国与印度南部以及地中海沿岸的最重要商路。

其二从印度洋至波斯湾登陆,登陆以后经弯月地带再通向地中海,也是由印度洋到地中海的重要商路。这条航线中波斯湾口的忽鲁谟斯是重要港口,商船往往在忽鲁谟斯登陆,进而至伊利汗国都城帖必力思(大不里士),元朝与伊利汗国的海上交往经此航道。伊利汗国内的回回商人是来往于元朝与伊利汗国最活跃的商人。

伊利汗国也是与元朝保持十分频繁的海上贸易的地区,从蒙哥汗之后,蒙古大汗之位传入托雷家族,窝阔台汗国和察合台汗国与蒙古帝国间的关系时好时坏。元朝建立后,钦察汗国、窝阔台汗国、察合台汗国基本上脱离了元朝的控制,只有伊利汗国因为与元朝同为托雷后裔统治,所以保持着密切的往来,两国间使节、商人来往频繁。尤其是元朝中后期,通往中亚、西亚的陆上交通受阻后,与伊利汗国的海上交往更为频繁。帖必力思往往成为元朝使者、商人的终点站。

至元二十六年(1289),伊利汗国第四代可汗阿鲁浑的王妃卜鲁罕氏去世,临终要求以其族人继为王妃。阿鲁浑氏特派廷臣兀鲁锝、阿必失呵与火者为专使,携带大量扈从东来元廷求婚,忽必烈欣然接受请求,并挑选卜鲁罕族的阔阔真为元室公主,由三位专使护卫,远嫁伊利汗国。时居留中土的马可·波罗和他的父亲、叔父也一道护送公主由海路西归。② 一行人于至元二十八

---

① 刘迎胜:《东洋与西洋的由来》,《海路与陆路》,北京大学出版社 2011 年,第 12—18 页。

② 【意】马可·波罗著,冯承钧译:《马可波罗行纪》,上海书店出版社 2000 年。

年(1291)初,从泉州启碇开航,过南海而至占婆(今越南中南部)、军突弄岛
(今越南东南岸昆仑岛)、松都尔岛,乃至罗斛国(今泰国南部之华富里一带),
旋抵小爪哇岛(今苏门答腊岛),又西行经尼科巴与安达曼群岛,抵锡兰(今斯
里兰卡),再由俱蓝北上经胡茶辣(今印度古吉拉特)、坎巴叶(今坎贝)、须门
那,至忽鲁谟斯。登岸时,已是至元三十年(1293)春,阔阔真公主到达,阿鲁
浑已死,按照蒙古收继婚习俗,阔阔真嫁给了阿鲁浑之子合赞。1295年,合赞
登上大汗宝座,合赞汗是伊利汗国最为出名的汗王,在位期间(1295—1304)
在政治、经济、军事等方面屡有建树,为了争取统治区内穆斯林的支持,合赞汗
率领蒙古统治者集体皈依伊斯兰教。合赞汗在位期间十分重视与元朝的来
往,1298年,合赞汗派使者前往元朝,向元成宗进献大量的珍宝异物。使臣留
居中国达四年之久,回国时,成宗回赐丰厚,"并以答书及蒙哥汗时代以来旭
烈兀应得之岁赐付使者,遣官一人送使者回国"。① 1953年,泉州市文管会在
泉州南校场发现一块元代石刻,它记载了元大德三年(1299)泉州人奉使往波
斯的火鲁没思(即忽鲁谟斯),受到伊利汗合赞的接见,并带回所赐珍宝货物,
呈献给元廷的历史事实。这说明元代与地处波斯的伊利汗国的海路交往十分
频繁。

　　这两条航线中南印度都是重要的中转站,印度次大陆南端东海岸的马八
儿和西海岸的俱蓝是中国商人海外贸易最常到达的终点和中转站,不阿里在
元世祖时曾任马八儿国宰相,多与中国使臣和商人来往,对元朝来此贸易的商
人优待有加。在《岛夷志略》等元代著作中常出现的所谓"西洋布"或"西洋丝
布"即指马八儿国一带出产的纺织品。② 这种"西洋布"在东南亚诸岛国以及
中国都有广泛的销售,同时南印度海岸又是珍珠、宝石的重要产地,这些珍宝
异物是蒙古王公贵族所追逐的重要奢侈品,皆由回回商人通过海路运到中国。

　　1320年前,往来印度洋都需经过马八儿,1320年之后经过马八儿较少。
1321年,额多克东来时,经俱蓝、斯里兰卡后东来;③1330年至1340年两次泛海

① 【瑞典】多桑著,冯承钧译:《多桑蒙古史》(下),上海书店2001年。
② 刘迎胜:《东洋与西洋的由来》,《海路与陆路》,北京大学出版社2011年,第12—18页。
③ 张星烺:《中西交通史料汇编》(1),中华书局2003年,第337页。

73

的中国人汪大渊,经斯里兰卡大佛山;①十四世纪 40 年代,乘船来华的伊本·白图泰试图从俱蓝直接到爪哇,后失败,经由 Bengal 湾去爪哇。1320 年后印度洋上的航线的这种变化与 1320 年后马八儿不再向元朝朝贡相一致,可见,马八儿绝贡元朝是来往于元朝与伊利汗国的商人、使者皆不经马八儿的主要原因。

风帆时代,航海主要依靠风信的助力,印度洋季风分东部季风与西部季风两大类,每大类又可分若干细类与子目。从波斯湾与阿拉伯半岛诸港往东乘西部季风,八九月间发生的类属于蒂尔马赫(或达玛尼)季风(以及后来的古吉拉特季风),大概是阿拉伯半岛之间(自西向东)的最佳区间季风,甚或是"马船"赖以驶往印度西海岸的最佳选择。当时从阿拉伯半岛东南沿海诸港(包括西面的亚丁)起发的船只或从波斯湾北口的巴士拉出发,沿海岸航行向印度半岛进发,这类航船如以忽鲁谟斯(包括波斯湾霍尔木兹海峡诸港)为起点,到达马拉巴尔沿岸的航期大概在二十余日。因此,对于所有要到马拉巴尔沿岸与"马船"交易的东方商人来说,最适应的出海时间在一月至三月(出海时可利用的东北信风多从十月开始,十二月与次年一月风力最大,三月减弱),八九月与西来商人交易,再赶上南海地区次年四月开始的西南信风返回。②

在中国与西方的航线中,印度南俱蓝(即古里)是元代时东西航线上信风的交合点,航船一般在此等候信风,俱蓝也因此成为国际贸易的中转地和集散地。如东南亚、中国商船一旦耽误了风讯而不能在每年的八九月赶到古里佛,即需要寄航故临等地驻冬,等待来年与"马船"汇合交易,汪大渊在《岛夷志略》中记载:"(商船)或风讯到迟,马船已去,货载不满,风讯或逆,不得过喃巫哩洋,且防高浪阜中卤股石之厄。所以此地驻冬,候下年八九月马船复来,移船回古里佛互市。"③

大食和东非的乳香等商品在宋代以三佛齐为主要转运站。到了元代,印度洋到东南亚乃至中国之间的贸易中转中心已转至印度半岛南端。伊本·白图泰记载,中国、爪哇、锡兰、也门、波斯以及兹贝·埋赫里(指马尔代夫群岛)

---

① 许永璋:《汪大渊生平考辨三题》,《海交史研究》1997 年第 2 期。
② 高荣盛:《古里佛/故临》,《元史论丛》第十一辑,天津古籍出版社 2009 年。
③ 汪大渊:《岛夷志略》"小唄喃条",中华书局 2009 年。

人均至其地,是各方商人荟萃之地,港口是世界巨港之一,他在该港见到 13 艘中国船,并于此停留三个月,以等待中国船只启碇东行。

由中国东南沿海起航,至印度洋沿岸国家及地中海的商路是中世纪闻名世界的海上丝绸之路,这条海上之路是中国与世界进行政治、经济、文化交往的重要通道。在中国历史上对外交往最为频繁的唐、宋、元、明朝代,穆斯林商人是这条海路上最活跃的人群,为海路的开创以及繁荣作出重要贡献,尤其是元代的回回商人更是代表元朝政府成为这条商路的重要参与者。

第二节　蒙元回回商人经营商品考释

蒙元时期,回回商人通过陆路和海路源源不断地将世界各地的各种物资贩运到漠北和中原各地以及蒙古各汗国。蒙古帝国时期,许多回回商人往来于西域、漠北和中原各地,从事粮食、绸缎、陶瓷等农业产品与牧业地区皮毛、牲畜等的交换,而更多的是为蒙古贵族贩运珍宝等物品。到了元代,回回商人经营商品的种类更为广泛。贩运到国外的商品,有手工业品类如纺织品、缎、绢、绸布、生丝;瓷器如青白花碗、罐、壶、瓶等;金属和金属制品;文化用品如书、文具、乐器;食品;日杂用品如针线、雨伞、漆器、席帘等。而由各国和地区贩到中国的商品:《四明续志》总计市舶货物二百二十多种。其中重要的两类,一类是民间日常用品,如布匹、药物、食品、器皿、木材、皮货等;另一类是奢侈品,如珍珠、玉石、犀角、象牙、翡翠、玛瑙等和各种香料。其中珠宝、香药、织物(织金料子纳石失)、马匹、粮食、茶叶等是回回商人最普遍的经营范围。

《世界征服者史》中也有一段记载,一次,窝阔台汗对于污蔑、诋毁穆斯林的行为严加指责,为了证明穆斯林优于契丹人,他命令仆从从库藏中取出来自"呼罗珊和伊拉克等地的各种珠宝,如珠子、红玉和绿玉等,并取出织金料子和衣服、阿拉伯马,以及来自不花剌和帖必力思的武器……"①由此可见由穆斯林商人从中亚、西亚等地贩卖至斡耳朵的货物,以各种珍宝、织金料子、衣服等为主。

---

① 【伊朗】志费尼著,何高济译:《世界征服者史》(上),商务印书馆 2007 年,第 229 页。

一、珠宝玉器

从唐宋时来华的回回在经营珠宝玉器方面就已经闻名于华,元朝时期,回回珠宝商经营的珠玉宝石名目繁多,仅陶宗仪《南村辍耕录》"回回石头"条目记载就有出产于阿拉伯、波斯、于阗、回纥(新疆中部天山南北麓)等地的红宝石四种、绿宝石三种、鸦鹘六种、猫眼两种、甸子三种。其中除了内地的荆襄甸子之外,其余玉石的主要产地在回纥、于阗及阿拉伯、波斯等地。《隋书·波斯传》称波斯国土多"大鸟卵、真珠、颇黎、兽魄、珊瑚、琉璃、玛瑙、水精、瑟瑟、呼洛羯、吕腾、火齐、金刚、金银、output石"。[1]

元代后,回回商人仍执珠宝经营之牛耳,蒙古贵族对奢侈品的追求在中国历史上也是绝无仅有的,他们以拥有大量珠宝为财富和身份的象征,大量聚敛珠宝玉器,这种风气助长了回回珠宝业的发展,中卖宝货也成为元朝特殊的行业。从成吉思汗始每对有战功的大臣封赏土地、金银珠宝;成宗铁木尔曾用中统钞十四万,从回回珠宝商手中购得一块一两三钱重的红刺镶于帽顶,"自后,累朝皇帝相承,宝重凡正旦及天寿节大朝贺时,则服用之"。[2] 宗亲王室、百官大臣纷纷效仿,珠宝玉器成为最贵重的饰品。元成宗大德间,有一个回回巨商奉珍宝进售,谓"押忽大珠",价值中统钞六十万锭"不为过"。[3] 上至皇帝,下至百姓,对珠宝的需求急剧增加,这为回回珠宝经营提供了基础。这一暴利行业几乎为回回商人所把持,宝石也因此被时人称为"回回石头"。回回商人往往通过上贡奇珍异宝至宫廷而获取优厚赏赐,这恰恰是当时回回人经营珠宝的重要方式,称为"中卖宝物"。

回回商人在当时能垄断珠宝玉器业,有得天独厚的条件。其一,善于鉴定各种宝物是回回商人经营珠宝业的首要条件,从唐朝时,来华的回回就得到"识宝回回"的美名,民间有大量关于回回识宝的故事、传说。[4]

元代各类异文杂记中也多有关于回回识宝的记载,如元代志怪小说中记

---

① (唐)魏征等:《隋书》卷 83《波斯传》,中华书局 2000 年,第 1244 页。

② (元)陶宗仪:《南村辍耕录》卷 7,中华书局 1959 年。

③ (明)宋濂等:《元史·尚文传》。

④ 相关资料见于《太平广记》,相关研究见程蔷:《中国识宝传说研究》,上海文艺出版社 1986 年。

载:"元贞年间,广中有一人为商,财本消折,归至四洋海滨,见雷击大蜈蚣一条,长五六尺,收入担中。晚宿旅邸小房,名商巨贾辐辏于彼。是夕,主人设宴,座上皆富商,而小客亦预席。求酒数行,遍问所携之赍。众以实对,小客不敢言,恐旁者窃笑。忽有回回人在,谓曰:'小房内祥光亘天,必有异宝。'强之开房而观,不获已,开担,只有蜈蚣一条,诸商皆笑。独波斯曰:'此是也。'于是延之上坐,为更弊衣而礼遇之。此早问其值,小商不知价,索银二千两。波斯慨酬之,各立文约。遂取蜈蚣出来,仅拾头上一宝珠,皮则弃之。且曰:'此至宝也。若尽欲我五船财赋,亦所不较。'小商归置,大富也。"①这则故事沿袭了唐宋时期关于"回回识宝"故事的模型,虽有极大的不真实性,但反映出包括波斯及阿拉伯在内的回回先人在中国东南部与珠宝有着至深的渊源,以及中国人关于回回擅识宝的基本认知。事实上,回回擅识宝不是仅仅停留在逸闻趣事中,元代回回负责珠宝玉器的经营、鉴定、估值是有真实历史记载的。在元大德二年发生的"珠宝欺诈案",其发生与发展都源于元廷采买的珠宝由回回专人估值。②

其二,回回商人拥有雄厚的资金后盾。蒙元以来,回回在经商、理财方面成为蒙古人的左膀右臂,充当斡脱,垄断海上贸易,积累了大量的财富。同时,为蒙古王公贵族充当斡脱,更有蒙古亲贵的财富作为后盾,所以时人对回回的评价是"回回户计,多富商大贾"。③ 元朝后期,回回珠宝商富比王侯,江南杭州、泉州更是富商回回的聚集之地,他们建起豪宅,过着奢华排场的生活。马祖常描述东南回回商人"翡翠明珠载画船,黄金腰带耳环穿。自言家住波斯国,只种珊瑚不种田"。④ 这种文学作品虽然有夸大之处,但反映了江南回回富商以当地珠宝玉器为财富的象征以及经营宝货在中国引人注目的盛况。这样雄厚的资金是回回商人经营珠宝玉器业的有利条件之一。

其三,回回商人几乎垄断了回回地面与中国大陆和蒙古高原的海上、陆上

---

① 无名氏撰,金心点校:《湖海新闻夷坚续志》,中华书局2006年,第65页。
② 高荣盛:《元大德二年的珠宝欺诈案》,《元史论丛》第九辑,中国广播电视出版社2004年。
③ (明)宋濂等:《元史》卷134,《朵罗台传》。
④ 《绝句十六首之十五》,《石田先生文集》卷4,中华书局1986年。

贸易,而当时在元朝流行的珠宝几乎都产自回回地面,尤其是马八儿、波斯、西域等地都是珠宝玉器的产地。

其中马八儿是当时出产珍珠的重要地区。由于马八儿位于印度西南海岸,又是宋元时代世界贸易的重要港口,物产丰富,尤其是珠宝等奢侈品更是蒙古统治者追逐的目标。南宋末赵汝适《诸蕃志》记载:"猫儿睛状如拇指大,即小石也。莹洁明透,如猫儿睛,故名。出南毗国。"①猫眼石是宋元时代运往中国的珍贵宝石之一。而据刘迎胜先生考证,宋末南毗国即马八儿。② 至元二十二年(1285),元世祖本人就曾赐马速忽虎符,阿里金符,"赍钞千锭往马八图求奇宝"。③ 杨庭璧作为使者到达马八儿时,马八儿宰相不阿里对他说:"凡回回国金珠宝贝尽出本国,其余回回尽来商贾。"④

波斯湾也是珠宝的主要产地,蒙古西征后,波斯通往西域以及蒙古高原的陆路大开,当时波斯湾乞失岛的商人垄断了波斯湾珍珠的采集权和贸易,这些珍珠大约经由伊朗输往蒙古高原。⑤ 元朝后,波斯湾与中国沿海的海上贸易通道也十分繁荣,通过海路来自波斯的珠宝更是十分常见。

元朝的玉器主要来自西域,于阗(今和田)以盛产美玉著称,从蒙古时代起就是蒙古宫廷宝玉的供应地,《元史·定宗纪》载,商人或于西域回鹘为蒙古宫廷索取珠玑,或于海东掠取鹰鹘。

其四,蒙古人对珠宝玉器的无度追求是回回商人经营珍宝业的基础之一。由于蒙古人尤其是王公贵族对珠宝的大量需求,往往以官府名义,向回回商人大量购买珠玉,作为私人财物大肆聚敛。至元二十一年,江浙行省平章忙忽带进珍珠百斤,⑥后来官府曾一度垄断玉石的开采,招徕大批采珠户,免除采珠户的赋税,专事开采。为了垄断珠宝玉器,元朝政府还曾一度禁止回回商人越境到中亚一带贩卖珠宝。至元十八年(1281),世祖诏令:"禁西北边回回诸人

① (宋)赵汝适著,冯承钧校注:《诸蕃志》,中华书局1956年,第130页。
② 刘迎胜:《海路与陆路》,北京大学出版社2011年,第50页。
③ (明)宋濂等:《元史·世祖纪》,第186页。
④ (明)宋濂等:《元史》卷210。
⑤ 【日】宇野伸浩著,完泽译:《窝阔台汗与穆斯林商人》,《世界民族》1990年第3期。
⑥ (明)宋濂等:《元史·世祖纪》。

越境为商。"①即禁止居住在甘肃行省的甘州路宁夏府路的回回商人越境进入中亚一带贩卖珠宝，防止珠宝流落民间。蒙古勋亲显贵十分重视对珠宝玉器的占有，元顺帝一次赐给左丞相伯颜的采珠户就达4万人。② 1253年，亲王拔都一次就"乞买珠，银万两"，宪宗应允，授银千锭。按照元王朝定例，皇帝每年也要赏赐给诸王、宗亲和重臣大量的金银珠玉、钞和布帛。例如致和元年敕封右承相燕铁木儿受封为太平王时，元文宗"及赐玉盘、龙衣、珠衣、宝珠、金腰带……"③出手极为阔绰。而在珠宝玉器的贩卖中，蒙古贵族不仅是占有者，也是贩卖玉器的官倒分子，假公济私，蛀蚀国库，元文宗致和元年（1328）回回珠宝商哈哈的等人"自至治间贷官钞，违制别往番邦，得宝货无算"。④

毫无节制地对奢侈品的追求造成了元廷严重的财政问题，成为困扰元廷的问题之一，不少具有政治远见的大臣都曾向皇帝进谏，尤以断事官脱欢之上疏最为切中要害，其疏曰："为国以善为宝……今后回回诸色人等不许赍宝中卖，以虚国用，违者罪而没之。如此则富商大贾无所施其奸伪，而国用有蓄积矣。"⑤奈何统治者积习难改，所以，到泰定帝时，仅购买珠宝玉石和供佛的两项开支，已使元王朝国库达到"不资"的地步。泰定二年二月，中书省臣进言："国用不足，请罢不急之费。"泰定二年七月，御史台奏曰："贾胡鬻宝，西僧修佛事，所费不赀，于国无益，帝宜除罢。"⑥御史辛钧于泰定四年上奏："西商鬻宝，动以数十万锭，今水旱民穷，请节其费。"⑦由此可见，自元泰定之后，蒙古贵族更加腐奢，导致国库前所未有的虚空。但是他们并没有停止大肆搜藏珠玉宝石的行为。

当然，统治者也非全然不知追逐珠玉的弊端，而无视民间疾苦，如至元二十九年庚戌，回回人忽不木思售大珠，帝以无用却之。⑧ 至元三十年丁酉，回

① （明）宋濂等：《元史·世祖纪》，第231页。
② （明）宋濂等：《元史·顺帝纪》，第839页。
③ （明）宋濂等：《元史·文宗纪》，第483页。
④ （明）宋濂等：《元史·文宗纪》，第707页。
⑤ （明）宋濂等：《元史·朵罗台传》，第2164页。
⑥ （明）宋濂等：《元史·泰定帝纪》，第442页。
⑦ （明）宋濂等：《元史·泰定帝纪》，第445页。
⑧ （明）宋濂等：《元史·世祖纪》。

回字可马合谋沙等献大珠,邀价钞数万锭,帝曰:"珠何为! 当留是钱以赒贫者。"①但仅凭某位皇帝一己之力或者一两次行为无法从根本上根除元代庞大的蒙古贵族集团喜奢华、追珠宝的风气。

二、纳石失等纺织品

纳石失是蒙元时期蒙古宫廷中十分流行的一种波斯产织物,纳石失是波斯语 Nsish 的音译,即"皮傅金为织文者也",②是指一种织金锦缎,采用金丝纺织技术,深得蒙古贵族的喜欢,尤其在蒙古帝国时期,是来往于中亚、蒙古汗廷的回回商人为汗廷运销的重要商品。大汗和他的大臣们不仅用丝织品做衣服、铺设毡帐里壁,甚至在幄帐外铺设纳石失和锦缎地毯,帐内装饰珍珠、宝石。蒙古王公贵族举行"质孙宴",从皇上到勋戚大臣,甚至近侍、卫士、乐师等都必须按照等级统一着装,而"质孙宴"的服装用料就是用产自波斯的纳石失制作。后来随着战事的逐渐平息,蒙古人征发了许多回回工匠在中国设局生产。别失八里(今新疆吉木萨尔)、荨麻林、弘州和两都地区都设有纳石失局进行生产和管理。忽必烈可汗时,荨麻林城"大多数居民为撒马尔干人,他们按照撒马尔干的习俗,建起了很多花园"。③

《世界征服者史》中记载的成吉思汗时代,花剌子模人马合木、不花剌人阿里·火者和讹答剌人玉素甫·坎哈三人带着中亚大量的商品如织金料子、棉织品等往蒙古草原出发,前往汗廷交易。虽然发生了摩擦,成吉思汗还是买下了他们的商品,付给每件织金料子一个金巴里失,每两件棉织品与撒答剌织品付给一个银巴里失,这远远高出了他们货物的价值。④ 这里所说的织金料子就是指中亚的纳石失,而资料中出现的与织金料子不同的另一种织物是"撒答剌欺"。

蒙元时期,还有一种甚为流行的来自中亚的织锦即撒答剌欺,这种织锦历史悠久,不晚于六世纪末,在之后的四个世纪中,十分兴盛,并由回回商人运至

① (明)宋濂等:《元史·世祖纪》。
② (明)宋濂等:《元史》卷 85《百官志一》。
③ 【波斯】拉施特著,余大钧、周建奇译:《史集》(第二卷),商务印书馆 1997 年,第 324 页。
④ 【伊朗】志费尼著,何高济译:《世界征服者史》(上),商务印书馆 2007 年,第 85 页。

蒙古草原以及中原内地,很快流行开来并为蒙古贵族所青睐。这种织锦得名于中亚布哈拉以北的撒答剌村,之后就在中亚粟特地区普遍织造,在元朝的许多文献中以"西锦"的名称出现,并经常成为蒙古汗王和皇帝赏赐属下的赐品。至元代,官府专门设有官府作坊织造撒答剌欺,工部的属下设有撒答剌欺提举司。"撒答剌欺提举司,秩正五品。提举一员,提控案牍一员。至元二十四年(1287),以扎马剌丁率人匠成造撒答剌欺,与丝绸同局制作,遂改组练人匠提举司为撒答剌欺提举司。"①

在蒙古帝国时期,即在和林设立由不花剌(布哈拉)工匠组成的局院,后来迁至西京(今山西大同),不花剌是撒答剌欺的原产地,撒答剌欺应该是此局院织造的重要产品。

中亚丝绸织物纳石失和撒答剌欺都曾在西北和集宁路出土,说明在中亚与蒙古高原之间的贸易交往中,中亚的纺织品占据重要地位。尽管都产自中亚,据专家研究这两种织物的花纹图案有很大不同,纳石失的图案有浓郁的伊斯兰风格,元代撒答剌欺受中国丝织品传统图案影响较大。②

除纳石失和撒答剌欺外,产自印度南部的"西洋布"和"西洋丝布"也是畅销于中国乃至东南亚各岛国的另一种纺织品,据刘迎胜先生考证,"西洋布"产自于马八儿。元人周致中所撰《异域志》中提到"西洋国",③称此国"在西南海中,地产珊瑚、宝石等物,所织棉布绝细,莹洁如纸"。此处产自西洋国的棉布当即指马八儿的"西洋布"。

三、香料、药材

香料是热带芬芳类植物和动物分泌的香胶,主要产于东南亚、南亚和东非等地。中国虽有香料出产,但数量和种类极少,所以主要依赖进口。

香料曾经是唐宋时期从海外进口最为巨大的商品之一,宋朝时期上至皇室,下至黎民百姓,香料的使用范围十分之广,进口量也最为巨大。到了元朝,香料仍然是中国进口的重要商品之一,而且香料的经营主要由回回商人所

---

① (明)宋濂等:《元史》卷85《百官志一》。

② 尚刚:《蒙元织锦》,《元史论丛》第十辑,中国广播电视出版社2005年。

③ 指马八儿。

垄断。

　　唐朝从公元 651 年至 798 年,阿拉伯先后遣使来华朝贡,献方药,多达 40 次。在宋朝,阿拉伯香药的输入达到了空前的繁荣。据《宋会要辑稿》记载,从宋太祖建隆元年(960)至淳熙五年(1178)的 218 年间,明确记载阿拉伯各国使节或海商舶主来中国入贡香药的就达 98 次。阿拉伯等地来入贡的商人所献贡品中,香药占了很大比例。从阿拉伯输入的香药,据《岭外代答》载,多为熏陆香(乳香)、龙涎香、真珠、犀角、象牙、珊瑚、木香、没药、血竭、阿魏、苏合香、龙脑、沉香、没石子、蔷薇水、番栀子花、摩娑石(黑琥珀)、硼砂、肉豆蔻、白豆蔻、安息香、芦荟、椰枣、丁香、无名异等。宋代赵汝适《诸蕃志》也记载当时从阿拉伯入贡输入的香药,有犀角、乳香、龙涎香、木香、丁香、安息香、没药、硼砂、蔷薇水等百余种。赵汝适《诸蕃志》卷下"志物"记载,阿拉伯帝国及其所属国家、地区的主要特产就有乳香、没药、金颜香、血竭、苏合香油、安息香、栀子花、蔷薇水、沉香、丁香、没石子、木香、芦荟、珊瑚树、琉璃、珍珠、象牙等十七种。大的象牙达 100 多斤,而超过 10 斤的犀角都曾被运进中国。

　　香药的用途极广,从唐以来作为达官显贵独享的奢侈品,到元代成为寻常百姓家的必需品,从供焚、熏香到食物香料,再到药用,各种香药大批依赖回回商人从海外运来。宋元时期我国从东南亚、西亚等地进口香料种类如表:①

	香　名	种　类	产　地	备　注
1	龙脑香	有梅花脑等七种	出渤泥、三佛齐	别名:脑子,非三佛齐有
2	沉水香	有沉、笺等五种	出真腊、占城、渤泥	别名:沉香
3	笺　香	为沉香之次者	出占城	别名:笺香,优于熟速
4	黄熟香	近于笺香	出真腊	别名:夹笺黄熟香
5	速　香	速香次于笺香	生速出真腊,熟速出真腊、占城、渤泥	
6	暂　香	熟速之次者	出真腊、占城、渤泥	木之半存者
7	生沉香	以刀修出者为生结沉	出海南、山西、真腊	

①　据南宋泉州市舶司官吏叶廷珪《香录》及赵汝适《诸蕃志》统计,本表转引自庄为玑、庄景辉:《泉州宋船香料与蒲家香业》,载《泉州伊斯兰教研究论文选》,福建人民出版社 1983 年。

续表

	香　名	种　类	产　地	备　注
8	蕃沉香	有蕃沉、舶沉、药沉	出渤泥、三佛齐	产于下岸者
9	鹧鸪斑香	与真腊生速等	出海南	别名:细冒头
10	乳　香	有滴乳等七种	出大食、载至三佛齐	别名:熏陆香
11	檀　香	有黄檀等三种	出三佛齐、又云出阇婆	
12	降真香	有蕃降等三种	出三佛齐、阇婆、蓬丰及海南	别名:紫藤香
13	乌里香	占城香之一种	出占城、乌里(乌丽)	别名:丁地香或身丁香
14	生　香	下于乌里香	出占城、真腊、海南	
15	交趾香	似占城笺香	出交趾国	
16	安息香	原文略同金颜香	出大食、真腊,贩于三佛齐	应为安息国香
17	苏合香	味如笃耨	出大食国	别名:苏合香油
18	亚湿香	十种香合成	出占城国	
19	除脂佛手香	以脑麝合成	出真腊、占城	
20	丁　香	大者曰鸡舌香	出大食、阇婆诸国	别名:丁子香
21	麝香木	味如麝香	出占城、真腊	泉人以为器用
22	栀子香	如中国之红花	出大食国	别名:蔷葡花
23	蔷薇水	花露瓶装,今以茉莉代之	出大食国	别名:花露水
24	龙涎香	海龙吐涎	出大食国、西海	别名:龙涎
25	没　药	似安息香	出大食国(波斯松脂)	别名:末药
26	血　竭	略同没药	出大食国	以上见《香录》以下见《诸蕃志》
27	金颜香	似安息香	出真腊、大食	
28	笃耨香	有黑白二种	出真腊	
29	肉豆蔻		出阇婆、苏吉丹	

　　由于阿拉伯香药在中国的畅销,带来巨额利润,宋代,政府开始招邀蕃商到中国经商,《宋史·食货·志香》中记载:"大食蕃客罗辛贩乳香直三十万银、纲首蔡景芳招诱舶货,收息钱九十八万银,各补丞信郎。闽、广舶务监官抽买乳香,每及一百万两转一官,又招商人蕃兴贩,舟还在罢任后,亦依次推赏。"正是这些招商措施的相继实施,为中阿医药文化的交流创造了有利条

件,使香药输入出现了空前的繁荣,也形成宋元时代闻名世界的香料贸易。

元代最为有名的泉州回回蒲寿庚家族即从宋代经营香料业发家,蒲寿庚家族不仅经营市舶贸易,还从事植花、制香业。据考证,在蒲氏定居的、属于泉州地区的晋江法石及其后裔散居的永春、德化等县均有他们经营的花业、香业遗迹,①足见其家族制造和经营香料业历史悠久。

元朝时期,由于蒙古人的大规模西征,中亚、西亚广大地区都被蒙古人征服,海、陆交通为之大开,香药的沟通规模更是空前。尤其是胡椒、丁香、豆蔻、没药和乳香等商品的成交量巨大。

有学者认为,乳香、没药—胡椒—丁香、肉豆蔻,在一定程度上构成西方—中部(印度)—东方(东南亚)国际贸易的商品链条和物质驱动力。② 阿拉伯半岛南部和非洲东海岸是乳香和没药的主要出产地,乳香和没药除用于医药外,还被制成熏香广泛地用于各种仪式以及社会生活之中,且可以当作芳香剂用于食品之中。宋元时代中国上至宫廷,下至寻常百姓,生活中处处使用香料,即主要是用于熏香和芳香剂使用的乳香、没药。胡椒主要出产于东非、东南亚以及印度东海岸的马拉巴尔海岸,历史上世界胡椒贸易中东南亚,如苏门答腊岛的胡椒大量被运往中国,被中国人称为"粗货",而印度东海岸出产的胡椒被大量运往西方。丁香和豆蔻主要用于食物调味品,它们一度成为西方人追逐的重要外贸商品,自公元1000年起到十九世纪"工业时代",整个世界贸易或多或少都受到东南亚香料的兴衰和流动的支配,并成为引发西人东来的主要原因。③ 而这些世界贸易中的重要香药也源源不断被运往中国。

马可·波罗记载中国商人在马八儿运回胡椒"船舶自极东来者,载铜以代沙石。运售之货有金锦,绸缎,金银,丁香及其他细货香料;售后就地购买所欲之物而归。此国输出之粗货香料,泰半多运往蛮子大州;另一部分则由商船西运至阿丹,复由阿丹转运至埃及亚历山大,然其额不及运往极东者十分之

---

① 庄为矶、庄景辉:《泉州宋船香料与蒲家香业》,载《泉州伊斯兰教研究论文选》,福建人民出版社1983年。
② 高荣盛:《古里佛/故临》,《元史论丛》第十一辑,天津古籍出版社2009年。
③ 高荣盛:《古里佛/故临》,《元史论丛》第十一辑,天津古籍出版社2009年。

一,此事颇可注意也"。① 中国商人从中国运去细货香料,在马八儿等地转购粗货香料,其目的一是赚取差价,获取利润;二是粗货香料在元政府抽解的比例相对低得多。为防止商人运出细货香料换回粗货香料逃避关税,从中牟利,元贞二年(1296),又诏令"禁海商以细货于马八儿、呗喃、樊答剌亦纳三蕃国交易,别出钞五万锭,令沙不丁等议规运之法"。② 即防止回回商人逃避商税,又由政府控制了大宗商品的对外贸易。

汪大渊《岛夷志略》"古里佛"条记载:"马船(指阿拉伯商船)带来珊瑚、珍珠、乳香等货来到古里佛,去货与小呗喃国同。"在"甘埋里"(甘埋里为马船来源地之一)条记载马船去货有:"丁香、豆蔻、青缎、麝香、红色烧珠、苏杭色缎、苏木、青白花瓷、瓷瓶、铁条,以胡椒载而返,椒之所以贵者,皆因此船运去尤多,较商舶之取,十不及一。"丁香和豆蔻排在首位,显然是中国或东方商人从海岛地区转贩而来,而胡椒量最为巨大,当为此地产出。"甘埋里"条记载西去的马船以胡椒为最大,但尽管运量极大,比起中国从此地运走的胡椒量来说仍不及十分之一。

元代回回医药在中国也有充分的发展,蒙古西征时,大批中亚、波斯穆斯林签发东来,其中颇多医生,尤其是回回医药学者,蒙元帝国兴起后,重用穆斯林医生,设立了管理伊斯兰医药事宜的回回药物院、广惠司等,招揽和吸引了大量西亚、中亚穆斯林医生和也里可温(景教僧)医生。元朝政府搜集、编译了很多用阿拉伯文、波斯文及其他文字书写的医书,如《元秘书监志》卷七所列"回回书籍"中,有《忒必医经》13 部。

阿拉伯医学在中国的发展以大量阿拉伯香药的输入为基础。《回回药方》36 卷(现仅残存 4 卷)是用汉文表述伊斯兰医学的百科全书,收载阿拉伯香药数百种,方剂 582 首。其中所用药物,除没药、芦荟、桂花、紫檀、槟榔、葵花、栀子花、葫芦巴、木香、白芥子、柏树子、松树子、五倍子、车前草、甘松等,还有一些纯属伊斯兰药物,如朵梯子(天然硫酸锌)、安咱芦(波斯树胶)、可铁剌

---

① 【意】马可·波罗著,冯承钧译:《马可波罗行纪》卷 3,第 177 章《马里八儿国》,上海书店出版社 2000 年。

② (明)宋濂等:《元史》卷 94《食货志二·市舶》。

(西黄耆胶)、阿飞勇(鸦片)、红石扁豆(鸡血石)、李子树胶(阿拉伯树胶)、咱甫兰(藏红花、番栀子花)、黑琥珀(即煤精石,中国呼为摩娑石,阿拉伯语称摩西,即穆萨的石头)、吉多果化石(犹太人的石头,即棘皮动物化石)及火煅大海螺、炼酥铜、奶女儿汁、白锡粉(铅白)、猩猩毛发、缟玛瑙、刚玉红宝石、木阿西、摩而的叶、刺丹、刺辛等。

《香录》记载:"蕃沉:能治冷气,医家多用之。黄熟香:此香虽泉人之所日用,而夹笺居上品。沙檀:药中多用之。降真:泉人每岁除,家无贫富,皆燃之如燔柴。苏合香:中病大风者,亦熬之可合软香及入药用。"

"大批香药的传入,不仅增添了中国药物学的许多新品种,扩充了方剂的内容,促进了成药剂型的改革,药用范围也更加广泛,而且补充和促进了中国对气血论治的诸多新内容,丰富了中医急救方术。以芳香开窍药物为主创立的'香药三宝'(苏台香丸、至宝丹、紫雪丹)广泛运用于医学临床,使许多过去认为无法救治的高热神昏痉厥的急危病人得以及时抢救。亦间接冲击了古代中医药理学的'四气(性)五味归经'理论,促使了湿温病学的形成与发展。香药与中医理论结合,其功效有理气、行郁、化滞、开闭、启神等,广泛应用于医学临床各科。香药又具祛邪辟秽、净化居室环境、强身健体、促进新陈代谢、抑制菌毒等功效,用于预防疾病,保健卫生。流传于民间的佩香、熏香、旨香、浴香更是不胜枚举。香药具有暖脾醒胃,增进食欲,助消化等功效,民间便用它调制、蒸饪食品,增香矫味;因其富含多种挥发油,民间也用其制品化妆护肤、美容生发、爽身健体。"[1]在此基础上,元朝时期,回回医药业也得到广泛的重视和传播,"在这个较为完整的、东西合璧的医药文化中,有历史悠久、独具功效的香药;有以香药及其医方为主、包括'真一阴阳七行'的医学理论、骨伤手术、心理及各种自然疗法,还有卫生保健等医疗技术"。[2]

正因为各类香料的珍贵以及用途广泛,蒙古统治者十分重视香药的进口,如至元十年(1273),忽必烈曾遣札木呵押失寒、崔杓持金十万两前往伊利汗国,命汗王阿八哈购药于狮子国(斯里兰卡)。延祐七年,回回太医进药曰打

---

① 单于德:《回回香药渊源》,《回族研究》1997年第4期。
② 单于德:《回回香药渊源》,《回族研究》1997年第4期。

里牙,给钞十五万贯。① 类似的记载不绝于元史,而元朝廷为了从回回地面进药材等物品不惜花费重金。

贯穿元朝,回回商人中不乏财力雄厚的专门经营香药业的富商大贾,而大街小巷也不乏以卖药治病为生的小商贩,有名的《老胡卖药歌》就向人们描绘了以卖药为生的西域老胡商形象:

西城贾胡年八十,一生技能人不及。

神农百药旧知名,久客江南是乡邑。

朝来街北暮街东,闻掷铜铃竞来集。

居人相见眼终青,不似当时答术丁。

师心已解工名术,疗病何烦说难经。

江南只今成乐土,异代繁华复亲睹。

全家妻子得安居,箧里青蚨夜还数。

灯前斟酒醉婆娑,痼疾疲癃易得瘥。

金丝膏药熬较好,伤折近来人苦多。

川船南通有新药,海上奇方效如昨。

眼中万事不足论,流寓无如贾胡乐。②

香药的传入与中华医学相互融合,不仅改变和丰富了中国传统中医的内容,而且对民间生活也产生重要的影响,使用香料成为民间的一种生活习惯。

四、珍禽异兽及马匹

珍禽异兽是元廷进口的重要物品,蒙古作为游牧民族对动物的珍爱从元朝大量进口各种珍禽异兽可窥一斑。蒙古帝国时,海东青是比较常见的珍禽,西域回回商人常从各地运来海东青进贡给蒙古帝王。《元史》及《史集》记载,至元十六年来自巴里灰的回回商人贡海青。③ 世祖年间关乎回回

---

① （明）宋濂等:《元史·英宗纪》。

② 王沂:《老胡卖药歌》,王沂:《伊滨集》卷5。

③ 《元史》与《史集》中记载贡海青的回回来自地区有差别,《元史》是巴里灰,《史集》记载回回商人来自黠里、巴尔忽、乞儿吉思三地,后世学者对波斯文记载的此三地具体位置持不同观点,但都属于漠北地区岭北行省。

宰杀羊只禁令事件的起因即是由来进贡海东青的回回商人拒食大汗所赐食物引起。

当时与元廷有官方来往以及民间贸易的国家和地区也时常运进中国没有的异兽。如马八儿国在元朝十一次的遣使入贡元朝中,就有六次进献奇兽,包括犀牛、大象、斑马、水牛等。至元十六年(1279)遣使献珍物及象。① 至元十七年(1280)遣使进表称臣并贡宝物及犀象。② 至元二十四年(1287)贡方物,进献奇兽。③ 至元二十六年(1289)进花驴一。④ 至元二十八年(1291)遣使进花牛二、水牛土彪各一。至元二十四年丙辰,马八儿国遣使进奇兽一,类骡而巨,毛黑白间错,名阿塔必即。⑤

马可·波罗也曾记载蒙古宫廷过新年时的盛况,反映出蒙古人对各种动物之珍爱:"其新年确始于阳历二月,……应知是日国中数处入贡致富丽之白马十万余匹。是日诸象共有五千头,身披锦衣甚美,背上各项美匣二,其中满盛白节宫廷所用之一切金银器皿、甲胄。并有无数骆驼身披锦衣,负载是日所需之物,皆列行于大汗前,是为世界最美之奇观。"对于各国向元朝进献动物,冯承钧认为:"此种贡献之物,盖为一种变相的赋税。突厥斯坦、鞑靼地域及其他诸州应献马驼,印度缅甸则需贡象,……1273年忽必烈攻取交趾时,此国老王请降,约每年贡象20头,即其例也。此后北京蓄象,遂以为常。"⑥

作为马背上的民族,马匹对于蒙古人来说具有特殊的意义,加之常年征战,蒙元对马匹的需求量十分之巨,致使马匹也成为重要的商品。至大元年(1308)太尉脱脱奏:"泉州大商合只铁即刺进异木沉檀可构宫室者。"朝廷敕江浙行省经驿道运往京都。同年,"泉州大商马合马丹的进珍异及宝带、西域马"。⑦

---

① (明)宋濂等:《元史·本纪第十·世祖七》。
② (明)宋濂等:《元史·本纪第十一·世祖八》。
③ (明)宋濂等:《元史·本纪第十四·世祖十一》。
④ (明)宋濂等:《元史·本纪第十五·世祖十二》。
⑤ (明)宋濂等:《元史·本纪第十四·世祖十一》。
⑥ 【意】马可·波罗著,冯承钧译:《马可波罗行纪》89章,注四,上海书店出版社2000年,第357、358页。
⑦ (明)宋濂等:《元史》卷22《武宗纪》。

五、瓷器等

元代陶瓷手工业在宋代的基础上发展到登峰造极的水平,仅著名的官窑就有磁州窑、耀州窑、景德镇窑、龙泉窑、钧窑、定窑、建窑、吉州窑、霍窑等九大窑系。元代最为有名的青花瓷技艺达到登峰造极的水平,烧制技术深受阿拉伯地区的影响。元代景德镇还创造了蓝釉、青花、釉里红等名贵一时的瓷器。枢府釉瓷器,是元代景德镇窑工在青白釉的基础上发展起来的新瓷种,釉色白中闪青,不透明,其色如羊脂美玉。元代瓷器出土的数量大大超过了宋代,输出的瓷器主要是中国东南沿海各瓷窑烧制的,除景德镇的青白瓷和龙泉窑的青瓷以外,浙江和福建地区的许多瓷窑烧造的青白瓷和仿龙泉瓷也占了很大比重。

从宋代起,瓷器在东西海上贸易中的地位开始增强,成为中国出口的重要商品。到元代,随着陆路和海路的畅通以及元朝重视海外贸易的政策,致使元代瓷器不仅销至东南亚各国,还远销至阿拉伯半岛、非洲东海岸及印度等地。

元代盛行的大批量烧造的青花瓷大多数就是提供外销到西亚、中东众多伊斯兰国家。

据元代汪大渊《岛夷志略》记载,当时中国瓷器输出的国家和地区已达五十几个,分属今天的日本、菲律宾、印度、越南、马来西亚、印度尼西亚、泰国、孟加拉和伊朗等国。而此时,景德镇生产的青花瓷器也开始大量输往海外。据考古报道,东南亚各地,尤其是菲律宾苏禄群岛、宿务岛和棉兰老岛以及其他的一些地方有大量的元青花出土。在印度尼西亚的加里曼丹、苏拉威西、苏门答腊、爪哇等诸岛上发现了大量的元代青花瓷器。在泰国、印度各地出土的元代青花瓷器,瓷器的装饰纹样多种多样,有莲池水禽纹、鱼藻纹、凤凰纹、唐草纹、芭蕉瓜竹纹、狮子纹,还有阿拉伯文字。印度以南的斯里兰卡发现了十三世纪的中国陶瓷,在斯里兰卡东南的马尔代夫群岛,从十二、十三世纪以后到近代为止的中国陶瓷都有发现。西亚、中东出土的中国陶瓷是元代陶瓷中数量最多、器型最全的。伊朗的阿尔德比勒灵庙收藏了大量中国瓷器,总共有887件,举世闻名。波斯湾北岸的霍尔木兹岛是十三、十四世纪伊朗的主要贸易港口,发现了大量的元代青瓷和青花瓷。在伊朗内陆的内沙布尔也发现了元代青花瓷器,是从霍尔木兹岛或者是附近的地方运过去的。此外,在巴士拉、乌勃拉、希拉、吉舒等波斯湾北岸今属伊拉克境的遗址也发现有元代的青瓷和青花瓷。举世闻名的土耳其伊斯坦布尔托普卡比博物馆,收藏了中国瓷器就有 10512 件之多,可以说是中国陶瓷的一大宝库。①

在叙利亚发现了一件非常罕见的元青花大盘。在盘心有七个圆形图案,中间较大的一个绘有特异的抽象纹饰,旁边较小的六个圆内分别绘有花卉和波浪。日本学者认为此种纹样与伊斯兰青铜器的纹样类似,大概是为了向中东输出而设计的。以红海入口处的重要港口城市亚丁为首,阿拉伯半岛南岸的许多港湾遗址都发现了十三、十四世纪的青瓷和青花瓷。也门北部的扎哈兰也发现十四世纪的青瓷盘和元青花瓷盘的破片。②

元代与中国有广泛联系的非洲各地也发现大量的元代青花等瓷器。埃及福斯塔特遗址出土了大约 12000 件的中国瓷片,苏丹境内位于红海沿岸的废港阿扎布遗址调查时,收集了 999 件十一世纪后期到十四世纪的中国瓷片。东非中部的埃塞俄比亚、索马里、肯尼亚、坦桑尼亚等国家的很多遗址发现了十三、十四世纪的青瓷和青花瓷器。③

在以上地区发现的大量元代瓷器,尤其是元青花大大超出在中国境内的发现,其原因已有学者进行了深入的分析。④ 因为外销瓷的增加,生产规模普遍扩大,大型器物增多,烧造技术也更加成熟。景德镇窑在制瓷工艺上有了新的突破。东西方很多学者历来认为我国青花瓷器是受波斯影响,从原料到制作工艺都从波斯传入。而中国的有些学者则认为青花瓷是沿着自身发展规律逐步前进的。⑤

青花瓷在元代的大发展和广泛外销最重要的原因是在将作院工作的西亚陶瓷工匠和元代移居中国的广大色目人以及海外贸易的巨大需求。元代许有壬的《至正集》卷 9 载:"西域有国,大食故壤。地产异珍,户饶良匠。匠给将

---

① 彭涛:《元代景德镇青花瓷器的外销及相关问题》,《南方文物》2003 年第 2 期。
② 彭涛:《元代景德镇青花瓷器的外销及相关问题》,《南方文物》2003 年第 2 期。
③ 彭涛:《元代景德镇青花瓷器的外销及相关问题》,《南方文物》2003 年第 2 期。
④ 彭涛:《元代景德镇青花瓷器的外销及相关问题》,《南方文物》2003 年第 2 期。
⑤ 冯先铭:《有关青花瓷产生的几个问题》,《文物》1980 年第 4 期。

作,以实内帑。人用才谞,邦周攸爽。"可见,元代确实有来自阿拉伯地区的工匠在将作院工作。而且,当时的波斯陶瓷已为人所知,董其昌的《骨董十三说》和曹昭的《格古要论》里都有关于大食窑的记载,所以不排除有来自大食的陶瓷工匠在将作院所属的浮梁瓷局工作的可能。这些在将作院抑或在浮梁瓷局工作的西亚工匠,他们必然懂得青料的用途,也熟知用青料作彩料烧造蓝彩陶器的技法,而将作院里又有进口的回回青。因此,当他们把自己所掌握的知识与景德镇本地陶瓷工匠所拥有的高度制瓷技术相结合,高超的元青花应运而生了。所以元青花的原料及技艺与波斯陶瓷工艺有许多关系,"陶瓷器生产方面,传入了伊朗的绿釉、青釉技术"。① 日本学者三上次男甚至断言:"在景德镇烧制的洁白素地的瓷器上,用鲜艳的钴蓝描绘出花纹、鸟兽纹或风景、人物等的青花瓷,我认为是蒙古帝国元朝统治下的中国,在波斯的伊斯兰陶器艺术影响下产生的。"②

　　"这种瓷苑新品一面世,就赢得了生活在中国的广大色目人的喜爱,并随之流往海外。当西亚地区的人们接触到这种既符合他们的审美趣味,又方便他们使用的瓷器,立刻受到了伊斯兰世界的欢迎,广阔的海外市场就此打开了。而正是这种海外市场的大量需要,才赋予了元青花生命力,使之得以延续下去并不断发展壮大,随后逐渐被汉文化所接受,最终成为明清时期陶瓷生产的主流。而在唐宋时期即使具备了生产青花瓷器的条件,甚至有原始青花的产生,但因为没有市场的推动而不得不面临夭折的命运。元代青花瓷器的产生是中西双方进行文化、技术交流的产物,西亚工匠和景德镇当地的陶瓷工人一起催生了元青花的诞生。因此,元青花一面世就带有浓郁的异国情调,打上了很深的伊斯兰文化的烙印。从元青花的装饰风格来看,那种多层次、密而不乱、空间极为狭窄的构图方法和装饰风格也具有伊斯兰图案装饰的浓厚特色。例如在盘子上采用同心圆环进行多层次装饰,就是典型的伊斯兰式的。"③"这

---

① 【日】佐口透:《鞑靼的和平》,《日本学者研究中国史论著选译》(第九卷),中华书局1993年,第467页。

② 【日】三上次男:《陶瓷之路》,文物出版社1986年,第16页。

③ 【英】玛格丽特·梅德雷著,于集旺译:《论伊斯兰对中国古瓷的影响》,《景德镇陶瓷》1987年第3期。

可在十四世纪早期的伊斯兰金属器皿和陶器上找到原形,如盘子边沿的莲饰图案,就与伊斯兰陶器或地毯的边饰有联系。现今元青花的传世品中以土耳其和伊朗的收藏最为丰富,其中又以大盘数量最多,这是为了适应他们席地而坐、围在一起吃手抓饭的习俗而生产的。还有一些特殊风格的扁壶和梨形瓶等,都与中近东地区的金属器皿和陶器的造型相似。当然,诞生在景德镇这块土地上的元青花,必然更多地受到中国传统文化的影响,无论是装饰纹样还是器物造型,绝大多数都是具有中国传统文化特色的。"①

从现在世界各地的出土情况看,外国出土的元青花的数量比国内出土的(景德镇窑址除外)要多。在器型和纹样方面,中东发现的元青花与中国各地的出土品之间也有着很大的不同。大型的至正型盘、钵、瓶、罐等器物,虽然在东亚、东南亚各地也有发现,但是在印度和伊斯兰地区出土的数量特别多,超过了国内发现的数量。而且,在伊斯兰地区发现的元青花几乎都是典型的至正样式,中型以及主要是墓葬用的小型制品的出土数量却非常少。可见至正样式的元青花与伊斯兰地区有着极为密切的关系。而使用国产青料的中型、小型的制品在以菲律宾为主的东南亚地区的发现量占绝大多数。② 据此可以推断,元代瓷器的生产大多数表现出定制的特点,这与元代通达的海上贸易相关,也与回回商人广泛活跃于海上商道有直接的关系。

除在以上地区元代陶瓷的大量出现外,1983—1987 年,韩国海事部门打捞出一艘元至顺二年(1331)沉没于今韩国海域的装满各种瓷器的元代商船,共打捞出各种完好的瓷器 17000 件。2002 年,集宁路黑城遗址发掘,5000 多件几乎囊括元代九大窑系的元代瓷器被挖掘出来,集宁路古城处于蒙古草原南缘,是中原通往漠北以及漠北通往中亚、西域的交通要道,中原及南方各大窑系的瓷器大量汇集于此,可见它应是中原向漠北输出瓷器的重要中转站。

六、国内贸易——粮食、食盐

蒙古征战时,农业还十分落后,元朝建立后,忽必烈推行了一系列发展生

① 彭涛:《元代景德镇青花瓷器的外销及相关问题》,《南方文物》2003 年第 2 期。
② 彭涛:《元代景德镇青花瓷器的外销及相关问题》,《南方文物》2003 年第 2 期。

产的措施,其中包括发展农业的举措,全国农业生产得到恢复和发展,粮食产量大幅提高,尤其是江南粮食已成为重要的商品,运销于北方。当时江浙地区每遇丰年,稻米等就被商人舟楫远至北方,尤其是京师,成为南方商品的重要聚集地。"江浙、两淮、江西、湖广四大主要产粮地区,每年都有大批商品粮输往全国各地。而北方诸省多为缺粮区,南粮北调成为元代的一项基本国策。"①大都城市居民食粮全依赖客旅从水路大运河及海道兴贩供给,由于大量驻军及聚集大批工匠,大都所需粮食量十分庞大,但因为畅通的商品粮贸易渠道,大都粮食供应充分。

元政府为了保证粮食的交易,在"南城等处设米铺二十,每铺日粜米五十石,以济贫民,俟秋成乃罢"。② 由于粮食商品化程度较高,有利可图,吸引了大量商人,尤其是回回商人从事粮食长途贩运。致使大都等地粮食充裕,有时出现仓库官员拒收商贩的粮食。有史记载,至元七年(1270)十二月,商人运粮到上都"永盈、万盈两仓下卸中纳,其两仓见百姓搬载米粮数量较多,推称元籴粮数已足,不肯收受,百姓在客日久,牛只损死,盘费俱尽,将所载米粮不得已折价贱粜"。③

忽必烈时期,时任江浙行省左丞的沙不丁"言其弟合八失及马合谋但的、澉浦杨家等皆有舟,且深知漕事,乞以为海道运粮都漕万户府官,各以己力输运官粮,万户、千户并如军官例承袭,宽恤漕户,增给顾直,庶有成效"。尚书省闻报,乃"请以马合谋但的为遥授右丞、海外诸蕃宣慰使、都元帅、领海道运粮都漕运万户府事,设千户所十,每所设达鲁花赤一、千户三、副千户二、百户四"。④ 朝廷遂之下诏制可。不难看出,马合谋但的当时在泉州专事海舶贸易,不仅经营海外贸易,并依仗权势垄断海运粮漕。

以漕运为主的国内海运,每年经由海道从江南运往大都地区的粮食,起初为数万石,逐年增加,全盛时为三百多万石。⑤

---

① 陈贤春:《元代粮食商品化的研究》,《湖北大学学报》1993 年第 1 期。
② (明)宋濂等:《元史》卷 73《顺帝纪》。
③ (元)魏初:《青崖集》卷 4《奏议》,转引自陈贤春:《元代粮食商品化的研究》,《湖北大学学报》1993 年第 1 期。
④ (明)宋濂等:《元史》卷 23《武宗纪》。
⑤ 陈高华:《元代的航海世家澉浦杨氏》,《海交史研究》1995 年第 1 期。

不仅往大都的粮食贩运在元朝经济中占重要的地位,元朝时期,以哈刺和林为中心的漠北地区的粮食供应亦成为元政府重要的政务。早在蒙古帝国时期,西域回回商人远赴河西贩运粮食到汗廷。公元1219年到1220年际全真道长丘处机拜访成吉思汗之时来到位于哈刺和林的成吉思汗大斡耳朵,"南岸车帐千百","黍米斗白金十两,满五十两,可易面八十斤,盖面出阴山(译者注:指今天山)之后两千余里,西域贾胡以橐驼负贩至也"。① 可见当时漠北草原农产品的供应也由回回商人经营。在征服中原汉地后,和林所需粮食,主要来自汉地,用所谓"中粮""中盐"等办法,招募商人,自挽自输,把粮食运往和林,计值给以盐引、茶引或钞币,这吸引了大量回回商人从事粮食和盐的贩运,每年的"中粮"高达三十万石。

如成宗时期任职大同宣慰使的回回人法忽鲁丁也曾负责押运岭北行省及和林的粮食,大德七年(1303),中书省臣奏言:"法忽鲁丁输运和林军粮,其负欠计二十五万余石。近监察御史亦言其侵匿官钱十三万余锭。臣等议,遣官征之,不足,则籍没其财产。"成宗从之。②

而在元朝早期,由政府委派负责押运粮食的官员往往是回回官员,回回官员许多亦官亦商,虽是以官员身份办粮,但贩运中依然存在相当大的利益。元成宗大德元年(1297)三月派遣当时有名的亦官亦商的回回人阿里以八万锭钞为和林城籴粮。③

而在成宗之后"和中"为主,政府运粮为辅的粮食供应中,回回商人也多有参与。回回人不伯,"以粮二百五十石,牛一百八十只,于和林阿刺台处与之,比者塔儿浑、木八刺沙奏,奉旨还其值"。④

盐业是元代国内商品中重要的经营领域,以经营海外贸易起家的回回商人在元朝时也因冒献宝货或结交当朝权贵而获得盐引,甚至成为元代盐业市场一支举足轻重的力量。大德十一年(1307)回回商人怯来不丁献宝货,元武

① (元)李志常著,党宝海译注:《长春真人西游记》(卷上),河北人民出版社2001年,第35页。

② (明)宋濂等:《元史》卷21《成宗纪四》,第454页;卷176《曹伯启传》,第4100页,对此均有记载。

③ (明)宋濂等:《元史》卷21《成宗纪四》,第410页。

④ 《经世大典·市籴粮草》,见《永乐大典》卷11598。

宗赐以盐万引,作为购买宝货的钞值,还允许他另外再购盐九万引。① "元朝末年,这种现象更为严重,有的番商甚至控制沿海盐场,把持食盐市场贸易。"②如至正年间,惠安人卢琦任职福建盐运司,提举海口盐场(位于福建福清湾口龙江入海口),时"番大商以货得省参政,势振中外,有咈意立箠杀之,胁户部令夺下四场盐引自为市"。③ 至元二十九年庚寅,两淮运使纳速剌丁坐受商贾贿,多给之盐,事觉,诏严加鞫问。④

　　"江右商人中有为数不少的穆斯林巨商。"⑤许有壬《峡江》诗中描述江西胡商的状况:"贾胡轻作数年留,住遍江头卖酒楼。从此木棉成利窟,主家儿婿定缠头。见说燕云布价添,久居轻别恨厌厌。明年江口好相候,定驾大船乘卖盐。"⑥经营木棉、食盐的回回巨商形象跃然纸上。

　　从蒙元回回商人经营商品种类以珍宝、香药、纺织品、瓷器等为主来看,蒙元回回商人从事商业主要是在对外贸易。这与元代回回人来华原因以及在元代分布地区相符合,而粮食、食盐等商品的经营也反映出元代回回商人在经营海外贸易的同时,应元代地区间市场的需要,开始关注和参与国内和地区间贸易。

---

① (明)宋濂等:《元史》卷22《武宗纪》。
② 王秀丽:《元代文人笔下的东南贾客》,《元史论丛》第十辑。
③ 陈忠撰:《卢平阳哀辞》,《圭峰先生集》卷下,转引自王秀丽:《元代文人笔下的东南贾客》,《元史论丛》第十辑。
④ (明)宋濂等:《元史》卷17《世祖纪十四》。
⑤ 王秀丽:《元代文人笔下的东南贾客》,《元史论丛》第十辑。
⑥ (元)许有壬:《至正集》卷22,《元人文集》珍本丛刊本。

第五章　元代回回海商集团

第一节　回回海商集团与元代海洋政策

历史上以农业立国的中国,在宋元时期迎来一个商业高度繁荣的特殊时期,尤其是海外贸易异常繁荣,为中国历史所罕见。海外贸易的空前繁荣一方面由于中央政府的高度关注和鼓励,另一方面与此时期善于经商的穆斯林商人的东来有直接的关系。唐宋东来的穆斯林商人在中国一些城市留居,形成定居点,带动中国东南沿海城市出现了崇商的氛围,这种状况延续到了元朝,东南沿海形成一个特殊的集团——回回海商集团。这个集团肇始于唐宋时期,发展壮大于元朝并走向顶峰,又随着元代的灭亡而走向衰落。元朝时期这个集团以泉州为中心,成长为元代一支重要的经济力量,不仅左右着元政府的对外贸易,而且在元代政治、经济领域产生重要影响,甚至对元代中国在世界的影响力也起到了推波助澜的作用。

一、回回海商来源

元代江南回回海商的来源主要有以下三类:

其一,元初江南回回海商主要来自元初归顺元朝的原南宋定居和往来于海上商路的回回商人。降元的江南回回海商以蒲寿庚为代表,蒲寿庚以泉州献于元廷,导致以泉州等地为最后支撑的南宋迅速土崩瓦解。降元的江南回回海商被重视海外贸易的元政府所重用,仍然于江南各地从事海外贸易,这部分人被中国人冠以"土生蕃客"的称谓,他们在泉州、广州、杭州等地已有聚居区,如广州的蕃坊、泉州的蕃人巷,他们是唐宋时期即来华定居的穆斯林后裔。他们在这些城市已有一定的根基,某些方面已经有所华化,而且以阿拉伯人为主。

其二,宋亡后,元廷占据江南,跟随蒙古统治者足迹,服务于元廷的北方等地回回商人迅速向江南贸易重地聚集,成为元代江南海商新的组成部分。这部分回回商人,大多原来即为蒙古王公贵族进行斡脱贸易或为元廷征集采购珍贵物品,在海路畅通后,通过海路继续为蒙古统治者服务,或从事斡脱贸易,或为元政府从事官本贸易。这部分人多是跟随蒙古西征军东来的穆斯林,以中亚波斯人为主。

其三,因元廷的招徕,从西亚、东南亚、中亚等穆斯林地区和国家不断有穆斯林商人来到中国,聚集此地,成为元代来华的回回商人。这部分商人是元代回回海商的重要组成部分,从至元十五年(1278)年开始,元世祖下诏招徕国外海商,之后,元政府虽对海外贸易政策作出调整,但在元朝初中期,招徕海商的政策一直有所延续。蒲寿庚降元后被元廷委以重任,专门负责招徕海外富商,佛连等回回商人即是被元廷招徕的回回海商。

从这多种来源来看,元代回回海商成分复杂,既有已久居中国、华化程度较深的唐宋海外移民后代,也有随蒙古人来华的中亚回回,还有新从海外招徕的各国、各地商人,各种成分的回回商人文化背景较为复杂,其中主要是操阿拉伯语及操波斯语的穆斯林。在这些人中,以蒙元时代来华的回回商人为多,他们虽在不同时间,来自不同地域,但因为元代重视海外贸易的背景下聚集于中国江南各海港城市,从事海外贸易,为中国历史上最为辉煌的海外贸易作出了巨大的贡献。

二、海商活跃地区

元代回回海商活跃于在全国占据重要地位的江南,尤其是江浙行省,包括现在的浙江、福建两省和江苏南部的广大地区。这一地区是元政府收入的重要来源之地,收入几乎占到全国的三分之一,[1]其中海外贸易占了很大比重,这与元代活跃于该地区的以回回为首的海商有着直接的关系。除江浙外,广

---

① 　如天历年间全国商税 939682 万锭,其中江浙行省为 269027 万锭,占到全国 29%。陈高华:《元代商税初探》,《中国社会科学院研究生院学报》1997 年第 1 期。

州和海南也聚集了大批回回海商。

南宋后期,由于战乱等多种原因,广州从事海外贸易的环境日益恶化,聚集在广东等地的穆斯林商人在蒲寿庚家族的带动下,纷纷来到泉州继续海外贸易。南宋时期,泉州在蒲寿庚父子的经营下,商业繁富,吸引了大批阿拉伯、波斯商人,"四海舶商,诸番琛贡,皆于是乎集"。① 泉州以极快的速度发展起来,在海外贸易中的地位甚至超过了广州,逐渐成为中国最大的港口,也一跃成为当时世界上最大的港口城市,马可·波罗说泉州是与埃及亚历山大港并列的世界两大港口之一。元时期,聚集泉州城的阿拉伯、波斯商人日益增多,"大都聚居于城南沿江海一带,出现了'回半城'的盛况",②仅清真寺就建有六七座,可见穆斯林人口的盛况。泉州最早的清真寺"圣友寺"中所存碑文记载该寺建于回历400年(公元1009—1010年),可以推断回回人最早定居泉州大概是在北宋初年。元代诗人描述泉州穆斯林商人以及泉州商业盛况说:"缠头赤脚半番商,大舶高樯多海宝。"③摩洛哥旅行家伊本·白图泰在元时沿途旅行至中国,在喀里古特港时,看到来自中国的大船叫艟克,这种船在中国的刺桐城(泉州)或隋尼克兰(广州)制造,"中国有拥有船只多艘者,则委派总管分赴各国。世界上没有比中国更富有的了"。其中停泊在卡利卡特港的一艘中国艟克就是由一名回回人为总管,他的名字叫苏莱曼·苏法蒂。④

从二十世纪二三十年代以来陆续在泉州发现的近两百余方穆斯林阿拉伯文和波斯文墓葬碑铭印证了泉州回回的辉煌历史。其中墓地和碑刻绝大多数发现于古城墙的东部和南部,以及城外东南郊沿晋江至后渚巷的北岸一带,说明元代泉州回回聚居地背靠晋江和泉州湾,面向泉州城,他们选择海上贸易与泉州城最为便利的地理位置,也印证了泉州回回海商在海上贸易方面的绝对优势。泉州穆斯林墓葬石刻中记载其来源地的分别有:来自也门的阿布洋、哈姆丹,沙特阿拉伯的提哈玛,巴勒斯坦的耶路撒冷,中亚的希拉提、阿尔达比

---

① 乾隆《泉州府志·城池》。
② 黄天柱、廖渊泉:《古代泉州阿拉伯穆斯林与泉州港的盛衰》,《东南亚》1984年第1期。
③ (明)宗泐:《全室外集》卷4《清源洞图一为洁上人作》。
④ 【摩洛哥】伊本·白图泰著,马金鹏译:《伊本·白图泰游记》,宁夏人民出版社1985年,第489—491页。

勒、布哈拉(2方)、法尔、贾杰鲁拉(2方)、古兰(2方)、古尔冈、花剌子模(2方)、伊斯法罕、卡兹威(2方)、沙哈里斯坦、设拉子、塔卜里兹、突斯、八剌沙衮和中国的阿力麻里(今霍城)、刺桐城(2方)。① 进一步印证了元代泉州回回海商以波斯人为主。

唐宋时期作为中国第一大港的广州虽然其地位在元代为泉州所取代,但其海外贸易在战后仍然持续发展。海路方面,从广州出发,经过马来半岛、印度,可到达波斯湾。经广州港进口的香料、珍珠、宝石等,再分散销往全国各地。从元代来华的伊本·白图泰的游记中关于广州穆斯林的描述可看出,元代广州有专门的回回聚居区"蕃坊",回回商人从事海外贸易的盛况空前:广州是贸易大港,拥有庞大的商船,是外贸货物的集散地,街市美丽,外国商人、穆斯林聚居于此,有清真大寺,有回回哈的司。

杭州作为南宋首都,在南宋时以极快的速度发展起来,至元代,杭州仍然是外商云集的重要城市,而杭州穆斯林活动最频繁是在元代。据田汝成记载:"元时内附者,又往往编管江浙、闽广之间,而杭州尤多,号色目种。隆准深睦,不啖豕肉,婚姻丧葬,不与中国相通。"②据意大利传教士鄂多立克记载元代杭州有"回回户四万户",③城中"荐桥侧曾有高楼八间,俗谓八间楼,皆富实回回所居"。④ 文锦坊南有元延祐年间回回大师阿老瓦丁修建的清真寺,"寺基高五六尺,扃镧森固,罕得阑入者,俗称礼拜寺"。⑤ 这座清真寺即现在杭州的凤凰寺,为中国东南四大古寺之一。但据考证,凤凰寺的始建年代应该在宋朝。⑥

杭州在宋元时期就有穆斯林墓园,在西湖边聚景园的大片地区是穆斯林墓园,陶宗仪《辍耕录》卷二八《嘲回回》说:"聚景园,回回丛冢在焉。"田汝城《西湖游览志》卷十四记保信巷"南通回回坟"。徐逢吉《清波小志》谓聚景园"今者为番回埋骨之地,冢墓高低,狐狸窜伏",柳浪港"左右皆番回冢墓"。

---

① 陈达生:《泉州伊斯兰教石刻》,宁夏人民出版社1984年,第3页。
② (明)田汝成:《西湖游览志》卷18,上海古籍出版社1980年。
③ 【意】鄂多立克著,何高济译:《鄂多立克东游录》,中华书局1981年。
④ (元)陶宗仪:《辍耕录》卷28《嘲回回》。
⑤ (明)田汝成:《西湖游览志》卷18。
⑥ 郭成美:《浙江清真寺的分布和建造年代》,《中国穆斯林》1990年第6期。

二十世纪初,从杭州清坡门发掘了三座回回墓冢及一些阿拉伯文、波斯文墓碑,张星烺、白寿彝先生推测是元代穆斯林墓葬。现存阿拉伯文古墓碑 20方,均藏杭州凤凰寺。其中记载墓主死亡的有 6 方,最早一方为公元 1307 年,最晚一方为公元 1329 年,均为元代墓碑。杭州出土的穆斯林墓葬碑刻中可鉴定出祖籍的有中亚布哈拉、伊斯法罕 2 方、汗八里(大都)1 方。

至元二十六年,尚书省臣言:"行泉府所统海船万五千艘,以新附人驾之,缓急殊不可用。宜招集乃颜及胜纳合儿流散户为军,自泉州至杭州立海站十五,站置船五艘、水军二百,专运番夷贡物及商贩奇货,且防御海道为便。"①从之。泉州至杭州的海道水站的设置,使泉州和杭州间运输更为便捷,两城的商业贸易互为补充,在沟通海外与内陆的贸易方面发挥着极大的作用。

扬州从唐朝起就有许多穆斯林来此活动,明人著作中有关于伊斯兰教在中国传播的记载,说穆罕默德有门徒"四大贤人,唐武德中来朝,遂传教中国,一贤传教广州,二贤传教扬州,三贤四贤传教泉州"。② 考古资料也证实扬州在唐朝就有穆斯林留居。宋代扬州穆斯林的遗留较多,穆罕默德十六世孙普哈丁于宋咸淳年间(1265—1274)来此传教并于 1275 年归真葬于扬州,他归真前于扬州建有清真寺,后被称为仙鹤寺,是中国东南四大古寺之一。"五世番客"在宋代扬州也有记载,并聚居在"蕃坊"。如果说唐宋扬州穆斯林以商人、传教士为主的话,元代入居扬州的穆斯林成分就相当丰富了,商人、官员、工匠、教职人员等,尤其以商人和官员为多。民国十六年,扬州城南档军楼出土四块元代穆斯林墓碑,后移置普哈丁墓园。四碑主人归真于元代大德六年(1302)至元泰定帝元年(1324)。据此推断元代扬州是江南穆斯林聚居的重要城市,墓碑之一有一面上书汉文"微州路达鲁花赤捏古伯通议之墓",可见扬州当地最高地方官就曾由回回人担任。而且现存扬州普哈丁墓园有来自于中亚穆斯林商人的墓园,扬州元代穆斯林墓碑中注明原籍的有中亚巴拉吉等。

江南其他地方的回商应该也是极为常见,比如镇江、常州等地。镇江与扬

---

① (明)宋濂等:《元史》卷 15《世祖纪十二》。
② (明)何乔远:《闽书·方城志》。

州一江之隔,在元代是回回活动十分频繁的地区,留下来的文字记载也比较多,《至顺镇江志》记载该路有回回户 59 户,计 374 人,加上回回驱口 310人。[1] 当时镇江 82 个街巷中,有一巷名为"乌玛儿",[2]应是以回回人名命名的穆斯林聚居区。镇江路所辖一录事司和丹徒、金坛县中,从至元十三年(1276)至至顺二年(1331)五十五六年间 57 任达鲁花赤中有 22 位回回人,[3]所占比例相当之高,均为地方最高长官,镇江所居回回必有许多是依附他们的回回商人。镇江最早的清真寺山巷清真寺建于唐朝,回回人聚居此地应在唐朝。

常州在元代也有不少回回商人留居。天历之变后,倒剌沙被杀,朝廷下令清查其党羽,此风波及普通的西域回商,江南常熟就有汉人乘机向官府诬告:"回回百余人匿海清,杀猪会饮,谋为乱。"幸好地方官本人熟知各民族不同的风俗习惯,认为其中有诈,他说:"回回不食猪,今言杀猪,诈可知也。"经查证,确实是因为诬告者本人曾经向回回人借贷,因无力偿还而企图借机陷害债主。由此可见,常熟一地应有不少回回商人留居。

海南是唐宋时期顺海道来华的阿拉伯及东南亚穆斯林商人活动的重要地区,因其特殊的地理位置,曾是唐宋时期中国对外海交的前沿阵地,到元代,海运中心逐渐转移到泉州等东海沿岸,海南的海外贸易有所萎缩,但仍然是重要的交通要地,从二十世纪陆续在海南发现的伊斯兰教碑刻以及穆斯林墓葬石刻考证出来的最早的是九世纪的碑铭,还有十三世纪的碑铭,[4]由此可以推断海南在元代仍是回回商人的活动区域,元代海南的回回有很大一部分可能是唐宋时期来华定居的穆斯林的后裔。

以上地区都是元代回回海商活动最为频繁以及聚集人口最多的地区,这几个地区无一例外都在二十世纪先后发现伊斯兰教石刻资料,其中在泉州发现 200 多方碑刻;杭州发现 100 方碑刻,现存于杭州凤凰寺的有 19 方;海南发

---

① 《至顺镇江志》卷 3《户口门》,中国方志丛书本。
② 《至顺镇江志》卷 3《坊巷门》,中国方志丛书本。
③ 杨志玖:《从〈至顺镇江志〉看元代镇江路的回回人》,载杨志玖:《元史三论》,人民出版社 1985 年。
④ 陈达生:《论中国东南沿海古代阿拉伯文、波斯文碑铭之研究》,《回族研究》1991 年第1 期。

现 21 方,广州发现 13 方,扬州发现 4 方,福州发现 2 方,镇江发现 1 方穆斯林碑铭。这些碑刻主要是穆斯林墓葬石刻和清真寺碑刻,据学界的勘查研究,这些碑刻除海南以唐宋时期碑刻为主,其他大部分是元代的,铭文以阿拉伯文为主,有的其中混刻一些波斯文和突厥文。[①] 据此推断,大批穆斯林来华并定居东南沿海主要在元代,其中泉州、杭州、广州的定居可推定为宋朝,甚至唐朝。泉州众多碑铭表明,宋末、元代是穆斯林聚居此地的重要时期,并且泉州港也在此时最为繁荣,海外交通贸易达到顶峰。从碑铭涉及穆斯林的姓氏中可推断出这些穆斯林的祖籍,[②]而墓碑中能够鉴别出的祖籍所在地以及人物名多波斯文可知元代定居东南沿海的穆斯林以波斯人为多。他们来华的途径,除经海道之外,还有元代随蒙古军南移驻扎于东南沿海各地的军士,他们来自蒙古西征中的花剌子模、布哈拉以及阿力麻里等地,并且一些墓碑中标注了他们的军衔。其中来自阿拉伯半岛各地和中亚各地的最多,而且碑铭中人名波斯文居多,据此推断,宋元时期,尤其是元代定居东南沿海的穆斯林以波斯人居多。[③]

宋元以来,由于江南回回商人积极参与海外贸易,并且逐渐参与地区和国内其他商业活动,在南京、扬州、镇江一带回回珠宝玉器业、香药业已形成一定的特色行业,并具有相当规模。

三、回回海商集团构成

东南回回海商集团前期以蒲寿庚为代表,以阿合马、沙不丁集团为后继,倒剌沙集团为延续,那兀纳等亦思八悉兵将领为终结,贯穿整个元朝。

回回海商的形成与蒲寿庚有直接的关系。蒲寿庚先祖为侨居占城的阿拉伯商人,因航海常遇飓风,"惮子往来",请求其国主准其侨居中国,"以通往来之货",正好宋廷"方务招徕,以阜国计",于是在南宋初年时迁居广州,[④]总领

---

① 陈达生:《论中国东南沿海古代阿拉伯文、波斯文碑铭之研究》,《回族研究》1991 年第 1 期。

② 穆斯林一般以籍贯作为姓氏。

③ 陈达生:《论中国东南沿海古代阿拉伯文、波斯文碑铭之研究》,《回族研究》1991 年第 1 期。

④ (宋)岳珂:《桯史》卷 11《番禺海獠》,中华书局 1997 年。

诸蕃互市,富甲两广,宅邸富丽堂皇,蒲氏之宅第后面"有窣堵波(塔),高入云表"(即广州怀圣寺光塔),可见蒲氏是该蕃坊的蕃长。后因战争家道衰落,其父迁居泉州,以经营香料为生。南宋末,蒲寿庚与其兄平定海寇有功,被授闽广招抚使,兼泉州市舶司提举,兼管兵事、民政、海防。元攻南宋,瑞宗率残余势力由福州退至泉州,以期利用泉州蒲寿庚控制的大量海船作最后抵抗。张世杰强征蒲寿庚的海船及资产引起蒲寿庚的不满,1276 年,蒲寿庚降元,宋端宗被迫由闽入粤。史学界认为蒲寿庚在加速南宋灭亡事件上起到了极大的推动作用。降元的蒲寿庚被授为昭勇大将军,并任闽广大都督招讨使,后又迁任江西行省参知政事,甚至晋职左丞。其子蒲师文和蒲师武都被元朝授予高官,分别任正奉大夫宣慰使左副元帅兼福建道市舶提举和福建行省参知政事。后来蒲师文继任泉州市舶提举司,兼海外诸蕃宣慰使,仍然专事招徕外商来华贸易。元朝时蒲氏家族在泉州声势更为显赫,泉州在其家族的经营下,也扬名海外,宋朝亡国之前,方回上书请诛权臣贾似道,说贾似道以权敲诈贪污之罪,"泉之诸蒲,为贩舶作三十年,岁一千万而五其息,每以胡椒八百斛为不足道"。① 由此而知,"泉州蒲氏之富在当时已成为权臣贾似道敲诈勒索的对象。方回将贾似道的贪作为'败人之国'的重要原因之一,说明泉州蒲氏叛宋降元,是对南宋政府积怨的爆发,并非偶然"。②

元朝灭南宋后,即致力恢复东南海上贸易。至元十四年(1277),元军占领泉州,设市舶司,任蒲寿庚为行中书左丞,主持泉州海外贸易。至元十五年(1278),忽必烈"诏行中书省唆都、蒲寿庚等曰:'诸藩国列居东南岛屿者,皆有慕义之心,可因番舶诸人宣布朕意。诚能来朝,朕将宠礼之。其往来互市,各从所欲。'"③并于至元二十一年,恢复杭州、泉州市舶转运司,官府自备船舶资本,派人入番贸易。"唆都虽与蒲寿庚同任诏谕诸番,而互市事唆都实无所知,实际恐由寿庚一人主之。"④对蒲寿庚的重用反映了元世祖积极的海外经

① (元)方回:《桐江集》卷6,乙亥前上书本末,宛委别藏,第 105 册,第 374 页,转引自廖大柯:《宋元时期泉州的阿拉伯人》,《回族研究》2011 年第 2 期。
② 陈高华:《元代的航海世家澉浦杨氏》,《海交史研究》1995 年第 1 期。
③ (明)宋濂等:《元史》卷 10《世祖纪七》。
④ 【日】桑原骘藏著,陈裕青译:《蒲寿庚考》,中华书局 1954 年,第 201—202 页。

略政策,即控制海上交通,而以积极的海外贸易为先导。这种政策在元初即已奠定,终元一朝虽有收缩,但总体并未有大的改变。

在蒲寿庚的招徕下,擅经商的海外穆斯林商人大批来华,佛连即为此时蒲氏招邀来华的蕃商,蒲寿庚甚至将其女嫁与佛连。佛连每岁"发海舶八十艘","癸巳岁殂,女少无子,官没其家赀,见在珍珠一百三十石,他物称是"。①佛连的财富无疑与其长期经营中国与海外的贸易有直接的关系。史有记载泉州另一尸罗国(今波斯湾法其士)商人"富拥巨万,赀乙于蒲"。②

这期间有一位来华的穆斯林虽然不是因为经商,但与元代重视海外贸易以及招徕蕃商的政策有直接关系,马八儿人不阿里,祖籍西域哈剌哈底(今阿曼东南角之故称 Qallat 遗址),其先祖是专营波斯湾与南印度贸易的回回海商,在忽必烈时期从马八儿迁居中国,葬于泉州。不阿里先祖在南宋末由故土迁居马八儿,从事商业,财富倾城,不阿里之父与马八儿国王五兄弟私交甚好,被称为"六弟"。为了发展海外贸易,不阿里私自派回回人扎马剌丁入元朝贡,并向伊利汗国派出使臣通好,对途经马八儿的元朝以及伊利汗国的商船给予补给,不阿里私派使节的行为引起马八儿国的不满,遂没收不阿里的家产。他的遭遇引起元朝的重视,至元二十八年(1291),元廷派出别铁木儿等人携诏书赴马八儿召不阿里入元。不阿里舍家弃业,率百名随从来到中国,入元后以马八儿王子自居,逝于泉州。③

继蒲寿庚家族及其集团后,阿合马党羽是元朝前期海商的又一集团。阿合马是忽必烈前期重用的擅理财的丞相,虽然无资料显示阿合马直接参与海上贸易,但阿合马被黜后,清查其余党,罢南京宣慰司及江南财赋总管府,④诛阿合马长子忽辛、第二子抹速忽于扬州,皆醢之。⑤ 至元十五年,中书左丞崔斌言:"比以江南官冗,委任非人,命阿里等沙汰之,而阿合马溺于私爱,一门子弟,立为要官。"诏并黜之。又言:"阿老瓦丁,台臣劾其侵欺官钱,事犹未

---

① (宋)周密:《癸辛杂识》续集,卷下,中华书局 1997 年。
② (宋)岳珂:《桯史》卷 11《番禺海獠》,中华书局 1997 年。
③ (元)刘敏中:《不阿里神道碑铭》,《中庵集》卷 4,北京图书馆古籍珍本丛刊,书目文献出版社,册 92,第 302 页。
④ (明)宋濂等:《元史》卷 12《世祖纪九》。
⑤ (明)宋濂等:《元史》卷 12《世祖纪九》。

竟,今复授江淮参政,不可。"诏止其行。① 诸多资料显示阿合马与江南官员集团关系密切,执掌江南海外贸易的诸多回回官员都是阿合马的党羽。

被阿合马牵连的江南回回人还有许多,可见在阿合马时期,江南有大批阿合马的势力团伙,其子忽辛等在江南任职,在扬州被诛,不难发现掌管海外贸易的大量回回海商都与阿合马集团有千丝万缕的关系。

阿里是元初进行海外贸易而得以入仕,官至中书平章政事的回回巨商,也是阿合马的党羽。《元史》曾记载西域人布伯、阿里父子以斡脱官钱进行海外贸易的史实。至元二十二年(1282),"遣马速忽、阿里赍钞千锭往马八儿图求奇宝"。② 至元二十九年(1292),阿里请求"愿自备船,同张存从征爪哇军,往招占城、甘不察",世祖遂"诏授阿里三珠虎符,张存一珠虎符",并"蠲阿里父布伯所负斡脱钞三千锭"。③ 可见世祖对阿里这样能够为元朝从事对外事务的人才的重视。阿合马被杀后,阿里依然任中书右丞之职。成宗时仍然对阿里信任有加。大德元年(1297)三月派遣阿里以八万锭钞为和林城籴粮。④ 后又奉命调任江浙行省平章政事,"专领其省财赋"。大德七年(1304),御史台臣奏其"诡名习盐万五千引,增价转示于人",但成宗不以为然,并言:"阿里朕所信任,台臣屡以为言,非所以劝告大臣也。后有言者,朕当不恕。"⑤成宗不但不追究阿里之罪,反而将御史台臣痛斥一顿,而且不久又升阿里为中书平章政事,这说明元代西域人亦官亦商的现象是很普遍的,由于他们的兴衰与蒙古贵族的利益直接相关,故而多受到统治者的保护。

忽必烈后期到成宗时期最为重要的回回海商是沙不丁,他是元朝回回官商的重要代表人物,左右海外贸易长达二三十年,拥有庞大的私家船队,以他为核心,在他的卵翼下江南形成又一个以回回商人为主要成员的海商集团。

至元二十四年(1287),尚书省执政大臣、平章政事桑哥推荐此前管理泉府司和市舶司的沙不丁和乌马尔为江淮行省官:沙不丁为行省左丞,乌马尔为

① (明)宋濂等:《元史》卷10《世祖纪七》。
② (明)宋濂等:《元史》卷13《世祖纪十》。
③ (明)宋濂等:《元史》卷17《世祖纪七》。
④ (明)宋濂等:《元史》卷21《成宗纪四》。
⑤ (明)宋濂等:《元史》卷21《成宗纪七》。

参政,仍领前职。"用桑哥言,置上海、福州两万户府,以维制沙不丁、乌马尔筹海运船。"①沙不丁从此走上控制海外贸易的道路。

沙不丁为首的回回海商经营官本贸易,为元朝政府带来巨额的收入,至元二十六年(1289),以"沙不丁上市舶司岁输珠四百斤、金三千四百两,诏贮之以待贫乏者"。② 这相当于元廷当年国库收入中黄金数目的六分之一多。

给元政府带来巨额收入的同时,沙不丁也利用职权为自己牟利,培植党羽,形成了江南垄断海商的网络系统。如沙不丁极力推荐和扶持其弟弟合八失及马合马丹的。合八失及马合马丹的和另一个西域人合只铁即刺均为当时居泉州的巨商大贾,《元史》载,至大元年(1308),太尉脱脱奏:"泉州大商合只铁即刺进异木沉檀可构宫室者。"于是,朝廷敕江浙行省经驿道运往京都。同年,"泉州大商马合马丹的进珍异及宝带、西域马"。③ 由于马合马丹的进献有功,加之其个人拥有舟舶,时任江浙行省左丞的沙不丁遂"言其弟合八失及马合谋但的、澉浦杨家等皆有舟,且深知漕事,乞以为海道运粮都漕万户府官,各以己力输运官粮,万户、千户并如军官例承袭,宽恤漕户,增给顾直,庶有成效"。尚书省闻报,乃"请以马合谋但的为遥授右丞、海外诸蕃宣慰使、都元帅、领海道运粮都漕运万户府事,设千户所十,每所设达鲁花赤一、千户三、副千户二、百户四"。④ 朝廷遂之下诏制可。不难看出,马合马丹的是当时泉州专事海舶贸易,且拥有雄厚经济势力的西域大贾。马合马丹的以一个商人的身份得以遥授行省右丞、海外诸宣慰使、都元帅,又领海道运粮都漕运万户府事,集海外贸易、海运粮食于一身,其权势足以与元初蒲氏相较,且其权势日隆与沙不丁的提携息息相关。

被桑哥举荐而为元廷重用的沙不丁在桑哥事发时不可避免地卷入其中。至元二十九年(1291),桑哥以"结党营私,贪污受贿"被处死,其党羽遭到毁灭性打击,桑哥党羽中,有一批回回官吏和回回商人,其中江南以活跃于海外贸

---

① (明)宋濂等:《元史》卷14《世祖纪十一》。
② (明)宋濂等:《元史》卷15《世祖纪十二》。
③ (明)宋濂等:《元史》卷22《武宗纪七》。
④ (明)宋濂等:《元史》卷23《武宗纪八》。

易的沙不丁为首。事发后,江浙、湖广桑哥党羽纷纷被"弃市",①沙不丁也面临生死之边缘,至元二十九年(1291)二月,诏命江淮行省钩考沙不丁主管的詹事院②的江南钱谷,十月,沙不丁、乌马尔等人被遣诣大都,次年,曾被沙不丁"复资给之"的广南西路安抚副使赛甫丁被处死,"余党杖而徙之",所有家产被抄没,③但沙不丁却得以幸免。忽必烈独留沙不丁,不能不说与他在江南海外贸易中的特殊地位有关。"时相独庇江淮省平章沙福丁(即沙不丁),复立行泉府司俾之典领,以征舶商之输,谓家出财资舶商往海南贸易宝货,赢亿万数,若沙福丁黜,商舶必多逃匿,恐亏国用。世祖信其言。"④之后沙不丁逐渐又得到重用。有臣上奏"江淮省平章沙不丁,以仓库官盗欺钱粮,请依宋法黥而断其腕",帝曰:"此回回法也。"不允。⑤

元贞二年(1296),又诏令"禁海商以细货于马八儿、呗喃、樊答剌亦纳三蕃国交易,别出钞五万锭,令沙不丁等议规运之法"。⑥ 大德四年十二月,"致用院官沙不丁言:所职采取希奇物货"。⑦ 在成宗初期,沙不丁仍任职致用院,可见沙不丁在蒙古统治者中的影响力。

除以上所列回回海商代表人物外,仅元代担任市舶司提举的就有十名回回人,继蒲氏父子后,相继还有马合谋、沙的、赡思丁、木八剌沙、哈散、倒剌沙、八都鲁丁、亦思马因、暗都剌、忽都鲁沙等。⑧ "亦思八悉"之乱前泉州巨商那兀纳也曾任泉州市舶提举,他们都是为元政府从事海外贸易的回回商人。

从回回海商的主要代表人物不难看出,元初海商主要控制在唐宋来华的回回后裔手中,而从世祖中后期开始,海商主要是以随蒙古人东来的中亚等地波斯回回人为主导。

元代回回海商集团以经营私商起家,以为元政府经营官本船贸易发家,以

---

① （明）宋濂等:《元史》卷16《世祖纪十三》。
② 主管皇太子事物及钱财的机构。
③ （明）宋濂等:《元史》卷17《世祖纪十四》。
④ （元）吴澄:《吴文正公集》卷32《董忠宣公神道碑》,乾隆五十一年万氏刻本。
⑤ （明）宋濂等:《元史》卷16《世祖纪十三》。
⑥ （明）宋濂等:《元史》卷94《食货志二·市舶》。
⑦ 《经世大典·站赤》,《永乐大典》卷19419。
⑧ 高岐:《福建市舶提举司志》,民国线装本。

官商身份跻身政界,对元代政治、经济等产生着巨大的影响。

为了招徕和鼓励外商来华贸易,元政府给外商以及招徕外商贸易有功者以各方面的优待,以示奖励。授给有重要贡献的海商以及在海外贸易中招徕外商成效突出者以官职并加以重用是元朝政府的一贯做法,以使官商身份的回回商人继续为海外贸易作出贡献。由此,一批回回海商也因此跻身仕宦,实现个人乃至群体向上的社会流动,社会地位得到极大的提高,反过来带动其经济实力更为雄厚,而且以核心人物为中心形成一个个集团。

蒲寿庚"擅蕃舶利三十年",亦官亦商,并以他为中心形成元初泉州回回海商的最初实力集团。继之而起的是阿合马集团、沙不丁集团,至元中后期,倒剌沙集团也曾左右对外贸易。直到元末,虽无之前那样影响大的巨商,但海外贸易中仍然活跃着大批的回回商人,像那兀纳那样控制泉州市舶贸易的回回人,成为官本贸易的实际操作者。正是由于元政府对回回海商的重视,元末,江南回回海商甚至形成自己的武装,参与地区利益的争夺,带来极大的危害。

"回回人哈哈的,自至治间(1321—1323),贷官钞违制别往番邦,得宝货无算,法当没官,而倒剌沙私其种人,不许。"[1]大德七年(1303),御史台臣言:"江浙行省平章阿里,左丞高翥、安祐,佥省张祐等,诡名买盐万五千引,增价转市于人,乞遣省、台官按问。"从之。[2] 以此所见,元代官吏亦官亦商现象十分普遍,官商结合,商人倚靠官吏而追求利益也是元代常见的现象。

元政府鼓励海商的政策扶植起一批实力雄厚的私人海商。而泉州市舶司等官职又大多来自于回回巨商,官商结合的身份使他们把持元政府海外贸易,也引起元政府的担忧,于是一度限制海外私商。"壬申,以势家为商贾者阻遏官民船,立沿河巡禁军,犯者没其家。"[3]

这个群体在元代势力强大,却还处于整合初期,矛盾和冲突是必然存在的。泉州回商群体的分化与宗教有着直接的关系,逊尼派在泉州独大的局面被打破后,什叶派和逊尼派的矛盾产生了。从1357年一直延续到1363年,泉

---

① (明)宋濂等:《元史》卷32《文宗纪一》。
② (明)宋濂等:《元史》卷22《成宗纪四》。
③ (明)宋濂等:《元史》卷12《世祖纪九》。

州爆发的两次"亦思八悉"之乱,其中除利益之争外,可能隐含着泉州回回海商集团中的教派矛盾。

虽然来源复杂,但元代回回海商主要以波斯籍和阿拉伯籍为最大的两部分,蒙元来到中国的穆斯林以波斯籍为主,唐宋来的回回以阿拉伯籍为主。中国回族形成于元末明初,到元末,不同成分的回回人在语言等方面已经华化,但从元末"亦思八悉"之乱看来,这两大成分还远未完全融合,尤其是受伊斯兰教教派分化的影响,中国的回回人中也存在教派间的矛盾。

"亦思八悉"之乱对福建沿海一带经济破坏十分之大,泉州港的海外贸易遭到毁灭性打击。战乱后,在此经商的蕃商纷纷回国,再不来泉州贸易,加上中国政府也因兵乱对外商"严加取缔",外商更是绝迹。泉州作为当时中国第一大贸易海港的历史终结。

东南沿海的回回海商集团虽没有形成严格的组织和制度,但前后相承。从宋末元继直到元亡,其间虽有挫折,遭受打击,但各种原因使然,回回海商一直持续发展。这种持续除因元政府重视海外贸易外,与回回海商亦官亦商的身份、以权势做后盾有直接的关系。回回海商的代表人物无一不是身居要职的权势人物。江浙地区不仅是回回商人最为云集的地区,也是元代回回地方官吏最为集中分布的地区。据杨志玖先生的研究,元代在江浙任平章政事、参知政事、左右丞的回回官员即有 11 人之多,在江浙地方任职的回回官吏更多,而 11 位省级官吏中,忽辛、沙不丁、乌马尔、马合谋、祈都、买住丁等均为商人出身。祈都曾任江淮行省参知政事,至元二十六年(1289)五月被任为尚书左丞,桑哥事件后,"世祖以祈都长于理财,欲释不杀。不忽木力争之,不从。日中凡七奏,卒正其罪"。[1] 成宗大德六年丁未,命江浙平章阿里专领其省财赋。[2] 诸如此类对回回官员的任用在江浙行省时有发生。元政府任他们为官,目的即为广开商路,经营官商。

四、回回海商对江南社会的影响

大批回回人定居江南对当地社会、风俗等都产生了深远的影响。而中国

---

[1]　(明)宋濂等:《元史》卷 130《不忽木传》。

[2]　(明)宋濂等:《元史》卷 20《成宗纪三》。

的文化、风俗也对这些回回新居民产生了极大的影响。在唐宋时代虽然这些地区已有穆斯林居留,但人数较少。陈达生先生推断:"唐宋时代穆斯林的流动性较大,许多人可能在晚年返回原籍。"①回回人真正对中国社会产生巨大影响是从元代开始的。

在江南港口及周边城市居住的回回人往往自成街巷,建有清真寺,聚族围寺而居,依据中国律例及伊斯兰教法生活。比如在泉州,回回人自成坊巷,聚居于城南沿江海一带。至正十年(1360)三山(福州)的吴鉴在《清净寺记》中记载"今泉造礼拜寺增为六七"。今人考证,此几所清真寺为:通淮街的圣友寺(1009),南门的清净寺(1131),宋涂门外津头埔的"也门教寺",南门穆罕默德寺,东门外东头乡元代纳希德重修的寺,元代无名大寺门楣建筑石刻。现在,除通淮街圣友寺外,其他几座已全部废弃。② 元代在泉州一城即建有六七座清真寺,一方面说明元代泉州回回人之多;另一方面说明泉州回回商人的富足,他们把经商利润的很大部分捐赠修建寺院,并围寺而居,伊斯兰教在他们的生活中扮演着重要角色。

伊本·白图泰以印度使臣的身份访问泉州港,会见了泉州的波斯人蕃坊理讼师塔及爱丁,著名教长布鲁罕丁和开玛尔罕丁,以及大商人舍剌普丁。③《伊本·白图泰游记》记载,杭州埃及人奥斯玛是巨商,他在杭州修建了一座道堂,"建筑美丽,慈善基金很多,内有一批苏菲修道者。……还在该城修建了一座清真大寺,捐赠该寺和道堂大量慈善基金,该城的穆斯林很多"。④

因为长期居住,世代相续,所以这些城市有专门的回回墓园,尤其是杭州聚景园、泉州灵山回回墓园、"累累数千,皆南首西向"的广州蕃人冢、⑤扬州普哈丁墓园等都是规模较大的回回墓园。周密《癸辛杂拾》中记载杭州回回墓

---

① 陈达生:《论中国东南沿海古代阿拉伯文、波斯文碑铭之研究》,《回族研究》1991 年第 1 期。

② 庄为玑、陈达生:《泉州清真寺史迹新考》,《世界宗教研究》1981 年第 3 期。

③ 【摩洛哥】伊本·白图泰著,马金鹏译:《伊本·白图泰游记》,宁夏人民出版社 1985 年,第 556 页。

④ 【摩洛哥】伊本·白图泰著,马金鹏译:《伊本·白图泰游记》,宁夏人民出版社 1985 年,第 556 页。

⑤ (南宋)方信孺:《南海百咏》,宛委别藏本。

葬的情形:"回回之俗,凡死者……瘗(埋葬)之聚景园,园亦回回主之,凡赁地有常价,所用砖瓦匠者,园主皆有之,特以钞市之直。"印证大批回回商人在中国定居并成为这些城市的一部分。

以回回商人而闻名的江南回回聚居区中的世俗生活也引起当地居民的好奇。杭州八间楼的回回以富庶出名,每遇回回结婚,市民就摩肩接踵,前来观看其排场及不同的风俗。"街巷之人,肩摩踵接,咸来窥视,至有攀缘檐阑窗牖者。踏翻楼屋,宾主胥妇咸死,此亦一大怪事也。"①

据说当时杭州城里活跃着一支可用波斯语、汉语和阿拉伯语三种语言演唱的中西合璧乐队,②这样的记载再现了元代江南回回海商的盛况及其给江南社会带来的活力。

元代繁忙的海上贸易以其时航海技术、造船技术的发达水平为基础。元代航海技术达到一个巅峰状态与中世纪长期致力于世界航海事业的中亚、西亚穆斯林有直接的关系,元朝的造船技术、航海技术无不深受影响。如回回海商所使用的航海地图对元代航海业有很大影响。《元秘书监志》记载:"至元二十四年(1287)二月二十六日奉秘书监台旨,福建海行航回回们,有知道回回文剌那麻,具呈中书省行下合属取索者。奉此。"剌那麻为波斯语,意为行路指南,用于海航则为航海指南。可见元代与海外的航海中使用波斯文的航海地图。有学者认为:"剌那麻可能对中国航海图经的出现或发展产生过一定的影响。"③

世界许多沿海民族都有与航海有关的信仰习俗,资料表明宋元时期东南沿海的回回海商也有祈风、祭海等习俗。岳珂《桯史》卷11《番禺海獠》中记载广州穆斯林商人在怀圣寺和光塔祈风,而光塔位于怀圣寺后,高36尺,昼可悬旗,夜则举火,可作航海灯塔,可见清真寺与航海有密切的关系;海南岛穆斯林也在昭应庙(番神庙)祭海④,这个所谓的番神庙应该是一座清真寺;而泉州

---

① (明)田汝成:《西湖游览志》卷18,上海古籍出版社1980年。
② 【摩洛哥】伊本·白图泰著,马金鹏译:《伊本·白图泰游记》,宁夏人民出版社1985年,第558页。
③ 黄时签:《插图解说中西关系史年表》,浙江人民出版社1994年,第301页。
④ (清)蒋廷锡:《古今图书集成》卷1380,"琼州府部",北京图书馆出版社2001年。

艾苏哈卜寺和灵山圣墓也是当地穆斯林商人祈风祭海的圣地。① 方信孺《南海百咏》："番塔……每岁五六月,夷人率以五鼓登其绝顶,叫佛号,以祈风信。下有礼拜堂。"②

如果说"祈风祭海"习俗是回回商人依照伊斯兰教习俗进行的与航海有关的活动,那"祭妈祖"则是中国航海民族的习俗。元代"凡海运之前,必有祭祀"。妈祖上升为天妃,以皇帝册封成为沿海航运人民信仰的精神领袖是在元代。至元十八年(1281),世祖忽必烈下诏册封妈祖为天妃:"朕恭承天庥,而有四海。粤若稽古,咸秩无文。惟而有神,保护海道,舟师漕运,特神为命,威灵赫濯,应验昭彰。……今……册尔为护国明著天妃。"③

固然没有证据表明妈祖为当时江南回回海商所信仰,但长期从事海外贸易的回回商人必然会受到中国航海习俗的影响,参与祭天妃的仪式,一些负责管理海运和贸易的回回官员甚至亲自主持祭天妃的仪式。如赛典赤·赡思丁之孙乌马儿曾任江浙行省平章政事,负责海运,曾祭祀海神,《江浙行省春运海粮记》碑中记载了乌马儿祭海神的事件:

> 先,起碇之日,公诣海神天妃宫,躬具牲牢,陈俎豆,与神誓言曰:"海漕之运,我国家万事之利也。春运之役,其肪自今。凡人事者,予即克尽之矣。大海洋洋,则尔明神之责也,毋狂而风,毋冥而雾,毋剽而暗屿浮礁,毋滞而浊水露碛,俾遂善达,以克国储,神亦与有赖焉。"④

无论是回回海商作为个人参与祭天妃的仪式,或是像乌马儿这样负责元朝海航的回回官员主持祭天妃的行为,都不能简单地视作对伊斯兰教信仰的背叛,而是作为元代中国航海者的一员表现出对中国风俗和传统的尊重,也是两种航海文化碰撞和融合的表现。

无论是来自于阿拉伯半岛,还是来自于中亚的穆斯林都是以经商为主业,伊斯兰教也有鼓励商业的价值取向,所以,回回商人的东来以及他们崇商敬商的价值观和行为必然对重本轻末的中国人产生巨大的影响。在回回海商的带

---

① 陈达生:《宋元时期泉州穆斯林祈风祭海之踪迹》,《海交史研究》1986 年第 1 期。
② (南宋)方信孺:《南海百咏》,宛委别藏本。
③ (清)丁午:《城北天后宫志·天妃显圣录》,上海书店出版社 1994 年。
④ 白寿彝:《元代回族人物传》,宁夏人民出版社 1985 年,第 274 页。

动以及蒙古统治者好商重宝的影响下,整个元代社会"舍本农,趋商贾"的风气也十分之盛,尤其是东南沿海社会发生了极大的变化,市民对商业的认可达到了中国历史上空前的状态,出现"士商亲融"现象,许多当地汉族也积极参与海商,成为东南富商大户。

元代一些文学作品中有关于回回海商的信息,折射出了普通人对商业、对江南回回海商的态度。如元曲《李亚仙花酒曲江池》(第二折·三煞):"他子待钱财钞贯亲,怎肯将聪明文学怜。如今那虔婆每,不道的羊儿般善,有钱呵,管甚么臭回回腺罗罗同衾睡;无钞呵,你便是俊子弟幌郎君,教他独自眠……"①再如《刘盼春守志香囊怨》(第一折·混江龙):"你(指虔婆——引者注)子待钱为亲戚,见了那几文钱,便是好相识,钱为你姊妹,钱是你妯娌……若无钱呵,一任你聪聪俊俊;但有钱呵,管甚么啰啰回回。"②这样的描述一方面反映出元代士阶层对整个社会趋利的不满以及对商人和回回商人的鄙视情绪;但另一方面,整个社会对商业的崇尚已经成为一种风气,士绅阶层面对社会趋利风气虽然鄙视但又感到十分无奈。

从另一个角度来看,中国重本轻末的传统也会对回回商人有所影响。受当地汉族的影响,也有回回商人将商业所获利润用于购置房产、土地等。晋江陈埭丁姓族谱中的资料显示元代泉州的回回商人在泉州附近购地置产的事实。③ 尽管东来的回回人以商人、军士为多,但落居中国后,许多人的职业发生改变,逐渐成为农业经营者,这不能不说是受中国传统习惯的影响。

回回海商集团在元代产生如此广泛而深远的影响,在外部看来,他们是一个与中国传统社会完全相异的群体,他们有不同于中国原住民的生活方式、宗教信仰,甚至他们经商的模式和商业意识也是与中国传统商人完全不同的。中国人称呼他们"回回",将他们划分为一个群体,这种"他群体"的划分方式也促使了来自不同地区、操不同语言、共同信仰伊斯兰教的"回回"群体的形成。这个新的群体正在逐渐融入中国社会,成为中国人的一部分。

---

① (元)石君宝:《李亚仙花酒曲江池》,《元明杂剧》,南京国学图书馆影印明刻本 1929 年。
② (元)诚斋:《刘盼春守志香囊怨》,《元明杂剧》,南京国学图书馆影印明刻本 1929 年。
③ 施一揆:《元代的地契》,《历史研究》1957 年第 9 期。

五、回回海商的商业利润流向

元代回回海商已经形成为巨大的利益团体,对元朝政治、经济都产生了巨大的影响,既便是元廷所派出的掌管海外贸易或与海外贸易有关联的回回官吏都从中获得了巨大的商业利润。他们所获巨额商业利润的流向,虽没有任何专门资料的记载,但通过零星的资料,可以窥见一部分利润的去向。

第一是修建清真寺。元代各地,尤其是东南沿海地区修建有大量的清真寺,这些清真寺可视为元代回回人分布格局的形成。回回人有围寺而居的传统,故清真寺大部分应该是民间筹资修建,当然也有一些是政府行为,但所占比例应该不会太多。元代所建清真寺大部分都没有资金来源、修建者等信息的记载,仅从零星资料中推断商人出资修建清真寺的历史事实。如伊本·白图泰记载的杭州穆斯林商人奥斯玛"故此市区即以彼名名之,曰奥斯玛市区。彼在此建有宏丽之学舍,施多财供给学人。区中之大礼拜寺,亦彼所建,且捐有巨款,以为寺产,一如学舍"。①《伊本·白图泰游记》中所载这位埃及人奥斯玛应该是位巨商,不仅出资修建宏伟清真寺,且施财于学子,而且街区名字以其名所命,自是十分有影响的商人。他在杭州修了一座道堂,"建筑美丽,慈善基金很多,内有一批苏菲修道者。……还在该城修建了一座清真大寺,捐赠该寺和道堂大量慈善基金,该城的穆斯林很多"。②

泉州在元代建有六七座清真寺,一方面说明泉州回回人数多的事实,另一方面也说明泉州回回巨商云集,商人出资修建清真寺是必然存在的。如清净寺就是宋绍兴元年(1131)波斯商人纳只卜·穆兹喜鲁丁在泉州南城修建。③

虽然我们无法列举出更多回回商人出资修建清真寺的事实,但元代中国回回商人出资建寺与阿拉伯、波斯穆斯林商人以及中国其他朝代回回商人筹资修建清真寺的传统行为和价值追求是一脉相承的,这源于穆斯林的基本信仰。他们认为今生所有财富都是真主所赐,而拿出自己的财富修建清真寺,正

---

① 【摩洛哥】伊本·白图泰著,马金鹏译:《伊本·白图泰游记》,宁夏人民出版社 1985 年,第 556 页。

② 【摩洛哥】伊本·白图泰著,马金鹏译:《伊本·白图泰游记》,宁夏人民出版社 1985 年,第 556 页。

③ 余振贵、雷晓静:《中国回族金石录》,宁夏人民出版社 2001 年,第 68 页。

是对真主的信仰的最好体现方式。

第二是购买土地。回回人的先祖来自于阿拉伯半岛或中亚地区,历史上这些地区的人们以经商为主业,伊斯兰教也是崇尚商业的,元代大批来华的回回也以经商为特色。但中国是以农业立国的,中国文化中重农轻商的传统也由来已久,虽然元朝是游牧民族的蒙古人统治的时代,蒙古人也重视、崇尚商业,但农业文明在中国根深蒂固,这必然对回回人、蒙古人等产生深远的影响。元代在中国经商的回回人最终会走上以农业经营为主的道路也是必然现象。虽然元代回回人还没有形成鲜明的农业经营特色,但随着他们在中国扎根、繁衍,回回人以经营农业为主的格局到明清时期已经十分鲜明。元代回回商人像一般的汉族商人那样,经商后稍有余资即买地置产的现象还不普遍,但已经出现。

晋江陈埭丁姓阿拉伯商人阿老丁后裔普阿友因无力支撑日益贫困的生活,打算卖掉祖上留下的产业,但在亲戚中没有找到买主,于是将祖产卖给旁人,并立契约:"泉州路录事司南隅排铺住人麻合抹,有祖上梯己花园一段,山一段,亭一所,房屋一间,及花果等木在内,并花园外屋基一段,坐落晋江县三十七都土名东塘村,今欲出卖……"地契落款是麻合抹的母亲叶时邻,姑姑忽鲁舍、比比、阿弥答,叔忽撒马丁,姑父名何暗都剌。[①] 像这样将商业利润购置土地、田产的回回商人应该不在少数。尤其是元末时期,对外交通越来越受阻,泉州陷于长达十年的内乱以及元廷对私人泛海的限制,使得泉州回回商人后裔向泉州周边各县迁移,经营农业已经成为一些商人后裔的必然选择。

第三是向权势行贿。回回商人在元代深得崇信,背后往往有权势作为支撑,回回商人也往往不惜重金向权势行贿,以获得更大的权力和利益。

阿合马是元初回回海商的重要代表人物,虽无史料证明他直接参与海商贸易,但通过权势对元代海上贸易进行干涉,或通过权力赋予一些海商权力是必然存在的,当时回回商人向其行贿也是常有之事。《史集》中记载的一件事反映出阿合马收受贿赂的事实,在他死后也被挖掘治罪。在阿合马已经去世四十天后,有一次,忽必烈要一颗大钻石装饰他的皇冠,没有找到,该处两个商

---

① 施一揆:《元代的地契》,《历史研究》1957 年第 9 期。

人来说道:"我们已经有一次给合罕送过来一颗大钻石,交给了异密阿合马。"合罕很生气,派人到阿合马家中搜查,在阿合马妻子縢哲哈敦处找到那颗钻石,忽必烈下令挖出阿合马的尸首,并杀死他的妻子縢哲和两个儿子异密哈散和忽辛,没收了他全部的财产。①

至元二十八年(1290),桑哥以"结党营私,贪污受贿"被处死,其党羽遭到毁灭性打击,回回法也因此再次遭到打击。《史集》记载了桑哥被诛的过程和原因:一天,合罕(忽必烈)求珠于桑哥,桑哥答言无珠。有达蓝干(今伊朗塞姆南东北达姆甘)人木八剌沙颇得信用,而与桑哥不合。因向忽必烈告发,曾见其有珍珠宝石很多,并自请往桑哥府邸搜求。已而,果擎珍珠两筐还。忽必烈召桑哥责问:"你有这么多珍珠,却不欲进献与我。它们是从何处来的?"桑哥答由回回官吏数人馈赠,因历数其名,皆各行省之长吏。忽必烈怒,令以污物塞其口杀之。②

回回商人的经商利润非仅以上几种流向。从其用于购置田产和修建清真寺两项反映出回回商人渐与中国社会相适应,更深扎根中国社会的意愿。而向权势行贿也是为了得到更多的利益,同时反映了元代社会官商结合程度之深。

六、回回海商与元代海洋政策

元代是中国历史上较少的积极经营海洋的朝代,尤其是元初忽必烈时代,蒙古统治者的空前世界观,积极的海上活动以及重商政策构建起了广阔的海上贸易网络。在这种背景下,回回海商在元代异军突起,代表元朝政府在整个国际贸易体系中成为一支重要的力量。

蒙元时期蒙古人陆上的扩张脚步被埃及马木鲁克(1250—1511)的统治者逼退。长期的征战以及屡次驰骋欧亚大陆的经历使得蒙古人对世界格局有了更多的了解,也促使其征服欲急剧膨胀。阿拉伯、波斯的海上力量控制着红海、地中海一直到印度洋的世界贸易网络,海上贸易繁忙,利润可观。元朝建

---

① 【波斯】拉施特著,余大钧、周建奇译:《史集》(第二卷),商务印书馆1997年,第345页。
② 【波斯】拉施特著,余大钧、周建奇译:《史集·成吉思汗的继承人·忽必烈纪》,商务印书馆1997年。

立后,直接控制中国沿海与世界贸易体系的通道成为蒙古统治者必欲与之的国策。依此目的,世祖忽必烈首先起用降元的蒲寿庚招徕外商到中国贸易,打通因宋末战乱而中断的中国与世界的商道,第二步即筹划海上征服活动,以期控制海上通道,屡次沿海上的征服活动即是继陆上征服后的又一次世界征服活动。

通观元代,世祖朝对南海的作为最为频繁,海上的征服活动涉及爪哇、安南、占城、缅甸、交趾以及日本,甚至有远征马八儿、俱蓝等国的远大计划。但元朝的海上征服并不如陆上征服那般顺利。从至元九年(1272)开始,元朝开始了经营南海诸国之事,当年元朝遣使安南,安南也遣使入贡,元朝通过遣使诏谕、派兵征讨等方式迫使南海诸国臣服元朝,爪哇、占城、安南、马八儿、俱蓝、僧迦刺等国先后派使臣前来纳贡,至元二十九年、三十年元廷最后一次派兵爪哇,之后停止用兵。忽必烈末期,曾计划出兵马八儿、俱蓝诸国,[1]遇朝臣反对,于是先诏谕未入贡南海诸国,马八儿奉表称藩,但俱蓝诸国仍未入贡,于是忽必烈派使臣杨庭璧,诏谕诸国,"二十三年,海外诸蕃国以杨庭璧奉诏谕至是皆来降。皆遣使贡方物"。[2]

蒙古人用兵南海诸国的主要目的是要达到对商道的直接控制和对世界海上贸易利润的追求。其一,蒙古海上征伐军中经常有商人、斡脱随行,如在至元二十九年七月征服占城、爪哇时,"阿里愿自修船,同张存从征爪哇军,往招占城、甘不察,诏授阿里三珠虎符,张存一珠虎符,仍蠲阿里父布伯所负斡脱钞三千锭"。[3] 至元二十九年丁未,也黑迷失乞与高兴等同征爪哇,帝曰:"也黑迷失惟熟海道,海中事当付之,其兵事则委之史弼可也。"[4]军中任用熟悉海道的回回商人是蒙古军征伐时常用之法。

元代与其他朝代"朝贡贸易"外交中一个很大的不同即存在大量的"商使贸易",即海外官市贸易。同时,元代较为盛行的还有以个人名义进行的"呈献"与皇室权贵之间发生特殊买卖的关系。"'商使贸易'型朝贡是以获得贸

①　(明)宋濂等:《元史》卷134《迦鲁纳答思传》。
②　(明)宋濂等:《元史》卷210《马八儿等国传》。
③　(明)宋濂等:《元史》卷17《世祖纪十四》。
④　(明)宋濂等:《元史》卷17《世祖纪十四》。

易利润为主要或者次要目的。当时的外交使节大多有'通商贸易'的一面。虽然这一类型有时承担着一些外交性特别任务,但是其带有巨大贸易资金和商品,这显然有以国家为主导的贸易传团的一面。惠谷俊之据《瓦撒夫史》的记载,撰文介绍过大德初伊尔汗遣使元成宗铁穆耳汗的具体情况。据说合赞汗敕令从国库支出巨额黄金赐给该使团以充当贸易资金。使者法合鲁丁及其同事也各自携带了自己的商品。法合鲁丁返回时,除旭烈家投下封地(彰德、宝庆路等)的收入之外,带有数量巨大的贸易品。14世纪初期以后盛行的这种中伊间往来的'扮作贡纳的通商贸易'的一面。"①这更进一步证明了元代的南海征服的目的在于贸易利益的获得和直接进行贸易活动。

其二,元朝所征爪哇、占城、马八儿等无一不是南海至印度洋上航海的必经枢纽,元朝征服军对左右世界贸易的重要港口以及重要物资的中转港口尤为重视。占城、爪哇、印度南海岸是商船出入南洋和西洋的必经之地,日本学者也认为:"元朝依次征占城、爪哇,进而制定派兵马八儿的计划绝非偶然,应该是以确保南海航线的畅通为前提,元朝停止第三次征日计划,而将兵力重点转向占城、交趾方面,是因为征服南海诸国比日本更加有利益可图。"②

葡萄牙征服活动之前,由乳香、没药—胡椒—丁香、肉豆蔻构成的西方—中部(印度)—东方(东南亚)国际贸易模式为居于交通要道的阿拉伯、波斯甚至后来的印度南海岸、东南亚的穆斯林商人提供了广阔的活动空间。产自马鲁古群岛(摩鹿加群岛)的豆蔻和丁香是中世纪世界贸易的重要物品,③爪哇是豆蔻和丁香的世界贸易中心。丁香和豆蔻主要用于食物调味品,它们一度成为西方人追逐的重要外贸商品,西方、中国乃至印度洋沿岸都大量进口产自东南亚的豆蔻和丁香。在沟通东、西方与东南亚豆蔻和丁香产地的航线中,马六甲海峡爪哇岛迅速成为豆蔻、丁香的中转地。

乳香和没药主要出产于阿拉伯半岛南部和非洲东海岸,在宋代,乳香以三

① 【日】向正树:《元代"朝贡"与南海信息》,《元史论丛》第十辑,中国广播电视出版社2005年。

② 【日】中岛乐章、四日市康博著,郭万平译:《元朝新附军与海外经略》,《元史论丛》第十辑,中国广播电视出版社2005年。

③ 【新加坡】尼古拉斯·塔林主编,贺圣达等译:《剑桥东南亚史》(Ⅰ),云南人民出版社2003年,第172页。

佛齐为主要转运站;到了元代,国际乳香和没药贸易的中心则转移至印度南海岸,因为这里是东西方航路的必经之地。印度洋到东南亚乃至中国之间的贸易中转中心已转移至印度半岛南端以马八儿、俱蓝等城市为主。

国际胡椒贸易的最大中转站也在印度南海岸,胡椒主要出产于东非、东南亚以及印度东海岸的马拉巴尔海岸,历史上世界胡椒贸易中东南亚,如苏门答腊岛的胡椒大量被运往中国,被中国人称为"粗货",而印度东海岸出产的胡椒也被大量运往西方。

中世纪,整个世界贸易或多或少都受到东南亚香料的兴衰和流动的支配,并成为引发西人东来的主要原因。[①] 世界贸易的网络如此鲜明地为处于中间位置的善经商的穆斯林商人提供了便利,也最终由他们把元朝带入这一巨大的商业网络中来。

中国从唐宋以来成为这支海上巨大商道的东部终点,元代为蒙古人左膀右臂的回回商人将中国在这一商业网络中的地位推至顶点,商业的巨大利益以及回回商人运来的来自世界各地的珍奇异宝使蒙古统治者急欲抓住机会,参与其中。元朝要想参与其中并获取利益,最有效的方法即控制商道网络以及主要贸易中心,而元初的南海甚至印度洋的一系列活动显然是以此为中心展开。

其三,元军征伐的同时往往辅以招抚政策,而且招抚明显是以贸易为目标,所以用兵的同时,只要各国来朝表示臣服,元廷即宽待之,维持双方贸易。如在征服爪哇时:"初,也黑迷失征爪哇时,尝招其濒海诸国,于是南巫里等遣人来附,以禁商泛海留京师,至是弛商禁,故皆遣之。"[②]

至元"二十三年,海外诸蕃国以杨庭璧奉诏诏谕至是皆来降。诸国凡十:曰马八儿,曰须门那,曰僧急里,曰南无力,曰马兰丹,曰那旺,曰丁呵儿,曰来来,曰急兰亦,曰苏木都刺,皆遣使贡方物"。须门那和僧急里在印度西海岸,南无力、苏木都刺和那旺分别在苏门答腊岛西北、南和东岸,丁呵儿、急兰亦在马来半岛,曰马兰丹。此次奉诏来贡的国家包括印度半岛、苏门答腊以及马六

---

① 高荣盛:《古里佛/故临》,《元史论丛》第十一辑,天津古籍出版社 2009 年。

② (明)宋濂等:《元史》卷 18《成宗纪一》。

甲海峡国家。但因为俱蓝仍未来朝,元廷再次诏谕。至元二十八年九月,"以铁里为礼部尚书,佩虎符,阿老瓦丁、不剌并为侍郎,遣使俱蓝"。① 如此活动在世祖朝常有发生,《元史》中记载南海诸国朝贡元朝的事项中,从至元九年(1272),先后有安南、占城、爪哇、马八儿、俱蓝、僧迦剌、伊尔汗国等屡次派使臣来朝,元也屡派使臣前往,尤其是在忽必烈朝最为频繁。而各国一旦遣使来朝,即向元廷贡大量的珍宝特产等,如戊寅,占城、马八儿国皆遣使奉表称臣,贡宝物犀象。②

以上史实表明在武力征服不成的情况下,元朝仍寄希望于以大国的国威迫使南海各国和地区对元表示臣服,达到对商路的实际控制,使商使贸易常态化。这可视为元朝统治者在建立陆上帝国的同时,意图建立海上大国的霸主地位,尤其是控制海上国际贸易航线,积极参与国际贸易,获得世界各地珍宝以及获取海上贸易的利润,使交易通道各国成为其属国并向其纳贡。

在元朝建立海上霸主地位,积极谋求海洋贸易的进程中,回回商人成为首选,代表元朝政府为实现这一目标作出巨大贡献。"及至元代,善于经商的回回人首次代表中国管理和经营海外贸易,因而,无论在观念上还是经营的广度深度上都是前代所不能比拟的。"③

从唐朝起,开放的中国加入世界航海和贸易体系,至宋朝,从广州、泉州出发的商舶更频繁地来往于南海、印度洋,到了元朝达到顶峰。中国能够积极地参与世界贸易体系与从唐朝起东来的穆斯林商人就有着直接的关系。到元朝,东来定居中国的穆斯林有几十万之多,中国海上贸易达到了顶峰,也与回回商人的经营有直接的关系。

公元七世纪至十七世纪,世界海上贸易网络基本为穆斯林所控制,阿拉伯的航海技术加上造船技术使得世界贸易面貌为之改变。中西方贸易的中转以东南亚、印度南海岸、红海沿岸、非洲东海岸、波斯湾、地中海沿岸等为中心,在这些重要的商道上,穆斯林占据着大多数的重要港口,他们擅经商的传统得到

---

① (明)宋濂等:《元史》卷 16《世祖纪十三》。

② (明)宋濂等:《元史》卷 11《世祖纪八》。

③ 高荣盛:《古里佛/故临》,《元史论丛》第十一辑,天津古籍出版社 2009 年。

空前的发挥。埃及亚历山大港、印度南岸的俱蓝、古里和马八儿、忽鲁谟斯、波斯湾北口的巴士拉以及东南亚爪哇等都是重要的港口和中转站,各地穆斯林商人几乎垄断了这些商道的贸易。中国的泉州在元代迅速成为世界第二大港,是元朝重视海外贸易的结果,更是穆斯林商人努力经营的结果,而这两者是互为因果的。正因为元朝统治者的重视和招徕,才吸引了更多的穆斯林商人从波斯、中亚、阿拉伯半岛以及印度各地来到中国经商,甚至留居中国,发展成为中国的一个新兴民族;反过来说,有了大批擅经商的穆斯林商人的积极参与,元朝的重商政策以及海上大国的目标才得以实现。

回回商人成为元朝海外贸易的代表,是聚合了天时、地利、人和各种因素的结果,穆斯林商人是世界贸易的垄断者,这是中国回回群体海外贸易的天时。元代蒙古统治者空前的世界观和控制海上商道的欲望使得回回海商占据了独特的地利优势。而作为最早被蒙古人征服,并迅速成为蒙古人的左膀右臂的中亚回回人,其擅理财的特长为蒙古统治者所信任和重用,加之回回商人对商机的精确把握和投蒙古贵戚之喜好,成为元代回回商人驰骋商场的人和因素。

第二节　"亦思八悉"之乱与元代回回海商

泉州作为十三、十四世纪世界有名的港口城市,吸引了来自世界各地的商人来到中国,尤其是中世纪执世界贸易之牛耳的穆斯林商人因各种原因来到中国,聚集在泉州,带动元朝海外贸易的迅速发展,之后泉州经历了一个世纪的繁荣,也带动元朝海外贸易兴盛了一个世纪。

元代泉州海外贸易的繁荣既是元代统治者重视的结果,也是活跃于海上贸易的回回商人努力经营的结果。从蒙古帝国时期起,来自于中亚、西域、西亚的穆斯林商人即成为蒙古人的理财助手。元代之后,尤其是灭南宋后,穆斯林商人转而经营海外贸易。1276 年,寄居南宋的回回商人蒲寿庚降元;1277 年泉州设立市舶司;1278 年,元世祖诏令蒲寿庚招徕蕃商。至元十六、十七、十八年(1279—1281)曾相继派孙胜夫、尤永贤、蒲师文等"通道外国,抚宣诸夷",各国蕃商和使臣纷纷来朝,开启了泉州海外贸易的新时代,意大利人马可·波罗称赞泉州"是世界上两大港之一"。① 摩洛哥旅行家伊本·白图泰亦称:"该城的港口是世界大港之一,甚至是最大的港口。我看到港内停有大艨克约百艘,小船多得无数。"②

宋元时期在泉州经商和定居的海外商人以穆斯林(阿拉伯人、波斯人等)为主,据估计人数达数万人之多,占了城市人口的很大比例,人称:泉州"缠头赤脚半蕃商,大舶高樯多海宝"。③ 当时泉州有清真寺达六七座,由此可见穆斯林商人势力之炽盛。时至今日,泉州保存下来的宋元海外穆斯林的伊斯兰教石刻仍有数百方之多,是为泉州当年海外贸易繁盛和穆斯林商人众多的历史见证。

大批外来商人的聚集开启了主要由色目人,其中主要是回回人控制元代海外贸易的局面,元代主管海外贸易的机构泉州市舶司主要由回回人主管即是最好的佐证。

据乾隆《泉州府志》卷6《文职官上》记载,元代担任泉州市舶司提举及同提举的色目人可见下表:

人　名	任职时间
马合谋	大德间
暗都剌	
沙　的	至大间
忽都鲁沙	
海　寿	至大间
回　回	至正间
赡思丁	
乌马儿	大德间
木八剌沙	延祐间
马合麻	至治间

---

① 【意】马可·波罗著,冯承钧译:《马可波罗行纪》,上海书店出版社2000年。

② 【摩洛哥】伊本·白图泰著,马金鹏译:《伊本·白图泰游记》,宁夏人民出版社1985年,第551页。

③ (明)宗泐:《全室外集》卷4,文渊阁《四库全书》第1148册,台北:商务印书馆1986年。

续表

人　名	任职时间
哈　散	延祐间
怯　烈	
倒剌沙	至治间
怯　来	
八都鲁丁	
马合马沙	
亦思马因	
忻　都	
总　计　　18 人	

《泉州府志》对泉州市舶提举的统计大概不全，仅"亦思八悉"之乱时参与者"西域那兀纳者，以总番互市至泉"，①即是市舶提举，控制泉州的海外贸易，但不在此表统计之列。蒲寿庚及其子蒲师文都曾任泉州市舶司提举，并兼海外诸蕃宣慰使，又奉命"通道外国，抚宣诸夷"，招徕外商来华贸易，此书中也未记载。

在元政府以及泉州市舶司提举等的积极经营下，泉州很快取代广州成为第一大港口，尤其是随着官本船贸易的推行，回回商人成为元政府海外贸易的代理人，斡脱商人也云集泉州，一时间来自于波斯的回回商人成为泉州的重要势力集团。泉州出现"回半城"的居民格局是元代回回商人活跃于海外贸易的具体表现。泉州城涌现出一大批富甲全国的回回大富商，给元政府带来巨额市舶收益的同时，他们自己也富可倾国，这种局面一直持续到元朝后期。

但从公元 1357 年开始，泉州爆发了一场内乱，被称为"亦思八悉"之乱，至此，元代最为繁盛的港口城市泉州一蹶不振，昔日的繁华从此不在，中国海外贸易的顶峰也随之而一去不复返。

元末，因为泉州农民起义不断，为了镇压农民起义，元朝统治者利用泉州掌握舶务与军政大权的阿拉伯、波斯人上层分子组织"义军"，实现"戍军"制

---

① 道光《晋江县志》卷 18《武功志》，《古今图书集成方典》卷 1052 载同。

度,并调外地戍军到泉州戍防。义军头领因镇压农民起义有功而被提升为
"万户",于是以泉州为中心的回回海商集团拥有了自己的武装——"亦思八
悉"。其军队主要由至元十九年(1282)自扬州来泉州的三千合必军(波斯军)
后裔组成,故又称"亦思八悉"。① 元末泉州先后发生了两次由回回人掀起的
内乱,被称为"亦思八悉"之乱。

至元十八年(1358),福建行省的蒙古贵族内部发生矛盾,行省平章政事
普化帖木儿与廉访司佥事般若帖木儿争斗,"构兵相攻,普化帖木儿……复略
泉州亦思巴奚调其兵进"。② 普化帖木儿勾结前江浙行省平章三旦八(当时
被贬居兴化,自设"兴化分省",自命"平章")以及义兵万户波斯人赛普丁和
阿迷里丁发动第一次兵乱,先后兵兴泉州、惠安、兴化、福州等地,人民深受
其害。

至元二十二年(1362),掌管泉州市舶的那兀纳又勾结蒲寿庚的后代在泉
州发动第二次兵乱。元朝重视同海外的市舶贸易,但对市舶所获得利益控制
日严,引起蒲氏等通过官员身份获取市舶私利的回回商人的不满。至正二十
二年(1362)二月,任泉州市舶提举的那兀纳突然起兵杀阿迷里丁,接收其部
队,占据泉州。五月,新任福建行省平章政事燕只不花击败赛甫丁,盘踞省城
三年之久的赛甫丁"余众航海还据泉州",依附那兀纳。那兀纳乘机扩充势
力,拒绝行省命官,控制泉州、兴化,清除赛甫丁余党。至正二十三年至二十五
年(1363—1365)那兀纳多次发兵攻惠安、仙游、兴化等地,杀人劫物。兵祸连
年,庶民涂炭。此时正值元末中原大乱,元政府无力出兵,兵乱持续了六年。
至正二十六年(1366)五月,陈友定兵临泉州,千户金吉、龚名安等人夜开西城
门引入,陈友定先在兴化大败亦思八悉军,杀数千人,叛军首领那兀纳就擒后
被杀,然后从水陆两路南下泉州,泉州长达十年的"亦思八悉"兵乱平息。陈
友定大杀外籍人三天,凡高鼻多须者皆杀,又发蒲氏诸冢,甚至发展成敌视整
个色目人的运动,泉州色目人的寺院、建筑、墓地多被毁坏。大批穆斯林逃离
泉州,迁徙乡间或他方,多隐姓埋名,以求生存,致使蕃舶不敢进港,商贾不敢

① 马建春:《蒙元时期的波斯与中国》,《回族研究》2006 年第 1 期。
② 同治《福建通志》卷 266,《元外纪》。

抵泉,盛极一时的泉州港日渐衰落。直到明初,对泉州蒲氏后人仍持续打击,明陈懋仁《泉南杂志》卷下云:"余闻《宋元通鉴》云:我太祖皇帝禁泉州蒲寿庚、陈胜夫之子孙,不得齿于仕类,盖治其先世导元倾宋之罪,故终夷之也。"在这种背景下,泉州的色目人纷纷改名更姓,向外迁移并避居内地山区。① 明代中叶以来,伊斯兰世界海上商业权威不复存在,由葡萄牙人取而代之,泉州穆斯林渐失其海外活动力。②

关于"亦思八悉"词源、词义,学术界大概有三种观点。第一种观点是张星烺提出的,认为"亦思八悉"是波斯语 Ispahan 的译音,Ispahan 是伊朗一个古城名,又译为"亦思法罕"。③ 朱维干、庄为玑等也持此说,并认为"亦思八悉"首领赛甫丁和阿迷里丁发动叛乱,打算割据泉州,建立亦思法罕独立王国。④

第二种观点是日本学者前岛信次提出的,认为:"亦思八悉"源自波斯文 Ispah,意即军队、士兵。陈达生先生也赞成前岛信次的观点,并称:"亦思八悉"是指当时侨居泉州的海外穆斯林组成的义兵。⑤ 陈达生根据已发现的史迹认为:宋元时代侨居泉州的穆斯林,来自巴士拉、哈姆丹、艾比奈、土耳其斯坦、施拉夫、设拉子、贾杰鲁姆、布哈拉、花剌子模、霍拉桑、亦思法罕(杭)、大不里士、吉兰尼等地,其中以来自波斯为众是事实,但亦思法罕人仅是其中一小部分,无论如何也无法认为这些"亦思八悉"兵均为亦思法罕人。"赛甫丁及阿迷里丁皆波斯德黑兰城东南 294 公里的亦思法杭城人"未见有史证,不宜下结论。⑥

第三种观点以廖大珂为代表,认为"亦思八悉"与"伊习宾"都是从波斯语 Shahbandar 转译过来的,现多译作"沙班达尔"。波斯人称港口为 bandar,

① 距泉州城南二十多里的晋江县陈棣乡,居住着大量丁姓回族据说他们即元代赛典赤赡思丁的后裔,在元末兵乱中避居陈棣,并以祖先名的末一字为姓。

② 张中复:《从"蕃客"到"回族":泉州地区穆斯林族群意识变迁的历史省察》,《国家与原住民:亚太地区族群历史研究》国际学术研讨会论文。

③ 张星烺:《中西交通史料汇编》第三册,中华书局 1977 年,第 213 页。

④ 朱维干:《元末蹂躏兴泉的亦思法杭兵乱》,《泉州文史》1979 年第 1 期;庄为玑:《元末外族叛乱与泉州港的衰落》,《泉州文史》1980 年第 4 期。

⑤ 甘肃省民族研究所编:《伊斯兰教在中国》,宁夏人民出版社 1982 年,第 143—144 页。

⑥ 甘肃省民族研究所编:《伊斯兰教在中国》,宁夏人民出版社 1982 年,第 144—145 页。

Shahbandar,意为港务长,葡萄牙语作 Xabander,英语作 shabunder 或 Sabundar。[1] 廖大珂从语音学角度考证,认为蕃长的职责与外国沙班达尔几乎完全相同,故此蕃长就是波斯语的沙班达尔,在唐代又称作"蕃客大首领"或"伊习宾",在元代则称为"亦思巴"或"亦思八夷"。[2] 在古代,乃至近代,亦思八悉与沙班达尔是印度次大陆和东南亚,乃至中国的对外贸易港口普遍实行的一种管理制度。当地为了招徕外国商人,极力笼络波斯商人首领,授其港务长的职务——波斯语称港务长为沙班达尔,来管理外国人社团,促进对外贸易。广州和泉州类似的沙班达尔制度,就是汉文史籍中的蕃长制度。元末赛甫丁被称为"海酋",阿迷里丁被称为"夷酋",那兀纳(Nakhoda,波斯语意为"舶主")则"以总诸番互市至泉"。显然三人曾先后担任蕃长的职务,故其所率军队称为"亦思八夷"。总之,"蕃客大首领""伊习宾""亦思八夷",与蕃长指的都是一回事,都是类似于波斯人的沙班达尔那种海外侨民和商业的管理制度。[3]

第一种观点认为"亦思八悉"来自亦思法罕,此说明显牵强,元代泉州回回商人固然许多来自于中亚亦思法罕(今伊斯法罕),但亦思法罕仅是中亚一城市,元代来华的中亚商人来源复杂而广泛,远不是一个亦思法罕可以概括的,这一点早被许多学者证实。第三种观点亦显得颇为牵强,纵观元代,海外贸易颇为发达,掌管港口贸易的制度也许会受波斯的影响,但史料中从未有"亦思八悉""伊习宾""亦思八夷"等称呼此制度或蕃长之说。故此较为可信的说法是"亦思八悉"是指当时侨居泉州的海外穆斯林组成的义兵。因元代海外贸易多为擅经商的穆斯林商人所控制,东南沿海是穆斯林聚居的主要地区,且当地地方官也多为回回人担任,而以穆斯林为主的驻兵也颇为常见,在元代后期地方秩序混乱之际,组织这样一支义兵不足为奇,在中央政府控制力下降、地方势力混战之际,这支武装被回回官员利用,是很自然的事情。

---

① Yule,Henry,and Arthur Coke Burnell,*A Glossary of Anglo-Indian Colloquial Words and Phrases and of Kindred Terms*:*Etymological*,*Historical*,*Geographical and Discursive*. John Murray,1886,p.816.

② 廖大珂:《宋元时期泉州的阿拉伯人》,《回族研究》2011 年第 2 期。

③ 廖大珂:《宋元时期泉州的阿拉伯人》,《回族研究》2011 年第 2 期。

"亦思八悉"之乱说明:

第一,元代回回商人控制海外贸易已经成为势力强大的集团,但他们主要是试图继续控制元代海外贸易,或者是泉州港的海外贸易,并非试图独立,建立所谓的"亦思法罕"独立王国。

"亦思八悉"兵乱是元末统治阶级内部的矛盾斗争,有其政治、经济、军事等各种复杂的原因。当时,元顺帝年迈倦勤,以高丽后奇氏和太子爱猷识里答腊为首的太子派,逐帝左右,广树私人,与以扩廓帖木儿为首的诸帅派,展开争夺最高统治权的激烈斗争,反复倾轧,矛盾达到白热化,这场冲突也蔓延到福建。1357年,福建行省的蒙古贵族内部发生矛盾,行省平章政事普化帖木儿与廉访司佥事般若帖木儿之间的争斗直接导致了以泉州为中心的兵乱,后因多种势力的参与以及元朝中央控制力的下降使得兵乱持续不断。泉州"亦思八悉"之乱是肇兴于泉州穆斯林派系之间在政治、军事、经济上的争夺,主要是对市舶权的争夺;后为蒙古地方官员所利用,参与了蒙古贵族之间的互相倾轧;在此过程中又穿插入穆斯林派系斗争的反复,最终成为新兴的陈友定势力的牺牲品。①

正如陈达生先生所说:"元代社会的主要矛盾,是蒙古贵族与汉族人民之间的矛盾,联色目人控制汉人,是元朝的国策。色目人(尤其是穆斯林)享有很大的权益,反元只会削弱其本身。"②

"亦思八悉"兵乱以回回官员为主领导了这样一支武装,说明回回人在泉州的势力十分庞大。以赛甫丁、阿里迷丁、那兀纳等为代表的回回势力都是长期执掌海外贸易的官商,泉州的政治变动随时影响他们的私利,会导致他们为了利益不惜选择武力。这从宋末元初蒲寿庚降元的过程可见一斑。南宋末年,景炎元年(1276)"授福建广东招抚使,总海舶"的蒲寿庚"以善贾往来海,致产巨万,家僮数千",③并兼管海防与民政,"擅蕃舶利者三十年",④控制着

---

① 陈达生:《泉州伊斯兰教派与元末亦思巴奚战乱性质试探》,收于福建省泉州海外交通史博物馆、泉州市泉州历史研究会编:《泉州伊斯兰教论文选》,第53—64页。

② 陈达生:《泉州伊斯兰教派与元末亦思巴奚战乱性质试探》,收于福建省泉州海外交通史博物馆、泉州市泉州历史研究会编:《泉州伊斯兰教论文选》,第53—64页。

③ (元)王磐:《蕲城令董文炳遣爱碑》,(明)李正儒:《(嘉靖)蕲城县志》卷8,成文出版社1968年。

④ (元)脱脱等:《宋史》卷47《瀛国公本纪》,中华书局1977年,第942页。

泉州的海外贸易,成为泉州一位举足轻重的人物。德祐二年(1276)元军进攻福州,宋将张世杰等率军,护送端宗及卫王登舟入海,驶向泉州。当时,泉州权势最大的是蒲寿庚,他控制大量海船,独霸当地海上贸易。端宗一行人马在泉州停泊后,张世杰急于扩充皇室实力,下令强征蒲寿庚的海船和资产,从而激怒了蓄谋降元的蒲寿庚,使其加快了叛宋的步伐,遂与知州田真子关上城门,拒绝端宗等入城,并杀宋宗室。因为宋朝残余无力攻下泉州,端宗一行只好离开泉州,逃往广州。

由此看来,当年蒲寿庚叛宋降元与宋欲强征其海船与家资有极大的关系。元代回回海商也大多家资丰厚,并享有极大的权势,元朝政策一旦危及其利益,极易引起其不满情绪。元末,泉州农民起义不断,为了镇压农民起义,元朝统治者利用泉州掌握舶务与军政大权的阿拉伯、波斯人上层分子组织"义军",实现"戍军"制度,并调外地戍军到泉州戍防。义军头领因镇压农民起义有功而被提升为"万户",更是骄横一时,一旦元朝对他们稍有不利或势力被削减时,就产生不满情绪,结党营私,招兵买马,妄图发动内乱,扩大势力。亦思八悉首领那兀纳是商贾,同治《福建通志》亦云:至正"二十二年春二月,泉州阿巫那(那兀纳别译)杀阿迷里丁。阿巫那本以番人主市舶……(二十四年)夏四月,福建行省左垂观孙奉诏分省兴泉,遣员外郎任立检计泉州仓库……阿巫那空市舶库待之,复阻止不与封视就用"。[1] 说明那兀纳曾主市舶,他在参加兵乱后,仍然控制着泉州的市舶库府。

为了私己利益发动或参与内乱,对当时泉州的控制权,甚或对海外贸易的控制权是他们的主要目的,而非"建立亦思法罕独立王国"。在亦思八悉兵兴泉州诸地时,虽然荼毒无辜,但仍"州郡官非蒙古者皆逐之",可见并无推翻蒙元统治另立王国的意图,所谓建立亦思法罕独立王国纯属推测。陈达生先生在多方论证了"亦思八悉"之乱前后的首领都未有任何反元、独立的行为,得出结论:"亦思巴奚自始至终未走上'反元''抗元''叛元'之类的道路,他们一直是元朝的忠实卫士。"[2]

---

① 同治《福建通志》卷266《元外纪》。

② 陈达生:《泉州伊斯兰教派与元末亦思巴奚战乱性质试探》,收于福建省泉州海外交通史博物馆、泉州市泉州历史研究会编:《泉州伊斯兰教论文选》,第53—64页。

　　第二,"亦思八悉"之乱从一个侧面说明伊斯兰教教派冲突在中国或已存在,或者说"亦思八悉"之乱后期的领导者之间的冲突也是泉州阿拉伯人和波斯人之间的矛盾和冲突的表现。

　　泉州通淮街圣友寺现存一通阿拉伯文修寺碑刻,为波斯设拉子鲁克伯哈只艾哈迈德·本·贾德斯于伊斯兰教历710年重建圣友寺时所刻,碑文所记:"此举为赢得至高无上的真主的喜悦,愿真主宽恕他,宽恕阿里派者,宽恕穆罕默德和他的家属。"①很显然该寺是属于什叶派的,与波斯人多为什叶派教徒的特征相符。

　　宋末蒲寿庚降元后其势力大增,形成控制元代海外贸易的家族势力,擅市舶利三十年,但自元中叶蒲寿庚去世之后,蒲氏集团的势力渐不如昔,取而代之的是新兴的色目商人集团,此时泉州巨商几乎皆是来自于中亚,主要是波斯的回回人,势力盛极一时,代表人物前有合只铁即剌和马合马丹等,后有赛甫丁、阿里迷丁等。蒲氏家族代表的是土生蕃客集团,即唐宋时期来华外国人的后裔,这些人是以阿拉伯人为主,而来自阿拉伯半岛以及唐宋时代的土生蕃客大多为逊尼派信徒,元代来自波斯地区的穆斯林则多是什叶派信徒。

　　据《清源金氏族谱》所附《丽史》称那兀纳是蒲寿庚的女婿,"蒲贼死,其婿那兀呐自立、据土擅赋……"②但朱维干先生指出:"蒲氏以至元十四年(1277)叛宋降元,而那兀纳据泉,系在至正二十二年(1362),前后相距八十五年之久,蒲那二贼,能否成翁婿,颇有可疑。"③陈达生先生认为那兀纳为蒲氏家族的女婿,而非蒲寿庚的女婿,那氏为蒲派在当时的代表人物。④ 即那兀纳是阿拉伯人,为阿拉伯人的代表,进而是逊尼派的代表。第一次兵乱中赛甫丁、阿里迷丁是后期主市舶的波斯人,是伊斯兰教什叶派,所帅兵勇"亦思八悉"亦为波斯人所组成,在兵乱后期,那兀纳先后杀死阿里迷丁和赛甫丁,是两个回回集团冲突的总爆发,其中除了宗教派别的冲突外,亦表现了阿拉伯裔

---

①　庄为玑、陈达生:《泉州清真寺史迹新考》,《世界宗教研究》1981年第3期。
②　《清源金氏族谱》,现藏于泉州金氏家族,据刘志诚先生抄本。
③　朱维干:《元末蹂躏兴泉的亦思法杭兵乱》,《泉州文史》1979年第1期。
④　陈达生:《泉州伊斯兰教派与元末亦思巴奚战乱性质试探》,收于福建省泉州海外交通史博物馆、赢州市泉州历史研究会编:《泉州伊斯兰教论文选》,第53—64页。

回回人对海外贸易控制权被波斯裔回回人夺取的不满。

"泉州穆斯林派系斗争的最后幸存者为金吉派,教派的幸存者为什叶派的圣友寺,这显然不是孤立的现象,它可能说明金吉派属于什叶派。金吉与赛普丁、阿迷里丁同派,源于至元十九年(1282)由扬州来的合必军,即波斯军,波斯穆斯林多属什叶派。反之,蒲寿庚、那兀纳则属于逊尼派,来自阿拉伯。"①

虽然在元代阿拉伯人和波斯人均为伊斯兰教徒,被统称为回回,在共同的宗教、习俗等基础上有所整合,但文化差异是必然存在的。其中最为重要的是语言差异,阿拉伯语与波斯语同是元代色目人中最为盛行的语言,波斯语是元代的官方语言之一。

元代回回人中是否存在阿拉伯人及其后裔与波斯人及其后裔之间,进而逊尼派和什叶派之间的斗争和冲突,还需要其他的资料发现以作进一步的推断,但"亦思八悉"兵乱中表现的回回海商集团内部的矛盾是客观存在的,矛盾造成的冲突导致了蒙古统治者和回回海商集团等造就的泉州海外贸易的终结。

"亦思八悉"之乱对福建沿海一带经济破坏十分之大,泉州港的海外贸易遭到毁灭性打击,战乱后,在此经商的蕃商纷纷回国,再不来泉州贸易,加上中国政府也因兵乱对外商"严加取缔",外商更是绝迹,泉州作为当时中国第一大贸易海港的历史宣告终结。

---

① 陈达生:《泉州伊斯兰教派与元末亦思巴奚战乱性质试探》,收于福建省泉州海外交通史博物馆、泉州市泉州历史研究会编:《泉州伊斯兰教论文选》,第53—64页。

第六章 元代斡脱商人与
回回法的盛衰

第一节 回回商人与回回法的盛衰

蒙元时代的回回主要是指当时中国境内信仰伊斯兰教的阿拉伯人、波斯人,以及中亚的突厥各族人。① 此时期,回回商人的盛衰无不与回回法和汉法的斗争相始终,与回回法的代表密切联系。

早在蒙古帝国时代,尽管中亚等地回回商人成为蒙古人不可或缺的左膀右臂,蒙古大汗对回回、伊斯兰教基本采取宽容政策,但在蒙古和回回人间表现在风俗习惯及宗教上的冲突就时有发生。《世界征服者史》《元史》等史料中记载,蒙古人与回回人曾在用水、宰杀羊只、饮食等方面发生过冲突。尤其是宰杀羊只方面,蒙古人的扎撒中严禁用"断喉法"屠宰牲畜,但依照伊斯兰教法,穆斯林必须使用"断喉法",该习俗在成吉思汗和窝阔台及忽必烈时期都发生过冲突,甚至发生过不儿哈纳丁案。② 类似的事件虽有发生,但并未涉及蒙古汗廷斗争。回回人真正卷入蒙古汗廷斗争,是从窝阔台之后开始,尤其是元朝前中期最为激烈。

一、蒙古帝国时期回回法与汉法的初步较量

1241 年窝阔台汗驾崩,蒙古帝国政权曾陷入纷争,窝阔台之妻脱列哥那

① 参见杨志玖:《元代回族史稿》,南开大学出版社 2003 年,第 7 页。
② 不儿哈纳丁案:指忽必烈时期因赏赐食物给从忽里等地来的穆斯林商人被以食物禁忌为由拒绝了,忽必烈因此颁布"不得以割喉法宰羊",而只能以开膛法宰羊的命令,违者处以死刑,时布哈拉人毛拉不儿哈纳丁在汗八里传教,他因私下用"割喉法"宰杀羊只被仆人告发,被发配到边远地区。此案在《多桑蒙古史》及《史集》中均有记载。

哈敦摄政，为期达五年，其间汗国政治和秩序陷入混乱，有一些穆斯林被重用，并被卷入帝国政权纷争中，其中在征服中亚呼罗珊时被俘的穆斯林法提玛成为此时显赫一时的人物，因为脱列哥那哈敦的宠信，许多大臣通过法提玛向哈敦处获得利益。她还积极参与汗国重要的人事任免，如怂恿脱列哥那哈敦撤换窝阔台时期一些重要朝臣，而换上与自己利益相关的人物，前朝窝阔台任命掌管中国北方的马合木·牙剌瓦赤与时任宰相的畏兀儿人镇海被撤职，以另一位名叫奥都·剌合蛮的中亚商人代替牙剌瓦赤，成为财政大臣。并试图抓捕牙剌瓦赤和镇海，在窝阔台之子阔端的保护下，镇海和牙剌瓦赤才免于一死，酿成蒙古帝国一次较为激烈的政治事变。① 事实上，在窝阔台时期，奥都·剌合蛮即得以重用，他"以货得政柄"，扑买汉地赋税大权，汗廷最初定汉地每年课税五十万两，平定河南后，增为一百一十万两，奥都·剌合蛮扑买后，增至二百二十万两。《元史·耶律楚材传》记载：奥都·剌合蛮扑买课税这件事是一位译史向丞相镇海建议的，是将中原课税从一百一十万两增至二百二十万两，即增加了一倍，同时又允许他加倍征收，税额高达四百四十万两，如此繁重的课税，使中原百姓的负担一下子增加到四倍。所以朝中重臣耶律楚材一直反对，但因蒙古长期征战，急需经济力量的补充，奥都·剌合蛮的课税正符合蒙古上层的利益需求，1240年，他被任命为提领诸路课税所长官，主管征收汉地课税事宜。脱列哥那哈敦主政时更加重用奥都·剌合蛮，甚至以御宝印章和空纸交与奥都·剌合蛮，令其随意填写颁行。耶律楚材坚决抵制，说："天下者，先帝之天下。朝廷自有宪章，今欲紊之，臣不敢奉诏。"脱列哥那哈敦还下诏："凡奥都剌合蛮所建白，令史不为书者，断其手。"②又遭到耶律楚材的极力抵制，但不被采纳，耶律楚材甚至因此失势，郁郁而终。

1246年贵由汗继位，但朝政仍由其母掌控，为争夺汗国权力，贵由母子失和。当时贵由汗之弟阔端原本体弱多病，为除掉其母身边势力，一个哈里发阿里的后人，名叫失剌，是贵由的师傅合答身边的重要侍从，由他指控法提玛用巫术蛊害阔端，致使阔端多病，阔端遣使请求其兄长替他报仇。不久阔端病

---

① 【伊朗】志费尼著，何高济译：《世界征服者史》（上），商务印书馆2007年，第270页。
② （明）宋濂等：《元史》卷146《耶律楚材传》，中华书局1976年。

死,贵由派人向其母索取法提玛,经几次较量才逼迫其母交出法提玛,法提玛和奥都·剌合蛮均被处死。贵由重新起用马合木·牙剌瓦赤、马思忽锡父子以及镇海而结束了这场纷争。这段历史一般被认为是汗国重大的人事变动和汗国掌权者的权力争夺,是"回回法派"与"汉法派"的第一次较量。[①] 回回法虽然终告失败,但回回法的影响至深至广。奥都·剌合蛮是回回法派的代表,而汉化较深的契丹人耶律楚材则是汉法派的代表。奥都·剌合蛮实行的重税之法与耶律楚材等人的轻赋主张有很大冲突,而蒙古汗国和元初战争状态使统治者急需聚敛财富支付各种开支,奥都·剌合蛮的政策更为符合统治者的需求。蒙古统治者第一次从奥都·剌合蛮为代表的回回理财法中获得巨大利益,并使为蒙古王公贵族服务的回回斡脱商人大行其道。虽然奥都·剌合蛮被处死,但代替他的是另一位回回商人出身的马合木·牙剌瓦赤,而且蒙古大汗仍然重用善于理财的回回大臣。

贵由汗登基到蒙哥汗登基的阶段也是蒙古宫廷权力争夺的最为凶险的阶段,大汗之位由窝阔台系转入托雷系,其中也不乏回回人的参与。贵由死后,叶密立的阿里·火者指控失剌犯有同样的罪行:蛊害贵由之子忽察。失剌被囚禁两年后被处死。蒙哥登基后,阿里·火者又被拘捕,也有人控告他犯有同样的罪行,他被活活打死,妻儿被贬为奴婢。这些回回人因为身处不同势力集团的核心,成为蒙古宫廷政权争夺者的牺牲品。

蒙哥可汗汗位巩固后,依然继承了之前重用回回商人的政策,"他把东方各地区赐给了撒希卜大臣马合木·牙剌瓦赤,突厥斯坦和河中诸城、畏兀儿诸城、费尔干纳和花剌子模,则赐给了异密马思忽锡伯"。[②] 可见汗廷政权交替中虽有一些回回商人被卷入其中,被罢职甚至被杀,但重用原来即被信任的回回商人充当理财官职却是蒙古帝国几位大汗共同的政策。尤其是在中亚各地,许多官职都由熟识当地情况的回回商人担任,他们大多也都不负汗廷信任,取得诸多政绩。

蒙哥可汗去世后,汗位也发生激烈的争夺,虽然没有材料证明回回人直接

---

① 范文澜:《中国通史》(第7册),人民出版社2004年,第62页。
② 【波斯】拉施特著,余大钧、周建奇译:《史集》(第二卷),商务印书馆1997年,第35页。

参与这场宫廷政变,但以赛典赤·赡思丁为代表的回回人显然在政变发生前即已有所选择。赛典赤·赡思丁在蒙哥可汗时既与牙剌瓦赤同任中州断事官。"以牙剌瓦赤、不只儿等充燕京等处行尚书省事,赛典赤、匿咎马丁佐之。"①忽必烈时期,对赛典赤更是赏识有加,"帝每顾侍臣,称赛咥旃(即赛典赤)之能。不忽木从容问其故,帝曰:'彼事宪宗,常阴资朕财用,卿父所知。卿时未生,诚不知也。'不忽木曰:'是所谓人臣怀二心也。今有以内府财物私结亲王,陛下以为若何?'帝急挥以手曰:'卿至,朕失言。'"②依此看来,赛典赤在蒙哥在位之时,常暗中以财支援忽必烈,在忽必烈与阿里不哥争夺皇位的斗争中,赛典赤支持忽必烈,并在忽必烈继位后得以重用。

总之,蒙古帝国时期,回回人虽多有被重用,但参与政治纷争者较少,以法提玛和奥都·剌合蛮为代表。

二、忽必烈朝回回法与汉法斗争中的回回商人

忽必烈时期,回回法与汉法之间的冲突最为严重,杻杻、阿合马、卢世荣、桑哥等都是回回法的代表,虽然卢世荣和桑哥不是回回,但他们奉行的也是为汉族官僚集团所反对的重财理财政策,且其党羽中有许多回回人。

忽必烈初期,因统治重心逐渐南移至汉族地区,忽必烈逐渐重用一些汉族官吏,以学习汉法治理汉地。中统三年(1262),忽必烈重用的平章政事王文统参与李璮叛乱,使忽必烈对汉族官吏的信任大打折扣,又开始起用一些回回官吏。正如当时一些西域官吏所言:"回回虽时盗国钱物,未若秀才敢为反逆。"③忽必烈重用回回官吏大概也出于这样的考虑。同时因为国库空虚,需要解决财政问题,而擅理财的阿合马正合忽必烈之需,遂得到忽必烈的重用。"阿合马为人多智巧言,以功利成效自负,众咸称其能。"④正因为阿合马这方面的才能,在政治上崭露头角,中统三年(1263),阿合马被任为领中书左右部兼诸路都转运使。阿合马上任后为元政府开辟了财源,为元政府敛来第一笔

① (明)宋濂等:《元史》卷 3《宪宗纪》。
② (明)宋濂等:《元史》卷 130《不忽木传》。
③ (元)姚遂:《牧庵集》卷 15《姚枢神道碑》。
④ (明)宋濂等:《元史》卷 205《阿合马传》。

财,得到忽必烈的赏识,升任中书平章政事,权势日隆。至元三年,朝廷设制国用使司,总理财政,阿合马兼领其职,掌管全国财政大权。至元四年,尚书省设立,阿合马为平章尚书省事,更是权倾一时。阿合马的急剧敛财政策使元政府的财政危机得以缓解,得到忽必烈的倚重,对阿合马大加赞赏:"夫宰相者,明天道,察地理,尽人事,兼此三者乃为称职,回回人中,阿合马才任宰相。"①

一时间,党附阿合马者比比皆是,仕者攀附取得要职,商者贿以资财以获取利益甚至权势。忽必烈"以其(阿合马)子忽辛为大都路总管,兼大兴府尹"。右丞相安童见阿合马擅权日甚,欲救其弊,乃奏大都路总管以次多不称职,乞选人代之。寻又奏:"阿合马、张惠,挟宰相权,为商贾以网罗天下大利,厚毒黎民,困无所诉。"②"中书左丞崔斌奏曰:'先以江南官冗,委任非人,遂命阿里等澄汰之。今已显有征验,蔽不以闻,是为罔上。杭州地大,委寄非轻,阿合马溺于私爱,乃以不肖子抹速忽充达鲁花赤,佩虎符,此岂量才授任之道?'又言:'阿合马先自陈乞免其子弟之任,乃今身为平章,而子若侄或为行省参政,或为礼部尚书、将作院达鲁花赤、领会同馆,一门悉处要津,自背前言,有亏公道。'有旨并罢黜之。然终不以是为阿合马罪。"③足见忽必烈对阿合马的信任。"比以江南官冗,委任非人,命阿里等沙汰之,而阿合马等溺于私爱,一门子弟,并为要官。"④致使阿合马死后,清查其余党行动牵及甚众,"五月己未朔,钩考万亿库及南京宣慰司。沙汰省部官,阿合马党人七百十四人,已革者百三十三人,余五百八十一人并黜之"。⑤ 而依附这些权势经商获利者更是数不胜计,他们必然随着阿合马集团的倒台而饱受其害。

权倾朝野的阿合马既是回回法与汉法斗争的受益者,也是最大的受害者。阿合马的倒台与一直尊崇汉法的真金太子有直接的关系。由于太子真金深受汉族文化和汉族官僚的影响,对阿合马的政策极其反感,曾当着忽必烈和众大臣的面羞辱阿合马。而杀死阿合马者王著也是以假冒太子之令为借口诱杀阿

---

① (明)宋濂等:《元史》卷 205《阿合马传》。
② (明)宋濂等:《元史》卷 205《阿合马传》。
③ (明)宋濂等:《元史》卷 205《阿合马传》。
④ (明)宋濂等:《元史》卷 12《世祖纪九》。
⑤ (明)宋濂等:《元史》卷 12《世祖纪九》。

合马,成为轰动一时的政治激变,是元初政坛汉人官员与色目官员长期斗争的集中爆发。

阿合马死去三年之后,1285年,阿合马的余党阿散、答即古挑起牵涉太子真金的"禅位于太子"事件,"江南行台监察御史言者请禅位于太子,太子闻之,惧。台臣寝其奏,不敢遽闻"。答即古和阿散闻之,以此相要挟,"请收内外百司吏案,大索天下埋没钱粮,而实欲发其事,乃悉拘封御史台吏案"。① 世祖知之"怒甚,太子愈益惧,未几,遂薨,寿四十有三"。② 太子真金的死虽因"禅位"事件案发,但深层根源仍然是汉族官僚集团与回回为代表的色目集团间的矛盾。

阿合马死后,其党羽被清除,摆在忽必烈面前的巨大经济压力仍使忽必烈再次起用重理财之回回法官吏。"阿合马死,朝廷之臣讳言财利事,皆无以副世祖裕国足民之意。"③安童推荐在阿合马事件中被治罪的其党羽卢世荣,正合忽必烈之意。卢世荣上奏:"天下能规运钱谷者,向日皆在阿合马之门,今籍录以为污滥,此岂可尽废。臣欲择其通才可用者,然惧有言臣用罪人。"世祖曰:"何必言此,可用者用之。"遂以前河间转运使张私纲、撒都丁、不鲁合散、孙桓,并为河间、山东等路都转运盐使。其他擢用者甚众。④ 从这一细节不难发现,不管当时汉族官僚以及后人如何评价以阿合马为代表的回回权臣,至少阿合马从统治者需要出发,注重理财,大批网罗能"规运钱谷者",并非只接纳同宗同族,从这点来看,亦应给予客观的评价。

忽必烈后期到成宗时期比较重要的回回商人兼官僚是沙不丁。他是当时左右海外贸易的核心人物,在其卵翼下形成一个以回回商人为主要成员的海商集体。

至元二十四年(1287),尚书省执政大臣、平章政事桑哥推荐此前管理泉府司和市舶司的沙不丁和乌马尔为江淮行省官:沙不丁为行省左丞,乌马尔为参政,仍领前职。"用桑哥言,置上海、福州两万户府,以维制沙不丁、乌马尔

---

① (明)宋濂等:《元史》卷170《尚文传》。
② (明)宋濂等:《元史》卷115《裕宗传》,卷170《尚文传》。
③ (明)宋濂等:《元史》卷205《卢世荣传》。
④ (明)宋濂等:《元史》卷205《卢世荣传》。

筹海运船。"①沙不丁为首的回回海商为元朝政府带来巨额的收入,至元二十六年(1289),以"沙不丁上市舶司岁输珠四百斤、金三千四百两,诏贮之以待贫乏者"。② 这相当于元廷当年国库收入中黄金数目的六分之一多。沙不丁管理行泉府和市舶司两个机构,在为元廷增加收入的同时,也利用职权,多方牟利,除以私钱作为行泉府的本钱取息外,还肆意对中外商进行掠夺。至元三十年,元政府在整顿市舶司的文中说:"近来忙兀台、沙不丁等自己根寻利息上头,船每来呵,教军每看守着,将他每船封了,好细财物选捡要了。为这般奈何上头,那壁的船只不出来有,咱每这里入去来的每些小来。为那上头,市舶司的勾当坏了有。"③因长期掌管官本船,沙不丁利用官府提供的本金和各方面有利政策,为私己谋利益,"蚕蠹国财,暗行分用",④甚至因此成为巨富。

不仅自己牟利,沙不丁等人还利用手中职权培植党羽,形成江南垄断海商的网络系统。沙不丁弟弟合八失及马合谋但的"皆有舟,且深知漕事"。沙不丁推荐二人"各以己力输运官粮"。马合谋但的即《元史》中提及向元廷"进珍异及宝带、西域马"的泉州大商马合马丹的。⑤ 因为在海商集团的影响力,马合谋但的被"遥授"为右丞、海外诸蕃宣慰使、都元帅、领海道运粮都漕运万户府事。

至元二十九年(1291),桑哥以"结党营私,贪污受贿"被处,其党羽遭到毁灭性打击,回回法也因此再次遭到打击。桑哥党羽中,有一批回回官吏和斡脱商人,其中江淮行省中以沙不丁为首。所谓"要束木祸湖广,沙不丁祸江淮,灭贵里祸福建"。⑥ 一时间江浙、湖广桑哥党羽纷纷被"弃市",⑦沙不丁也面临生死之边缘。至元二十九年二月,诏命江淮行省钩考沙不丁主管的詹事院⑧的江南钱谷,十月,沙不丁、乌马尔等人被遣诣大都,次年,曾被沙不丁"复

---

① (明)宋濂等:《元史》卷14《世祖纪十一》。
② (明)宋濂等:《元史》卷15《世祖纪十二》。
③ 《元典章》卷22《户部八·市舶》。
④ (明)宋濂等:《元史》卷94《食货志·市舶》。
⑤ (明)宋濂等:《元史》卷22《武宗纪一》,卷23《武宗纪二》。
⑥ (明)宋濂等:《元史》卷173《叶李传》。
⑦ (明)宋濂等:《元史》卷16《世祖纪十三》。
⑧ 主管皇太子事物及钱财的机构。

资给之"的广南西路安抚副使赛甫丁被处死,"余党杖而徙之",所有家产被抄没。① 但沙不丁却得以幸免。忽必烈独留沙不丁,不能不说与他在江南海外贸易中的特殊地位有关。"时相独庇江淮省平章沙福丁(即沙不丁),复立行泉府司俾之典领,以征舶商之输,谓家出财资舶商往海南贸易宝货,赢亿万数,若沙福丁黜,商舶必多逃匿,恐亏国用。世祖信其言。"②之后沙不丁逐渐又得到重用。有臣上奏"江淮省平章沙不丁,以仓库官盗欺钱粮,请依宋法黥而断其腕",帝曰:"此回回法也。"不允。③

贞元二年(1296),又诏令"禁海商以细货于马八儿、呗喃、樊答剌亦纳三蕃国交易,别出钞五万锭,令沙不丁等议规运之法。"④大德四年十二月,"致用院官沙不丁言:所职采取希奇物货"。⑤

西域人阿里亦为阿合马的党羽,阿合马被杀后,他依然任中书右丞之职。成宗时又奉命调任江浙行省平章政事,"专领其省财赋"。大德七年(1304),御史台臣奏其"诡名习盐万五千引,增价转示于人",但成宗却痛斥御史台臣:"阿里朕所信任,台臣屡以为言,非所以劝告大臣也。后有言者,朕当不恕。"⑥不久成宗又升阿里为中书平章政事。

从沙不丁和阿里的经历反映出元代回回人亦官亦商的现象十分普遍,以广开财源为特征的回回法、回回商人为蒙古统治者带来巨大财富收入,蒙元统治者对他们多有倚赖,虽然迫于各种压力,蒙元统治者对他们既时有打压,又时有重用,但即使是对回回法实行打击时期,仍然在许多领域重用回回商人。

三、阿难达政变及武、仁、英宗朝打击回回法的政策

世祖末年,中央财政又陷入危机,擅于理财的伯颜(赛典赤·赡思丁之孙,陕西省平章政事纳速剌丁之子)遂被擢为中书平章,位在诸平章之上。次

---

① (明)宋濂等:《元史》卷17《世祖纪十四》。
② (元)吴澄:《吴文正公集》卷32《董忠宣公神道碑》,乾隆五十一年万氏刻本。
③ (明)宋濂等:《元史》卷16《世祖纪十三》。
④ (明)宋濂等:《元史》卷94《食货志二·市舶》。
⑤ 《经世大典·站赤》,《永乐大典》卷19419。
⑥ (明)宋濂等:《元史》卷21《成宗纪三》。

年正月,世祖驾崩,真金之子铁穆耳嗣帝位,史称成宗。成宗仍任命伯颜为中书平章政事,管理国家财务。当时正值国家财政危机,伯颜实施了一系列整顿财政的措施,如对江南的户口进行普查清理,清查佛、道等寺籍佃户,将其编民,增加一些地区的岁课;劝阻皇帝对宗王大臣们无尽无休的赏赐;罢黜腐败官员。这些措施收到了一些效果,使国家恶化的财政得以缓解,史称这一时期为"赛梁秉政"。伯颜也因此登上仕途顶峰。

大德十一年(1307)正月,成宗驾崩。成宗之子海山和爱育黎拔力八达均在外地,伯颜与左丞相阿忽台、平章八都马辛等人联手推皇后卜鲁罕称制,并欲共推安西王阿难达登上皇位。此时,右丞相哈剌哈孙暗中派使者北迎怀宁王海山,南接海山弟爱育黎拔力八达。二月,爱育黎拔力八达至大都,采取先发制人手段控制了大都,将伯颜等人处死,阿难达被押往上都。五月,海山至上都废了皇后,自己当了皇帝,后人称之为武宗。伯颜等回回官员参与宫廷事变,使武宗对回回官员产生戒心,开始了打击回回官员的行动,其中有回回官员中书平章政事阿散被贬谪为辽宁行省平章;回回中书左丞乌伯都剌被贬谪为陕西行尚书省左丞。

这次政治波动,无疑给回回官员带来严重的危机,并持续影响了很长一段时间。至大四年(1311)武宗驾崩,其弟爱育黎拔力八达嗣帝位,即仁宗,他曾经将乌伯都剌调回京城任中书平章政事,阿散也被调回京城担任中书平章政事。皇庆元年五月,阿散升任中书左丞相,两年后再升右丞相,不久又改任左丞相。但元仁宗也推行了一系列压制回回的政策,如罢回回哈的司属,规定"哈的大师止令掌教念经,回回应有刑名、户婚、钱粮、词讼并从有司问之"。①

至治元年(1320)仁宗之子硕德八剌嗣帝位,是为英宗,英宗登基之后政治斗争更为激烈,不仅回汉法的矛盾继续存在,蒙古贵族间的利益争夺亦愈演愈烈,英宗继位之初,承继仁宗的政策继续实行汉法政策和打击回回势力并举,而以支持英宗继位居功并以此干预朝政的太皇太后答己死后,英宗重用蒙古人拜住,将在仁宗朝掌管政务的回回官员左丞相阿散及中书平章政事乌伯都剌,分别贬谪为岭北行省平章政事和江淮行省平章政事。不久,以回回官吏

① (明)宋濂等:《元史》卷102《刑法志一·职制条上》。

阿散为首的前朝旧臣又密谋政变,事败被杀。"有告岭北行省平章政事阿散、中书平章政事黑驴及御史大夫脱忒哈、徽政使失列门等与故要束谋妻亦列失八谋废立,拜住请鞫状,帝曰:'彼若借太皇太后为词,奈何?'命悉诛之,籍其家。"①这一事件在《元史·拜住传》中也有一段记载:"(延祐七年)夏五月,徽政使失烈门、要术木妻也里失八等谋为逆,帝密得其事,御穆清阁,招拜住谋之。对曰:'此辈擅权乱政久矣,今犹不惩,阴结党与,谋危社稷,宜速施天威,以正祖宗法度。'帝动容曰:'此朕志也。'命率卫士擒斩之,其党皆伏诛。"②由此两段史料可知由阿散等人参与执行的"谋废立"事件在事发前已被英宗发现,而英宗也借此事件极大地打击了其对立集团,很可能是崇尚汉法的英宗与答己、铁木迭尔等为首的蒙古守旧势力之间又一次斗争的爆发,英宗虽然是在太皇太后答己支持下登上皇位,但很快答己发现英宗远非之前以为的懦弱好控制,甚至发出"吾悔不该立此小儿"③的怨言,在此背景下发生阿散等人的"阴谋废立",很有可能是答己等人指使的一次行动,而英宗也深知谋废立事件是答己为后台的,但又对答己有所忌惮,因此只捕杀了参与此次事件的阿散等人。总之这一阶段元廷对回回的压制政策明显增加,如延祐四年四月,罢"回回国子监";"课回回散居郡县者,户岁输包银二两";④至治元年五月,"毁上都回回寺,以其地营帝师殿"。这些都对回回商人的活动造成极大的打击。

四、"南坡之变"及倒刺沙事件

英宗激烈的政策极大地打击了一批蒙古贵族以及回回官商的势力,终于引发了又一次宫廷政变。太皇太后答己死后,英宗打击其残余势力,尤其是曾极度得势的中书右丞相铁木迭尔死后,英宗抄其家夺其势,铁木迭尔之子宣政院使八里吉思也以"冒献田地"的罪名被处死。一时间,铁木迭尔党徒人人自危,其义子御使大夫铁失深恐祸及自己,遂生谋逆之心,企图另立新主,决定发动政变,推立镇守漠北的忽必烈之孙、晋王也孙铁木儿为帝。当时,"王府内

---

① (明)宋濂等:《元史》卷 27《英宗纪一》。
② (明)宋濂等:《元史》卷 136《拜住传》。
③ (明)宋濂等:《元史》卷 116《后妃传二》。
④ (明)宋濂等:《元史》卷 27《英宗纪一》。

史倒剌沙得幸于帝,常侦伺朝廷事机,以其子哈散事丞相拜住,且入宿卫。久之,哈散归,言御史大夫铁失与拜住意相忤,欲倾害之"。① 至治三年(1323)三月,铁失暗中与倒剌沙结交,密谋政变之事。"八月二日,晋王猎于秃剌之地,铁失密遣斡罗思来告曰:'我与哈散、也先铁木儿、失秃儿谋已定,事成,推立王为皇帝。'又命斡罗思以其事告倒剌沙,且言:'汝与马速忽知之,勿令旭迈杰得闻也。'"②五日,正值英宗与丞相拜住自上都南返,待行至三十里外的南坡处暂住时,铁失借助自己统领的阿速卫兵,与知枢密院事也先铁木儿、大司农失秃儿、前平章政事赤金铁木儿、枢密院副使阿散等人发动政变,先将丞相拜住杀死,最后又将英宗弑于卧所。这就是震惊朝野的"南坡之变"。这次政治变动,为回回官员再次把持朝政提供了契机。1323年十月四日,晋王也孙铁木儿于龙居河(即克鲁伦河)旁即帝位,史称泰定帝。当日,任命也先铁木儿为中书右丞相;倒剌沙为中书平章政事;铁失为知枢密院事;另一个参与"南坡之变"的回回官员马速忽同知枢密院事;以枢密副使阿散为御史中丞。不久,倒剌沙反擢为中书左丞相,之后,右丞相去世,朝中大权由倒剌沙一人掌管,回回官员重新受到重用。前时被调离京师的乌伯都剌又被调回中书省任平章政事,因他是倒剌沙与燕帖木儿斗争中的支持者;另一个回回官员纳速剌丁之子伯颜察儿也被升到中书省任职;倒剌沙兄马某沙升任枢密院事。朝廷还在泰定元年六月,"作礼拜寺于上都及大同路,给钞四万锭"。③ 该年九月,有旨将曾在英宗朝被杀的回回官员阿散的家产返还其子脱列,此外,朝廷还免除了"答失蛮"④差役,优待回回商人。这些政策的出台,不能说与政局的变化无关。

因倒剌沙位居丞相,一时间西域人纷纷党附于他,回回商人也在这种政治势力的保护下大获其利。倒剌沙不仅为回回人谋取政治权利,而且为其族人谋取经济利益,从倒剌沙处得到好处的商人何止一二。"倒剌沙贷其姻室长

---

① (明)宋濂等:《元史》卷29《泰定帝纪一》。
② (明)宋濂等:《元史》卷29《泰定帝纪一》。
③ (明)宋濂等:《元史》卷29《泰定帝纪一》。
④ 元朝对回回宗教从业者的称呼。

庐监运司判官亦剌马丹钞四万锭,买监营利与京师,诏追理之。"①倒剌沙以权为其族人谋私利的例子还有很多。"回回人哈哈的,自至治间(1321—1323),贷官钞违制别往番邦,得宝货无算,法当没官,而倒剌沙私其种人,不许。"②在泰定帝时期,围绕倒剌沙迅速形成一个庞大的回回官商集团,与之前回回官吏的身份相似,许多人都是亦官亦商,或官商结合来牟利。

五、天历之变

1328年③三月,泰定帝率皇后、皇太子等人巡幸上都,命西安王阿剌忒纳失里、金枢密院事燕帖木儿留守京师。燕帖木儿为首的蒙古贵族对泰定帝的施政极为不满,并以泰定帝并非武宗之后伺机改立武宗子为帝(武宗有二子,长子和世瓎远居漠北,次子图帖睦尔居江陵)。八月,泰定帝死于上都,一时间,政局不稳,倒剌沙为了稳住局面,首先遣使至大都,命平章政事乌伯都剌收掌百司印。此时,燕帖木儿已在大都同西安王阿剌忒纳失里定下政变的具体计划。西安王以"弟不先兄"为由,认为应立武宗长子和世瓎,而燕帖木儿则以和世瓎远在漠北,应先迎立次子图帖睦尔以安民心,西安王表示同意。两人决定后,于八月四日,由西安王下令,召集百官至兴圣宫。乌伯都剌已接到上都令百官齐缴印章的敕令,便想借此机会办理此事。但百官刚到齐,燕帖木儿就率着阿剌帖木尔、孛伦赤等十七人持兵刃而入,宣布:"祖宗正统属在武皇帝之子,有不顺者斩!"当即下令拿下了乌伯都剌和伯颜察尔两名回回官员,又将中书左丞朵朵,参知政事王士熙,参议中书省事脱脱、吴兼道,侍御使铁木哥、邱士杰,治书侍御使脱欢,太子詹事丞王桓等有异议者一同捕入狱中。燕帖木儿等人拥兵控制了大都,立武宗次子图帖睦尔为帝,是为文宗。中书左丞相倒剌沙与梁王王禅、辽王脱脱等则在上都立泰定帝之子为帝,为天顺帝。双方各为其主,调集军队相互征讨,"两都会战"由此爆发。上都在对抗中失败,天顺帝在位仅不足一月即被赶下台,文宗图帖睦尔在位一年即迫于其兄和世

---

① (明)宋濂等:《元史》卷32《文宗纪一》。
② (明)宋濂等:《元史》卷32《文宗纪一》。
③ 1328年:在这一年,元泰定帝改年号致和,当年八月十五日,泰定帝病逝,先后有两位皇帝登基,所以这一年又是天历元年和天顺帝元年。

瓛重兵压力让位于和世瓛。天历二年(1329),武宗长子和世瓛在和林北即帝位,是为明宗。明宗继位后南还大都,行至上都附近的旺忽察都(在今河北省张北县北)时,名义上已逊位的图帖睦尔与燕帖木儿前往迎接,伺机毒死明宗。于是图帖睦尔复于八月即位于上都。次年,改元天历,史称"天历之变"。

天历之变是元朝政局最为动荡的时期,政变对回回群体的影响无疑是巨大的,倒剌沙被分尸而死,其宅被赐予不花帖木儿,其子波皮之宅被赐予斡都蛮,其兄马某沙及乌伯都剌、王禅、纽泽、撒的迷失、也先铁木儿等被弃市而死,①哈哈的被抄家,亦剌马丹贷官钞营利所得被追回。② 朝廷下令清查倒剌沙党羽,此风波及普通的西域回商。江南常熟等地商均受其害,江南回商尤多。之前回回商人所享有的免税特权和从事斡脱经营牟取暴利的特权随之丧失。天历二年(1329),文宗即下令"回回人户与民均当差役"。③

天历之变后,回回法基本上在元廷失去势力,直至1368年元亡,虽然回回商人在各地仍然十分活跃,尤其是江南海商仍基本为回回商人所垄断,但再无回回权臣把持朝政或参与宫廷政变的事件发生。

从蒙古帝国窝阔台末期至"天历之变"平息,回回权臣屡次参与或发动蒙古宫廷政治纷争甚至政变,回回官商为代表的回回法兴兴衰衰长达百年时间,影响了蒙元一个世纪的政治走势。归纳起来,蒙元时期回回权臣参与的重大政治斗争以下表为证:

时间	事件	关涉回回人物	结　局
1241—1246 年	第一次回汉法之争	奥都·剌合蛮、法提玛、马合木·牙剌瓦赤	回回法失败,奥都·剌合蛮、法提玛被杀
1263—1282 年	阿合马事件(世祖朝)	阿合马及其党羽	阿合马在忽必烈时期重用为丞相,1282 年被杀
1291 年前后	桑哥事件	沙不丁、乌马尔	桑哥党羽多被处决,沙不丁幸存并又被重用

① (明)宋濂等:《元史》卷 32《文宗纪一》。
② (明)宋濂等:《元史》卷 32《文宗纪一》。
③ (明)宋濂等:《元史》卷 33《文宗纪二》。

续表

时间	事件	关涉回回人物	结　局
1307 年	"阿难达政变"(武宗、仁宗朝)	伯颜支持阿难达继位失败	伯颜被杀,阿散、乌伯都剌分别被贬谪;武宗朝、仁宗朝持续打击回回势力
1320 年	阿散"谋废立"事变(英宗初继位)	前朝中书左丞,当朝辽宁行省平章阿散	阿散等参与事件者被杀,家产籍没
1323 年	"南坡之变"(英宗末年)	倒剌沙、乌伯都剌、伯颜察儿(伯颜之弟)、马某沙(倒剌沙之弟),支持泰定帝登基	倒剌沙任中书左丞相;乌伯都剌任中书省平章政事;伯颜察儿也被升到中书省任职;马某沙升任枢密院事
1328—1329 年	"天历之变"(泰定帝、天顺帝、文宗、明宗皇位交替)	倒剌沙、乌伯都剌、伯颜察儿、马某沙	倒剌沙、乌伯都剌、伯颜察儿等被杀,倒剌沙集团被清查

回回权臣参与的这些政治斗争,给蒙元社会及蒙元政治走向产生了重大影响,尤其是伯颜参与策划的阿难达政变、倒剌沙集团参与的"南坡之变"和"天历之变"中,回回人直接策划和参与了皇位之争,导致元朝皇位的非正常交替,也成为元朝政治动荡的最重要时期。参与这些事件的回回权臣是回回群体的代表,与回回群体的政治、经济利益紧密地联系在一起,他们的沉浮不仅影响着蒙元政治、经济的发展和走向,也影响着蒙元统治者针对回回群体的政策,直接和间接地对蒙元时期许多回商,甚至是整个回商群体都造成极大的影响。

六、结语

综观蒙元政治斗争和政变的历史,其中贯穿了回回法与汉法的斗争,大多以商人出身的回回官吏能够如此深入地涉足元朝政治旋涡,其原因是多方面的。

1.蒙古游牧民族面对众多的征服地,缺乏系统的统治制度,必须依靠其他民族,尤其是定居民族的辅助,汉人和色目人是可倚赖的两大文化体系,一方面,虽然汉人有较高的文化水平,但与蒙古游牧文化的价值观念及文化背景相差很大,色目人中中亚回回人是较早归顺和被征服的地区,文化程度也较高,而且其文化与蒙古游牧文化更为相近,蒙古人的重商传统和对商业的需要与回回伊斯兰文化中重商传统、擅经商不谋而合。商业是游牧民族共同的追求,这从中国历史上北方游牧民族不满足于中原王朝所开榷场,不断南下可见一斑。另一方面,面对地域辽阔的中原农耕地区,蒙元统治者又不得不逐步调整统治政策,更多地吸收"汉法",以达到汉地的长治久安。诸次政变和政治纷争中,回回法和汉法的冲突最为激烈,其中集中体现在义利之争上,伊斯兰文化和汉族文化对"义利"的不同理解是回回法与汉法冲突的根源,关于这一点已有学者论述。[①] 元代各种史料中对回回法的代表极尽痛斥事实上都是当时汉文化观念对伊斯兰文化的排斥。

终蒙元一朝,蒙古统治者对待汉法与回回法的态度随着时间、环境的变化而有所不同,但一直是试图达到双方的平衡。事实上,蒙古人的用人政策显得颇为实际,从蒙古帝国时期即形成在不同领域信任和任用不同的人才,在军事征战方面,他们依赖蒙古统帅;在经商和理财、赋税制度的制定方面他们更为信任回回人;在对汉地的治理方面,则大量用汉人;而在宗教方面,道教、佛教被蒙古人重视,但对诸如伊斯兰教、基督教等,只要不威胁其统治,也能宽容待之,任其存在。尤其是从蒙古草原走向汉地的转型期最成功的统治者忽必烈即是广泛吸纳各种文化背景的人才。《剑桥辽西夏金元史》写道:"他在自己的周围笼络了一批志同道合的幕僚,其中大部分是汉人",但"在他以后的事业中,他常和聂思脱里基督教徒、吐蕃佛教徒以及中亚穆斯林教徒磋商,而不把自己囿限于汉族幕僚之中","他的汉族臣僚不可能受到完全信任,而且他们也不能帮助忽必烈实现他的所有目标。例如,在军事方面,忽必烈依赖蒙古统帅的建议及辅佐。他把当前的和以后的军事行动都委托给蒙古人。他用畏兀儿人和突厥人做翻译、地方长官和文书主管。所以,1259 年蒙哥去世时,忽

---

① 有学者对汉法和回回法的不同价值取向作过分析,如马娟在《元代回回法与汉法的冲突与调适》中说道:"伊斯兰教主张两世并重,即今世与后世同等重要,要求穆斯林今世积极工作,以保证有美好的后世。换言之,伊斯兰教既顾及信仰者的精神世界,又密切关注其物质世界。《古兰经》中允许穆斯林通过合法手段获得和拥有财富。所以回回人的好商逐利在伊斯兰教看来是合法的行为。而汉法则相反,它更多地探索精神领域,如生死观念、伦理纲常,鲜有物质方面的言说。中国传统社会历来重农抑商,士大夫皆以经商为耻。二者相比,伊斯兰教重商、崇商的特点就更加突出。"

必烈已经招募了代表不同地区、不同民族和不同职业的幕僚和官员"。①

正因为蒙古统治者的政策时有变化,并非一以贯之,必然导致不同政治集团间的斗争,甚至裹挟进宫廷政变之中。

2.蒙古统治者没有形成王位继承的严格制度,致使王位之争不断发生,政局不稳,帝位更替频繁,这给帝位周边的势力集团形成可乘之机,往往支持不同的继承人挑起政变和纷争。在蒙哥汗—世祖—成宗—武宗—仁宗—英宗—泰定帝—天顺帝—文宗—明宗—文宗皇位交替中几乎都发生过宫廷政变或皇位争夺斗争。忽必烈打败了兄弟阿里不哥得以继位。忽必烈在位时,太子真金去世,未立储君。忽必烈死后,真金长子甘麻剌和幼子铁穆耳就有过皇位之争,铁穆耳成功继位,是为成宗。成宗驾崩后,忽必烈三子忙哥剌之子——安西王阿难达和真金之孙海山兄弟之间又发生惊心动魄的帝位之争,1307 年阿难达政变失败,武宗继位。海山虽继位,念其弟爱育黎拔力八达在平息政变中有功,遂立为储君,但兄弟因为皇位已存嫌隙。有臣劝武宗改立皇子和世瓎为皇太子,并称:"今日兄已授弟,后日叔当授侄,能保之乎?"②至大四年(1311)正月武宗死,爱育黎拔力八达以储君身份继位,是为仁宗。这次皇位交替虽未发生事变,但权力斗争仍然激烈。1321 年,仁宗驾崩,果然未将皇位传与武宗之后,而是由自己的儿子继位,是为英宗,也埋下了与武宗之后的矛盾隐患。1323 年,"南坡之变",英宗被杀。被封为晋王、戍守元帝国北疆的甘麻剌之子也孙铁木儿通过政变继位,为泰定帝。天历元年(1328),泰定帝驾崩,"天历之变"爆发,引发元朝历史上最激烈的皇位争夺,三位皇帝相继登场。武宗之子图帖睦尔(文宗)两次继位,并杀死自己的兄长。拥立泰定帝之子天顺帝的倒剌沙被杀,其党羽遭到毁灭性打击。元代皇位交替频繁,在中国历史上亦属罕见,尤其是从成宗之后,皇位交替最为频繁,1307 年成宗驾崩,武宗登基到 1333 年元代最后一位皇帝元顺帝妥懽帖睦尔登基为止,为时 26 年,其间经历九位皇帝,平均一位皇帝在位不到三年,其中三位皇帝在位都不过一年,最短

---

① 【美】费正清、崔瑞德:《剑桥辽西夏金元史》第五章《忽必烈汗的统治·最初岁月》,中国社会科学出版社 1997 年。

② (明)宋濂等:《元史》卷 138《康里脱脱传》。

的仅在位一个月。可见元朝皇位之争十分激烈,几乎成为一种习惯性政治波动。蒙元皇位之争不仅频繁而且复杂,涉及兄弟之争(如忽必烈与阿里不哥;甘麻剌与铁穆耳;武宗之子和世瓎与图帖睦尔;海山与其弟爱育黎拔力八达)、叔侄之争(阿难达与海山兄弟)及家族之争(窝阔台系与托雷系;托雷子嗣之间,尤其是忽必烈之后皇位在他的子嗣之间不停争夺,忽必烈四子真金、甘麻剌、忙哥剌与铁穆耳及其子嗣都参与了皇位之争,武宗和仁宗为真金之孙,阿难达是忙哥剌之子;泰定帝为甘麻剌之子)等多种复杂形式。其背后势力集团有汉族集团、回回集团、蒙古集团等多种势力集团,更增加了皇位争夺的复杂性。尤其是元朝中后期,蒙古游牧文化崇实力尚武力的价值观使"成者王、败者寇"屡屡得以实践,在王位继承上鲜有汉族儒家文化重视的正统、忠君等观念,这就为皇位周围的权臣提供了机会。这些政变中,回回官员无疑是一支巨大的政治势力集团,尤其"南坡之变"和"天历之变"最为激烈,两次宫廷政变中,回回权臣都是重要的参与者,充当了政治推手。一旦集团支持下的继承人成功继位,则必然带来极大的利益回报,不仅直接影响到回回权臣的命运,而且直接或间接地影响到他们身后的庞大利益群体——回回商人,因为元代回商的一大特点是官商结合或亦官亦商。

　　3. 对财富的无度追求和需要是回回权臣屡现蒙元政坛的重要原因。蒙元长期征战,赏赐无度,国库一直空虚,财政收入经常陷入赤字,需要在很短的周期内解决财政问题,这是回回商人常被重用的主要原因。元朝从立国到亡国,财政问题一直是困扰中央政权的重要问题。蒙元无休止的军事征伐、蒙古贵族对财富的无休止的追求以及蒙元皇帝对诸王勋戚的赏赐等原因给蒙元政府造成沉重的财政压力。尤其是"作为蒙古贵族利益的主要体现,对诸王勋戚的赏赐是元朝最沉重的财政支出"。[①] 时人也将赏赐太侈列为害政最甚者之首。至大四年(1311),主管中书政务的李孟上奏:"今每岁支钞六百余万锭,又土木营缮百余处,计用数百万锭,内降旨赏赐复用三百余万锭,北边军需又六七百万锭。今帑藏见贮止十一万锭,若此安能周给。"[②]一年中军需将近占

　　① 陈得芝:《耶律楚材、刘秉忠、李孟合论——蒙元时代制度转变关头的三位政治家》,《元史论丛》第九辑,中国广播电视出版社 2004 年。
　　② (明)宋濂等:《元史》卷 24《仁宗纪一》。

到总支出的三分之一,赏赐占到六分之一,如此开支,难怪汉族大臣尽管对回回理财大臣的政策十分不满,却又对解决问题一筹莫展。善于理财的回回权臣大多是在元廷急需解决财政危机时被任用,奥都·剌合蛮、阿合马、伯颜、沙不丁、乌伯都剌以及地方大批经营海外贸易的官商、民间商人,他们在大的方面为蒙古统治者暂时解决财政危机,小的方面为元廷带来商业收入和奇珍异宝。所以即使为权者深知回回商人在为自己、为朝廷带来利益的同时也隐埋着诸多隐患,但仍然对他们姑且任之。忽必烈时期,桑哥事发,其党羽皆被处决,唯沙不丁独活,且逐渐又被重用即是例证。

在汉族官吏看来,重利不可取,唯利是图不可取,甚至他们公然表达对回回权臣的鄙视。"是时(指至元元年,1264 年),贾胡(指阿合马)以钱谷事夤缘为奸,欲乘隙取相位,求荐于公(指王鄂)。公愤然曰:'即欲举此人为相,吾不能插驴尾矣。'"[1]在汉族官僚眼里,奥都·剌合蛮、阿合马、倒剌沙等权臣无不是奸商出身,他们的政策即是对国家法度的破坏。但是作为敌对势力,汉族官僚在反对回回法的同时,面对元廷巨大的财政赤字时,束手无策,无法解决这一严重问题。对抗奥都·剌合蛮的耶律楚材,对抗阿合马的真金集团无一例外,甚至武宗和英宗时期得到重用的汉法代表李孟也因一系列改革无疾而终时被迫选择辞官卸职,统治者最终仍会起用回回官僚解决财政问题和聚敛财富。如允许回回商人扑买课税增加收入就是元代一项重要政策。成宗大德初,有西域商人拟出银一百万两,扑买天下盐课。大德三年(1299),获扑买课税的"山东转运使阿里沙(回回人)等增课钞四万一千八百锭,赐锦衣一袭"。[2]

4. 从蒙古国到元朝,回回在经济活动中发挥着特殊的作用,"而这种作用的发挥又与其在上层的政治代表的作用纠结在一起"。[3] 阿合马的党羽遍天下,许多回回官僚是因贿赂阿合马才得以入仕,成为左右官商的重要力量。桑哥虽不是回回人,但同为色目人,且桑哥以善理财而被重用,许多回回人因此

---

① (元)苏天爵:《元朝名臣事略》卷 12《内翰王文康公》,中华书局 1996 年,第 240 页。
② (明)宋濂等:《元史》卷 20《成宗纪三》。
③ 高荣盛:《元大德二年的珍宝欺诈案》,《元史论丛》第九辑,中国广播电视出版社 2004 年。

依附桑哥而经营获利。在世祖朝禁回回抹杀羊只的事件中,禁令实行七年后,由于回回人联合贿赂桑哥,桑哥以禁令颁布以来,回商裹足不前,甚至避而离去致使商税顿减、珠宝短缺为由上书忽必烈,禁令才被解除,桑哥事发后,清查其党羽,祸及许多回回人,包括许多亦官亦商的回回富商大贾。倒剌沙为泰定帝朝位高权重的回回代表,他周围网罗的回回商人以及回回官僚更是遍布全国,尤其是江南掌管海运及海外贸易者无不与他有着密切的关系。"太宗时,以才授真定、济南等路监榷课税使,因家真定"的赡思因不愿依附倒剌沙成为当时辞官的典范。"时倒剌沙柄国,西域人多附焉,赡思独不往见。倒剌沙屡使人招致之,即以养亲辞归。"①从这段史料可推断出当时西域回回人绝大多数依附于倒剌沙。

这些回回政治代表的盛衰无不影响着庞大的回回政治和商人集团的盛衰,他们紧紧地纠结在一起,跟随元代历史沉浮,也反过来影响着元代历史的沉浮。

第二节　元代斡脱与回回商人

研究蒙元回回商人,斡脱是绕不开的话题。"斡脱"既指蒙元时期一群特殊的商人群体,也时常用于指代蒙元时一种特殊的商业模式,这种商业模式最初是由回回商人等西域商人所开创,所以斡脱中回回商人占了主要部分,但不是所有的回回商人都是斡脱,"虽然不能断定色目人是诸色目人的省略形态,但由于它作为包括所有西域系诸种族的总称形成了当时普遍使用的习惯语,所以斡脱户属于西域系乃是不可动摇的事实了"。②

一、斡脱的产生及蒙元对斡脱的管理

最早对斡脱一词作出解释的是洪钧,他据《大元马政记》所引《经世大

---

① （明）宋濂等:《元史·儒学二·赡思》。
② 【日】爱宕松男著,李治安译:《斡脱钱及其背景——十三世纪蒙古元朝白银的动向》,《蒙古学信息》1983 年第 2 期。

典·马政篇》,断定斡脱是犹太的音译,斡脱即犹太教。① 据后来学者考证这种说法是错误的。还有一说,"斡脱"一词来自于蒙古语 Ordu,意为行帐、宫殿。最可能的说法是伯希和教授和羽田亨博士认为"斡脱"是突厥语 Ortaq(按即 Ortak)的音译。② 继而有多位学者论证了这种观点的正确性,即元代的 Ortak 是突厥语"共同""共同者"的意思,在伊朗语系的花剌子模方言中则常常表示"merchant"(商人);花剌子模曾受突厥人的统治,而蒙古时代最活跃的是回回商人。③ 也就是说花剌子模商人到蒙古地面贸易,将突厥语 Ortaq 带入蒙古,而蒙古人用这个词特指西域中亚穆斯林商人,但又不是普通的商人,仍沿用了突厥语中该词"共同者"的含义,指与蒙古贵族联合做生意的商人,即"斡脱"是从蒙古诸王、后妃、大臣那里领取资金进行贸易的商人团伙。"所谓斡脱户,就是由色目人构成的,隶属于皇帝、皇后、皇太子、诸王等蒙古最高统治阶层,担负这些人的谋利事业的元朝独特户计之一。"④

而斡脱营运的钱债,称"斡脱钱",因其母钱来源于王廷帝室,也叫斡脱官钱。⑤ 柯劭忞在《新元史》中说:"斡脱官钱者,诸王妃主以钱借人,如期并其子母征之,元初谓之羊羔儿息。时官吏多借西域贾人银以偿所负,息累数倍,至没其妻子犹不足偿。"⑥

斡脱商业是元代独有的一种商业模式,这种经营模式的兴起与回回商人有直接的关系,也与元代蒙古贵族的扶持有直接的关系。这种商业运作模式起始于成吉思汗,"斡脱每的勾当……在先成吉思皇帝时分至今行有来",这一记载表明斡脱在成吉思汗时代即已盛行。窝阔台时斡脱发展迅猛。窝阔台即位之初,鼓励商人贸易,他拿出国库的金币交给斡脱,放手让他们去经营。当时那些声称"要当斡脱,领巴里失去谋利"的人,都可以在蒙古汗廷领取大笔经商的资本。据说一名斡脱领到五百巴里失的资本,不久他回来说钱已用

---

① 《元史译文证补》卷 29,《元世各教名考》,《丛书集成》本。
② 转引自修小波:《元朝斡脱政策探考》,《中国社会科学院研究生院学报》1994 年第 3 期。
③ 【日】小林高四郎:《元代斡脱钱小考》,《社会经济学》第 4 卷第 1 号,1937 年。
④ 【日】爱宕松男著,李治安译:《斡脱钱及其背景——十三世纪蒙古元朝白银的动向》,《蒙古学信息》1983 年第 2 期。
⑤ 翁独健:《斡脱杂考》,《燕京学报》1941 年第 29 期。
⑥ 柯劭忞:《新元史》卷 73《食货志·斡脱官钱》,中国书店 1988 年影印版。

尽,要求再领一笔钱。窝阔台又给了他五百巴里失。不到一年,那人仍是两手空空地回来领钱。当他第三次返回时,必阇赤们斥责他挥霍浪费,窝阔台却不以为然,再一次交给他同样数目的巴里失。① 他曾经对他的司库官说:"斡脱们说,他们拿巴里失是为了支付他们带来货物的本钱。各种人都设法来到这里,我知道他们各有所谋,但我希望他们每个人都能称心如意,分享我们的财富。"

不仅用斡脱钱经营宝货,斡脱钱用于放高利贷后,年息百分百,并息再成本生息,谓之羔羊息,使得借斡脱钱者为羔羊息所累。高额的利息给百姓带来极大影响,为了偿还斡脱商人的羔羊息,蒙古汗廷不得不官偿民债。太宗十二年(1240)因王珍建议,官偿西域贾人银八十锭、迤粮五万斛。② 同年,中书令耶律楚材建言官银代还羔羊息,汗廷出银七万六千锭。③ 太宗三年(1231),蒙古汗廷岁收银五十万两,可折合为五万锭,太宗十二年官偿银数是太宗三年岁收银的一倍半,而这还远不是斡脱经营高利贷银的总数。这极大地影响了蒙古汗廷的统治,所以耶律楚材等主张依汉法治理国家的大臣不断上言制止羔羊息,但终因涉及蒙古王公的利益而不了了之。

贵由在位的最后一年,"诸王及各部又遣使于燕京迤南诸部,征求货财、弓矢、鞍辔之物,或于西域回鹘索取珠玑,或于海东掠取鹰鹘,驰骑络绎,昼夜不绝"④。可以想见,贵由即位之初,对诸王指使斡脱经商的限令已经成了一纸空文。贵由汗死后,皇后斡兀立海迷失监国,政出多门,"诸王滥发扎尔里黑(圣旨,令旨),他们经营商利,把额勒赤(使臣)派到世界各地"⑤。诸王、驸马把额勒赤(使臣)派往各地,经商营利,这里所谓"额勒赤"事实上即隶属于诸王的斡脱,诸王、驸马颁发玺书和牌子,庇护充当斡脱的商人,这时期,斡脱最为活跃。贵由在位时间不长,他与商人做的许多大笔生意尚未成交。蒙哥继承汗位后,为了不失大国君主的风采,偿还贵由所欠的全部钱款,总价值达

① 【伊朗】志费尼著,何高济译:《世界征服者史》(上),商务印书馆 2007 年,第 245—246 页;【波斯】拉施特著,余大钧、周建奇译:《史集》(第二卷),商务印书馆 1997 年,第 90—91 页。

② (明)宋濂等:《元史》卷 151《王珍传》。

③ 《国朝文类》卷 57《中书令耶律公神道碑》,《四部丛刊》本。

④ (明)宋濂等:《元史》卷 2《定宗纪》。

⑤ 【伊朗】志费尼著,何高济译:《世界征服者史》(上),商务印书馆 2007 年,第 701 页。

五十万巴里失。① 同时,蒙哥汗对杂乱无章的斡脱泛滥、站赤私用等现象进行整顿,降旨将自成吉思汗、窝阔台、贵由以来,诸王驸马获得的玺书、牌子一律收回,未经朝中大臣许可,不得滥发任何关于财务的敕令。为防止斡脱的欺诈行为,他从伊斯兰教徒必阇赤中,挑选了一些熟悉情况的人充任汗廷与商人之间的中间人,让他们给运来的宝石、外衣和皮货估价,并鉴定金钱。② 这就避免了过去与商人交易中的滥赐行为。

但斡脱关系到蒙古王公贵族的切身利益,是不可能轻易禁止得了的,所以斡脱仍然十分盛行。于是蒙哥可汗设专人掌管斡脱,《元史》载宪宗二年(1252)十二月:"以贴哥细、阔阔术等掌努藏,勃阑合剌孙掌斡脱。"③虽没有机构的设置,但这应是蒙古汗廷对斡脱事务的最早专人管理,使之进一步合法化,并具有了官营性质。

入元以后,斡脱活动进一步合法化、官营化。元世祖结束了以往斡脱商对诸领主的多元从属,将其置于中央政府的管理之下,禁止以本投下以外的西域人充斡脱。首先,至元元年(1264)八月,忽必烈下诏:"定立诸王使臣驿传、税赋、差发,不许擅招民户,不得以银与非投下人为斡脱,禁口传敕旨及追呼省臣官属。"至元四年(1267),元朝设立诸位斡脱总管府,至元九年(1272)设斡脱所,这是斡脱管理机构的首设。入元后斡脱总管府"持为国假贷,权岁出入恒数十万锭,缗月取子八厘,实轻民间缗月取三分者几四分三,与海舶市诸番者"。即斡脱总管府发放高利贷给经营海外贸易的商人,每月利息是八厘,只相当于民间月利三分的四分之一。至元十八年(1281),升总管府为泉府司,④泉府司"掌领御位下及皇太子、皇太后、诸王出纳金银事"。⑤ 后来又在江淮

---

① 【伊朗】志费尼著,何高济译:《世界征服者史》(上),商务印书馆 2007 年,第 719—720 页;【波斯】拉施特著,余大钧、周建奇译:《史集》(第二卷),商务印书馆 1997 年,第 262—263 页;【瑞典】多桑著,冯承钧译:《多桑蒙古史》(上),上海书店 2001 年,第 254—255 页。

② 【伊朗】志费尼著,何高济译:《世界征服者史》(上),商务印书馆 2007 年,第 701—702 页;【波斯】拉施特著,余大钧、周建奇译:《史集》(第二卷),商务印书馆 1997 年,第 259—260、263 页。

③ (明)宋濂等:《元史》卷 3《宪宗纪》。

④ (元)姚燧:《牧庵集》卷 13《高昌忠惠王神道碑》,《四部丛刊》本。

⑤ (明)宋濂等:《元史》卷 11《世祖纪八》。

(江浙)设行泉府司,作为泉府司的派出机构,行泉府司除了为皇族"出纳金银"之外,一度还"专领海运"。①

姚燧《皇元高昌忠惠王神道碑铭并序》云:"高昌忠惠王(答失蛮)自幼事世祖,初与今太师淇阳王伊彻察喇(亦译作月赤察儿)同掌奏记。后独掌第一宿卫奏记,兼监斡脱总管府,持为国假货权。岁出入恒数十万锭,缗月取子八厘,实轻民间缗取三分者几四分三,与海舶市诸蕃者。至元十八年升总管府为泉府司。丞相哈喇哈逊(亦译作和礼霍孙)尝奏罢之。二十五年王请复立。"②泉府司设置的时间应是至元十七年,复立时间据《元史·世祖本纪》载是在至元二十二年,之前的废止据考证应该是至元十九年之后,这与阿合马被杀和和礼霍孙取代阿合马有关。回回权臣阿合马是世祖朝前期各项财税政策的策划者,斡脱管理机构的设置同样与他有直接的关系,他也是活跃的斡脱的支持者。至元十九年三月阿合马被杀。他死后,忽必烈开始追究其生前的劣迹,"敕和礼霍孙集中书省部、御史台、枢密院、翰林院等官,议阿合马所管财赋,先行封籍府库",接着又任命和礼霍孙为中书右丞相。和礼霍孙上任后即着手限制羔羊息,规定民间贷钱取息之法,以三分为率。同时大量裁汰各类机构,并力主罢黜泉府司,追收其所持圣旨、符牌。在他的坚持下,至元二十一年四月,忽必烈诏令省泉府司并入户部。他的大刀阔斧般的整顿,激化了与色目贵族的矛盾,也触犯了蒙古权贵的利益,终于在这年十一月被免去相职。之后,已废止的泉府司重又恢复。在至元二十二年又命近臣向中书省传达圣旨:"斡脱每底勾当,为您的言语是上么道,交罢了行来。如今寻思呵,这斡脱每的言语似是的一般有。在先成吉思汗皇帝时分至今行有来。如今,若他每的圣旨拘收了呵,却与者;未曾拘收底,休要者。"③于是在至元二十二年八月"己未,诏复立泉府司。秩从二品,以答失蛮领之。初,和礼霍孙以泉府司商贩者,所至官给饮食,兵遣防卫,民实厌苦不便,奏罢之,至是答失蛮复奏立之"。④

---

① 《经世大典·海运》,见《永乐大典》卷 15949。
② (元)姚燧:《牧庵集》卷 13《高昌忠惠王神道碑》,《四部丛刊》本。
③ 《元典章》卷 27《户部一三·行运斡脱钱事》,中华书局 2011 年。
④ (明)宋濂等:《元史》卷 13《世祖纪十》。

成宗继位后曾于大德元年(1279)罢行泉府司,①可见成宗朝对斡脱活动一度采取限制政策。对于斡脱不纳税的成规给予限制,责令斡脱依法纳税:"大德元年八月,福建行省准中书省咨、江浙行省咨、杭州税课提举司申验,谋行泉府司折到降真,象牙等项香货官物,付价三千锭,该纳税钞一百锭。本人即赍擎圣旨,不该纳税,咨请定夺。事准此于大德元年五月初七日奏过事内一件,也速达儿等江浙省官人,每说将来有阿老瓦丁、马合谋、亦速福等斡脱,每做买卖呵,体与税钱么。道执把圣旨行有来,怎么,道说将来有典赤等奏,将来拨赤拨的儿哈是税钱,防送回回田地里的体例,到回回田地里呵,依圣旨体例休与者。这里做买卖呵,依着这里体例里教纳税钱呵。怎生奏呵,奉圣旨那般者。钦此。"②

大德十一年五月,武宗即位。由于他滥加赏赐,大兴土木,很快使财政入不敷出。为了摆脱财政上的窘境,武宗一方面颁行至大银钞,通过倒换昏钞,剥夺百姓钱财;另一方面就是把海舶贸易作为生财之道,对泉府司极力扶植。大德十一年十二月,武宗下诏"升行泉府司为泉府院,秩正二品"。"元朝各代,自世祖以后,都对泉府司采取限制、压缩的政策,只有武宗一朝努力扩大泉府司的规模。这种做法,是他聚敛钱财政策的一个组成部分。"③

仁宗继位后,即于至大四年五月"敕中书省裁省冗司,置高昌王傅,复度支院为监,罢泉府司(院)"。六月,又"拘收泉府司(院)元给诸商贩玺书"。④这就全面废止了世祖时设立的泉府司制度,"泉府司的废除,标志着元廷控制斡脱政策的破产。此后,史书中极少再有斡脱的记载"。⑤

"斡脱是官商,蒙古国时的诸王驸马、入元后中央的色目官员是他们政治上的靠山,斡脱事业的兴衰是与其政治后台的沉浮直接相关的。世祖朝阿合马、桑哥执政柄,斡脱势力猖獗;英宗在位四年(1320—1323),几乎没有回回人在中书省供职,色目商人颇受压抑;泰定帝时,色目人'倒剌沙柄国,西域人

① (明)宋濂等:《元史》卷94《食货志·市舶》。
② 《元典章》卷22《户部八·杂课》,中华书局1976年点校本。
③ 修晓波:《元朝斡脱政策探考》,《中国社会科学院研究生院学报》1994年第3期。
④ (明)宋濂等:《元史》卷24《仁宗纪》。
⑤ 修晓波:《元朝斡脱政策探考》,《中国社会科学院研究生院学报》1994年第3期。

多附焉',斡脱的活动得以恢复,典型的例子是至治三年(1323)十二月,泰定帝下诏'免斡脱道钱';①文宗即位,严厉打击回回官僚,朝中宰臣无一西域人,从此回回人在政治上的势力一蹶不振。这种政治局面给所有色目商人都带来了不利影响,其中对斡脱的冲击尤为显著,并促使其渐趋消亡。这应是元代文献不载斡脱事的原因所在。"②

尽管在英宗、文宗等朝奉行对回回权臣和商人的打击政策,但因为始终无法杜绝斡脱与蒙古贵族间千丝万缕的联系,所以斡脱在长时间活跃,并享有各种特权。

二、斡脱的特权

翁独健先生在《斡脱杂考》一文中罗列了斡脱的八项特权:(一)货物不纳税钱;(二)携带军器;(三)行船鸣锣击鼓;(四)行船不依开闸时刻;(五)办买盐引欺凌仓官;(六)旅行住宿受特别保护;(七)不预差役;(八)与诸特殊户计如僧、道、也里可温、答失蛮等享受同等待遇。③

因为斡脱从产生之初即与诸王、王妃、驸马等特殊的关系使之成为受官府保护的特权群体,蒙古帝国时期,王公勋戚随便给所属斡脱颁发玺书和牌子,允许斡脱乘驿马,斡脱享有免税等特权。元朝时期,元廷为了利益的获得,制定条例保护斡脱活动,斡脱可"持玺书,佩虎符,乘驿马",政府还出面帮助追索所贷钱银。成宗元贞元年(1295),下诏曰:"贷斡脱钱而逃隐者罪之,仍以其钱尝首告者。"④据《元典章・刑部》载,中统五年(1264)朝廷有旨:"诸斡脱商贾,凡行路之人,先于见住处司县官司具状召保,给公凭,方许他处勾当。若公引限满其公事未毕,依所在倒(例)给。"⑤可见,因斡脱经营被政府视为"公事",故其出行乃由各地官府给予公凭。如此一来,他们在陆地可使用驿马,在运河则能先行开闸。

---

① （明）宋濂等:《元史》卷190《赌思传》,卷29《泰定帝纪》。
② 修晓波:《元朝斡脱政策探考》,《中国社会科学院研究生院学报》1994年第3期。
③ 翁独健:《斡脱杂考》,《燕京学报》1941年第29期。
④ （明）宋濂等:《元史・成宗纪》。
⑤ 《元典章》卷51《防盗・路人验引放行》,中华书局2011年。

然而斡脱活动毕竟是官府保护而私人获利的行为。后来元政府又颁布了一系列针对斡脱活动的法规。《元典章》卷二十七,户部卷之十三中有"斡脱钱"条例,明令收回斡脱户手中持有的旧有圣旨;"为追斡脱钱事"条规定,对那些失散了本金又无保人者,免于赔偿;"斡脱钱为民者倚阁"条中,反对斡脱活动中夹带其他不在名册的人参与活动;"追斡脱钱扰民"条中,制定了追索斡脱钱的正当手续,禁止斡脱户随意指点,针对斡脱户携带货物逃避税钱事。大德元年(1297)元政府规定:斡脱每货物纳税钱。而在至元八年(1271)户口条画中则规定:"诸斡脱户见诸圣旨诸王令旨随处做买卖之人,钦奉先帝圣旨,见住处与民一体当差。"

元代建立了完善的站赤制度,但对于驿马的使用也有严格的规定,主要用于中央及地方政务、军务、外交等事务。"可是,由于皇权至上,商人驰驿向皇帝呈献宝物的现象从未杜绝。"[1]世祖初年,蒙哥位下斡脱可在燕京骑坐小铺马。[2] 其间也有官员向朝廷参陈商人用驿马的弊端,如至大元年中书省奏:"虎符,国之信器,驿马,使臣所需,今以畀诸商人,诚非所宜。"后对回回商人所持虎符、铺马圣旨一概追收,但屡禁不止。斡脱户因特殊的身份,与蒙古王公贵族利益密切相关,除拥有如乘驿马、持符牌等特权外,还享受着与僧、道、也里可温、答失蛮等宗教神职人员同等的免除徭役、赋税待遇。中统四年(1263),忽必烈"用阿合马、王光祖等言,凡在京权势之家为商贾及以官银买卖之人,并令赴务输税"。[3] 说明在此之前权势之家斡脱经营所获之利并不上税。成宗、武宗时期,对斡脱商人持虎符、乘驿马多有限制。

至元十一年(1274)北京行省平章政事廉希宪至北京(今辽宁宁城西北),问民所苦,皆曰:"西域人自称驸马,营于城外,系富家,诬其祖父尝贷子钱,执之使偿,无所于诉。"旦日,持牒告王(廉希宪),王即遣吏逮驸马者。其人怒,乘马而来,直入省堂,径坐榻上。王令曳下,跪而诘之曰:"制无私狱,汝何人,敢尔系民?"其械系之,哀祷请命。国王亦为之言,稍宽之,使待对,一

---

① 党宝海:《蒙元驿站交通研究》,昆仑出版社 2006 年,第 187 页。
② (明)宋濂等:《元史》卷 101《站赤一》,中统元年七月。
③ (明)宋濂等:《元史》卷 94《食货志二·商税》。

夕,拔营遁去。① 这个自称驸马的西域人即为斡脱,其与当地诸王勾结,向平民索偿息钱,被民告官,可见各地类似这样有强权为后盾的斡脱在元朝十分常见。

世祖朝"两淮转运使阿剌瓦丁坐盗官钞二万一千五百锭,盗取和买马三百四十四匹,朝廷宣命格而弗颁,又以官员所佩符擅与家奴往来贸易等事,伏诛"。②

斡脱的特权与斡脱背后依靠的强权有关,斡脱官钱本身为朝廷牟利,而斡脱私钱虽为个人牟利,但是王公贵族的身份使得斡脱在普通人眼里仍是特权的代表。这样的身份使得他们藉以超越法度和常规。

三、斡脱的性质

《新元史》作者柯劭忞指出:"斡脱官钱者,诸王妃主以钱借人……"据此许多学者认为斡脱具有官商性质,但考察蒙古帝国到元代斡脱活动的历史,我们发现在蒙古帝国时代斡脱具有极大的私属性,并不具有官商的性质,这从成吉思汗时代西征前派往花剌子模的穆斯林商队可以体现出来。

《世界征服者史》中记载,花剌子模人马合木、不花剌人阿里·火者和讹答剌人玉素甫·坎哈三人带着中亚大量的商品如织金料子、棉织品等往蒙古草原出发,前往汗廷交易。在他们返回时,成吉思汗命他的儿子、那颜、将官,各自从部属中挑选了几个人,组成一支由四百五十名穆斯林商人组成的商队,回访花剌子模。③ 这支由穆斯林商人组成的商队是从成吉思汗儿子们、那颜、将官的部属中选出,可见当时的蒙古王公贵族拥有私人的商人,对他们有支配权。

窝阔台时期斡脱的私属性也十分明显,拖雷遗孀唆鲁禾帖尼别乞向合罕请求一名斡脱,被拒绝后哭了起来,说:"他(指拖雷)是我的希望,他为谁牺牲了自己的生命,他为谁的缘故而死的?"这话传到合罕耳朵里时,他说:"她的

---

① (元)元明善:《平章政事廉文正王神道碑》,(元)苏天爵编:《元文类》卷65,商务印书馆1958年。

② (明)宋濂等:《元史·世祖纪八》。

③ 【伊朗】志费尼著,何高济译:《世界征服者史》(上),商务印书馆2007年,第85页。

话是对的。"于是他请求她原谅,并允准了她的要求。从这条史料中可以确知可汗是控制斡脱的,同时也说明蒙古王公贵族可以私有一定的斡脱。

斡脱的官商性质大概在蒙哥可汗时期开始酝酿,设专人管理斡脱,并雇佣专人为斡脱贩运至汗廷的货物估值,都可视为汗廷对斡脱事务的直接控制。到忽必烈时期斡脱的官商性质彻底确立。至元四年(1267),元朝设立诸位斡脱总管府,并在至元元年即已明令禁止诸王不得以银与非投下人为斡脱。但虽有诸多限制私人拥有斡脱的限令,斡脱私属性质似乎并未真正根除,一些王公勋戚利用权势役使斡脱为其牟利的事件也屡见于元朝。

"斡脱公私钱,则是皇帝(御位下)所属的系官资金——这是斡脱公钱——或者帝室宗王(诸位下)的资金——这是斡脱私钱——以谋利为目的,贷与诸色户计之一的斡脱的债务。斡脱户向易于获利的一切事业投放其资金,并承担以课赋形式向各出资者交纳一定利息的义务。"[1]可见即使在元代设立专门掌管斡脱的机构之后,斡脱为一些私人服务的特征仍未改变。如:"大德六年,扎忽真妃子念木烈大王位下,遣使臣燕只哥歹等,迫征斡脱钱物,借斡脱钱人不鲁罕等三人展转相攀,牵涉一百四十余户,致使民无力偿,争相匿。"[2]说明斡脱为私人服务的现象仍很常见。

四、斡脱经营方式

蒙古帝国时斡脱的活动主要以向汗廷提供珍品宝物为主,即将中亚、西亚甚至汉地出产的各类珍宝长途贩运至蒙古高原。但斡脱钱用于盈利最具特征的是经营高利贷,斡脱经营高利贷是后来的发展结果,至迟在窝阔台时期斡脱经营高利贷已经比较常见。《元史·史天泽传》载,太宗时"政烦赋重,贷钱于西北贾人以代输,累倍其息,谓之羊羔利,民不能给"。元人徐元瑞记载:"斡脱谓转运官钱,散本求利之名也。"[3]到元朝,斡脱经营高利贷仍十分兴盛,但元代斡脱高利贷似乎主要限于中国北方。

① 【日】爱宕松男著,李治安译:《斡脱钱及其背景——十三世纪蒙古元朝白银的动向》,《蒙古学信息》1983 年第 2 期。
② 王国维:《王国维遗书》,上海古籍书店 1983 年,第 1079 页。
③ (元)徐元瑞著,杨讷点校:《吏学指南》,浙江古籍出版社 1988 年,第 118 页。

　　史天泽在担任真定万户时,上书朝廷陈述斡脱羔羊利给民众造成的恶果,为了缴纳朝廷的钱课,老百姓不得不向斡脱借高利贷,史天泽建议朝廷民债官为代偿,偿还斡脱钱三八零万两。① 斡脱高利贷成为河北百姓的沉重负担。

　　对于斡脱高利贷主要盛行于北方的原因,一般认为是元政府在北方推行的银课税制度。日本学者指出:"太宗初年,相当于每户丝百两的白银五两的赋课开始制度化。……进入宪宗朝后,白银减为四两,其中二两改纳丝绢。到世祖朝,则全额交纳纸币。总之,从太宗到世祖中统元年的三十年间,纳银税目在中国开了先例。由于以官方强制力征收包银,农民不得不以商人作中介,获取白银。而商人、地主自身也是包银的征收对象,……远远不能满足达到庞大数量的农民白银需求,于是被迫借贷斡脱债已成必然之势。"②

　　蒙古帝国初期,羔羊息的年息是百分之百。据南宋人彭大雅记载:"其贾贩则自鞑主以至伪诸王伪太子伪公主等,皆付回回以银,或贷之民而衍其息。一锭之本,展转十年后,其息一千二十四锭,或市百货而懋迁,或托夜偷而责偿于民。"王国维推算,一锭之本,至年底为二锭,第二年底为四锭,三年底为八锭,到十年底正好是一千二十四锭。③ 可见彭大雅"展转十年后,其息一千二十四锭"的说法确实不假,如此高额的利息是蒙古王公贷钱于西域商人的主要动因。

　　"以官民贷回鹘金偿官者岁加倍,名'羔羊税',其害为甚,诏以官物代还,凡七万六千锭。"④《元史·史天泽传》载,太宗时"政烦赋重,贷钱于西北贾人以代输,累倍其息,谓之羔羊利,民不能给。(史)天泽奏请官为偿一本息而至"。至元十五年乙丑,济南总管张宏以代输民赋,尝贷阿里、阿答赤等银五百五十锭,不能偿,诏依例停征。⑤

　　这样由政府代民还债给斡脱商人的记载不止一处,可见元政府在保护民众利益的同时,也在极力保护斡脱商人的利益,事实上是保护斡脱背后王公贵

　　① (明)宋濂等:《元史·太宗纪》。
　　② 【日】爱宕松男著,李治安译:《斡脱钱及其背景——十三世纪蒙古元朝白银的动向》,《蒙古学信息》1983 年第 2 期。
　　③ 王国维:《黑糙事略笺证》,《王国维遗书》第 13 册,上海古籍书店 1983 年。
　　④ (明)宋濂等:《元史·太宗纪》。
　　⑤ (明)宋濂等:《元史·世祖纪七》。

族的利益。

斡脱经营高利贷使得这种谋利模式迅速发展开来,甚至民间斡脱也随之发展起来,元人杂剧《鸳鸯被》第一折中,刘员外对人说:"请你来别无他事,自从李府尹借了我十个银子,今经一年光景,不见回来,算本利该二十个银子还我,你与我讨去。"①这表明斡脱钱在流行于官贷于民的同时,也出现了民贷于官的现象。甚至在一些地方出现地方官因不能偿还每年翻一番还要多的债务,不得不弃官而去。"壬辰(太宗四年)天下大料民户岁入银四两。民已无所于得,州县迫征不休,回鹘利之,为券出母钱代输,岁责倍偿。不足易子为母,不能十年,阖郡委积,数盈百万,令长逃债,多委印去。"②

除官贷于民,斡脱贷与官,另外斡脱钱甚至深入元朝军营之中,军官迁延不以时取,而以己钱贷之,征其倍之,逃亡者各处镇守官及万户府并遣人追捕。③ 军官向士兵贷斡脱钱,使士兵逃散,给元朝军队带来了极大的危害。

在元朝,斡脱官营化后,元廷给斡脱本钱,一些斡脱商人转而经营海外贸易,并逐渐成为斡脱的重要行业,尤其是在南方,海外贸易一直是斡脱经营的主要方式。至元二十二年,按照中书右丞卢世荣的建议:"于泉、杭二州立市舶都转司,造船给本,令人商贩,官有其七,商有其三。"④元廷开始推行官本船贸易,据记载,泉府司最多时拥有海舶官船一万五千艘,⑤如此巨大的规模使得斡脱纷纷转而经营海外贸易,并且急剧增加了国库收入,"斡脱总管府持为国假贷,权岁出入,恒数十万定。缗月取子入匣,实轻民间缗取三分者几四分三,与海舶市诸蕃者"。⑥

日本学者爱宕松男在分析元代斡脱在南方以经营海外贸易的原因时说:"至元十三年平定南京后,斡脱户向富庶的江南新领域发展,力图获取白银,遗憾的是元朝在江南没有公布银(疑为"课")银制,尤其是从交钞通的目的出发,元朝允许消费税到夏税全纳纸钞。所以江南的斡脱中几乎见不到像汉地

① 臧晋叔校:《玉清庵错送鸳鸯被》楔子,《全元曲》,中华书局1958年,第53页。
② (元)姚遂:《牧庵集·高泽神道碑》,四部丛刊本。
③ (明)宋濂等:《元史》,中华书局1976年,第415页。
④ (明)宋濂等:《元史》卷205《卢世荣传》。
⑤ (明)宋濂等:《元史》卷15《世祖纪十二》。
⑥ (元)姚燧:《牧庵集》卷13《高昌忠惠王神道碑》,四部丛刊本。

那样采用高利贷经营手段的。以后,斡脱户的经营方式为之一变,专心致力于市舶贸易,其原因就在于此。"①

　　爱宕松男分析元代斡脱经营由原来的高利贷转而经营海外贸易,是确实可信的,但其分析元代在南方少见斡脱经营高利贷的主要原因是因为当时中国白银大量流往中亚伊斯兰世界,造成汉地白银枯竭,致使斡脱因为缺乏银本改而经营海外贸易。国内学者则认为在元代白银确实大量流向中亚,但汉地白银完全没有达到枯竭的程度而致使斡脱缺乏银本放弃经营高利贷转而经营海外贸易,真正促使元代斡脱转向经营的背景是斡脱高利贷急征暴敛导致小农经济大面积破产以及引发的大量社会矛盾,以及灭南宋后认识到海外贸易的重要性和经营海外贸易具有了可以实施的条件。② 此观点更切合当时的社会背景,元代斡脱经营海外贸易绝不是简单的因为缺乏白银,从阿拉伯帝国建立以来,因为海上的便利地位以及擅于经商的传统使得穆斯林商人在中世纪几乎控制了世界海上贸易。蒙古人在远征中亚、西亚时早已对当时的世界航海贸易状况有所了解,在灭南宋后,积极参与甚至控制海外贸易已成为元朝最高目标,屡次海路出征以及屡屡派人诏谕海上通道诸国家都是要实现这一目标的表现。所以经营海外贸易是元政府的既定国策,斡脱转而经营海外贸易正是实现这一目标的实际行动。而且斡脱由主要经营高利贷转而经营海外贸易,也确实达到了元政府一直以来努力使斡脱由政府控制的目的,斡脱经营所获巨大利润也因此更多地控制在政府手里。

----

①　【日】爱宕松男著,李治安译:《斡脱钱及其背景——十三世纪蒙古元朝白银的动向》,《蒙古学信息》1983 年第 2 期。

②　修晓波:《元代斡脱经营海外贸易的原因及影响》,《元史论丛》第七辑,江西教育出版社1999 年。

第七章　明代回族商业活动

第一节　内地区域贸易

明朝建立后,即施行海禁政策,既不许私人船只出海,也不派官方船只出海贸易,外国商船亦不许来华,使得唐朝至元朝延续了几个朝代的繁荣的海外贸易因此中断。中国对外贸易极度收缩,海上商路逐渐衰落,作为国家一员的回回民族业已形成,逐渐分散分布于各地,尤其向内地交通要道、商业重镇迁移。在西北、云南及沿运河、淮河一线,形成较大的分布区域。据学者研究,明代是回族分布范围扩大的重要时期,从清真寺的大量修建主要集中在城市来看,明代时期回族的分布仍然主要在各地城市,而清真寺向农村地区修建,回族居地向农村分布主要发生在清代。① 明代各地回族的农业和手工业都有较大发展,商人的活动主要局限在国内,使原来主要从事国际贸易的回族商人的经营内容发生了很大变化。回商由原来主要从事香料、珠宝、药材等商品的买卖转而经营国内的农业、手工业产品,如牛羊肉、皮毛、粮食、布匹、茶叶、日用百货等商品。回商在国内贸易的网络覆盖比前代扩大得多,尤其是在边疆贸易中发挥着重要作用。如往来于滇、川、甘、青、藏区的马帮、行商,以牧区皮毛、牲畜与农区铁制品、茶叶、粮食、布匹、丝绸等互通有无;沿运河等地商人主要从事粮食的南北贩运以及皮毛加工、饮食等业;而在南北两京等大城市的回商主要经营香料、珠宝、屠宰、食品等业。

---

① 穆德全:《明代回族的分布》,《宁夏大学学报》1987 年第 3 期。

一、运河商圈

明代永乐朝迁都北京,为解决南方粮食漕运至北京的问题,明成祖重新疏浚了大运河,尤其是山东境内的会通河重新开通,打通了杭州至北京的水路交通,成为沟通南北的重要交通网络,给运河沿线带来巨大的商机。沿运河一线成为擅经商的回族的重要聚居地。回族在中原地区散杂居程度十分之高,向运河沿岸的聚居正是回回民族在中国历史上主动选择经营商业的写照。随之,商业、服务业、手工业迅速发展,运河沿岸回族形成独具特色的商业经营模式。运河商圈回族商人在下章详细论述。

二、云南马帮的兴起

在东部开通运河商业文化的同时,云南的回族从元代开始起,就在探索这里的商业出路,在西南丝绸之路的基础上发展了广泛的商业贸易网络。打通了中国云南、四川、西藏、广西与缅甸、泰国、老挝、越南、印度甚至阿拉伯的国内、国际贸易线,以马帮的形式活跃于西南丝绸之路上。据研究,明代"以回族为主的各族马帮见于文献者,其途程有六:自昆明通贵州的普安州驿路及威宁州驿路;自昆明东南到广西的田州驿路;自昆明经丽江而进入西藏的驿站,北路多贩茶盐于藏区而换回藏中土货,明代只设堡,清代始设站;自昆明北到四川的宁远府路;自昆明东南由师宗达广西的南宁府路。在上述各驿站中,尤以滇西回族马帮自大理到缅甸一路最为主要"。[1] 而在此滇缅线上,回族马帮驮运的主要货物之一就是盛产于滇西边外的宝石和玉石,故有人称其为"回回石"。[2] 在滇缅贸易路线基础上,回回商人又将商路延伸至泰国、印度、阿拉伯,而且从南部普洱开拓了云南到老挝、越南等的商业路线。大量史料和民间调查表明,回族兴起马帮并到东南亚进行商贸活动,开始于明代,兴盛于清代和民国时期。清代初、中期云南回族都普遍兴起组织马帮到缅、泰、老、越贸易。[3]

云南回民在元明时代从事矿冶业的不少,明代已形成"无矿不回",到清

---

① 杨兆君:《云南回族史》,云南民族出版社 1989 年,第 66 页。

② 申旭:《回族与西南丝绸之路》,云南社会科学出版社 1994 年,第 4 页。

③ 张佐:《云南回族穆斯林跨境东南亚探究》,《回族研究》1998 年第 3 期。

初、中期更是大规模开采。①

明末清初，云南回族中已经出现了资金在百万银两以上的对内对外贸易商号。如回族人明清宠与马如灏、朱大春合股开"三盛号"，专营花纱、布匹、玉石生意，在缅甸等地有分号。清中期的回族巨富马三进士家，拥有大小十三家商铺，遍及缅甸瓦城（曼德勒）、漾贡（仰光）。②

因云南与东南亚国家商路的开拓，明清时期西南地区回回途经东南亚到天方麦加去朝觐的现象十分普遍，并因此开辟了云南至麦加沿途的商路。据现存晋宁昆阳镇月山的《故马公墓铭》载，郑和祖父和父亲都是"哈只"。《赛典赤家谱》记载：郑和的祖父拜颜，名"米的纳"，授滇阳侯，定居昆阳，郑和的父亲"米的金"，授云南行省参知政事，袭封滇阳侯，他们都是元代的官吏，曾通过缅甸到沙特麦加朝觐。明代回族马欢跟随郑和下西洋，在其所著《瀛涯胜览》一书中曾记载，在云南与泰国北部之间存在着一道"后门"。中国旅行家汪大渊早在1350年便记载了在云南与天方阿拉伯半岛之间存在着一条"陆上通道"，经由这条陆路抵达天方需一年时间。据英人福布斯指出，这条艰险的经由缅甸抵达天方的陆上朝觐通道，云南朝觐者一直使用到十九世纪中期中国与汉志的定期汽轮船开通。③

云南回族商人以马帮的形式开拓了西南边疆跨境贸易以及云南通往四川、西藏的商路，各条商道大约形成于元明时期，在清朝达到高潮，清末民初又开启了一次繁荣时期。

三、西北汉藏农牧贸易

与在西南丝绸之路经营境外贸易不同，同时期西北的回族商人经营的主要是国内贸易，而且逐渐在农牧贸易中形成经营特色。农牧贸易的开拓领域首先以茶马贸易为首，而且成为河湟各民族之间，尤其是农业民族与牧业民族之间经济往来的主流。牧业民族对茶叶的大量需求以及中原王朝对马匹的需

---

① 张佐：《云南回族穆斯林跨境东南亚探究》，《回族研究》1998年第3期。
② 中国少数民族社会历史调查资料丛刊修订编辑委员会编：《云南回族社会历史调查》（二），民族出版社2009年。
③ 张佐：《云南回族穆斯林跨境东南亚探究》，《回族研究》1998年第3期。

求构成了茶马互市的基础。明代是西北地区茶马互市最为繁荣的时期,明洪武年间,中央政府在秦州(天水)、河州、洮州(临潭)设立"茶马司",之后又撤销远离甘、青的秦州茶马司,改设西宁、河州、甘州、洮州四个茶马司,①与西北诸族进行茶马互市。

　　明代茶马贸易为官营,"私茶出境者斩,关隘不察觉者处以极刑"。② 但实际上,民间不顾法令私自进行茶马贸易者仍然屡禁不止。明初中期,朝廷对茶马贸易的限制力不从心,到永乐朝茶禁就时紧时弛。弘治三年(1490),明廷接受御史李鸾的建议,允许西宁、河州、洮州三茶马司招集商人运茶,只是规定每位商人运茶不得超过3000斤,官府收缴其中的40%,剩余的部分则由商人自行出售。③ 这实际上承认了民间贸易的合法化,茶马互市的"民市"也就名正言顺地有了一席之地。

　　民间从事茶马贸易的主要是河湟地区的回族商人,"元时回回遍天下,乃是居甘肃者尤多"。④ 到明代,大批新入附的西域回回聚集河湟,使得河湟地区成为西北回族聚居的主要地区。这里地处青藏高原与黄土高原的交接地带,也是农业和牧业的交叉地区,具有发展农牧业商品交易的有利条件,特殊的地理位置使这里擅经商的回回商人发展起以农牧贸易为主的商业经营特色。河州、西宁、洮州、肃州等地正是农牧贸易的前沿阵地。明代河湟地区"茶马司"的设置无疑带动了这种商品贸易。而聚居于此的回族大多操起农商兼营、甚至专门经营商业的生计方式,许多商人掌握了藏语、蒙古语,深入藏族、蒙古族等牧业地区,收集皮毛、药材、马匹等畜产品,转运到内地,从内地运进牧区需要的手工业品、铁器、粮食、茶叶等日用品。有学者称这种经营方式是"以本地经济地理条件为基础,以经营农牧产品为主和生活在自己东西方的汉藏两大民族进行交易的方式上来说,这种转变是他们与生活环境相适应的必然结果,也是回藏贸易形成的一个明显的标志"。⑤ 明中叶以后,有河湟

---

① 刘郁芬修:《甘肃通志稿·财赋》,甘肃省图书馆1964年。
② 《明世宗实录》卷188。
③ (清)张廷玉等:《明史·食货志》。
④ (清)张廷玉等:《明史·西域志》。
⑤ 高占福、喇海青:《甘青两省回藏贸易问题探讨——也谈开发青藏高原的途径问题》,《甘肃民族研究》1988年第2期。

回族参与的民间茶马贸易日益兴盛,成为各族经济往来的主流,而这种贸易中,"河湟回族在农牧两大经济区中充当了媒介,起了纽带的作用"。① 在回藏贸易中,由于回族受伊斯兰教的影响,重视经商而且"善营利",故而在回藏贸易中处于支配的地位,即"最活跃的是回族商人"。回族从事商业活动几乎是全民性的,在回藏贸易的各行各业中都有他们的身影。从明代起,西北的回商开辟了河州、西宁至安多藏区以及至西藏的商道,甘青各回族聚居区至兰州、西宁等大城市的商道,肃州、宁夏等地至北面蒙古地区的商道也成网络化。肩背、马驮、骆驼运,各种方式在这一庞大的商业网络中都有使用,至清朝,西北各地的商业网络逐渐成熟、兴盛。

除运河商圈、云南马帮、河湟藏区贸易圈这三个形成于明代的地域回族商圈外,在一些局部地区或城市,回族商人继承传统,在珠宝、香药等行业有了进一步的发展。明代回商延续了经营珠宝业的传统,在北京、南京等大城市经营珠宝业的回商被称为"识宝回回","其人善鉴识,每于贾胡海市中,廉得奇琛,故称曰识宝回回"。② 但回族珠宝业经营也较元代大为收缩,因为国际贸易的收缩以及明代宫廷贵族并不如元代对珍宝的无限需求,明代回族珠宝业限于国内大城市,尤其是北京、南京等城珠宝业的经营。

明代回族制香业在宋元时代香料贸易的基础上发展起来,北京有"香儿李家,从明以来,祖传制香业有几百年"。"宋末元初泉州市舶司蒲寿庚家族世代经营香料为业。……蒲氏家族兴盛于宋元时代。明清时代衰落了,但是他们做香料生意却成为一种特殊职业世袭下来。……明代封建统治阶级歧视异族,蒲家亦遭到迫害。……不得不迁出泉州,避居于永春、德化等地。蒲家的制香料业也在这些地方发展起来。""永春城关蒲庆兰香宝……十三世茂从泉州迁居来永春卓埔,做香料为业,已经有八九代了,从未停顿过。……在德化城关有蒲姓玉兰堂香宝,据说是从永春迁居来此,世代从事香料业的。家中还留有一些制香用具。他们说做香的原料,有沉香、檀香、丁香、木香、降真香

---

① 费孝通:《临夏行》,《瞭望》1987 年第 23 期。
② (明)陈仁锡编撰:《皇明世法录》卷 81,1986 年。

等。多为外国进口的,也有部分是本地香料林的土产。"①除制香业,明代回族在元代阿拉伯医药业传入中国的基础上,在一些地区发展起制药业,北京王回回膏药和马思远药锭都是从明代开始的。②

第二节　贡赐贸易和内附的回商

一、回商的贡赐贸易

明朝建立后,一度实行严格的海禁政策与朝贡相结合的外交政策。虽明廷实行海禁,但对周边国家和地区的朝贡却十分鼓励,这是明王朝示威于海内外的主要手段,也因此给予贡使大量的回赐,实际上成为一种贸易方式,吸引着周边地区与国家使者频繁往来。

1367 年,朱元璋设立专门管理对外贸易的市舶司。1374 年又尽罢市舶司。直到永乐元年才又恢复了市舶司,但市舶司专注朝贡贸易。到嘉靖二年,因"倭寇之乱"废市舶司。纵观明市舶司,与宋元市舶司完全不同,"以市舶附于贡舶优于贡值而免市税",③即入贡的货物才允许互市。"贡舶与市舶一事也,凡外夷贡者皆设市舶司领之,许带他物,官设牙行与民贸易,谓之互市。是有贡舶,即有互市,非入贡即不许其互市矣。"④朝贡贸易成为对外贸易的唯一方式。明廷不仅给比朝贡者所贡货物高得多的回赐,还对来自于西域的贡使给予各种优待,提供免费食宿、交通工具,来往派专人护送。

明洪武十四年(1381)开始,各地贡使不断来朝,当年"哈梅里回回来朝贡马,诏赐文绮,遣往畏兀儿之地诏谕番囚"。⑤ 洪武三十五年(1402),"西域回回者鲁剌丁等使哈剌火州还,贡硇砂等物,赐钞有差"。⑥ 此时由于奉行闭关外交,贸易不被重视,贡赐贸易量小而次数少。随着局势的缓和,以及国家政

---

① 庄为玑、庄景辉:《泉州宋船香料与蒲家香业》,《回族史论集》,宁夏人民出版社 1983 年,第 171—175 页。

② 编写组:《回族简史》,宁夏人民出版社 1978 年,第 14 页。

③ 李剑农:《宋元明经济史稿》,三联书店 1957 年,第 161 页。

④ 《续文献通考》卷 26 引王圻语。

⑤ 《明太宗实录》卷 137。

⑥ 《明太宗实录》卷 127。

权的稳固,明廷开始放松政策。明成祖以后,对外开放的禁令取消,国际贸易
有所发展,尤其是陆路商道有所恢复,在中国与中亚、南亚的贸易中,回族商人
担当了重要的角色。

洪武二十七年(1394),帖木儿帝国贡使向明廷奉表表达愿与明朝保持贡
赐贸易的愿望:"恭惟大明大皇帝受天明命,统一四海,仁德洪布,恩养庶类,
万国欣仰。……臣帖木儿避在万里之外,恭闻圣德宽大,超越万古。自古所无
之福,皇帝皆有之。所未服之国,皇帝皆服之。……今又特蒙施恩远国,凡商
贾之来中国者,使观览都邑、城池,富贵雄壮,如出昏暗之中,忽睹天日,何幸如
之。又承敕书恩抚劳问,使站驿相通,道路无壅,远国人闲得其济。……"①明
太祖得表大喜,遂派一千五百人的庞大回访团遣使帖木儿,使团携带大量回赐
物品,所到之处宣国威、布皇恩,充分展示了大国声名远播的风范。这次互使
具有转折意义,自此明与西域各地的贡赐贸易越来越频繁。

永乐朝,明成祖朱棣即位后,明王朝大改之前消极保守之政策,内政外交
有较大发展,此时,从水、陆相继而来的贡使不绝于途。《明史·西域传》载:
"自成祖以武定天下,欲威制万方,遣使四出招徕。"②西域回回使节大批来华
从事贡赐贸易,始于永乐年间。永乐元年(1403)十一月,下令"自今诸番国人
愿入中国者,听",并敕令甘肃总兵李彬,西域回回来贡"如至,可善待之,其市
者,听自便。盖远人慕义而来,当厚加抚纳,应见朝廷怀柔之意"。③永乐六年
(1408)朱棣派都指挥白阿儿忻台出使哈烈和撒马儿罕等中亚各穆斯林国家,
并以大量的币帛相赠,表明了明王朝与西域各国友好往来的意愿。于是,西域
各国首领纷纷派使节,跟随哈烈使臣前往明朝,贡狮子、西马、文豹等物。这一
行人于永乐十一年(1413)到达京师应天(南京),受到明王朝的热情接待。自
此以后,在西起失剌思,东至火州、柳城的通贡大道上,进贡的回回商队纷至沓
来,奔赴中国内地。尤其是1420年迁都北京后,对外交往达到全盛时期,其
时,尤其加强与西域、中亚等地的交往,以积极的外交牵制来自于北部蒙古部
落的威胁。明王朝的积极态度和优厚的回赐吸引了西域诸地的大批回回贡使

---

① (清)张廷玉等:《明史·西域四·撒马儿罕》。
② 马建春:《明代回回人对"贡赐"贸易的垄断》,《丝绸之路》1996年第6期。
③ 《明太宗实录》卷23。

来朝。据统计,在永乐二十二年间,大约有二十个左右的使团来自撒马儿罕和哈烈,另外,还有数十个使团来自中亚的其他地区。明初,波斯湾、阿拉伯半岛诸国的回回贡使,由陆上进入明朝也很频繁。《续文献通考》云:"明宣宗时,默德纳酋长偕天方使臣同来,……天方通贡使,迄万历中不绝。"甚至北非国家鲁迷(今摩洛哥),亦遣使臣来华贸易。永乐二十一年(1423),该国回回使臣首次到达北京。而在其国君叶海亚一世阿布·查卡里亚执政时(1420—1458),还派过一个由 77 人组成的庞大的贸易使团到中国。至嘉靖三年、五年和二十二年,鲁迷使臣仍"偕天方诸国贡马及方物"来华。

《明史·西域传》载:"成祖欲远方万国无不臣服,故西域之使岁岁不绝。""以贡使形式进入明朝的使节及商人,主要来自阿拉伯各国,西域各地(域外帖木儿帝国、昔班尼王朝及其他诸小国家,境内的东察合台汗国、哈密等地方政权)、东南亚和南亚等穆斯林国家。阿拉伯、西域各国的贡使一般多从嘉峪关入明朝。而东南亚、南亚和波斯湾沿岸诸国,则常从东南沿海登岸。"[1]

明成祖实行的对外开放政策,鼓励回回人对中亚地区的贸易,使得朱元璋以来的禁令有所放松,对回回商业发展大有益处,西域回回商人取道新疆吐鲁番、哈密等地进入河西走廊,又活跃于中亚、西域与中原的商道。许多回回商人常年来往明朝和西域之间,除母语外,往往能操汉语,藉朝贡以营利,"彼名为朝贡,实务贸易,盖回回善营利也"。[2] 在官为使者、在私为商人是众多来华朝贡者的目标。

据《明实录》记载,自洪武初至天启末年(1370—1627)回回代表 39 国到明朝朝贡,次数达到 923 次,蒙古地区回回朝贡也十分频繁,从永乐五年至嘉靖三十五年(1407—1554),达 55 次之多,都由回回担任使者。回回贡使少则一人,多则上千人。[3] 其盛况空前,参见下表:[4]

---

①　马建春:《明代回回人对"贡赐"贸易的垄断》,《丝绸之路》1996 年第 6 期。
②　《明宣宗实录》卷 67。
③　胡云生:《论明代回回的朝贡贸易》,《回族研究》1997 年第 2 期。
④　该资料主要来自《明史》,参见胡云生:《论明代回回的朝贡贸易》,《回族研究》1997 年第 2 期。

时间	朝贡国	贡品	赐品	资料来源
洪武十四年五月乙酉	哈梅里回回阿老瓦丁	贡马	赐文绮朔	《明太祖实录》卷137
二十年九月壬辰	撒马儿罕回回哈非思等	贡马十五，驼二	赐白金十六锭	
二十一年四月	别失八里回回千户哈马力丁等	贡马及海青		
二十一年九月丙午	撒马儿罕回回答术丁等五十九人	贡马三百匹，驼二只	诏赐白金六十两，及钞有差	
二十二年九月乙未	撒马儿罕回回满剌回回哈非思等	贡方物	赐白金四百两及文绮钞锭	
二十三年五月乙未	哈梅里回回长史阿思兰沙、马沙	贡马		《明太祖实录》卷202
二十四年八月乙卯	撒马儿罕回回舍舍里等	贡驼、马、方物		
二十五年	帖木儿回回	贡绒六匹、青梭幅九匹、红绿撒哈剌各二匹、镔铁刀剑、甲胄诸物		
二十五年十二月辛未	梅里回回哈只阿里	贡马四十六匹，骡十六只	赐白金、文绮有差	《明太祖实录》卷223
二十八年七月	撒马儿罕回回迭力必失	贡马二百一十二匹		
二十九年正月	撒马儿罕回回阿剌马丹等二十人	贡马二百四十余匹		
三十五年九月戊戌	西域回回者鲁剌丁	硇砂	赐钞有差	《明太宗实录》卷12下
三十五年	西域回回苏哈丁陕西丁等二百人	贡马百六十，驼二	赐钞有差	《明太宗实录》卷14
永乐元年冬月	西洋剌泥国哈只马哈回回没奇尼等	方物（附载胡椒）		《明太宗实录》卷33
三年春正月壬戌	火州回回满剌乞牙木丁等	贡马及方物	赐钞、币、袭衣	《明太宗实录》卷23
四年八月	西域回回亦不剌金等	贡马	赐钞	《明太宗实录》卷45
四年十月	于阗回回结牙思回回满剌哈	玉碗、方物		《明太宗实录》卷46
四年十一月壬辰	别失八里回回忽都火者等	玉碗、方物		《明太宗实录》卷47

时间	朝贡国	贡品	赐品	资料来源
四年十二月	别失八里回回都火者等	贡马	赐钞、币、袭衣	
五年五月	西域回回亦不刺金等并凉州等卫率二百一十六人	贡马	赐钞	《明太宗实录》卷49
五年六月	哈密回回洗刺从等	贡马	赐钞、币	《明太宗实录》卷50
五年十一月丙	哈密卫指挥卫火者等及哈刺火州	贡马	赐钞、币	《明太宗实录》卷49
六年九月戊申	哈刺火州回回阿力迭力失等	硇砂	赐钞	《明太宗实录》卷59
七年三月丁亥	撒马儿罕等处回回僧人马黑麻、迭力迷失等	贡马	赐钞、币	《明太宗实录》卷62
七年三月甲寅	火展的回回哈麻满刺	贡马	赐钞、币	《明太宗实录》卷63
七年五月	撒来撒西回回等	贡马	赐钞、袭衣	《明太宗实录》卷63
七年七月	哈实哈儿回回马哈马	贡马	袭衣、钞、币	《明太宗实录》卷65
七年九月	养斯儿回回亦刺马丹等	贡马及方物	赐钞、币、袭衣	《明太宗实录》卷66
七年九月戊午	撒马儿罕等处回回黑蛮等人	贡方物	赐钞、币、袭衣	《明太宗实录》卷66
七年九月	哈密等处回回你笞等	贡马	赐钞三千七百锭	《明太宗实录》卷66
八年十月乙丑	阿端回回哈只火滩等	贡马及方物	赐钞、币	《明太宗实录》卷71
八年十一月乙卯	撒马儿罕并火州等处回回火者马儿等	玉璞、硼砂	赐钞、币、衣服有差	《明太宗实录》卷73
九年六月	撒马儿罕等处回回困都等	贡方物	赐钞、币	《明太宗实录》卷77
十年四月乙巳	哈的兰回回僧人马黑蛮、哈密回回百户阿马丹	马、玉璞	赐赉袭衣	《明太宗实录》卷63
十一年	撒马儿罕等地面回回火者马丁答刺罕等一百五十人	贡方物	赐钞、币	《明太宗实录》卷88
十四年五月戊寅	弗提卫指挥卜花刺郎等处回回锁非等	马、驼	赐钞、币	《明太宗实录》卷101

续表

时间	朝贡国	贡品	赐品	资料来源
十四年冬十月丙子	撒马儿罕、土鲁番地面回回法忽儿丁等	贡马百七十匹	命礼部赐赍如例	《明太宗实录）卷103
十五年八月戊寅	马儿哈兰回回哈王撒答打丁等	贡马	赐赍有差	《明太宗实录》卷107
十七年三月己巳	哈密、土鲁番等处回回土鲁迷失三十七人	贡马	赐钞万锭、文绮七十、彩绢二百	《明太宗实录》卷113
十七年三月辛酉	哈烈回回阿力火失阿蛮等	贡马		《明太宗实录》卷113
十七年九月丁巳	哈密等处使臣及经商回回满剌撒丁等二百五十人	贡马三千五百四十六匹、貂鼠皮、硇砂等	赐钞二万锭、文绮二百匹、绢千五百匹	《明太宗实录》卷114
二十一年春正月辛酉	肉迷回回哈只阿黑麻	贡方物		《明太宗实录》卷125
二十一年十二月丙寅	乙列马民地面回回阿卜都那迷等	贡马		《明太宗实录》卷127
二十二年春正月丁亥	哈密回回千户格牙思、撒马儿罕回回迭力迷	贡马、羊		《明太宗实录》卷126
二十二年二月癸丑	哈密回回失啊蛮等	贡羊、马		《明太宗实录》卷128
二十二年三月乙亥	哈密回回苦剌儿力敏答等	羊、马等物	袭衣等物	《明太宗实录》卷128
二十二年九月	哈密回回舍人阿力等哈	贡方物		《仁宗洪熙实录》卷2
二十二年十月	哈密等处回回舍黑马黑麻等	贡马及方物		《仁宗洪熙实录》卷3下
洪熙元年	坤城回回者马力丁、肉迷回回哈只阿黑麻、乞儿蛮回回马黑木、撒蓝回回失里散管等	方物	彩币表里金织文绮袭衣有差、绢布	《宣宗宣德实录》卷6
宣德元年七月	土鲁番城回回僧巴剌马	贡马	钞、币	《宣宗宣德实录》卷19
元年冬十月	哈密回回打剌罕忽都卜丁、奏事回回失纳伯赛的等	贡方物	钞、币、袭衣、靴	《宣宗宣德实录》卷22

续表

时间	朝贡国	贡品	赐品	资料来源
二年春	哈密回回打剌罕倒兀、撒马儿罕回回打剌罕马黑麻、迭力迷失、肉迷回回火者乞等、撒蓝回回满剌阿力等	羊、马、金银器及方物	钞、币、金织、竺丝、袭衣、鞋帽有差	《宣宗宣德实录》卷24
二年二月	哈密回回打剌罕沙卜、火者孛罗等	贡马及方物	钞、彩币表里有差	《宣宗宣德实录》卷25
二年四月壬戌	撒马儿罕回回打剌、火者撒剌等	贡马	钞、彩币表里有差	《宣宗宣德实录》卷27
二年五月癸巳	撒马儿罕回回哈三等	贡马	钞、彩币表里有差	《宣宗宣德实录》卷26
二年八月壬申	哈剌等处回回打剌罕赛因马哈木	贡马及方物	钞、彩币表里有差	《宣宗宣德实录》卷30
三年十二月	亦力把里回回打剌罕签罕失等	贡马		《宣宗宣德实录》卷49
四年五月癸丑	撒马儿罕回回阿力沙等	马、金银器皿		《明宣宗宣德实录》54
四年五月戊午	哈密回回剌罕倒兀等	贡马		《明宣宗宣德实录》54
四年七月丙午、壬子	撒马儿罕回回打剌罕阿都剌、哈密回回打剌	贡马	钞、彩币表里有差	《明宣宗宣德实录》卷59、60
五年二月	坤城回回马力丁等	贡马及方物		《明宣宗宣德实录》卷63
六年十月辛巳	哈密卫回回舍人哈三等	贡马及方物	白金、彩币、纱罗、绢、金织袭衣等物有差	《明宣宗宣德实录》卷84、85
六年十二月丙子	哈密回回副千户克牙思、子马黑麻等	贡马	彩币表里等物有差	《明宣宗宣德实录》卷86
八年八月	天方国沙献等	麒麟、象、马诸物		《明宣宗宣德实录》卷105
十年二月	甘州回回母撒、凉州卫回回男罕马力丁	贡马		《英宗正统实录》卷2
正统五年夏四月丙子	哈密回回马黑麻	马、驼、鹰、豹、鼠皮、药物	彩币等物有差	《明英宗正统实录》卷66

时间	朝贡国	贡品	赐品	资料来源
五年八月乙酉	凉州回回指挥同知恰伯赤	贡马	彩币等物有差	《明英宗正统实录》卷70
六年二月己巳	甘州住坐回回火者倒兀等	贡方物	赐钞、绢有差	《明英宗正统实录》卷76
七年十一月癸未	哈密满剌阿黑麻	马及玉石	彩币等物	《明英宗正统实录》卷98
七年十二月戊戌	甘州住坐回回马黑木	贡马及方物	彩币等物有差	《明英宗正统实录》卷99
八年五月壬申	甘州寓居回回阿都剌	贡马及方物	彩币等物有差	《明英宗正统实录》卷104
十二年二月戊戌	迤西回回迭力必失等	方物	钞、币、袭、衣、柴	《明英宗正统实录》卷150
十三年十二月丙辰	迤北回回哑胡沙等	驼、马	房屋、器皿、锭、彩段绢布、纻丝、袭衣样	《明英宗正统实录》卷173
景泰三年十一月庚辰	亦力把里回回使臣哈马鲁丁等	进玉石四百块重三千八百二十二斤	每二斤给赏绢一尺	《明英宗实录》卷223；《景泰附录》卷41
嘉靖二十七年七月壬辰	土鲁番等五地面速檀母沙法儿王等遣使	贡马及方物	赏赉如例	《明世宗嘉靖实录》卷338
四十一年九月癸未	朵颜等卫回回阿黑麻等	方物		《明世宗嘉靖实录》卷513
四十三年五月辛亥	西番王速植沙母咱法儿等回回	方物、刀铦		《明世宗嘉靖实录》卷534
万历四年三月	土鲁番火者马黑木哈辛	贡方物	赏赉如例	《神宗万历实录》卷48
九年	吐鲁番、天方、撒马儿罕、鲁迷、哈密等五地面头目	马、方物	如例给赏	《明神宗万历实录》卷117
十四年九月丁巳	土鲁番等五地面夷使头目火者沙亦黑牙思等四十六名,其他二十四名	方物		《明神宗万历实录》卷178
二十六年六月丙午	土鲁番哈失	金刚钻、玉石、回青	赏赉如例	《明神宗万历实录》卷249

　　以上统计显示,终明一朝,西域等各地回回来华进行朝贡的可谓络绎不绝,因明朝国策变化以及与西域势力此消彼长的原因,在不同时期回回朝贡频次有所不同,大致从明初至永乐末年朝贡兴起并发展,洪熙初年至天顺末年持续发展,成化初至嘉靖二十四年朝贡走向衰落,而嘉靖二十五年至明末朝贡趋于沉寂。英宗正统时期,瓦剌势起,西域迭遭战乱,西域大批回回内附的浪潮不可遏制,同时,西域贡使仍不断来贡,甚至贡使借朝贡内附。"瓦剌很快把哈密到嘉峪关一带进入中原的要道夺取到手中,瓦剌利用这条西域要道和东边大同一道贡道,分头向中原频繁入贡,并进行贡马和其他私市。"①成化年以后,明廷与吐鲁番为争夺哈密战乱不休,朝贡受到影响,且明廷对朝贡开始了限制,使得朝贡走向衰落。

　　从明初朝贡开始起,贡使携带私货来华贸易就已出现并得到明政府的认可。"永乐元年冬月西洋剌泥国回回哈只马哈没奇尼等朝贡附载胡椒与民互市。"②正统八年九月丙寅上敕谕回回太尉哈三、火者肉迷等曰:"尔等远来朝贡,并买卖生理,其带到马驼等物听于大同府及缘途交易,若欲带至京师买卖,亦从所便,已令边将禁约下人,不许搅扰偷盗,尔等可乘己马从容而来。"③可见朝贡使者来华贸易已成为定规。明廷不仅准许贡使私自贸易,且允许他们参与国内贸易,尤其是中盐贸易。如宣德五年六月庚辰,户部奏称:"坤城回回者马儿丁等朝贡至京,输米一万六千七百六十石于京仓中盐。今者马儿丁等欲还坤城,言愿以所纳米献官。"后上令户部"计直当以布八千匹,绢四千匹,偿之从之"。④ 再如正统十一年六月乙丑,回回人马黑木纳马宁夏,中云南盐,后明廷将其所中盐,每引给予钞一百贯。⑤ 这亦表明朝贡回回在内地商业活动之活跃。

　　贡使来华往往获得巨大的回赐,而贡使除了获得丰厚的回赐外,朝贡者多为回回商人,来华贸易也是他们来华的重要原因。来华的贡使为了在华贸易,

---

　　① 黄省曾:《西洋朝贡典录》自序,转引自马曼丽:《明代瓦剌与西域》,《西北史地》1984 年第 1 期。

　　② 《明太宗实录》卷 63。

　　③ 《明英宗实录》卷 108。

　　④ 《明宣宗宣德实录》卷 67。

　　⑤ 《明英宗实录》卷 142。

居留不返者大有人在。永乐二十二年（1424）十二月丙午,礼科给事中黄骥言:"西域使客,多是贾胡。假进贡之名,借有司之力,以营其私。"①回回朝贡者,除进贡物品外,明朝政府"例许稍挟私货""来京贸易",②各地方王国的朝贡使者有在北京或甘州留居三五年之久的,亦有"沿途寄住"③的,"回夷入贡,惟利是图"。④ 这些记载都表明当时回回贡使来华贸易的事实。来华贸易的回回贡使入居中原也是明代回回历史的重要一幕。"高额的商业利润、优惠的政治、生活待遇以及宽容的宗教政策,吸引着越来越多的回回人借朝贡之名入附中原。"⑤明代入附中原的大批回回中,朝贡回回必然是重要的组成部分,这部分入附回回对明代伊斯兰教的发展注入新的活力,是中国回族重要的组成部分。

嘉靖十三年六月丁酉,土鲁番诸回夷至各边市易,求入贡,边臣以闻礼部言:"回夷入贡以三年、五年为期,系累朝定例,今土鲁番旧来贡者,尚未还国,今又违例要求,不可许。"⑥帝然之。成化初至嘉靖二十四年期间明廷开始控制贡使的频次和来华居留时间,嘉靖二十六年十月,土鲁番夷使火者阿克力等八百余人,入华朝贡,明总兵官仇鸾、都御史傅凤翔不能阻回,尽验入安插甘州。⑦

除控制朝贡频次、时间外,明廷对于朝贡回回市易物品的种类严加限制,如铁、茶严禁私市出境。正德六年（1511）四月戊子,哈密忠顺王速檀拜牙即遣使臣阿都火者等入贡,"私货茶于民家,事觉,诏以其故违国禁,法宜减赏,但业已给之,以后勿遣入贡"。⑧

明代回回贡使携入中国的贡物种类颇多,常见的有金铂、宝石、珍珠、玳瑁、象牙、珊瑚、琥珀、苏合油、沉香、颜料、碾花琉璃、金刚钻、花瓷器、羚羊角、铁角皮、日照杯、撒哈剌帐、香料、玉石,及长颈鹿、文豹、西牛、狮子、骆驼和马匹等。而由中国带回的则多为金银、缎匹、色绢、瓷器、文绮、彩帛与茶、药等物

---

① 《明仁宗实录》卷5上,卷4下。
② 《明武宗实录》卷45,卷74。
③ 《明世宗实录》卷100。
④ （元）许有壬:《至正集》卷53《西域使者哈只哈心碑》。
⑤ 胡云生:《论明代回回的朝贡贸易》,《回族研究》1997年第2期。
⑥ 《明世宗嘉靖实录》卷55。
⑦ 《明世宗嘉靖实录》卷72。
⑧ 《明武宗实录》卷74。

品。《明会典》中一段关于回回贡使进贡物品的记载让我们了解当时进贡明朝的物品中香料、珠宝仍占很大比重："凡回回并番使人等进贡宝石等项,内府估验定价例:胡椒:钞 3 贯/斤;丁香:1 贯/斤;速香:2 贯/斤;木香:3 贯/斤;乳香:5 贯/斤;苏木:50 文/斤;回回青:1 贯/斤;珊瑚珠:2 贯/两;安自香:500 文/斤,等等。"①

除常规的香药、珠宝外,马匹的进贡也十分频繁,"马匹是西域回回贡使长期入贡的最重要的贡物,这一现象的产生与明政府对马匹的大量需求有着密切的关系。明初,政府为保证军队用马,曾一度向农民强行摊派'养马差役'。此项杂役使内地人民不堪重负,怨声四起。入贡的大量马匹就可大大减轻人民的这一负担。同时,马匹的大批输入,除主要供军用外,也为明代的农业生产提供了大量的畜力。因此,明成祖朱棣上台伊始,即敕令甘肃总兵官、左都督宋晟曰:'知哈密安克帖木儿遣人贡马,尔已差人送京。其头目所贡者,可选善马送来,余皆以给军士。然须分别等第以闻,庶可计值。'"②永乐元年(1403)十一月甲午(二十日),兀纳失里王之弟安克帖木儿遣使臣马哈木沙、浑都思等来朝,除了贡马 190 匹外,还带来了市易马 4740 匹。明成祖"命悉官偿其值",③并赏赐"马哈木沙、浑都思等金织文绮衣各一袭,钞各百锭,及纻丝表里等物,仍命礼部赐安克帖木儿银百两,纻丝十表里"。④ 正统十二年(1447),瓦剌回回皮尔马黑麻贩运马 4172 匹到中原。⑤《明实录》永乐朝记载西域回回每次来贡所带马匹少则几百匹,多则五六千匹,其中小部分上贡,大部分在市交易。

贡使所献贡物,除了可以得到与等价或略高的绢匹、彩段的"回赐"外,依例还可以获得明朝赏赐的绢、彩段等丝织品,同时还被允许购进茶叶、铁锅、瓷器等物。⑥

---

① 《明会典》卷 99《礼部五十八·朝贡四》。

② 马建春:《明代回回人对"贡赐"贸易的垄断》,《丝绸之路》1996 年第 6 期。

③ 《明太宗实录》卷 25,永乐元年十一月甲午条,第 455—456 页。

④ 《明太宗实录》卷 25,永乐元年闰十一月壬戌条,第 467 页。

⑤ 《明英宗实录》卷 160。

⑥ (明)申时行重修:《明会典(万历朝重修本)》卷 112《给赐三·外夷下·哈密》,中华书局 1989 年据万有文库本缩印,第 595 页。

世界的信使——元明回商研究

尽管在贡赐贸易中回回商人获得了大量的利益,但在上贡物品之外,这些商人往往会顺便携带商品进行私人市贸。永乐二十二年(1424)礼科给事中黄骥说:"西域使客,多是贾胡,假进贡之名,藉有司之利,以营其私。……自甘肃抵京师,每驿所给酒食争刍豆,费之不少。比至京师,又给赏及予物值,其获利数倍。以此胡人慕利,往来道路,贡无虚月。"①贡使在京商贩,居留会同馆三四年,武宗正德时期(1506—1521),还曾"准予西域贡使在馆四五年住歇"。留馆的回回商人往往也会因此在京贸易。

由《明实录》的记载看,自明永乐朝至正统朝,实际负责瓦剌与明王朝之间外事及贡赐贸易的贡使、通事,除蒙古人外,多由居于瓦剌的回回人担任,且回回人在瓦剌使团中常以正使身份出现。由正统朝"土木之变"前十三年间瓦剌人贡使历史看,皮儿马黑麻等回回人在使团中作为正使的次数,见于记载的就达 8 次之多,正统元年(1436)瓦剌使团正使为回回人速檀;二年(1437)、三年(1438)、四年(1439)、六年(1441)、十年(1445)、十二年(1447)则均以皮儿马黑麻为正使。以回回人为正使,必然使得使团中的回回使臣、通事及买卖回回(回回商人)人数占有较大比例。然留居瓦剌的买卖回回数量之众,由每次瓦剌使团入贡均有大批买卖回回参与互市即可看出,甚至有时回回使臣和买卖回回在瓦剌使团中的人数多至近三分之一左右。仅就《明英宗实录》所载正统年间瓦剌使团来贡情况看,正统九年(1444),瓦剌使臣卯失剌等 1867人来朝,其中就有以锁鲁檀等为首的买卖回回数百人;十年(1445),回回人皮儿马黑麻率瓦剌使团 1900 余人来贡,买卖回回海答孙、哈散等数百人掺杂其中;十二年(1447),由回回人阿里锁鲁檀等所率的瓦剌使团 1165 人入明朝贡,而阿不都、哈只阿力、舍黑咱答等数百回回也在其中;同年九月"以脱脱不花王及太师也先使臣皮儿马黑麻等 2149 人来贡",其中买卖回回锁鲁檀等数百人"与其使俱至"。到正统十三年(1448)十二月,即导致后来也先大举入寇的此次入贡使团中,仍有众多买卖回回在里面。从其入贡人数看,这次蒙古各部使臣总数计有 1829 人,而买卖回回人数则高达 752 名。由此可见,回回人

---

① 《明仁宗实录》卷532。

178

在瓦剌与明朝贡赐贸易中居有极其重要的地位。[1]

自永乐四年(1406)哈密卫建立,至成化九年(1473)初哈密被吐鲁番占领的近70年间,哈密卫政局相对稳定,与中原的政治、经济联系密切,明成祖封故元肃王安克帖木儿为哈密忠顺王,并在哈密建立羁縻卫所。哈密卫与明朝之间的人员往来及其外在表现形式——贡赐贸易,便成为维系哈密卫与明朝之间藩属关系的重要方式。[2]

明代宗景泰三年(1452),哈密回回哈的从西域贩运玉石33500余斤入中原。明代北方长途贩运主要依靠骆驼赴运,以每匹骆驼驮运300至500斤计算,哈的从西域长途贩运玉石三万多斤需要百匹左右的驼队,足见其财力和实力。孝宗弘治二年,吐鲁番回回商人火只哈辛在京城收买锦缎50余柜,赴边地贩卖。[3] 足见明代回回商人中这样的巨商不乏其人。

在贡赐贸易中,需要提及的是郑和下西洋。从永乐三年(1405)一直到宣德八年(1433),奉明成祖朱棣之命,郑和作为明代回族的杰出代表,带领船队前后七次航行,长达三十多年,到达了三十多个国家和地区,是世界航海史中一次伟大的壮举。郑和是回族,他的航海队由二百四十多艘海船、二万七千四百名士兵和船员组成,其中许多船员和士兵是回族,航海队所到达的国家遍布东南亚、中东、北非,而其中许多国家和地区是伊斯兰国家。所到之处,无疑加深了中国同这些国家的友好交往。郑和航海的目的就是招徕各国称臣纳贡,与这些国家建立起上邦大国与藩属之国的关系。所到之处,宣谕皇恩,向各国赠送中国礼物。在宣示大国国威的同时,也与各国进行了广泛的贸易活动。以中国的手工业品换取各国的土特产品,使各国为中国的精美、完好的手工业品所吸引,从而愿意来中国称臣纳贡,进行贸易活动。中国出口的丝织品和瓷器等,早就在亚非各国享有盛誉。亚非的很多国家早就想同中国发展贸易关系,只是由于朱元璋"海禁政策",才限制了这种贸易的发展。朱棣取消"海禁政策",派遣郑和出使,表明中国恢复了同海外各国的正常贸易。海外各国同时也

---

[1]　马建春:《明代西域回回人马克顺(皮尔马黑麻)事迹考》,《回族研究》2008年第2期。

[2]　施新荣:《明代哈密卫与中原地区的经济交往——以贡赐贸易为中心》,《西域研究》2007年第1期。

[3]　和龑:《明代西域入附回回的职业结构》,《宁夏社会科学》1992年第3期。

认为,跟中国纳贡称臣,进行贸易,建立友好关系,是有利可图的事。

一方面,明代广泛频繁的贡赐贸易使得大批世界各地回回商人充当贡使来往于其国与明朝之间,流连忘返,入居中国;另一方面,西域动荡的局势以及明政府招抚各国的政策使得西域各地回回大举内附中国,成为明朝回族历史以及商业历史的重要组成部分。

二、西域回回内附

西域回回内附是明代回族历史的重要一幕。明代西域绝大部分地区实现了伊斯兰化,其民族成分固然很多,致使入附者成分复杂,但入附后基本都以伊斯兰教为介融入回回中,成为明初形成的回族的重要组成部分,并主要沿河西走廊一线居于甘肃、陕西、河南等地。

回回大量内附的一个重要原因是中亚、西域的战乱,土鲁番、瓦剌都曾与明王朝发生战争。回回为避战乱有借朝贡而内附。从十五世纪40年代起,哈密地区就纷争不断。先是瓦剌势力渐长,屡与明朝发生争执,哈密局势不稳。十五世纪60年代,瓦剌势衰,土鲁番又乘势而起。成化九年(1473)正月,土鲁番速檀阿力引兵破哈密城,执哈密忠顺王母,于是哈密落入土鲁番之手,哈密卫人部众溃散逃入嘉峪关内外。正德八年(1513)八月,哈密忠顺王拜牙即弃城叛入土鲁番,哈密复为土鲁番所据,随后土鲁番又将战火引向河西,数度东向侵扰嘉峪关内的肃州、甘州等地。长达几十年的动荡,致使哈密等地的大批回回、畏兀儿、哈剌灰等族群众掀起聚族而迁的序幕,而入关内迁、依附明朝是首选之途。鉴于兴复哈密无望,嘉靖八年(1529),明朝政府决定"自是置哈密不问"。自此,日渐衰落的明王朝对西域实行闭关政策,贡赐贸易业已衰落,西域回回内附之门也已关闭。尽管仍有回回擅自私人,但其规模远较之前大幅萎缩。

从正统至正德年间,是西域回回内附的高潮,明英宗正统元年(1436)"徙甘州、凉州寄居回回于江南各卫,凡四百三十六户,一千七百四十九口"。正统三年、天顺元年、宪宗成化十一年、十二年、孝宗弘治二年、七年等年份均有西域回回内附的历史记载。[①]

---

① 《明英宗实录》卷18、46、280、281、25。

内附回回中,商人是重要的组成部分,其中沙八思、马儿丁是最为有名的内附西域回回商人,明初入附寓居甘州,是甘肃的回回巨商,专门从事江浙淮鲁与北方边镇之间的盐粮贩运。宣宗宣德五年"行在户部奏甘州寓居回回沙八思等中纳盐粮,该支两浙盐一万一百二十五引,今淮盐亦少,请以河间长芦盐如数给之。从之"。① 明初,为解决边镇地区的粮食问题,明廷利用政府独自掌握的食盐专卖权,规定商人把内地的粮食运到边镇的官仓,即可向政府换取贩卖盐的专利执照——盐引。然后凭盐引到指定的盐场支盐,再到政府指定的地点销售,此谓之"开中"。宣德五年各处中纳盐粮的列示如下:宣府卫仓淮浙盐每引三斗五升;山东盐每引二斗;河间长芦盐每引四升;甘肃卫仓淮浙盐每引米豆麦四斗;宁夏卫仓灵州盐课司小盐池盐若陕西山西所属客商每引米麦四斗五升,宁夏卫所属客商米六斗。若以此计之,沙八思、马儿丁仅宣德五年一年就纳粮 24000 多石,换盐 62425 引。② 而宣德五年全国产盐量 5403950 引,田赋为 36100898 石,③此二人所贩盐占全国所产盐量的 1.2%,所纳粮占全国田赋税收粮的 0.07%。④ 这个数量相当惊人,以如此之巨的数量绝非单纯两人财力和人力所能完成的,"据史料推测,当时极可能有一个人数相当可观的回回商人集团在从事这种大规模的有组织的商业贸易"。⑤ 史见记载,在内地从事盐粮贩运的回回商人还有如西域回回马黑木,明英宗正统中内附,正统十一年(1446)元月,"先是,回回人马黑木纳马宁夏,中云南盐,一向未支。巡抚官奏马黑木往来宁夏云南,熟知道路,虑其怀恨为害,乞将所中盐每引给予钞一百贯,从之"。⑥

明代屯田业得到很大发展,其中商屯是较有特色的一种。明王朝规定盐商在边地募人屯垦,就地交粮,可换取"盐引"领盐贩卖,这一办法用政府专控的食盐买卖权部分的解决了边地粮食的供应,边地得到进一步的开发。其中回回商人也参与商屯,据记载,哈密的商屯中,"种落杂居,一曰回回,一曰畏

---

① 《明宣宗实录》卷 65。
② 和龑:《明代西域入附回回的职业结构》,《宁夏社会科学》1992 年第 3 期。
③ 《明宣宗实录》卷 74。
④ 和龑:《明代西域入附回回的职业结构》,《宁夏社会科学》1992 年第 3 期。
⑤ 和龑:《明代西域入附回回的职业结构》,《宁夏社会科学》1992 年第 3 期。
⑥ 《明英宗实录》卷 142。

兀儿,一曰哈剌灰"。牙木兰于世宗嘉靖七年(1528)率所部三千帐数万口入附,被安置在甘肃一带,后牙木兰率族迁居湖广鄂城(今湖北鄂城),"广买田地,盛置宅业,为东南一大胡贾,迄今殷富"。① 可见,明代内附回回中商人是占有很大比例的,而且在内附后,积极参与国内商业贸易,其中不乏富商大贾。

第三节　明代回商特征

明代是回族最终形成时期,也是作为国家公民形成本民族经济结构特征的最为重要的时期,回回人口增长有了质的突破,"长达一个世纪的西域回回内附中原浪潮为回回民族最终形成这一质的表现提供了最后一定的量"。② 作为中国众多民族的一员,随着身份的变迁和最后确定,回回民族面临着各种转型的局面,民族文化的形成,尤其以经济转型最为重要,经济形态的形成和确定也是回族形成的主要推动力。与唐宋侨民身份和蕃客身份不同,也与蒙元时代回回作为蒙古与其他民族,中国与其他国家、地区贸易的沟通者身份不同,明代回回民族作为国家一员的显著特征是分布更为分散和广泛,活动区域明显不同于前朝。定居中国使他们更多地活动于中国本土,受汉文化影响更深,伊斯兰教本土化特征更为明显。在商业方面,除朝贡贸易中的回回商人还在继续经营国际贸易外,大多数回回商人从国际贸易领域转而走向国内,失去国际贸易为主要领域后,商业对象、经营方式、经营商品必然发生变化。作为外来人口的回回主体在生活、宗教、语言、经济等各方面都面临转型的状况中,也面临与阿拉伯这一文化母体联系逐渐减少的困境。在这一艰难的转型过程中,回族商人表现出以下特征。

一、继承了伊斯兰文化中的重商精神是明代回商商业转型的基础

虽然明代的回回,尤其是元代及之前来华的回回人历经几代,与文化母体——阿拉伯及波斯等地区失却频繁的联络,但伊斯兰文化中重视商业的传

---

① (明)严从简:《殊域周咨录》卷14,转引自和龑:《明代西域入附回回的职业结构》,《宁夏社会科学》1992年第3期。

② 林松、和龑:《回回历史与伊斯兰文化》,今日中国出版社1992年。

统并没有丢失,甚至将重商传统进行了全新的阐述。《古兰经》有云:"谁为主道而迁移,谁在大地上发现许多出路,和丰富的财源,……真主必报酬谁。"①明代的回商真实地践行了伊斯兰教的这一思想,在面对分布越来越分散,向中小城镇,甚至农村扩散的现实,仍于各地寻找各种商机,从事商贩活动。西北地区因为内附人口的安置逐渐成为回回的最大分布区域。即使在西北、西南偏远区域,回商也不忘经商传统,积极开辟新的贸易市场和路线。将区位劣势变成区位优势,云南回商对跨境贸易的经营、西北地区回商对农牧业需求的互补性都是在擅经商、重视商业的基础上探索出来的。

二、对市场供需掌握精确是明代回商转型的关键

明代回商从事商业活动的最大的阻力是失去了元代传统市场,面临寻找新市场的局面。明朝时期,由于对外交通的暂时关闭,回族失去对外贸易的优势地位,转而向国内市场发展。回商不断地向商业城镇集中,明代运河附近的回族向运河沿岸迁移,运河沿岸的回商无疑在迁移中开拓了自己的商业领域,他们依据市场的需求积极参与食盐、粮食、布匹、饮食、珠宝等业。西北回商和云南回商则在偏远的地域中发现新的商机。西北沿藏区、蒙古聚居区专营农业和牧业之间的贸易,云南回族商人则沿西南丝绸之路拓展云南与缅甸、印度、泰国、越南等国家间的贸易。这些开拓都表现了回回商人对市场需求的精准把握。

三、灵活经营是明代回商转型的条件

明代回商从国际贸易转向国内贸易,从为朝廷统治者服务转而为普通民众服务,而且定居的局限使贸易对象和市场在不断的探索之中。一旦发现新的商机,回族商人即投入其中,从市场所需商品、贸易线路、经营方式的不断探索中,回商因地制宜,采取了灵活的多样化的经营方式。既有坐商,也有行商;既有商队、脚户,也有货郎;既有牙行,也有"歇家"。尤其是在开拓西南边境贸易中,形成组织严密的马帮;开拓西北汉藏、汉蒙贸易中,针对不同的地理环

---

① 马坚译:《古兰经》第四章第 100 节,中国社会科学出版社 1981 年。

境和道路条件,以马、牦牛、骆驼、皮筏不同的介质运输货物,形成独具特色的脚户、商帮和驮队,甚至形成马帮文化、脚户文化,成为回商文化的重要组成部分。

四、创造良好的经营条件是回商很快完成转型的保证

回商从踏上中国国土起,就形成良好的环境适宜能力。第一,在不同的社会都积极创造良好的社会关系,为经营商业创造条件。唐宋的蕃商注重与中国政府的关系;蒙元回回商人更是注重与统治者之间的关系,甚至结成互利互惠的密切关系;明朝回族商人开拓边疆贸易时,也注重社会关系的建立,河州一些回族商人在深入到藏区和蒙古区经商时,往往结识牧区部落头领,使贸易更为畅通,而且也减少了路途中的风险。虽然他们重视与贸易地区社会各方面的关系处理,但也是以诚实守信为基础建立起良好的社会关系。第二,吃苦耐劳也是回回商人深入边境地区、少数民族地区经商的重要保证。西南和西北地区地形复杂,地处青藏高原与黄土高原交接地以及青藏高原与云贵高原交接地带,有的地区山岭纵横、河流湍急,道路十分险阻;有的地区高寒异常,人烟稀少,野兽出没;有的则瘴气痢毒弥漫,而且边境地区也是土匪出没的地方,克服这些障碍必须有非凡的吃苦耐劳精神。第三,良好的语言天赋,为民族之间贸易经营创造条件。回族是擅长语言的民族,在少数民族聚居区和国外不同的国家间经商,语言是重要的障碍之一。中世纪主宰世界贸易的穆斯林商人往来于各大洲、各大洋之间,语言天赋为他们跨境贸易扫除了障碍。蒙元时代的回回商人除母语外,大都掌握汉语、蒙古语。明代,东南亚跨境贸易中回回商人也能够克服语言的障碍,尤其是西北回回商人,充当了汉藏贸易的中间者。深入藏区的回回商人大都会藏语,深入蒙古地区的回回商人也熟练掌握蒙古语。明代担负贡使的回回商人能代表许多国家和地区来中国朝贡,其中重要的原因之一是会汉语。在长期的经商中,回族商人大多掌握了两至三种语言,克服了经商中的语言障碍。这些都是有利于回族商人快速完成转型的重要保证。

第八章　运河回商与伊斯兰文化的发展

　　元代大规模整修运河,开凿了通惠河、会通河、济州河等新水道,并疏浚旧河道,使大运河南起杭州、北迄大都,实现了南北大贯通,不仅连接了黄河、海河、长江、淮河、钱塘江等五大水系,同时沟通了元朝政治中心和江南经济中心。自是漕运直抵通州,而且海陆运俱废,"岁漕粟数百万石"。经过长期的迁移整合,回族沿运河形成带状分布,元明清三代,运河分布带与西北、云南等区域同样成为回族的重要分布区域之一,也成为内地回族分布较为集中的地区。

　　元代中后期,尤其是到了明代,随着运河的开通利用,加之元代回回商人从沿海商业城市以及内陆大城市逐渐向更广泛、更边缘的地域迁移,回回商人在从经营海外贸易向国内区间贸易的转型中,加快了从大城市向运河沿岸的扩散,并在明清时代形成独具特色的运河回回商圈。

　　运河沿线通州、天津、沧州、济宁、德州、聊城、临清、清江、扬州、南京、杭州等城市成为商人云集、货物来往的重要商埠和南北货物的主要通途。这些城市成为回族商人云集的地区,于元、明、清代修建了一大批清真寺,成为回回群体迁居、定居以及回回商人活动轨迹的写照。"1990年调查,山东、河南、安徽、浙江四省现存清真寺1212坊,其中唐代1坊,宋代18坊,金代1坊,元代23坊,明代158坊,清代至建国前近1000坊。"①今存河北沧州北大寺、泊头清真寺、天津清真大寺、天津金家窑清真寺、天津天穆村清真北寺、南京净觉寺、山东济宁东大寺、西大寺,临清清真北大寺,聊城张秋东寺,江苏清江清真寺这些运河清真名寺全是在明代修建而成。

---

　　① 王树理:《大运河与元代回族散杂居格局的形成》,《回族研究》2001年第4期。

一、选择与迁移：回回运河分布带的形成

各种证据充分证明运河回回的分布肇始于唐宋，运河沿岸回族商业发展始自唐宋，沿海路而来的穆斯林商人主要滞留和定居于南运河如杭州、苏州、扬州、南京等城市以及广州等地，呈点状分布。清真寺是回回先民居住区的标志，从运河沿线清真寺的修建年代大概可以反映当地回回先民的迁入和分布情况。中国东南四大清真古寺中杭州凤凰寺、扬州仙鹤寺四居其二，足见唐宋时期沿海路来华的回回人主要聚居在东南沿海，并在这些城市中形成回回聚居区，成为运河最早的回回居民。

杭州作为运河的起点，早在唐宋时期就是海路来华的回回聚居地。杭州凤凰寺原称真教寺，其始建年代有唐说、宋说、元说。清顺治五年《重修真教寺记》云："武林真教寺创自唐代，历宋而元而明。"[1]康熙九年《真教寺碑记》称："创于唐，毁于季宋。"[2]杭州是南宋首都，宋朝时期有一些资料记载当地回回的生活，当时应该有回回寺坊，凤凰寺内的经香台、砖雕、柱础石等宋代遗物则证明真教寺至迟建于宋朝。凤凰寺坐落在杭州的"南宋御街"，街尽头直对着大运河，西行 2000 米左右，即是西湖。真教寺文锦坊南有元延祐年间回回大师阿老瓦丁修建的清真寺，"寺基高五六尺，扃镭森固，罕得阑入者，俗称礼拜寺"。[3] 元代的杭州是回回商人聚集的重要城市，不仅有回回聚居的街巷，"第三市区居穆斯林，其街道美丽，市场之布置，一如伊斯兰国家，有礼拜寺"。[4] 同时还有回回墓冢于聚景园："杭州荐桥侧首有高楼八间，皆富贵回回所居，聚景园回回冢在焉。"[5]元代杭州清真寺，已知至少有真教寺、回回礼拜寺、回回礼拜堂三座。明代杭州清真寺又有所增多，《重建浙江通志稿》记板儿巷老人街口、西湖郭家河头二寺皆明代所建。毋庸置疑，杭州是回回先民在中国最早聚居的城市。

扬州仙鹤寺建于南宋德祐元年（1275），是从大食国来到中国的伊斯兰教

---

① （清）韩文镜：《重修真教寺记》，顺治五年，碑石现存杭州凤凰寺。
② （清）丁澎：《真教寺碑记》，康熙九年，碑石现存杭州凤凰寺。
③ （明）田汝成：《西湖游览志》卷 18，上海古籍出版社 1980 年。
④ 【摩洛哥】伊本·白图泰著，马金鹏译：《伊本·白图泰游记》，宁夏人民出版社 1985 年。
⑤ （元）陶宗仪：《辍耕录》卷 28，"嘲回回"条，中华书局 1958 年。

创始人穆罕默德的第十六世裔孙的普哈丁所建。作为唐宋以来外来回回商人落居的主要城市,扬州所遗留下来的大量伊斯兰教遗迹不仅包括东南沿海四大古清真寺之一的仙鹤寺,且遗留了大量的碑刻,见证了回族先民活跃于扬州的盛况。明代时,由于扬州重要的商业地位吸引大批穆斯林来此经商,清真寺已不敷使用,遂数次重修扩建,于"洪武二十三年(1390)哈三重建,嘉靖二年(1523)商人马宗道同住持哈敏重修"。[①] 寺中存有多方元代及明清回回人的墓碑。

泉州在元代取代广州成为中国最大的港口城市,甚至与埃及亚历山大港并列成为世界两大港口之一。至元二十六年,尚书省臣言:"行泉府所统海船万五千艘,以新附人驾之,缓急殊不可用。宜招集乃颜及胜纳合儿流散户为军,自泉州至杭州立海站十五,站置船五艘、水军二百,专运番夷贡物及商贩奇货,且防御海道为便。"[②]从之。泉州与杭州之间海道水站的设置,使得京杭运河与泉州之间实现贯通,泉州的港口功能更为完善,成为运河经济带的重要组成部分,两城的商业贸易互为补充,在沟通海外与内陆的贸易方面发挥着极大的作用。

元代回回商人的活动地域十分广泛,但仍以大中城市为主,尤其是江南地区尤多,这与回回商人聚居地以及经营方式有直接的关系。从元代清真寺的分布可以看出元代回回商人的活动范围,除泉州、杭州、扬州在唐宋即建有清真寺外,苏州、宁波、泉州、南京等运河城市都在元代修建有清真寺。仅泉州一城即建有七座清真寺。[③] 元代回回商人活跃于海外贸易,居住地自然主要分布在江南泉州、杭州、扬州等城市。而作为元代首都的大都也是回回商人的聚居地,大都东四清真寺建于元正统十二年,牛街清真寺亦建于元代,通县的常营清真寺建于元正德年间,可见元代大都回回人分布十分之广。

---

① 嘉靖《维扬志》,民国影印本。

② (明)宋濂等:《元史》卷15《世祖纪十二》,中华书局1976年。

③ 至正十年(1360)三山(福州)吴鉴的《清净寺记》记载"今泉造礼拜寺增为六七",今人考证,此七所清真寺为:通淮街的圣友寺(1009),南门的清净寺(1131),宋涂门外津头埔的也门教寺,南门穆罕默德寺,东门外东头乡元代纳希德重修的寺,元代无名大寺门楣建筑石刻。现在,除通淮街圣友寺外,其他几座已全部废弃。见庄为玑、陈达生:《泉州清真寺史迹新考》,《世界宗教研究》1981年第3期。

元代京杭运河的通航使运河回回分布带初具规模,随着回回人口的急剧增长,回回商人的分布逐渐由点而线,擅于经商的回族先民,尤其是东南各省的回回商人逐渐向运河沿岸迁徙,形成线状分布。

元代运河回回主要集中分布在大都、运河浙江、江苏段以及杭州到泉州的沿线,这与回回商人主要经营海外贸易相符,到元末明初,回回商人开始向运河纵深处迁移,尤其是山东段、河北段分布带迅速形成。明初南京也成为回回人的重要聚居地。明清两代,运河成为中国南北交通大动脉,此时,回族商人活跃于运河两岸达到顶峰,终于形成回族沿运河的带状分布特色,运河沿岸一些重要商埠几乎都建有清真寺,即是回族商人向沿运河一线迁徙的佐证。

明代永乐朝从南京迁都北京,为解决南方粮食漕运至北京问题,明成祖重新疏浚了大运河,尤其是山东境内的会通河重新开通,打通了杭州至北京的水路交通,京杭运河迅速成为沟通南北的重要交通网络,给运河沿线带来巨大的商机,沿运河一线成为擅经商的回回人聚集的重要聚居地。北京、通州、天津、沧州、德州、临清、聊城、济宁、徐州、清江、淮安、扬州、镇江、苏州、南京、杭州等运河沿岸城市以及诸如泊头、张秋、东昌、东平、阿城、菱塘这些沿河重镇也都发展为重要的河运码头和繁华的商业重镇,外省来此经商、定居的回回日渐增多。京杭运河沿线回回寺坊许多始建于明朝,证明沿岸回回居民在明代或明代前即已迁居当地。向运河沿岸的聚居正是回回民族在中国历史上主动选择经营商业的直观写照。如图所见运河沿线城市均有回回居留。

明代以后,北京城内穆斯林增加,建于前朝的牛街清真寺、东四清真寺几经重修扩建后,又重新修建了花市清真寺(永乐十二年)、锦什坊清真寺(明初)、安内清真寺(明初)、清真永寿寺(明万历三十三年始建)、长营清真寺、笤帚胡同清真寺、三里河清真寺、张家湾清真寺、马驹桥清真寺、于家务清真寺、枣林庄清真寺、永乐店清真寺等,使北京成为回回人的重要聚居地。

天津是运河进京的门户,也是回回商人云集的重要地区,明代所建几座清真寺,都是依运河而建,天津金家窑清真寺(明万历二年,1574年修建)、天穆村清真北寺(始建于明永乐二年,1404年)、河西务清真寺、杨村清真大寺均建于明朝,而明朝来津的回族主要来源于两种渠道:一是从漕运经商而来。元定都北京,漕运兴起,各地商贾沿河北上,其中多有回回商人,因见这里交通方

运河沿线城市分布图

便,市景繁荣,遂迁居至此。如金家窑清真寺,明万历年间(1574)"由皖省安庆回教运输皇粮船帮修建"。① 二是由随军转业而来。元末明初,回族大将常遇春亲统回族部队在这一带征战,后来这些将士及常姓亲属便落居天津到通州一线。在河北、天津、山东运河沿岸的许多回族,说起其族源迁居此地,都会与明朝建文元年(1399)开始并持续三年的"靖难之役"相联系,燕王朱棣与建文帝朱允炆的皇位之战战区即在今华北运河沿线,朱棣军队中回族军士很多,而战争导致华北人口的锐减,战后,从山西洪洞县大槐树移民充实华北人口,移民中也有一些回回居民,都成为明代之后运河沿岸回回居民的来源。

　　河北沧州是运河的重要码头,运河沿岸仅修建于明代的就有沧州清真北大寺、沧州建国清真寺、泊头清真寺、泊头清真东寺、泊头八里庄清真寺等。大厂北坞清真寺始建年代无从考证,扩建于明万历年间,依据附近清真寺大多修

---

① 乔梁:《运河沿线的清真寺》,《中国文化遗产》2006 年第 1 期。

建于明朝推断亦为明朝始建,也是河北省十大清真古寺之一。泊头清真寺(明永乐二年修建)和沧州北大寺(建于永乐十八年)都是规模宏大的古建筑群,分别被誉为华北之冠和华北第二大清真寺,也是典型的明代中式清真古寺建筑群,与山东济宁东大寺遥相呼应,可谓明清时代运河回族伊斯兰文化繁盛的见证。

运河山东段是明朝时期回回商人迁居的重点地区,这从分布于运河两岸的清真寺坊得到体现。运河山东段沿线仅在明朝就建有四五十座清真寺,规模比较大且在运河商业重镇的,如山东济宁东大寺(明洪武年间修建,又称顺河东大寺)、西大寺、柳行东寺、临清的老礼拜寺、清真北大寺以及东清真寺、临西(明代属临清)的洪武营清真寺、聊城西寺、德州北营清真寺、南营清真寺、陵县马厂清真寺、张秋镇清真东寺、张秋南关清真寺、朝城清真寺(建于明代永乐年间)、阿城清真寺、枣庄清真寺、台儿庄北关清真寺等均始建于明朝,大多是因运河商业的兴起迁居此地的回回商人出资修建。

位于聊城阳谷县的张秋镇(宋元时称景德镇,明末改名张秋镇)是大运河与金堤河、黄河的交汇处。张秋清真东寺历史悠久,据传马氏始祖于明弘治八年(1495)从泰安迁居张秋,家业兴旺,官运亨通,遂自筹资金,在临州籍阿訇李德林主持下,修建该寺,是该地回回商业兴盛的标志。

临清回回在元代因运河而来。元代随着大运河的开通,漕运兴起,临清迅速成为全国著名的大都会,吸引了各地商人来此侨居或占籍。随着运河港运的兴盛,临清成为当时江北五大商埠之一,如临清马氏家族即是其时从金陵迁入。临清原有三座清真古寺,老寺、北寺、东寺,三座清真寺排列在一条东西中轴线上。其中最古老的老寺据说是明初回族大将常遇春带兵北上途中经过临清,在此驻扎时修建的,在二十世纪 60 年代拆除。现北寺、东寺一路相隔,东西相对,建筑年代和风格相近。北寺始建于明嘉靖四十三年(1564),东寺始建于明成化元年(1465)。两座清真寺均为中式建筑风格,规模宏大,不仅是建筑艺术精品,北寺大殿墙壁上还保留着明朝的壁画,是现存伊斯兰建筑中唯一的明代绵纸壁画,色彩鲜艳而且保存完整。临清规模宏大的清真寺建筑透视着临清回回聚居此地的盛况。

山东段济宁的清真寺最为宏伟壮丽,并且规模十分之大,济宁东大寺又称顺河东大寺,始建于明朝洪武年间,面朝运河,寺内建筑规模恢宏壮丽,堪称运河之最,在全国清真古寺中都属于佼佼者,至今仍是东部地区规模最大的清真寺之一。民国时期著名建筑学家梁思成对其建筑进行了专门的考察和研究。济宁西大寺规模更为宏大,"大殿之大不但在国内起脊式的大殿中是最大的一个,就是在佛、道、宫殿等古建筑大殿中,也是最大建筑之一,它的大小可以说是仅次于清宫太和殿一级的建筑"。① 该寺大概建于明末崇祯九年(1636),由常志美先师创修,清康熙年间济宁伊斯兰教经堂教育兴盛,常志美、李延龄驻寺讲经,其南北讲堂对峙,"听经者多达三五千众",②该寺已于 1968 年被毁。济宁形成为明末清初中国伊斯兰教经堂教育"山东学派"的中心,必有相当规模的回族定居人口以及良好的伊斯兰教文化氛围,据此推断,济宁是运河山东段回族商人最多的城市。从山东回族族谱可见,当地许多回族是元末及明代从南京、陕西、甘肃等地迁居而来,如在运河商业文化中占据重要地位的济宁,"是穆斯林商人扮演着伊斯兰教传入的角色"。③ 可见其回族人口中商人居多。回族迁居济宁的历史从当地流传下来的回族族谱可见,如:李氏远祖为西域人,后为 24 代"伊玛姆"和阿訇,徙居济宁的先人祖坟在济宁城南白家洼;《唐氏家谱》称,其先人系明洪武十一年(1378)由南京注籍;《常氏族谱》记述,其始祖为西域人,明洪武三十年(1397)进贡来华,初迁济南府济阳县,明成化间(1465—1487)寓居临清,弘治八年(1495)移居济宁,此处常氏即常志美家族;朱氏则"远祖朱华,以货珠宝为业,早先由杭州珠宝市街迁居济宁"。④

　　山东德州的回族来源更为多元化,除商人及军士外,明代外籍人口也注入本地。明朝建立之后,积极推行睦邻政策,尤其是郑和下西洋后,与东南亚许多国家和地区互通贡使,建立友好关系。明朝永乐十五年(1417)位于今菲律宾南部苏禄群岛的苏禄国东王都葛叭哈剌、西王麻哈剌叱葛剌麻丁等率领 340 余人的庞大使团到明朝朝贡,使团乘船沿运河北上来到北京,受到明成祖的款待和册封,回程经运河行至山东德州时,苏禄东王一病不起,病逝于德州,

①　文阳:《济宁伊斯兰教发展史略》(内部资料)。
②　文阳:《济宁伊斯兰教发展史略》(内部资料)。
③　李兴华:《济宁伊斯兰教研究》,《回族研究》2004 年第 2 期。
④　编写组:《山东省回族古籍辑录》,宁夏人民出版社 2008 年。

终葬于德州。明廷按照诸侯王陵的规格为苏禄东王建造陵墓,明成祖亲自题写墓碑碑文。其坟墓南侧有御碑、石人、石马、石羊、翁仲等物,整个墓园规模很大。东王二子及所率部众留下一支为王守墓。陵墓即在运河边上,明廷"拨历城、德州三姓回回供其役,准免杂差"。①并于宣德年间在陵寝旁修建北营清真寺。三年守丧期满后,苏禄东王的两个儿子留在中国并定居于德州,繁衍生息,形成安姓和温姓两支回族居住的村庄,直至现在。

枣庄清真古寺,最初建于明朝。明万历时期,运河枣庄段修通,商人纷纷向这一水旱码头聚集,其中有一些回回商人出资修建了简单的清真寺,用作礼拜。清初,枣庄的商业更加繁华,甲于一邑,甚至有"天下第一庄"的美誉。回回商人逐渐增多,清真寺不敷使用,清乾隆年间,阿訇李中和"南走蜀闽,北走豫燕,蓄款数年,功成一旦"。②

江苏清江(今淮阴)在历史上被称为运河之都,在运河的发展史上有着极其重要的地位。永乐五年(1407)朱棣下令在清江浦镇创办清江船厂,以满足漕运对船舶的需求,共建有京卫、中都、直隶、卫河 4 个总厂,下设 82 处分厂。沿延运河 20 余里,每年能正常造船 560 艘左右。景泰二年(1451)设总督漕运都御史,驻淮安府,标志着淮安府成为运河漕运的中心地位。曾经经历了历史的辉煌,直到现在,清江仍然保留了许多运河文化的痕迹。清江古清真寺,位于古运河北岸之东长街,始建于明朝,是运河伊斯兰文化的重要标志。寺门前即清朝乾隆皇帝七下江南在清江运河登岸的码头,立有"御码头"石碑一块,清江古寺地理位置之优越可见一斑。而明清时代,清江回族商人占据有利位置,在繁荣的清江市场中占有重要的地位。清江另一座清真寺袁浦礼拜寺亦始建于明,清乾隆年间重修,也曾经是清江回回商人云集的地方。

在南京,历史最为悠久的净觉寺始建于明初,洪武元年(1368),敕修清真寺于西安、南京以及滇南、闽、粤,其中最为有名的是南京净觉寺和西安大学习巷礼拜寺(清修寺)。在敕建金陵礼拜寺时,明太祖亲制《至圣百字赞》,颂扬穆罕默德,《至圣百字赞》至今用碑刻的形式屹立在各地清真寺,见证明代对

---

① (清)冯骉等纂修:《德州乡土志·人物》,清末抄本。
② 《枣庄清真古寺碑记》。

伊斯兰教的宽容政策。《天方至圣实录》载："洪武中,有咸阳王赛典赤七代孙哈智赴内府宣谕:'允各省建造礼拜寺,历代赐敕如例。'"①明初,南京为首都,聚集了大批回回商人以及跟随朱元璋开创明朝江山的回回将领及其家眷,为南京伊斯兰教的传播打下极好的基础。作为全国最重要的政治、经济、文化中心,明代南京修建了许多清真寺。六合南门清真寺也建于明朝。同在明朝,南京又增建了回回营清真寺、花牌楼礼拜寺、汉西门清真寺、湖熟镇清真寺等。据记载,清朝后期,各地清真寺多毁于战火,仅在太平天国时期,南京就有历朝修建的三十六座清真寺遭破坏。可见南京在明清两朝曾建有三四十座清真寺,明代所建应该不下十座。这可反映出明朝时期南京回回云集的盛况。而兴起于明末清初的中国伊斯兰教汉文译著活动以南京为中心,也是南京在伊斯兰文化与汉文化都极其发达的优势所致。

真州(今江苏仪征)位于长江、运河交汇地带,回族商人在元明时期活动于此,并于明朝时建有清真寺。据《仪征市志》记载:"明崇祯年间,仪征人谢幼亭在城内大码头河西街建礼拜寺,有穆民 110 人(其中女 54 人)。清雍正八年(1730),安徽寿县人马金堂在城内纸坊桥创办清真寺,有穆民 78 人。清光绪十年(1884),安徽凤阳人赵晴初在十二圩衡水镇建清真寺,有穆民 69 人。"②

在镇江,建于明朝的古润礼拜寺被毁,之后迁址剪子巷重建,所以在明代的镇江至少修建过两座清真寺。常州的清真寺始建于明初,据《武进县志》记载:"真教寺在池子巷,明初以西域归化夷人安插各府,其人犹守故教,不食犬豕,各府皆有寺。本寺初甚陋,万历年间知府马化龙,其先也归化人也,遂扩大之。"

在运河的另一座重要城市苏州,明代时有史可考的清真寺有砂皮巷和丁家巷两座。另外,赛典赤七世孙赛哈智于洪武二十六年在太仓铁锚弄修建一座清真寺,方便来太仓经商和航运的穆斯林做礼拜。

在运河浙江段的嘉兴等地的许多清真寺也都始建于明代。嘉兴"真教

---

① （清）刘智:《天方至圣实录》,中国伊斯兰教协会 1984 年,第 359 页。
② 仪征市志编纂委员会:《仪征市志》第三章宗教神祇,第四节伊斯兰教,江苏科学技术出版社 1994 年,第 666 页。

寺"建于明朝万历三十年(1602),寺中所藏《嘉兴府新建真教寺碑记》系嘉兴府同知马化龙所撰,碑文记叙:"我高皇帝龙兴,征本教郑阿里等十一人,命儒臣译其历,特为置司天监。文皇帝嘉米里哈只之谊赐以玺书。""玺书"指永乐五年(1407)朱棣为保护阿拉伯传教士米里哈只亲自颁发的一卷敕谕,碑文中陈述了江南教门的衰微形势,"今其经具在,令得译如华言,以昭示宇内,宇内传而习之,即不得与丘索诸彝训鼎立班行,抑何至出梵音符咒下",呼吁汉文译著,为肇始于明朝的江南汉文译著活动拉开了序幕,意义非凡。

运河沿线的这些城镇成为运河沿途回族聚居区,回族居民围寺而居,回族商人频繁来往于各城之间。回族先民向运河城镇的迁移除自然迁移之外,也有政府行为使然。如北宋熙宁三年(1070),西域天方国布哈国王所非尔为逃避战祸,率部下 5300 余人入贡京师,安排其分居于江淮沿运河地区。① 类似的外来穆斯林运河聚居的例子还有明代来自苏禄国的国王及其后裔被安置定居山东德州。元朝至元十八年庚子,括回回砲手散居他郡者,悉令赴南京屯田。② 明朝洪武二十五年(1392)二月,因穆斯林在甘肃居住太久,致使在甘回回太多,明政府就"谕令西番回回来互使者毋入城,先是曾遣回回使西域诸国,留其家属居于西凉,逗留五年不还,其余回回居边上者,又数劫掠,为边将所获。事闻,帝以回回使朝贡往来,恐其因生边衅,命徙其扬州,既而复有愿携家回本地者,帝始疑其为觇我中国,至是命番使止甘肃城外三十里,毋令入城"。③ 正统年间,明廷曾经因为与吐鲁番关系恶化,为防止同类"勾引连接",从正统元年(1436)起,相继从甘州、凉州、肃州等地迁移穆斯林安插到运河区域的农村进行屯耕。④ 而以屯耕开始的回族居民逐渐选择从事商业或亦农亦商,在运河商圈发挥重要的作用。

二、开拓与创新:运河回商的行业经营

中国历史上运河在南北交通中发挥了重要的作用,形成独特的运河文化,

---

① 安作璋:《中国运河文化史》中册,山东教育出版社 2006 年,第 999 页。
② (明)宋濂等:《元史·世祖纪八》,中华书局 1976 年。
③ 《钦定续文献通考·市籴考二·市舶互使》,第一册卷26,商务印书馆,第 3026 页。
④ 《明世宗实录》卷48,中华书局 1974 年。

而运河文化与宋元明清以来浓郁的商业气息分不开。清江、临清、济宁、德州、沧州等城市因河而生,因河而衰。商业畅通时,运河城市繁荣,商业、服务业、手工业发展迅速;商业受阻时,运河城市随之衰落。

明清时期,全国最繁华的城市集中在运河沿岸。《明宣宗实录》载当时全国著名工商业城市共三十三座,其中分布在大运河沿岸的即占三分之一强。①据《临清州志》记载,明万历二十八年,临清人口约 70 万,当地居民为 66745人,商贾人数是居民数的十倍。

这些城市的兴盛离不开商人的经营,而其中回族商人是这些城市商人中不可忽视的力量,在每座城市中都形成独特的行业特征,甚至成为该座城市的商业特色。

明清时期回族商人沿运河商业经营在结合市场需求和当地农商产品的基础上逐渐形成特色行业,并形成了从北至南包括北京、天津、河北沧州、泊镇(今泊头市)、山东德州、临清、聊城、济宁、枣庄、江苏徐州、清江(今淮阴)、扬州、镇江、苏州、南京、浙江杭州、上海等城市为中心的商业网络。清朝时期,活跃于运河及其辐射商道的回族商人在商品经营方面更形成民族特色,珠宝玉器、粮食、盐、香料、绸布、皮毛、餐饮、医药等行业是运河商道回族商人经营的主要行业。

盐业中浙盐、淮盐和长芦盐是运河的重要物资,盐业是运河回族商人经营的重要领域。元代时,回商即积极涉足其间,"罢阿老瓦丁买卖浙盐,供中政食羊"。② 真州(今江苏仪征)位于长江、运河交汇点,贩运淮盐的商人都集中在这里,也是回商云集的城市。南京蒋翰臣家族在经营淮盐方面也独树一帜,以经营淮盐起家,并很快发展成包括票号业在内诸多经营行业的大经营集团。沧州是河北段运河古城,也是河北回族分布最多的地区。从明朝起,沧州商业发展迅速,"沧州优越的经商条件和回族擅于经商的特点,决定了沧州是回族理想的落足之地"。③ 沧州地近大海,海盐之业是传统行业,元代即有回回商人参与到长芦盐的贸易中,"倒剌沙贷其姻家长芦盐运司判官亦剌马丹钞四

---

① 《明宣宗实录》卷50,中华书局1974年。
② (明)宋濂等:《元史》卷24《仁宗纪一》,中华书局1976年。
③ 吴丕清:《沧州回族》(上),中央民族大学出版社1999年,第37页。

万锭,买盐营利于京师,诏追理之"。① 明初,大量回族商人由江、浙、皖云集沧州,进而定居该地,所经营商业也形成地方和民族特色。洪武二年(1369)在沧州设立"河间长芦都转运盐使司",从此"长芦盐"更成为官营盐业的重要部分。明清时期,长芦盐业是以天津为中心的运河这一区域的重要产业,带动了周围很大区域的经济活动。自明朝开始,沧州回族商人发展出极具民族特色的阡陌小路,结成商帮,以驴驮运私盐贩卖。为避官卡,他们弃行大道专走田间小路,从而开辟了使用长达五个半世纪的民族隐蔽交通线。这种由驴帮开辟的小道成了回汉兄弟地区交通的重要途径,也为以后公路的发展兴修打下了良好的基础。②

山东运河段回族商人在皮毛业经营方面形成地方特色,皮毛业是全国回族经营的主要行业,由于"清真"饮食业的独特性,回族聚居区都有养殖牛羊的传统,因此发展起各地的皮毛业。明清时期,回族聚居较多的山东沿运河一带,在养殖业基础上发展起皮毛收购和加工业。济宁皮毛业,始于元朝,盛于明清,是回族的专营行业,也是回族各种行业中的骨干行业,创出了名牌产品——"济宁路青猾皮",成为济宁四大行业之一。"在济宁皮毛业中,明末就有雇工经营的手工作坊。清道光、咸丰年间,雇工达百余人。光绪年间,有较大的作坊20余家,最多雇工达千名以上,年产各种皮衣数以万计。其生产工艺十分考究,分为鞣制和裁制两大系列,每一系列又细分为若干工序,由原料生皮到制作裘衣制品,大小工序共20多道。当时济宁回族的制革、制裘技术,居全国皮毛业首位。"③皮毛手工业的兴起以皮毛的集中收购为基础,明清时期,回族商人以济宁为中心的运河沿线皮毛收购即已形成行业特色,设有皮毛行栈,专门收购皮毛,形成"皮行(卖方)→中间商(跑行的)→皮栈(买方)"的经营模式。清末民初,济宁皮毛行栈有30多家,跑行的中间商500多人。④山东的另一座运河城市聊城回回商业以皮毛制革、牛羊肉、饮食等行业为主。从明初到清末,聊城地区回族经济曾一度出现繁荣景象。明清时期,德州商业

---

① (明)宋濂等:《元史》卷32《文宗纪一》,中华书局1976年。
② 于秀萍:《明初移民对沧州的再开发》,《沧州师范专科学校学报》2006年第3期。
③ 杨珍:《历史上的山东回族经济》,《回族研究》1998年第3期。
④ 杨珍:《历史上的山东回族经济》,《回族研究》1998年第3期。

的发展与繁荣主要依赖于运河交通,因为运河城市的便利,德州由原来以军事驻扎、驻防的功能为主逐渐转向商业城市,客商云集,随着德州商业的发展,客店、饭馆、零售业等服务行业也日益兴盛。"当时的饭馆都集中在顺城街、米市街、西关街、小锅市、北厂以及河西刘智庙。……西关、米市、小锅市的城市居民以及北营的贫苦回民,几乎家家户户打锅饼、烙麻酱火烧,或烧羊肉,到处摆摊售卖。"①德州本土的食品加工业与餐饮业在南北饮食文化的交流中也得到了很大的发展。德州扒鸡因熟烂可口,肉嫩松软而被称为"神州一奇",而这正是德州回族经营的食品。

清江(淮阴)是苏北地区运河沿岸的重要商埠,历史上就商人云集,商铺栉比。清江清真寺(原称袁浦清真寺)修建于明代,在清朝乾隆和同治年间两次重修,其中同治年间清真寺由金陵回族蒋恒清等人倡议重新修建,得到各地穆斯林的捐助款。《重修清真寺大殿碑记》中记载:"并蒙川陕、河南、山东、安徽、金陵等处善人信士,或游宦而来,或贸易而至,或寄居多年,或粹然戾止。"②碑记清真寺的修建不仅得到川陕、山东等各省留居或到此经商的穆斯林的捐助,而且江苏宝应、高邮、江都、泰州、兴化、东台、如皋、沭阳等地回族都有在清江的留居,可见到此"寄居多年"的外地穆斯林主要因为"贸易而至"。

镇江是运河与长江的交汇区域,是南北商品交汇的商业中心,南粮北运的枢纽,从元代即已聚集了许多回回商人从事粮食的贩运,明清这一行业特色一直延续不衰。明代许多徽商在运河沿线经商,其中回族商人是重要组成部分,并且有船帮参与皇粮的运输,足见其经商规模之大。明代万历年间"由皖省安庆回教运输皇粮船帮"③在天津金家窑修建清真寺,说明运河回族粮商经营范围之广。

从唐宋至清朝,珠宝玉器是回商经营的重要行业。明之前,回回经营的珠宝业主要是通过海陆两路将境外的珠宝贩运至中国。明清时期,回族珠宝业向国内发展,回族在珠宝行业独执牛耳,尤其是在玉器的加工方面独树一帜,

---

① 李孟才:《清代至民初德州运河沿岸工业商业金融业概况》,《德州文史》(5),政协德州市委 1987 年。

② 杨晓春:《清江清真寺现存清代碑刻的初步研究》,《西北第二民族学院》2007 年第 2 期。

③ 乔梁:《运河沿线的清真寺》,《中国文化遗产》2006 年第 1 期。

主要集中于苏州、南京、杭州和北京等城市。"良玉虽集京师,工巧推苏郡。"雍正初年宫廷在造办处设玉作,专门征调苏州回族玉器工匠赴京供职,还下令从苏州挑选好玉料送往北京。之后从苏州敬奉玉器及派出玉器工匠为宫廷服务成为传统。珠宝玉器在苏州的行业特征吸引了其他地区回族商人来苏经营,苏州也建有专门的回族玉器公所,形成行业公会。在清朝后期,有史记载的回族有名的玉器商行或商人计有:杨源纪、王复兴、田鉴堂、余兰溪、王元开、马子清、叶景章、郑清善、宗敏之等,①产品远销全国各地。

南京虽不邻运河,但处于长江与运河交汇的区域,故是运河回族商业网络中的重要城市。回族居留南京历史久远。在明代,南京成为全国伊斯兰教文化发展的中心地区之一,大批回族商人聚集在此,明清时期南京是南方回族分布较多的城市之一。南京回族商人在珠宝玉器、香料、食盐等商品的经营方面独树一帜,伍氏家族是南京有名的珠宝经营商。成书于明代晚期的周晖的《金陵琐事》卷三"识宝"条记载了三件"回回识宝"的轶事。② 在该卷开篇即记载:"金陵多回回,善于识宝。"可见明代时期作为首都的金陵不仅回商云集,且善识宝,这是回商经营珠宝业的条件之一。在清代,南京回族商人的活动范围迅速扩大,一些商人活跃于运河和长江商圈,将长江与运河商圈连接起来,到上海、苏州、北京,甚至西北、川汉等地经营。道光年间,南京回族商人结帮在安徽亳县(今亳州)、湖北汉口、四川成都从事商贸活动。亳帮以收购牛、羊、皮革、芝麻、桐油等为主,每次货运船只达四五十艘,每次成交额达数千纹银。川帮为南京回族首富蒋翰臣所创,业务以长江上游为最盛。汉帮以收购出口桐油为大宗。川、汉、亳帮在南京回族中多为巨富,常在盈利中提取若干筹办慈善事业,创办清真义学。③ 南京回族珠宝玉器商人在清朝时来苏州经营,建设金陵玉器公所,紧邻苏州回族玉器公所。

杭州有珠宝巷,钟毓龙《说杭州》称:"北出丰乐桥,南出荐桥街,以回回新桥街分为上下,……元代西城回人居此,多富商大贾,设珠宝金玉铺甚多,故名

---

① 袁纣卫、佘建明:《苏州回族的伊斯兰文化与商品经济》,《宁夏社会科学》1997 年第 6 期。

② 周辉:《金陵琐事》,文学古籍刊印社 1955 年,第 154—155 页。

③ 邱树森:《中国回族史》,宁夏人民出版社 1996 年,第 667—668 页。

珠宝巷。"杭州的"珠宝巷"形成于元或更早,杭州回回珠宝业的经营由来已久,形成特色行业是显而易见的。回回新桥在万历《钱塘府志》、康熙《钱塘县志》、宣统《杭州府志》、乾隆《浙江通志》等均有类似记载。元代以前曾称道明桥、积善桥,拱形石桥,东西向,路曾名回回新桥直街。桥之东即珠宝巷,南北走向,桥将其分为上、下珠宝巷。《西湖游览志》称其昔日是舟船往来停泊的码头。元时回回在此桥周围经商居家,系回回聚居区,一个繁华的商业区域。济宁回族朱氏"远祖朱华,以货珠宝为业,早先由杭州珠宝市街迁居济宁"。①

　　运河商圈的回族商人与西北、西南商帮有所不同,多聚集在城市,尤其是交通要道,而且其迁移往往向新兴的交通和商业枢纽集中。明代永乐年间国都由南京迁移至北京,南京回族向北迁移特征明显。尤其在运河重新疏浚开通后,江苏、安徽、山东、河北,甚至内陆川陕、西北回族商人也向运河沿岸的商埠云集。清朝后期,随着沿海及内陆一些城市的开埠以及铁路、公路交通的开通,运河沿岸一些地区的回族商人又向那里云集,如南京回族向苏州、上海、汉口的迁移,山东回族向徐州迁移等。可见回族商人积极灵活地选择贸易市场和主动选择居地的特征。

　　运河商圈的回族商人在明清时期大多处在单独经营的状态,"有商而无帮",但围寺而居的特征在回族商人的经营中仍发挥了相互联络、互相帮扶的作用。至迟到清朝,开始出现商人的松散组织"商帮","他们以地域为中心,以伊斯兰教、血缘、乡谊为纽带,以相亲相助、共同富裕为宗旨,以茶馆、会馆、公所、清真寺为其在异乡的联络、计议之所,结成一种松散的、自发的商人群体"。②

三、互动与嬗变:运河回商推动下的伊斯兰文化发展

　　肇兴于明代的中国伊斯兰教两大运动,即"汉文译著"和"经堂教育",都与运河沿岸回族密不可分。南京成为"汉文译著"的中心,山东成为"经堂教育"的中心之一并形成山东学派,这不是偶然的现象,都与运河回族商圈以及

① 编写组:《山东省回族古籍辑录》,宁夏人民出版社 2008 年。
② 袁纣卫:《苏南回族商帮》,《回族研究》1998 年第 1 期。

回商的活动密切相关。

从元代起,因为运河商业文化的吸引,大量回回商人聚集运河沿线,促进了运河伊斯兰教的发展,不仅规模宏大的一座座寺坊相继建于运河两畔,也带动了一个个有阿林的经师、学者来到这些城镇,使运河出现了回回商业和回回伊斯兰文化的双重繁荣。

唐宋朝起,南运河的杭州、扬州、南京等城市就是回回商人最为集中的分布区。元代,这种特征更为明显,不仅因为回回商人大批经由海路到达中国,更因为主要经营海外贸易的回回商人云集在泉州以及南运河的沿线城市。到明初,建都南京吸引了大批的回商留居南京,终于促成了中国伊斯兰教复兴运动兴起于以南京为中心的南运河地区,其中扬州、镇江、杭州都是这场运动的辐射区域。

南京作为唐宋以来沿海路东来穆斯林落籍中国的东部人口最多的城市之一,从 1368 年到 1420 年间一直是明朝首都。明初洪武年间,南京回回人口就达到一个高峰期,大约有十万人口,占南京总人口的 14.3%。① 到永乐年间(1402—1420)南京回回人口更达到顶峰时期。其时,郑和七下西洋,到达西亚和非洲,其航队从南京出发,官兵和水手中有不少回回人,船队也从西亚、东南亚带回不少穆斯林。以后在 15 世纪中叶至 16 世纪中叶,南京回族人口一直保持二三万的规模。② 南京有净觉寺及明代修建的其他近十座清真寺,"汉文译著以南京为中心展开又与当时南京的回族发展状况及人文环境有极大的关系"。③ 元明以来,尤其是明代开国五十多年,南京成为南方重要的大都市,在回族的形成和发展史上有着举足轻重的地位。作为京师,它在培育回回民族文化以及与汉文化交融、借鉴方面有着其他地区无法比拟的优势。南京的回族在清以前的职业有很大的特色,因为是国朝首都,大批的回族官员及科技文化人才云集南京,他们或从西亚、中亚等地迁来,或从中国其他地区如北京南迁,尤其是明初洪武、永乐两朝,为了充实金陵的科技文化水平,曾广召中国

---

① 伍贻业:《南京回族伊斯兰教史稿》,南京市伊斯兰教协会(内部),2000 年,第 40 页。
② 伍贻业:《南京回族伊斯兰教史稿》,南京市伊斯兰教协会(内部),2000 年,第 42 页。
③ 杨志娟:《中国伊斯兰教复兴运动地理因素分析——论西安、南京、河州之于明清中国伊斯兰教复兴运动》,《西北民族研究》2010 年第 3 期。

其他地区包括西域的学者来到金陵,一时回回学者纷纷应召而来,汇集京师,从事天文、历法、文字翻译等工作。据《明史·历法志》记载,洪武元年置回回司天监,诏征元太史院张祚、回回司天监黑的儿等 14 人来京。明廷曾在翰林学院设四夷馆,礼部下设会同馆,这两馆都专门设立回回文字馆,专事编译、教习和翻译。明初回回文字馆是既译书又教学的双重机构,培养了许多回回语言文字人才。如永乐十年(1412)一次卒业的回回文字监生达 120 人。① 这些语言文字学者大多世代相袭,后来形成许多回回语言文字世家,有深厚的波斯语、阿拉伯语功底。在这样的文化背景下成长起来的回族学者必然在明清之际中国伊斯兰教复兴运动,尤其是伊斯兰教中国化的运动中担当重任。西安经堂教育倡兴以来,南京回族积极响应,纷纷前往求学,并聘请胡登洲三位弟子,有名的经师张少山、马真吾等到南京净觉寺、旱西门、卢妃墓诸教坊开学讲经。创建于明天启、崇祯年间的旱西门清真寺,首任经师即马真吾。② "在他们的培养下,南京成长了一批有名的经师,马君实、马之骐、袁盛之、马进益等成为胡登洲的四传弟子。而后来致力于以儒诠经的南京著名回族学者王岱舆、伍遵契、袁懋昭、张中、刘智等人,他们经汉两通,无一不出身南京回回世家名门。家学渊源以及经堂教育使他们具有深厚的伊斯兰经学功底,浓郁的汉文化氛围也使他们对儒学甚至道家、佛学都有深入的研究,有的人还曾取得科举功名。比如王岱舆,系明初被召入京的回回钦天监事的历城人后代,青年时代师从马君实,不仅伊斯兰经学功底深厚,且对儒、道、佛学都有研究。比如张中,他曾是著名经师张少山的弟子,又曾拜师印度学者阿世格,经汉皆通。比如伍遵契,系明初回回钦天监伍儒的九世孙。比如明清之际汉文译著运动的集大成者刘智,出身教门世家,年少即从儒师读经史子集,既长钻研伊斯兰经籍,一生博览群书,才会在变通儒学和伊斯兰教方面有如此高的作为。"③

如此看来,只有明朝直至清初的南京那样具有培育回族精英人物的伊斯

① 伍贻业:《南京回族伊斯兰教史稿》,南京市伊斯兰教协会(内部),2000 年,第 116 页。
② 舍蕴善:《经学系传谱》(内部)。
③ 杨志娟:《中国伊斯兰教复兴运动地理因素分析——论西安、南京、河州之于明清中国伊斯兰教复兴运动》,《西北民族研究》2010 年第 3 期。

兰和儒学双重文化土壤,才能孕育出明清之际以儒诠经的丰硕成果,才能历史性地将伊斯兰文化与中国传统文化在思想、哲学的领域内贯通起来。

随着明中叶以后国势的衰落,对外交流越来越少,中国回族与中亚、西亚等地的来往也越来越少,而回族的职业结构也发生了很大改变,南京回族许多转而经商,经营手工等业,形成许多回族世家。史载,明代南京重要的回族世家有近二十家,"如文化方面出现了金贤、金大车、金大舆父子三文豪,商业方面出现了由钦天监改业经营毡货的缙绅伍浩,还有因恤赈受赐四品冠带,礼部'儒士'衔的回族商人"。① 原供职于回回文字馆的回回文字监生也失去了政府部门的职业,留在南京者"多数则成了清真寺的伊玛目、经师、阿訇。有些条件优越,自幼又学习过儒学的则成为兼通儒理的回回学者"。② 这些回族大世家以及其他南京回族,在中国居住的长时间中,渐与汉文化相融合,许多人开始学习汉文化,兼具伊斯兰文化和汉文化两种养分,他们的后裔也大多从事科技或攻儒业进军科举。这为明清之际中国伊斯兰教复兴运动中南京形成为中心之一打下丰厚的文化基础。明末镇江也成为伊斯兰文化运动的重要城市,甚至成为伊斯兰教经书出版地之一,该地出版的伊斯兰文化书籍被称为镇江版。

因为南京回族的大量聚居,商业气息浓厚,作为国都,文化氛围更为浓厚,寺坊林立,致使以南京为中心的汉文译著运动的兴起水到渠成。

元朝后期到明代,运河山东段成为回回商人的重要分布区,随着德州、聊城、临清、济宁等城镇回回商人的云集,使山东成为明代伊斯兰教经堂教育的一个重要中心,形成以济宁为中心的山东学派,成为明清全国伊斯兰教经堂教育三个中心之一。反之,经堂教育在山东的蓬勃发展也印证了元明清三朝回族依运河而发展商业的盛况。济宁回族因沿运河迁徙,多居住在运河或闸坝附近,因而沿运河城镇的清真寺也大多顺河而建。如济宁城区的顺河东大寺、西大寺、越河清真女寺、柳行东寺、柳行西寺、杨家园寺、越河南涯南寺、东方大院女寺,微山县的城关清真寺、南阳清真寺,鱼台的谷亭清真寺,汶上的城关清

---

① 伍贻业:《南京回族伊斯兰教史稿》,南京市伊斯兰教协会(内部),2000年,第42页。
② 伍贻业:《南京回族伊斯兰教史稿》,南京市伊斯兰教协会(内部),2000年,第117页。

真寺等都沿运河而建。清康熙年间济宁伊斯兰教经堂教育兴盛,李延龄、常志美等经师在济宁西大寺设帐传教讲学,以济宁为中心,附近临清、聊城、德州、济南等回族人云集的城市中,各清真寺名流经师,纷纷设帐讲学,带动了山东、河北、北京、安徽运河沿岸回族聚居区的经堂教育的发展。

山东学派的形成与常志美、李延龄在济宁开学有极大的关系。据《经学系传谱》的记载,常志美与表兄李延龄同系"任城"(即济宁)人,7岁同入儒学,11岁入寺念经,后一同至南京投经师马真吾门下,又到河南貂谷投经师张少山门下,始学业大成。初在济宁东大寺讲学,约在明末崇祯九年(1636),部分支持他的教民另修西大寺,常志美、李延龄遂至西大寺讲学,直至康熙九年(1670)常志美去世。常志美归真后,李延龄继续授学10余年。此后,又有其弟子文应试(字仲华)、马之麟(字事一)继续授学。常、李二师在济宁西大寺执教40余年,授徒上千人,成为名师者上百人,《经学系传谱》记名者有50人,包括名师伍遵契、舍蕴善、冯通宇、米敬公、马伯良等。[①] 其中多数为山东、河北、北京人。通过这些弟子,常氏经学流播华北、中原以至江南各地。常志美著有《赫华亦·米纳哈迟》,作为经堂教育的波斯文教材。现东大寺保留有常志美阿文手迹石刻。

正是因为商业的兴盛、回族的大批聚居以及回族商人的频繁和高度流动性特征,经堂教育得到更广泛的传播。可以说回族商人在中国伊斯兰教发展历史上起了极其重要的作用。他们来往各地,修建清真寺,联络各地穆民,沟通宗教文化。清真寺的大量修建,使得当地具备了发展伊斯兰教的丰沃土壤,对伊斯兰教知识的渴求,吸引了一批批有志于伊斯兰教教育的先师在如上地区致力于经堂教育,使得元明清时期的运河沿岸的回族呈现出经济繁荣、文化旺盛的局面,在回族区域史中书写了辉煌的一页。

运河回族商业及伊斯兰教的发展推动伊斯兰教文化在全国呈现全新的发展局面,完成了伊斯兰教的本土化运动,实现了真正的嬗变。各地伊斯兰教一改明初以来教义不彰、教理不明的状况,对伊斯兰教扎根中国发挥了巨大作用。

---

① 舍蕴善:《经学系传谱》(内部)。

第九章　元明清真寺及回回分布考释

清真寺是回族先民迁移和定居的直接写照,作为一个以移民为主体形成的民族,回族先民初居中国各地时,往往修建清真寺,环寺而居,清真寺不仅成为他们聚居的中心,宗教活动的中心,也是吸引更多穆斯林迁移聚族而居的中心。所以在回族漫长的形成过程中,清真寺成为他们分布地区的写照。而元明朝是回族族源来华的最主要时期,也是回族形成的最重要时期,元明中国清真寺在回族形成过程中的作用也最为突出。

第一节　元代清真寺及回回的分布

元代"中西交通大辟,回教人之来中国经商或求仕者,其数亦不在少。此种大量的回教人之东来,及其后来之种种活动及遭遇,实可传中国回教有新的发展"。① 据杨志玖先生考证,有元一代,北起和林(遗址在今蒙古国鄂尔浑河上游之哈尔和林)、南逾岭南、西至今新疆、东迄东南沿海一带,无不有回回人的足迹。② 随着回回人的足迹,伊斯兰教传播到其所到之处,极大地拓宽了唐宋时期伊斯兰教在中国传播的范围,使中国的伊斯兰教进入了一个新的发展时期——普传时期。

关于元代全国清真寺的数量没有明确记载,仅在元代至正八年河北定县《重建礼拜寺记》中有一条十分含糊的资料:"今进而京师,远而诸路,其寺万

---

① 白寿彝:《元代回教人与回教》,《中国伊斯兰教史参考资料选编》(上册),宁夏人民出版社 1985 年。

② 杨志玖:《回回人的东来和分布》,《回族研究》1993 年第 1 期。

余,具向西行以拜天之礼。"①修建于明朝之前的清真寺大多没有遗存下来,仅见于记载的也十分之少,大部分是既没有记载也无痕迹可寻。目前就留有遗存以及见于记载的清真寺资料简述如下,可大概反映出元代回回人的分布特点。

一、岭北及中书省北部

建于蒙古帝国时期较早的清真寺主要分布于漠北及由中亚通往漠北的交通要道和商业中心。

和林在蒙古时代是回回商人较早到达和居留的城市,据 1254 年到过和林的法国传教士威廉·鲁不鲁乞(William of Rubruck)记述:和林"城里有两个地区,一个是萨拉森人(Saracens,意指伊斯兰教徒)区,市场就在这个区里。……十二座属于各种不同民族的异教徒的庙宇,两座伊斯兰教寺院(在寺院里公布着摩诃末的教规)"。② 以这条资料来看和林在蒙古国时期至少有两座清真寺。

另一条资料显示在元代中后期和林仍有新建清真寺。其中一块立于1341 年的波斯文碑记载了伊斯兰教历 742 年(公元 1341 年)和林城修建伊斯兰教寺院静修寺的情况,如经费来源、助修者等,碑文中罗列了为修建寺院作出各方面贡献的人员,其中提及地方的有八剌沙衮人、阿力麻里人、不花剌人、哈密人、大都人及不知何处的杜儿芒、哈勒万等地名。大多数人未提及所属地方,当然有一些是因为残损,而大多数是定居于和林本地的回回人,所以人名之前没有地名。碑文中所见和林回回中屡见回回商人和教士的踪影,且这些回回人活动范围十分之广,涉及中亚各地及中原大都等地。足见元代回回商人经商的足迹,且这些商人中有许多富裕者,在修建和林清真寺时多有捐助,甚至将商铺捐赠给静修院作为寺产。这块碑文记载的静修寺显然与鲁不鲁乞记载的两座清真寺是修建于不同时期的清真寺,静修寺建于元朝中后期

---

① 孙冠文:《重建礼拜寺碑记跋》,《文物》1961 年第 8 期。

② 【英】道森著,吕浦译,周良霄注:《出使蒙古记》,中国社会科学出版社 1983 年,第203 页。

（1341），而鲁不鲁乞所说的两座清真寺建于蒙古帝国时期（1254 年之前），由此可见，蒙元时代，仅和林就至少建有三座以上清真寺，而且回回商人在和林的活动似乎在蒙古帝国时代更为活跃。

亦集乃路其路治（总管府）设在西夏的黑水城，在蒙元时代是蒙古高原通往中亚的南路中重要的中间站，又是中原通往漠北的交通要道。该城在元代十分繁盛，建有清真寺，据考古调查和发掘，黑水城西部有许多回回人居住的遗址，并在城内西南角建有清真寺一座，这座清真寺建筑遗址至今在黑城遗址中仍完整得以保留。2003 年考古学家在黑城遗址挖掘出大量中国各大窑系的瓷器，均为元代珍贵的瓷器。[1] 李逸友编著之《黑城出土文书》整理出一些涉及回回人的文书共 5 份，有年代可查最早者为至治二年（1322），最迟的是至正二十二年（1362），可见回回人移居黑水城亦十分之多。

至元初，上都的修建以及北方汉地的经营使得上都很快成为继和林之后蒙古帝国以及元朝的又一政治中心，同时成为汉地与和林以及漠北之间的交通重地。回回人也黑迭儿丁参与设计和负责修建上都，大批回回人聚集于此或从事汉地到和林及漠北的商业贸易，也于上都修建清真寺。但上都作为蒙元的政治中心，前期修建的清真寺已无资料可查。而在元朝中后期，"泰定元年六月，癸亥，作礼拜寺于上都及大同路，给钞四万锭"。[2]《元史》卷 27《英宗纪》："至治元年五月丙子，毁上都回回寺，以其地营帝师殿。"说明上都有回回人聚居，而且不在少数，并确在泰定帝时期建有清真寺，英宗时还拆除过清真寺，而拆除的是否为泰定帝时期所建无证可考，上都在元代建有几座清真寺亦无可考。

元代首都大都是北方最为繁荣的城市，也是来华回回人聚居最多的城市，据说在元代，大都建有 35 座清真寺。[3] 现存牛街礼拜寺建于北宋年间，东四清真寺、普寿寺、东直门外二里庄清真寺[4]等都建于元代，在明代重建。东四清真寺又名法明寺，元代至正六年（1356）建成，明正统十二年（1447）重修。通州清真寺也是北京现存规模较大的清真寺之一，该寺创建于元代延祐年间，

---

[1] 王德恒：《集宁路的元代瓷器大发现》，《探索》2003 年。
[2] （明）宋濂等：《元史》卷 29《泰定帝纪一》。
[3] 马娟：《试论伊斯兰教在蒙元时期的传播》，《青海社会科学》2003 年第 1 期。
[4] 据 1935 年金吉堂著《中国回教史研究》记载："清真寺，东直门外二里庄，元代。"

历史之悠久,仅次于牛街礼拜寺,但元代建筑已不存,明代正德十一年(1516)重新修缮,万历二十一年(1593)间予以扩建。清康熙、乾隆帝游通州时曾经至此,再次增修。寺院规模堪比牛街清真寺,是北京历史最为悠久的清真寺之一。

河北定州清真寺,又名礼拜寺。定州在元代称为中山府,是真定路的一府,府治在今河北省定州。元顺帝至正八年(1348),这里立有《重建礼拜寺碑记》,碑文有关文字说:"回回之人遍天下,而此地尤多,朝夕亦不废礼。但府第之兑隅,有古刹寺一座,堂宇止三间,名为礼拜寺,乃教众朝夕拜天,祝延圣寿之所,其创建不知日方于何时。"说明中山府乃至真定路(治今河北正定)一带回回人之多。其后窑殿仍然保留部分元代建筑形式,是我国现存最早的砖无梁殿结构,清真寺内保存着石碑四通,记载着该寺的兴衰。其中《重修礼拜寺碑记》有重要的历史文化价值:是中国最早的一幢伊斯兰教汉文碑;碑中最早将"回回"称谓同伊斯兰教相联系;最早译为"穆罕默德"四字(原译为马合麻);最早开"以儒释伊"的先例。

河北威县清真寺建于元顺帝至正十年(1350),由知州王伯大到任时偕黄姓阿訇所创建,也是今河北省修建较早的清真寺之一。

大厂北坞清真寺,根据寺内所存的明万历四十五年(1617)所刻石碑记载,北坞原名"东务",位于河北省大厂回族自治县境内北坞村。该寺始建年代难以考定,但依据这座清真寺在明代以前已初具规模推断,该寺很可能修建于元代。

河北境内除以上地区外,还有一些地区虽然未见元代建有清真寺的记载,但有确切资料记载是回回人聚居的重要地区,马可·波罗游记中有关记载如下:天德州,……治此州者是基督教徒,然亦有偶像教徒及回教徒不少。……由此州东,向骑行七日,则抵契丹之地。此七日中,见有城堡不少,居民崇拜摩诃末,然亦有偶像教徒及聂斯脱里派之基督教徒。以商工为业,制造金锦,其名曰纳石失、毛里新、纳克,并织其他种种绸绢,盖如我国之有种种丝织毛织等物,此辈亦有金锦同种绸绢也。①

---

① 【意】马可·波罗著,冯承钧译:《马可波罗行纪》,上海书店出版社 2000 年,第 164—172 页。

马可·波罗所见回回纳石失生产基地在汉文和蒙古文文献中都有记载。早在蒙古帝国初期就把穆斯林工匠集中在官设工场中从事纳石失生产,其中在今河北境内的有两处:一是在弘州(今河北信阳)设弘州人匠提举司;二是在兴和路设荨麻林人匠提举司。《元史·镇海传》云:"先是,收天下童男女及工匠,置局弘州。既而得西域织金绮纹工三百余户,及汴京织毛褐工三百户,皆分隶弘州,命镇海世掌之。"荨麻林在今张家口西,地处大都(今北京)通往漠北驿道上。《元史·哈散纳传》云:"哈散纳,怯烈亦氏,……管领阿儿浑军,从太祖征西域,下薛迷则干、不花剌城,至太宗时,仍命领阿儿浑军,并回回人匠三千户驻于荨麻林。"所谓阿儿浑军,即信奉伊斯兰教的西域部族之一(突厥人种之一)组成的军队,此地集中了主要来自薛迷则干(即撒马尔罕)、不花剌(今布哈拉)的三千户回回工匠,规模比弘州纳石失局还要大,所以《史集》中专记了荨麻林的状况:此城大多数居民为撒马尔干人,他们按撒马尔干的习俗,建起了很多花园。冯承钧译《马可波罗行纪》第 73 章述及天德州时说:"天德(Tenduc)是向东之一州,……主要之城名曰天德,……治此州者是基督教徒,然亦有偶像教徒及回回教徒不少。此种持有治权之基督教徒,构成一种阶级,名曰阿儿浑(Argon),犹言伽思木勒(Gasmoul)也。其人较之其他异教之人形貌为美,知识为优,因是有权,而善为商贾。"天德即元代的丰州,元属大同路,弘州亦属大同路,但弘州的顺圣县在至元时又割宣德府,说明弘州与宣德相距甚近,故从天德至宣德当亦经过弘州境内。治所在今内蒙古呼和浩特市之白塔镇,辖境乃当今内蒙古阴山以南的大黑河流域。据此,杨志玖先生认为"从今天的内蒙古呼和浩特市南下,经山西大同市至河北张家口这一半月形地带,在元代是回回人的聚居点"。①

山西太原、大同等城市是元代北方回回人分布较为密集的地区,其中太原清真古寺,原名"清修寺",坐落在山西省太原市大南门街(今解放路东侧)。据寺内现存清光绪年间重修清真寺碑记载,该寺建于唐贞元年间(785—804),宋景祐年间(1034—1038)重修,后经历代修葺和扩建。考古学者认为,据现存建筑遗构、文物及有关史实,该寺约为明代初期所建,光绪碑文所言建

---

① 杨志玖:《回回人的东来和分布(续)》,《回族研究》1993 年第 2 期。

于唐朝不足为信。据此推断,元代太原已有相当多的回回聚居。清修寺殿外左右碑亭保留了不少名家碑刻,如黄庭坚、赵孟頫、方孝孺等人的手迹。而大同更是元代回回聚居的重要地区,大同清真寺,据清乾隆七年(1742)重立《敕建清真寺碑》记载,该寺建于唐贞观二年(628),但据目前资料未能证实这一说法。其创始年代在元泰定元年(1324)较为可靠,既有历史记载,又与我国北方伊斯兰教发展历史相吻合。"泰定元年六月,癸亥,作礼拜寺于上都及大同路,给钞四万锭。"①《元史》卷9《世祖纪》记载:"至元十三年六月庚午,敕西京僧、道、也里可温、答失蛮等有室家者,与民一体输赋。"西京即大同(至元二十五年改西京为大同路),有回回教士答失蛮,说明有回回人聚居,泰定帝时之建礼拜寺,当以此故。

二、中书省南部及北运河地区

元代京杭大运河初通,马上成为沟通南北的重要通道,也成为中国最为繁荣的商道,擅经商的回回人于元代大批定居中国后,也逐渐自主选择了利于发挥其商业才能的各交通要道,向交通要道迁移,运河沿岸成为重要的首选之地。运河沿岸重要商镇相继在元代到明代修建了一批清真寺。

天津河西务清真寺是天津地区历史最悠久的清真寺,河西务有回民定居,最早可追溯到金元时期。此后经长期聚集,到明朝初期已经达到了一定规模,所以才在这里修建了如此规格的一座清真寺。从建寺时间看,它比北京东四清真寺早44年,东四清真寺于元代至正六年(1356)建成,那河西务清真寺当建于1312年。这不仅证明了回民在河西务定居较早,而且也证明了河西务在运河经济中的地位和繁荣程度。据史料记载,到河西务定居的回民主要来源于两种渠道:一是从漕运经商而来。元定都北京,漕运兴起,各地商贾沿河北上,其中多有伊斯兰教民,因见这里交通方便,市景繁荣,遂迁居至此。二是随军转业而来。宋辽时期,这一带是北部边关,屯驻军队甚多,杨六郎麾下即有回回士兵长期在此驻守。至元末明初,更有回族大将常遇春亲统回族部队在这一带征战,后来这些将士及常姓亲属便落在了河西务及通州等地,其中还有

---

① （明)宋濂等:《元史》卷29《泰定帝纪一》。

一姓穆的大将选择了津北穆家庄落户，此处即现在的天穆村。此线为京津地区回族的主要分布地带。

运河沿岸其他著名清真寺：天津清真大寺、天津金家窑清真寺、天津天穆村清真北寺、河北沧州北大寺、泊头清真寺、山东济宁东大寺、济宁西大寺，山东聊城西寺、德州北营清真寺、临清清真北寺、临清清真东寺、临西的洪武营清真寺、聊城张秋东寺、江苏清江（今淮阴）清真寺、清江袁浦礼拜寺。这些运河沿岸清真名寺全是在明代修建而成，清真寺所在城镇都是运河沿岸重要的商业中心，说明元末到明初大批回回向运河沿岸聚集，在以上地区都有大批回回商人云集，所以在元明时期修建了大批清真寺，尤其在明代修建最多。

山东地区在元代也有不少穆斯林迁居，济南、青州以及运河沿岸都成为元代、明代回回人聚居的重要地区。

济南清真南大寺，原址在济南历山顶乌满喇巷，始建年代不详。元代元贞元年（1295）迁到现在的地址，当时只有"楹殿数间"，可见济南南大寺至少建于元代前期或更早。明宣德年间，当时的南大寺掌教整顿教务，济南教门为之一振。公元1436年，开拓地基，修建院墙，增建礼殿，南大寺始具规模，成为伊斯兰教建筑群。明清时期的济南南大寺是山东著名清真寺，济南伊斯兰教因此获得大发展。

青州真教寺，位于青州城东关，它历来是山东省东部伊斯兰教的活动中心。拥有规模宏伟、格调别致的中式古代建筑群落，被誉为我国元代三大清真寺之一，寺院面积四千多平方米。据寺内碑文记载，该寺为元大德六年（1302）元相伯颜后裔所建，后来，一些军人家属及其后裔陆续在青州定居，逐渐成为山东东部最有名的寺坊。据当地回民现存的赵氏族谱和杨氏族谱记载，赵氏原为元初大将伯颜的后裔，杨氏则是伯颜察儿的后代子孙。民国著名大阿訇王静斋曾在这里掌教，译著过伊斯兰教经典著作；马松亭大阿訇1935年曾在此讲过经，领过拜，淄博、临沂、济宁等地的许多阿訇都曾在这里学经，足见其在山东伊斯兰教之地位。

三、河南行省

元代的河南行省包括现在的河南省及湖北、安徽、江苏的江北地区，河南行省在元代至明代已形成为回回的重要聚居地。

开封东大清真寺,位于河南省开封市,曾被誉为"河南首坊",至今仍是河南省规模最大的清真寺。据寺内现存清康熙二十八年(1689)进士出身的吏部候选王珽撰写的《重建清真寺碑记》载:东清真寺"起于唐贞观二年",据此推断,开封在唐代即有回回人分布,并建有清真寺。至宋代,开封作为北宋的首都,大量来华经商、来使的阿拉伯人留居此地并繁衍生息,成为蕃客和"土生蕃客"。至元代,河南成为回回商人经商的重要区域,来自中亚的穆斯林军队也大量屯居河南,开封回回人数急剧上升。

河南沁阳县北大寺,始建于元代,明代迁现址。它是河南省内现存的最古老的清真寺之一,寺内尚有两方明万历碑。该地回回主要是驻军而来,逐渐形成有名的寺坊。

河南周口市沈丘县清真古寺,原名至元寺,坐落在河南省沈丘县槐店镇东关。据《沈丘县志》载,该寺是元代派出的镇戍中原的波斯人穆罕默·阿李率四支营队屯驻于古项城东郊,于1273年修建了豫东第一座清真寺——至元寺,明嘉靖三年(1524)重修,后因西北回民迁居该县而加以扩建。该寺规模宏大,占地15亩,寺院明代碑刻所载,在明代,经西北及黄河北迁入的穆斯林日益增多,以李、马、庞、海、刘姓为主,散居槐坊四周,建50多村落,多以经商耕田为业,市井繁荣,"商贾云集,店铺林立,漕运兴旺,墙桅树密,水路交汇之乡,财源堆积之薮"。以至元寺为中心的回坊社区被称为"槐坊",因该地回回擅营商,使得槐坊成为豫东皖北商贸通衢重镇。

四、江浙行省及南运河地区

元代江浙行省包括今江苏南部、浙江、福建两省及江西省部分地区。

从元朝灭南宋后,江浙行省,尤其是沿海及长江中下游地区成为回回人最为集中的地区。明代何乔远《闽书》记载:"吗喊叽得圣人门徒有大贤四人,唐武德中来朝,遂传教中国。一贤传教广州,二贤传教扬州,三贤四贤传教泉州。"所以江南城市是唐宋时期来华穆斯林留居的主要地区。其中广州、扬州、泉州等城市回回先民居留历史最长,清真寺的历史也最长。大量清真寺的修建与这里回回聚居的盛况相印证。蒙古人灭南宋后,江南更成为回回商人

211

云集的最重要地区,留下大量资料和文物佐证了元代回回商人活跃其地的盛况。杭州真教寺、广州怀圣寺、泉州清净寺、扬州仙鹤寺并称中国四大清真古寺。

杭州真教寺即现存于杭州的凤凰寺。明代周汝成《西湖游览志》卷十八载:"真教寺在文锦坊南。元延祐间,回回大师阿老丁所建。先是宋室徙跸,西域夷人安插中原者多从驾而南。元时内附者,又往往编管江湖闽广之间,而杭州尤夥,号色目种,隆准深眸,不啖豕肉。婚姻丧葬,不与中国相通。诵经持斋,归于清净。推其酋长统之,号曰:满剌。经皆番书。面壁膜拜,不立佛像,第以法号祝赞神祈而已。寺基高五六尺,铜镉森固,罕得阑入者。俗称礼拜寺。"①这段记载不仅有关于真教寺的修建,更有大段关于杭州回回人的信仰、生活习俗,反映出当地汉人对习俗迥异的回回人的好奇。据意大利传教士鄂多立克记载元代杭州有"回回户四万户",②已有"回半城"之说。从宋代,尤其是南宋以来,其经济地位迅速跃升,无论是海外贸易方面还是运河经济方面都是回回商人活跃于此的重要因素。

扬州仙鹤寺始建于宋代,据说由"四贤"之一的普哈丁创建。元世祖至元十二年(1275)西域人普哈丁在扬州府东太平桥北(今南门大街)建一礼拜寺,通称仙鹤寺。宋元时期,扬州是江南从事海外贸易的回回商人活动的重要城市,扬州地方官也有不少回回人。仙鹤寺紧邻运河,见证着运河时代回回商人辉煌的历史。明代时,由于扬州重要的商业地位吸引大批穆斯林来此经商,清真寺已不敷使用,遂数次重修扩建,于"洪武二十三年(1390)哈三重建,嘉靖二年(1523)商人马宗道同住持哈敏重修"。③ 普哈丁可说是宋末元初的穆斯林大师,普哈丁死后葬于新城东水关河东高岗上,俗称回回堂,他的墓地和仙鹤寺至今仍存,供人瞻仰。普哈丁活动在宋元之际,1275年,扬州被蒙古兵围攻,次年沦陷,公元1276年,南宋都城杭州即为元军攻陷。在普哈丁墓旁还有四通元代回回人的墓碑,为元代回回人在扬州居留的实物见证。

镇江是运河与长江的交汇点,又与扬州隔江而望,交通地位至关重要,是

---

① (明)田汝成:《西湖游览志》卷18,南山分脉城内胜迹,上海古籍出版社1980年。

② 【意】鄂多立克著,何高济译:《鄂多立克东游录》,中华书局1981年。

③ 嘉靖《维扬志》,民国七年(1918)芮棣春堂刊本。

我国伊斯兰教传入较早的地区之一,唐朝初年就有来自阿拉伯、波斯地区的商人前来贸易、经商,并建有清真寺。明万历二十四年(1596)《镇江府志》记载:"清真礼拜寺系唐贞观二年(628)始建于仁安坊阜民街,明洪武间毁后再建。"宋元时期,在镇江定居的穆斯林人口大增,米芾、萨都剌等一大批回回官员在此留下了清廉的政绩和无数传世书画作品。为了方便进行宗教生活,生活在聚居区的镇江穆斯林便集资修建清真寺,山巷清真寺即是其中之一。该寺西临著名街道山巷,故得其名,又因地处古城西门外,亦称城西清真寺、西大寺。据清光绪五年(1879)《丹徒县志》记载:山巷清真寺初建时仅有茅舍三间,"系康熙年间(1662—1722)廓其基宇,咸丰三年(1853)毁于兵燹。同治十二年(1873)重建"。到明朝时期,回族在镇江已经形成大分散、小集中的态势,穆斯林聚居区亦已形成。

　　元代集庆路即现在的南京,也是回回先民活动的重要城市,南京净觉寺位于城南三山街,是江南古老的清真寺之一。《敕建净觉寺、礼拜寺二座于江南应天府之城南碑记》载:"马可鲁丁等原系西域鲁密国人,为征金山、开元地面,遂从金山境内随宋国公归附中华,……因而敕建二寺安扎,将马克鲁丁等五户,分在望月楼净觉寺居住;将亦卜拉金八户分在城南礼拜寺居住,子孙习学真经,寄籍江宁县,并免差役。"①净觉寺初建于洪武二十一年(1388),又据明景泰元年(1450)二月初四日立石称:"明洪武二十五年(1392)三月十四日,咸阳王赛典赤七世孙,赛哈智赴内府宣谕。当日于奉天门奉圣旨,每户赏钞五十锭,锦布二百尺与回回。每分作二处,盖造礼拜寺二座",其中于"南京应天府三山街铜作坊一座……"一般学者认为此即南京净觉寺前身,所以净觉寺的具体建寺时间还存在争议。净觉寺是南京记载最早的一座清真寺,但宋元时期已有许多回回人聚集南京。宋《金陵运渎桥道志》记载:"桥(草桥)东为打钉巷,巷北有礼拜寺巷,回教之所奉也;自草桥以至七家湾为回族所居。"可见至少在宋代回回先民已在南京有聚居区,而最早的清真寺有可能建于宋朝,但已没有任何历史遗迹。在明朝从南京迁都北京前,南京回族人数非常多,甚至成为中国伊斯兰教"汉文译著"运动的中心,可见在元代到明代,南京是江

---

① 余振贵、雷晓静:《中国回族金石录》,宁夏人民出版社2001年。

南回族活跃的城市。

庆元路即今宁波,是元代最早设立市舶司的地方,可见其对外贸易的地位十分重要。《至元四明续志》记载庆元应缴纳包银的色目人户,其中回回 19 户,答失蛮 2 户,答失蛮是元代对伊斯兰教传教士的称呼,此 21 户均为回回人。这只是在册的回回户,而常年往返此地,暂时居留的并不在此数据,所以庆元路的回回人数应该不少,尤其是来此经商的回回商人更多。为了便于宗教生活,此地回回修建了两座礼拜寺:一在东南隅狮子桥北,旧名回回堂;一在东北隅海运所西,[1]据民国时期调查:"该堂原名为清真古寺,今改为回教堂,当地人多称为回回堂",可见此名至民国犹存。又云"此寺位于今宁波旧城垣内,月湖之西。据《鄞县县志》,该寺之有,自宋咸淳(1265—1274)间,建于东南隅狮子桥北;元时又建于东南(北?)隅海运所南(西?),即今鄞地之冲虚观前",[2]依此可见宁波在元及之前确实建有两座清真寺,所聚回回人不在少数,尤其是从事海外贸易的回回商人为多。

松江府为江浙直隶府,即今上海,其西郊松江清真古寺又名松江"真教寺",又名"云间白鹤寺",据史料记载,该寺建于元代至正年间,是上海地区历史最早的清真寺,《松江府志》记载,元代在此任职的西域官员有三十多人,回回人纳速剌丁在至正年间(1341—1368)任松江达鲁花赤时修建了清真寺。[3]古寺周围有许多穆斯林先民的墓茔,所以当地居民又称之为"松江回回坟"。

泉州是元代东南沿海回回海商最为集中的城市,回回人口之多,号曰"回半城",清真寺也比较多,至正十年(1360)三山(福州)吴鉴的《清净寺记》记载"今泉造礼拜寺增为六七",今人考证,此七所清真寺为:通淮街的圣友寺(1009),南门的清净寺(1131),宋涂门外津头埔的"也门教寺",南门穆罕默德寺,东门外东头乡元代纳希德重修的寺,元代无名大寺门楣建筑石刻。现在,除通淮街圣友寺外,其他几座已全部废弃。[4] 所以"无论从中外文献或是古迹

---

① 《至正四明续志》卷 6《赋役》。

② 何友仁:《宁波回教堂考略》,《中国伊斯兰教史参考资料选编》下册,第 1565—1566 页。

③ 上海松江清真寺:《重修清真寺碑记》,《中国回族金石录》,宁夏人民出版社 2001 年,第 45 页。

④ 庄为玑、陈达生:《泉州清真寺史迹新考》,《世界宗教研究》1981 年第 3 期。

遗留资料而言,泉州在解读早期伊斯兰教的入华过程中,一直都扮演着相当重要的角色"。①

建于北宋初年的圣友寺又称艾苏哈尔寺,现号称麒麟寺,为东南沿海地区四大名寺之一,位于现在福建省泉州市涂门街北侧。该寺阿拉伯石刻碑文记载:"此地人们的第一座礼拜寺,就是这座古老、悠久、吉祥的礼拜寺,又称'艾苏哈卜寺',建于(伊斯兰历)400 年(公元 1009—1010 年)。三百年后,艾哈玛德·本·穆罕默德·贾德斯,即设拉子著名的鲁克伯哈只,建筑了高耸的穹顶,加阔了甬道,重修了高贵的寺门并翻新了窗户,于(伊斯兰历)710 年(公元 1310—1311 年)竣工。此举为赢得至高无上真主的喜悦,愿真主宽恕他,……宽恕穆罕默德和他的家属。"②同时期,泉州还留下来一块阿拉伯女子的墓碑,碑文"死者名裹提漆,一名异国阿拉尼伯女子,她是知名人士高尼微的爱女,卒于伊斯兰历 400 年(公元 1009 年)"。

泉州清净寺,在南宋绍兴元年(1131),由耶路撒冷人麻合没之子阿合马,别号泄剌失的朝圣者鲁克那丁捐助修缮。③ 至正年间(1341—1368)寺院毁坏,又由邑人富豪金阿里重修。④ 此金阿里即元末"亦思八悉"之乱中的金阿里。

位于今福建省福州八一七北路西侧的福州清真寺,据寺内明嘉靖二十八年(1549)《重建清真寺记》碑记载,该寺初创于唐贞观二年(628),但已无据可考。元至正年间(1341—1368),廉访使张孝思曾捐俸重修。明嘉靖辛丑(1541)寺毁于火灾,后由古里国(印度卡利卡特 Culicut)使臣葛卜满的后裔葛文明(时侨居福州)主持重建,历时九年完成。这座清真寺是回回至迟在元代即聚居福州的佐证。

广州怀圣寺建于唐初,是伊斯兰教传入我国后最早建立的清真寺之一,为纪念伊斯兰教创始人"至圣"穆罕默德,故名怀圣寺。该寺地处唐宋以来于广州形成的"蕃商"聚居的"蕃坊"。又因寺内有一光身柱形塔,故又称光塔寺。

---

① 张中复:《从"蕃客"到"回族":泉州地区穆斯林族群意识变迁的历史省察》,《国家与原住民:亚太地区族群历史研究国际学术研讨会(民族学系)》会议论文,2005 年 11 月。

② 《泉州伊斯兰教石刻》,宁夏人民出版社 1984 年,第 3 页。

③ 刘迎胜:《元代摄思廉、益绵、没塔完里及谟阿津等四回回教职考》,《西北民族文丛》1984 年第 2 期。

④ 马建春:《元代留居江浙行省的西域人》,《社会科学》2006 年第 3 期。

关于怀圣寺的修建年代在学界有不同观点,有说建于唐朝中前期贞观年间,其时,许多阿拉伯人来到广州,艾不·宛葛素奉穆罕默德之命来华传教,据传宛葛素来广州建寺,寺建成后穆罕默德已经归真,为纪念穆圣故取名怀圣寺。元朝至正十年(1350)《重立清净寺碑》记载:"至隋开皇七年,有撒哈八撒阿的斡葛思者,自大实(即大食)航海至广东建礼拜寺于广州,赐号怀圣。宋绍兴元年,有……来泉,创兹寺泉州南城。"此阿的斡葛思即艾不·宛葛素,据此碑文,怀圣寺应建于隋开皇七年(587)。虽对怀圣寺始建年代有分歧,但各种资料显示,至迟在唐朝,广州有以怀圣寺为中心的穆斯林社区是毋庸置疑的。从唐朝至元代,广州在海外贸易方面占据着重要地位,来往于东南亚以及印度洋沿岸的穆斯林商人是广州穆斯林社区的主要居民。到元代至正三年(1343),怀圣寺遭受火灾,木质建筑全被烧毁,至正十年(1350),时任广州都元帅府副元帅的马合谋主持重修了怀圣寺,并于寺中立中阿文碑,郭嘉撰文《重建怀圣寺记》。

三亚回辉清真古寺,始建于明成化六年。据明万历《琼州府志》载回族先民在宋元之间从占城(今越南平定省一带)"携家驾舟而来,散泊海岸,聚族而居"。在元代海南也是来中国从事海外贸易的回回商人分布的重要地区,现考古发现有许多元代回回墓葬,但海南在元代是否建有清真寺,还需要进一步的证据。

五、云南行省

蒙古人称云南行省为合剌章或哈剌章,元代是云南回族先民聚居区形成的重要时期。

元至元十一年(1274),赛典赤·赡思丁出任云南行省平章政事,昆明成为首府,大批穆斯林随赡思丁入居云南,在蒙古人征服大理的过程中,军队中大批回回军和探马赤军在战争停止后居留下来,或为官,或从军从商,或屯垦,落居云南。民间流传,赡思丁在昆明建有 12 座清真寺。[①]

---

① 王运芳:《昆明地区清真寺调查》,云南省编辑组:《云南回族社会历史调查》(一),云南人民出版社 1995 年,第 98 页。

　　昆明是元代云南行省（哈剌章省）的省会，蒙古称之为押赤或鸭池，拉施特《史集》讲到忽必烈合罕（元世祖）时期的哈剌章省时提道："该处有一座大城，名为押赤，省就设在此城，该处居民全都是穆斯林，该处的长官为也罕的斤和牙剌洼赤后裔中的儿子阿里伯的儿子雅古伯。"①拉施特说全城居民皆为穆斯林自然有夸大之处，但从赛典赤·赡思丁主政云南后，云南，尤其是昆明穆斯林居民人数不在少数是事实。昆明南城清真寺，位于今昆明大南门正义路近日公园迤北，系元世祖至元十一至十六年（1274—1279）间，由云南行省平章政事赛典赤·赡思丁主持兴建。而位于金碧路西段的永宁清真寺，据成书于清朝光绪年间的《昆明县志》载，它同南城寺同为元代赛典赤·赡思丁主持肇建，原址在东来街"鱼市"，故又称"东来街清真寺"，元末毁于战火，明永历年间（1647—1661）重建，改名为"永宁清真寺"，是当时昆明规模最大的清真寺，后又毁于清咸丰年间的战火中。② 虽说有记载的元代建清真寺远没传说的多，但还是能够推断昆明在元代所建清真寺至少有几座。

　　坐落在云南省通海县纳古回族自治乡通海纳家营的清真寺据传为十三世纪末任云南行省平章政事的赛典赤·赡思丁之子纳速剌丁主持肇建，清康熙年间有所扩建，可见此地在元代应有不少回回人分布。

　　云南建水县燃灯寺街清真寺，始建于元朝皇庆年间，是赛典赤·赡思丁入云南落籍临安，后迁入建水所建，随赡思丁而来的应该有不少回回人聚居。

　　巍山县回辉登清真寺是巍山最大、最古老的清真寺，南宋宝祐元年（1253），元驻防屯牧于回辉登，得名"回回墩"，后来逐渐由屯军的回回营地演变为回族村寨，并取回族光辉之意改名为回辉登。回辉登清真寺礼拜大殿始建于明洪武二年（1369），光绪初年毁于火灾，光绪二十年（1894）重建。这座清真寺大殿虽然建于明朝，但在宋末驻防于此的蒙古军队中显然以回回为主，这是当地回回聚居的来源，在元代已形成一定规模，据此推断在元代修建清真寺的可能性极大。

　　建昌又名建都，即今四川省西昌市。至元十二年（1275），元廷在此设罗

① 【波斯】拉施特著，余大钧、周建奇译：《史集》（第二卷），商务印书馆1997年，第333页。

② 戴纲孙：《昆明县志》，成文出版社1967年，第69页。

罗斯宣慰司,由四川行省统领。1975 年,西昌市在老西门外被称为"月鲁城"的三坡,发现一通阿拉伯文石刻,经研究系描绘伊斯兰教创始人穆罕默德容貌的,可称为《圣容赞》,一般是放礼拜寺内显眼处供教众赞颂膜拜的。月鲁城传为元代驻守建昌的月鲁帖木儿所筑,他本人或军中一定有不少穆斯林,[①]据此推断,当时建昌极有可能建有清真寺。

桂林清真古寺,据说始建于元代,后毁于战乱,明代又重修,但现存建筑是清代建筑,《中国伊斯兰教建筑》称:"此寺大殿的宏大国内少见。"抗日战争期间,成达师范学校迁桂林,校址即设于寺内。

六、陕西行省和甘肃行省等

西北地区是回族的重要聚居区,但回族在西北的聚居迁移经历了一个漫长的历史过程,尤其元朝后期、明朝初期是回族先民在西北分布的第一个高潮期,所以除西安外,西北地区历史最悠久的清真寺主要始建于元末明初。

西安及其关中地区是回回先民在中国最早的分布区之一。西安作为唐朝首都,在唐代即成为东来侨居的穆斯林最为集中之地,拥有中国北方最为古老的清真寺。化觉巷清真寺建于唐天宝年间,有《创建清真寺碑记》,题为天宝元年(742)王拱撰,但已有中外学者指出有伪。[②] 杨志玖先生断言化觉巷清真寺建于元代,寺内有嘉靖五年(1526)《敕赐重修清真寺碑记》,记该寺自天宝元年创建后,历经:1. 宋靖康二年(1127)四月,差指挥金事阿讨剌督工重修。2. 元至正二年(1342)四月,马虎仙自备资财,竭力重修。3. 延祐二年(1315)复差平章政事赛典赤董理修饰。按:靖康二年北宋国都已被金军占领,长安亦不安定,是否还派人修寺,很可怀疑。阿讨剌似为 Abdallah 对音,元代多作阿都剌或暗都剌,是回回人名,宋时有无此人做官亦不可考。马虎仙似为

---

① 陈世松:《元代礼拜寺文物——西昌三坡阿拉伯文碑考释》,《宁夏社会科学》1992 年第 5 期。

② 【日】桑原骘藏著,牟润孙译:《创建清真寺碑》,原刊《禹贡半月刊》第 5 卷第 1 期,收入《中国伊斯兰教史参考资料选编》上册,宁夏人民出版社 1985 年,第 532—541 页。陈垣:《回回教入中国史略》,原刊 1928 年 1 月《东方杂志》第 25 卷第 1 号,可看前引《资料选编》上册,第 3—17 页。白寿彝:《记创建清真寺碑》,原刊 1947 年 6 月 15 日《月华》,收入上引《资料选编》上册第 544—545 页(节录)。

Mahmud Husain 对音。赛典赤可以是著名的赛典赤·赡思丁,也可以是他的子孙袭封这一称号。但这里的年代不对,在延祐二年时,不仅赡思丁早已死去,连他的孙子赛典赤·伯颜,曾在元成宗元贞元年至大德十年(1295—1306)任中书省平章政事,也在大德十一年因宫廷政变被杀了。这里的年代和人物对不上号,是明显的错误。但赛典赤·赡思丁曾在元世祖至元元年至十年间(1264—1273)任陕西四川行省平章政事,则他在京兆创建或重修礼拜寺则极有可能,也许延祐二年是至元二年之误,也许是撰碑人年代知识不够而失误吧。同样,把至正二年(1342)列在延祐二年(1315)之前,颠倒了时代顺序,也是一个明显的错误,假如把至正改为至元,把赛典赤的名字提上来,那就顺理成章、各就各位、令人信服了。① 总之,在赡思丁任陕西省平章政事期间已修建回回礼拜寺应无问题,而且也不止一处。

西安另一座清真寺大学习巷清真寺,又称为西大寺,元中统年间赐名"回回万善寺",由兵部尚书伯颜督修,元大德时,又差赛典赤重修。寺内有明嘉靖二年(1523)所立之《重修清净寺记》碑,碑文所说在宋朝时,曾在鼓楼西北隅建有一座清真寺,名"清修寺",后因人口增长,清真寺不敷使用,"追元世祖中统四年(1263)六月,肇创此寺于长安新兴坊街西东面,名曰清净,分徒之半,祝延于斯。至大德丁酉,陕西行中书省平章政事赛典赤·乌麻儿大崇厥教,增广饰治,视前有加"等语。大德丁酉为大德二年(1298),赛典赤·乌麻儿即赡思丁另一名,《元史》作乌马儿,大德二年时早已死去,碑文有误。但说寺修于元朝,则无问题。② 这样,西安在元代即至少建有两座以上清真寺,回回居民自不在少数。③ 但西安作为唐朝的首都,穆斯林落居中国最早的城市,唐朝建有清真寺是比较符合情理的。西安小皮院清真寺的始建年代也存在争议,据该寺《重修真教寺记》载该寺"肇于唐初,盛于大元皇庆之间"。还有主张该寺建于明代。据唐朝西安穆斯林聚居的盛况,该寺建于唐朝是有可能的。

甘肃天水后街清真寺,据《天水县志》记载:"创自元至正年间(1341—1368),其殿五楹,琉璃碧瓦,丹楹刻桷。"但无其他佐证,是否真建于元代已无

---

① 杨志玖:《回回人的东来和分布(续)》,《回族研究》1993 年第 2 期。
② 杨志玖:《回回人的东来和分布(续)》,《回族研究》1993 年第 2 期。
③ 杨志玖:《回回人的东来和分布(续)》,《回族研究》1993 年第 2 期。

可考。

青海西宁东关清真大寺据说始建于北宋，马可·波罗在游记中说："在东南方，向契丹境，有西宁州。西宁州也是省名，省里有许多城市同集镇。这也是唐兀省的部分，臣服大可汗。人民拜偶像，但也有少许拜摩诃末的，又有少数基督教徒。"①马可·波罗游记中说到西宁有许多穆斯林，但没有关于清真寺的记载，东关清真大寺是否建于北宋还有待进一步考证。

循化街子清真寺，始建年代已不可考，据传建于明初。13 世纪，撒拉族先民由中亚撒马尔罕东迁，至循化街子定居下来。最初修建了一座简陋的清真寺，称作"尕勒麦西提"（撒拉语，即黑色寺）后在其附近修建了一座规模较大的清真寺即街子大寺。撒拉族祖先在元代迁居此地的话，在当地建有简陋清真寺极有可能。

事实上，在元代有回回人聚居的地区远不止以上地区，现有资料表明在有些地区虽然没有元代清真寺的痕迹，但不乏回回居民聚居的记载，不排除这些地区在元代建有清真寺，但因为年代久远，许多清真寺毁于战火或其他原因的可能性极大。如东北地区元代沈阳《沈阳路城隍庙碑》"本庙营造到正殿三间……一院地：东至回回五哥院墙"的记载，说明元代沈阳已经有回回居住。②再如蒙元时期，甘肃的伊斯兰教大发展。大批穆斯林涌入甘肃，形成"元时回回遍天下，及是居甘肃者尚多"③的局面。蒙古军先后进行的三次大规模西征，把大量信仰伊斯兰教的回回人签发到中国，并把其中的大部分组成回回军，回回军是"西域亲军"中强有力的一支军队。后西域亲军被编入"探马赤军"，派遣到全国各地驻防和屯田，主要分布在西北地区，形成"上马则备战斗，下马则屯聚牧养"的半军半民的状况。随着全国社会秩序的逐步稳定，至元十年（1273），忽必烈下令"探马赤随处入社，与编民等"。在甘肃的大批回回军士也随处入社，屯聚牧养，由侨居变为永住居民。河西则成了甘肃回回屯田的一个重要区域。据《元史》记载：至元二十八年（1291）十一月丙申，"以甘肃旷土赐昔宝赤、合散等，俾耕之"。马可·波罗约在十三世纪 70 年代经过

---

① 【意】马可·波罗著，冯承钧译：《马可波罗行纪》，上海书店出版社 2000 年，第 118 页。

② 马鸿超、田志和：《吉林回族》，吉林教育出版社 1985 年。

③ （清）张廷玉等：《明史》卷 332《撒马儿罕》。

甘肃时,发现该地的伊斯兰教传播情况为:肃州城(今酒泉)"居民大多数是佛教徒,也有少数是信仰基督教的";甘州城(今张掖)"人民大多数信奉佛教。也有一部分基督教徒和回教徒";西凉州(今武威)"居民大多数信仰佛教。不过,也有一些回教徒和聂斯托利派的基督教徒"。这些记载展示了当时伊斯兰教在甘肃境内自西向东传播的全幅图景。蒙古军西征,使中西方交通大开,商旅往来很多,来甘肃的回回商人也不少。

波斯史家拉施特所撰《史集》记载:"唐兀惕①乃一幅员广阔的大国,在汉语中,它被称为河西,即西方的大河。该处有以下一些大城为其君主之京城:京兆府、甘州府、兀剌海、阿剌筛和阿黑八里(白城),在该国有二十四座大城,该处居民大多数为木速蛮,但他们的地主和农民乃为偶像教徒。"②这也可以说明,西夏,主要是河西地区,回回人确实不少。但京兆府(西安)和阿黑八里(汉中)不在西夏领地之内,《史集》此处有误。

纵观元代清真寺以及回回人的分布,呈现出一定的规律:

1. 回回人以军事单位为单元的驻屯使许多地区出现回回分布区

这类定居者中以甘肃最为典型,因为对西夏的用兵,入居甘肃的回回军士和军匠为数不少。除了一部分人随军灭金、攻南宋而又迁往各地,而落籍甘肃者,也在甘肃境内从事戍边、屯垦,从事农业生产。至元二十五年(1288),元政府命回回人"以忽撒马丁为管领甘肃陕西等处屯田等户达鲁花赤,督斡端、可失合儿工匠千五十户屯田"。③ 至元二十八年(1291)十一月"以甘肃旷土赐回回昂宝赤、哈撒等秤耕种之"。④ "元时回回遍天下,及是居甘肃者甚多"。在河西走廊一带,以及从今天的临夏到张家川,到今天宁夏西吉、海源、固原连接形成一个回回屯田区。甘肃境内大片回回军士屯田地带的出现大概是元代以来甘肃回回分布区形成的重要原因。

再如河南周口市沈丘县至元寺寺坊的形成,据《沈丘县志》载,该寺是元

---

① 蒙古人对西夏的称呼。

② 【波斯】拉施特著,余大钧、周建奇译:《史集》(第二卷),商务印书馆1997年,第378—379页。

③ (明)宋濂等:《元史》卷15《世祖纪十二》。

④ (明)宋濂等:《元史》卷16《世祖纪十三》。

代派出的镇戍中原的波斯人穆罕默·阿李率四支营队屯驻于古项城东郊,于1273年修建了豫东第一座清真寺——至元寺,由此形成回回聚居区,并不断有回回商人等新附,最终形成较大的,而且商业繁荣的回回社区。

2. 以回回工匠设局而形成的居住区

最为典型的是位于河北的荨麻林和弘州,《元史》卷12《哈散纳传》记载的哈散纳是成吉思汗时代的开国功臣,后管领阿儿浑军,从太祖征西域,至太宗时,仍命领阿儿浑军,并回回人匠三千户驻于荨麻林。《史集》说,在荨麻林城住的"大多数居民为撒马尔干人,他们按撒马尔干的习俗,建起了很多花园"。弘州,今河北省阳原县,其地距荨麻林约75公里,当地也由回回匠人设纳石失局,织金绮纹,即"纳石失",弘州也因此形成回回聚居区。

3. 随着回回商人营商范围而形成的分布区,如东南沿海地区

广州、泉州、扬州、杭州、宁波、海南等东南城市回回社区的形成主要与回回商人活跃于唐宋元以来的海外贸易中有关,江南四大古寺的形成即说明这一问题。而伊斯兰教传入中国也主要以海路从东南沿海开始,至蒙元时代,蒙古人大举西征,中西陆路交通因此畅通,大批西域、中亚回回人随蒙古人从陆路来到中国。及至蒙古灭南宋后,海路又一次超越了陆路成为伊斯兰世界与元朝交通的主要通道,同时元政府对海外贸易的重视,使得回回商人适时成为蒙古人的海上贸易的代表。所以泉州、广州、杭州等城市聚集的回回商人盛况空前,而江南城市所呈现出的伊斯兰文化特征则比其他地区更为明显。

运河沿岸城镇回回社区的形成是典型的回回商人作用的结果,尤其在元末明初,江南以及西部地区回回人因运河经济的迅速发展而向运河沿岸迁移,使得新的回坊形成以及扩大。

4. 随着回回官员任职而形成的分布区

这类分布区在元代也十分之多,因为元代特殊的选官制度,蒙古人和色目人在官位任用上享有特权,故此各地官吏中色目人极多,而元代色目人又以回回最多,所以在元代全国各地均有回回官吏任职,并逐渐形成回回聚居区。

如赛典赤·赡思丁入仕云南,其家族及其随从所形成的云南回族分布区。赛典赤·赡思丁家族作为元代最有影响的回回家族在中国回族历史上有着重要的地位。除了云南回族分布区的形成,陕西、山东青州等许多回回分布区与

这个家族有关,赡思丁的儿子纳速剌丁先任职云南,后任陕西行省平章政事;另一个儿子忽辛最高任江西行省平章政事,居江南;纳速剌丁之子伯颜曾任中书平章政事,居于大都;纳速剌丁另一子乌马儿曾任江浙行中书省平章政事,其家居江南;纳速剌丁之子伯颜察儿曾任中书平章政事;纳速剌丁之子沙的曾任云南行省左丞;纳速剌丁之子忽先曾任云南行省平章政事。在这些地区都形成以其家族为基础的分布区。青州真教寺是元大德六年(1302)元相伯颜后裔所建,后来,一些军人家属及其后裔陆续在青州定居,逐渐成为山东东部最有名的寺坊。据当地现存的赵氏族谱和杨氏族谱记载,赵氏原为元初大将伯颜的后裔,杨氏则是纳速剌丁之子伯颜察儿的后代子孙。今宁夏永宁纳家户寺坊的形成也与赡思丁家族有极大之关系。纳家户清真寺是建于明代的宁夏最早、规模最大的清真寺之一,该寺坊在明代已盛况空前。

据《松江府志》记载,元代在此任职的西域官员有三十多人,回回人纳速剌丁在至正年间(1341—1368)任松江达鲁花赤时修建了清真寺,即松江清真古寺,逐渐形成回坊。

"元时回回遍天下",元代各地回回社区形成原因远不止以上几种,而有一些回回社区也非一种原因形成。不管最初回坊因何种原因形成,毫无疑问,行走在各地的回回商人在回坊的扩大方面都起到重要的作用。如河南"槐坊"的形成,最初虽由于驻军的原因,但因便利的交通要道,使许多回回商人或其他回回人逐渐聚集,发展商业,使得槐坊很快成为重要的商业重镇。

第二节　明代清真寺及回族的分布

明代之前修建于各地的清真寺主要集中在东南沿海以及北方的一些城市,与元代回回商业以及政治活动区域有很大关系,至元中后期,回回的分布逐渐扩散,但真正形成"大分散、小聚居"的全国格局应该是在明清时期。尤其是在明朝,从全国修建于明朝的清真寺来看,一方面,明朝回族的分布在元代基础上快速扩散至全国各地;另一方面,明代各地有许多官修清真寺,从中可以看出,明朝对伊斯兰教是持比较开放的态度的。

如前第八章"运河回商与伊斯兰文化的发展"所述,运河沿岸除北京、杭州、扬州等城市在元代建有清真寺外，其他清真寺大多都修建于明代。尤其在南北二都，从洪武元年（1368）敕建净觉寺于南京开始，南京、北京等城市修建了多座清真寺。在南京，修建于明朝的清真寺不下十座；在北京，翻修了牛街礼拜寺和东四清真寺，又重建了五六座清真寺。其他运河清真寺详见第八章。

除运河清真寺外，其他地区建于明朝的清真寺还有：

河北最早的清真寺是定州礼拜寺，虽始建年代不详，但据考证至少建于元代。河北建于明代的清真寺有不少，廊坊南营清真寺，始建于明成祖二十二年（1424）。据记载为回民钱、马二姓把兄弟从河南朱仙镇迁徙至此，凑钱建造。张家口宣化南清真寺始建于明永乐元年（1403），是由当地回族穆斯林民众创建。北坞清真寺坐落于今大厂回族自治县境内最大的回民村——北坞村，是现河北省十大清真古寺之一。该寺坐西朝东，始建年代无从考证，扩建于明万历年间，依据现有资料推断，始建年代当在元末明初。张家口市宣化区南清真寺位于古城宣化回民聚集的庙底街，是燕北地区年代最早、规模最大的清真寺。廊坊芦庄清真寺，史记明永乐年间，燕王朱棣扫北，何氏祖先曾随燕王征战，屡建战功，受封武德将军。后迁至大厂县芦庄定居，并兴建清真寺。河北九门清真南寺始建年代不详，①明初，从山西洪洞迁来一批回族，回族居民随之剧增，清真寺在明代正德和嘉庆均有重修。

或据寺碑记载，或依寺内存留下来的明代建筑推断，保定清真西寺、雄县西槐村清真寺、河间杨刘庄清真寺、保定市清真北寺、无极高头清真寺、大厂县南寺头清真寺、徐水县勉家营清真寺、邯郸大名县清真寺、②涿州市的西秧坊清真寺、霸州市后两间清真寺、邱县陈村清真寺、邱县西常屯清真寺、涿鹿县清真寺都是建于明代的清真寺。可见，至少在明代，回族在河北的分布十分之广泛。

明代河南回族的数量及分布从其清真寺的广泛修建可见一斑。"明代有不少的清真寺在城镇中出现。有碑文可证的寺，计有开封东大寺、开封文书寺、开封草三亭清真寺、博爱县二化庙清真寺、沁阳县自治街北大寺等。有其

---

① 根据寺内原柏树种植年代推算约建于唐末宋初。

② 据乾隆《大名县志》卷18记载："回教之礼拜寺，治城南关东小街一处，明正德己卯建，明万历二年、清雍正十年均有重修。"明正德己卯年应为1519年。

他文献可证的郑州北大寺、朱仙镇北大寺、洛阳北窑清真寺、焦作造店清真寺、博爱县西关清真寺、大新庄清真寺、沁阳县水南关清真寺、孟县桑坡清真寺、商左清真寺、禹县清真寺、演川清真寺、汝南清真寺,这些都是明代的。"①开封朱仙镇清真北寺始建于明嘉靖十年(1531),复修于清乾隆九年(1744)。元代河南有部分屯驻回回,元末经历战乱后,河南人口稀少,从明洪武三年至永乐十五年,近五十年的时间大规模官方移民十八次,陆续从山西向河南各地迁入移民。在元代,山西是回回人口分布较多的地区,明代有许多山西回回迁入河南,与汉族通婚,扩大了回族的人口规模。在河南许多回族族源历史的记忆中,往往与山西洪洞大槐树有直接的联系,这大概是当时移民以洪洞大槐树为集中地的缘故。从山西迁移到河南的回族主要分布在今滑县、浚县、长垣、汲县、新乡、获嘉、淇县、修武、武陟、济源、温县、孟县和开封等地,这奠定了明代之后河南回族分布区的基础。

明代西北回回人口规模进一步扩大。其一,因元代回回就大量分布于西北各地,尤其是西安、宁夏以及河西走廊。沿河西走廊是回回商人传统的商业走廊,回回人口分布较多。其二,因明代西域归附回回人大都从陆路由西北进入,在甘肃一带就近安置比较方便。其三,明初一些回族开国将领驻防西北,逐渐成为当地农商居民。在穆斯林居住区域内,清真寺的数量也在增加,可考者如兰州西关清真寺于明万历年间修,兰州南关清真大寺、兰州绣河沿清真寺亦修建于明代;临夏老王寺于明洪武年间修建,花寺(在风林城西,今华寺街)建于明成化间,南关大寺都修建于明朝;临夏市南龙乡尔丁家清真寺始建于明泰昌元年(1620),临夏市罗家堡清真老寺始建于元明时期;临夏县磨川清真大寺又名韩家集下寺,创建于明代;东乡县汪家清真大寺始建于明代中期;广河县三甲集清真西大寺、三甲集中心清真寺创建于明代。临潭县敏家嘴清真寺的修建也与回族将领沐英有关。明初,甘肃洮州(今临潭)在回族名将沐英的经略聚集了大批回回兵,进而落居经营农商业,并于洪武十三年(1380)建起一座清真寺,名洮州礼拜寺。② 清真寺的修建吸引了更多回商来此经商,使

---

① 穆德全:《明代回回的分布》,《宁夏大学学报》1987 年第 3 期。
② 张彦笃修,包永昌撰:《(光绪)洮州厅志》,上海古籍出版社 2010 年。

洮州成为甘南一重要的商业中心。同样的情形还出现在和政县台子街清真东寺的修建上,这座清真寺也是沐英部在甘肃活动的结果。天水在元末明初已有清真寺的修建,[①]明成化年间陇南徽县东部也有了清真寺的创建。[②] 至明末,甘肃回族已遍布各地。"迄明末清初,西起瓜(今敦煌)、沙(今安西县以西),东起环庆(今庆阳一带),北抵银(今陕西榆林东南)、夏(今内蒙境内),南及洮(今临潭)、岷(今岷县),所谓甘回及东干回之踪迹,已无处无之。"[③]宁夏永宁纳家户清真寺,始建于明嘉靖三年(1525)。

"总的来说,明中叶以前,西北五省区的回回分布,基本上是在元代的基础上,由稳定走向繁衍生息阶段,彼此间只是互相调配。而从明末叶以后,西北五省区的回回人口才有较猛的剧增,分布区域才有较大的流动。"[④]这种人口格局和分布格局与西北清真寺在元朝时期相对较少,而进入明清朝后,清真寺数量剧增的状况相符。甘肃回族的扩散分布与商业活动有直接的关系,临潭、临夏许多清真寺的最初修建往往与军事驻扎有关,但回族落居后,商业贸易是很多回族居民的首要选择。清真寺的修建,也吸引了更多回族商人的落籍,使得临潭、临夏等城镇迅速发展成商业中心,在市场贸易中探寻出汉藏贸易的模式,并使这些地区成为汉藏贸易的桥头堡。再如徽县东关清真寺则是由经商落居的陕西关中人创建,是更典型的商业活动产物。

青海建于明代的清真寺有西宁东关清真大寺,相传始建于明洪武年间,据寺内《重建西宁大寺碑记》记载:西宁清真寺,"创自明代,毁于兵燹"。湟中县鲁沙尔清真大寺始建于明洪武年间。化隆县阿河滩清真寺始建于明万历二十二年(1594),寺内现有建筑物主要为明代遗留之物。安康清真寺据寺内碑文记载,古寺创于元代,明万历十一年(1583)重建,建于元代未见可信,明代则可能性较大。

明朝中后期,西北回族的分布向陕西,尤其是以西安为中心的关中地区聚集。其中,西安清真古寺也大多建于明朝,除洪武元年与南京净觉寺同时敕建

---

① 《天水县志》。
② 《秦州新志》。
③ 吴景敖:《清代河湟诸役纪要》,《新中华》1943 年复刊。
④ 穆德全:《明代回回的分布》,《宁夏大学学报》1987 年第 3 期。

的大学习巷清真寺外,还修建了洒金桥清真寺,亦称为清真北寺,相传为元明时期始建。大学习巷清真寺在元代即已修建,明朝敕建应该是重新修建。大皮院清真寺始建于明成祖永乐九年(1422),是典型的中式建筑风格,由马道真先生购地兴建。北广济街清真寺,临近化觉巷清真大寺,俗称清真小寺,始建于明末清初。

历史上许多地区的清真寺只留有只言片语或是人们口耳相传,无从证实,而没有留存下来的清真寺在许多地方都有。如甘肃作为明朝回族分布的最重要区域,其存留下来的清真寺数量显然与人口规模不相符合,主要原因是建于明及更早的清真寺大多被毁。武威(故称凉州)一些零星资料显示在唐代即有回回街坊,是否建有清真寺,已无从考证。到元代,高昌王于至元十二年(1275)在武威城北永昌府定居,建有清真寺一座,俗称月牙墩。明代回族多聚居在城西南隅。城东乡达聚寨有一清真寺,乃明甘肃总兵达云的后代所建。以上清真寺均毁于清同治年间。

云南在元代赛典赤·赡思丁及其后代入滇主要分布于昆明、大理的基础上,明代迎来第二次回回移民高潮。沐英以平西侯"拜征南右副将军,同永昌侯蓝玉从将军傅友德取云南"。回回将领沐英、蓝玉率来自长江中下游及淮河流域的回回兵士开赴云南,很快攻克云南,临安、建水、腾冲、保山及其他地区的回回都是跟随沐英征讨云南而落籍的回回后裔。所以在明代,云南回族广泛分布于云南各地,并在各地自成村落,形成聚居区。云南也在明代成为除西北之外另一个回族大聚居区。

贵州最早的清真寺大概也建于明朝,今咸宁彝族苗族自治县的杨湾桥清真寺,修建于明万历年间,说明元明在咸宁已有许多回回居民,这部分人大多是元朝的驻军中的回回军士。元代贵州咸宁地区属云南行省,元征云南后在当地派有部分蒙回驻军。明朝征服云南后,也有部分回回将领沐英的部下留下当地屯垦。除咸宁外,贵阳等地在明朝也有一些回族落居。

四川的回族居民也在明代迅速上升,部分是从云南迁入,从四川修建的清真寺即有所反映。成都皇城清真寺是四川最大的清真古寺,民间传说,该寺始建于明代中叶;而民国二十五年(1936)国民政府内政部资料载,该寺建于康熙五年(1666);另一说为清初云南人契巴巴捐款修建。明代说虽无实证,但依据明代成都回族居民的分布,该清真寺始建于明代是有可能的。今成都市鼓楼南街的成都清真寺始建于明洪武八年(1375),是成都市内另一座清真古寺。都江堰南街清真寺(今都江堰清真寺)亦建于明代,因该地是川西通往西北各省区的孔道之一,历来商贾云集,贸易非常活跃,明代末年即有大批穆斯林来此经商,并陆续定居于此,于是集资修建该寺。其他如奉节清真寺据传约始建于元代,至"明洪武二年(1369)三次重修",该寺建于元代没有实证,但至少明代已经有了;四川平武清真寺,始建于明初洪武年间(1368—1398)。史载新都县的清真寺从明成化七年即有修建,但未保留下来。这些清真寺的修建都说明在明代四川的回族分布也从点到面,在一些地区扩散开来,尤其是在交通要道和商业贸易便利的城镇,回族商人往往围寺而居。

湖南、湖北在明朝时也有一些清真寺修建。存留下来的如常德清真寺建于明代永乐朝,在今人民东路,是湖南较早的清真古寺之一。湖南邵阳市清真古寺,又称邵阳市清真东寺,始建于洪武元年(1368),是该市最古老的一座清真寺。该寺原建于上街(邵府街),后迁至张家冲保宁一巷。

湖北在元代即已有回回活动,丁鹤年父亲职马鲁丁以武昌县达鲁花赤入居武昌,是较早居住湖北的回回,武昌有丁鹤年家的后裔,有的取丁姓,有的取马姓。到明代中后期,襄樊是湖北回族聚集较多的地区。位于湖北省襄樊市樊城教门街(今友谊街)的樊城清真寺始建具体年代不详,但据寺内残碑载:"樊城清真寺,……肇自前明永乐年间,规模整齐。"这条信息有一定的可信度。史料显示,在明末农民大起义时,湖北荆州襄阳以马守为首的一支起义军是回族义军,马守即为回族。这支义军由荆襄起事,主要活动在陨阳、德安和荆襄一带。除此之外,位于荆州市沙市区的沙市清真寺始建于明天顺三年(1459)。沔城清真寺位于仙桃市沔城回族镇。沔城原有两座清真寺:一名清真东寺(上寺),一名清真西寺(下寺)。东寺位于七里城,建于明洪武年间,而沔城是现在湖北省唯一的区级回族镇,也是回族聚居的地区。

广州是唐宋来华穆斯林最早定居的城市之一,有中国最早的江南四大名寺——怀圣寺,以及最早来华的穆斯林传教士宛葛素的陵墓旁的古墓清真寺。此外,还有另几座修建于明代的清真古寺,几乎都与明初的回军进驻有关:元末明初明太祖平定天下,一千多回军进驻广州后,筑新城,开挖南城濠。为了方便回族军眷作礼拜,于成化年间(1465—1487)集资兴建了几所清真寺,其中濠畔街清真寺、小东营清真寺和城东清真寺一直保留至今,成为明朝回族聚居广州的见证。广东其他地区回族迁入较晚。

广西在元代已有一些仕宦定居,到明朝,桂林、柳州已有较多的回商等定居,并建有清真寺。明代桂林居住着元代来此做官的回回人伯笃鲁丁的后代繁衍而来的一批回回,并建有一座清真寺,虽未保存下来,但据学者的实地调查当地在明代确建有礼拜堂。①

海南的回回居民最早是在唐宋之际从占城迁入,聚族而居。到明代,建起两座清真寺:三亚市回辉清真古寺始建于明成化六年(1470);三亚市清真南寺初建于明代中期。海南的回族先民主要是因为海上经商来到海南定居。

在安徽,明朝也有数座清真寺修建:安庆清真寺,原名礼拜堂,后"沿各省旧例"易今名,位于安徽省安庆市南关镇海门内忠孝街。明成化五年(1469),原安庆卫指挥使、骠骑将军马义由广西致仕还乡后,以"敦悦堂马氏"名义捐资创建。该寺明末毁于战乱,清康熙(1662—1722)中叶至咸丰二年(1852)多次重建。合肥清真寺建于明洪武年间,又名礼拜寺,是安徽省规模较大的清真古寺。安徽寿县清真寺始建于明天启年间(1621—1627),康熙年间续建前殿,清道光、光绪年间、民国时期均进行过维修。定远县二龙清真寺坐落于定远县二龙回族乡,即王回岗,是明初著名回族将领蓝玉的故乡。该地在元代就有穆斯林安居,明初当地有回族居民600余户,名南府城,在蓝玉主持下重建一座清真寺,规模、建筑仿南京净觉寺,蓝玉坐狱后被灭九族,其府邸和清真寺均遭抄毁。后明廷派武德卫指挥使王英(回族)率部驻镇,重建清真寺,始改名王回岗,沿袭至今。杨山县南关清真寺始建于明永乐十五年(1417),太和县清真北寺始建于明朝洪武十年(1377)。嘉山县横山清真寺建于明末清初。位于蚌埠市东区的马村清真寺始建于明初洪武年间。杨山县南关清真寺始建于明永乐十五年(1417)。

山东修建于明代的清真寺非常多,主要以运河为中心。从元末开始,回回屯驻军以及回回商人纷纷向运河沿岸迁移,建有多座清真寺,在第八章已有论

---

① 穆德全:《明代回回的分布》,《宁夏大学学报》1987年第3期。

述。除运河沿岸,山东济南清真北大寺亦始建于明弘治年间,系全国著名清真寺之一。历经沧桑,几经兴衰,名流经师,设帐讲学,尤其在明清时期,经堂教育兴盛时,许多著名回族伊斯兰教经师在北大寺设帐讲学,与济宁中心相呼应,成为伊斯兰教经堂教育山东学派的中心之一。除此之外,据各地清真寺碑文记载,建于明朝的清真寺还有济南洛口清真寺(1513年就有该寺);济南市小金庄清真寺(始建于1490年);位于济南市市中区党家镇党西村的党西清真寺,始建于明代洪武年间(1400年左右)。青州,元大德六年(1302)元相伯颜后裔所建真教寺,明嘉靖二十五年(1546)又建城里清真寺。肥城市边院镇后黄清真寺,相传为明朝所建。淄博市金岭镇清真寺初建于明成化年间(1465—1487)。泰安清真西大寺初建于元末明初。泰安市下旺清真寺始建年代不详,从现存石碑中可见明天启六年(1626)已有善人捐地、房产入寺的记载。禹城县高庄清真寺始建于明朝嘉靖元年(1522)。禹城县韩寨清真寺始建于明朝永乐年间。阳信县大营清真寺营之名源于明永乐年间,以驻扎兵营得名。村内清真寺据考始建于明万历九年(1581)。章邱市大冶村清真寺约始建于明代中叶。山东冠县清真古寺始建于明永乐三年(1405)。位于临沂市郯城县马头镇的郯城马头清真寺始建于明永乐三年(1406)。冠县沙庄清真寺虽始建年代不详,但沙姓回族自明初人口大迁移时迁居该庄,繁衍发展,该寺有可能建于明代。腾州市魏庄清真寺始建于明末崇祯年间(1628—1644)。都城县码头清真寺始建于明永乐三年(1405)。长清县北地清真寺始建于明弘治十四年(1501)。莘县朝城清真寺始建于明成化年间。位于山东省沂水县沙沟镇上流村上流清真寺始建于明崇祯五年(1632)。临沂市南北道清真寺始建于明正德年间。微山县南阳清真寺始建于明代。这些清真寺的建筑年代大多据寺内碑文所载,不一定全部可信,但依据史料记载结合碑文记载,回族大批聚居山东确实是始于明朝,尤其是沿运河的分布呈现极鲜明的特点。山东回族来源有居于青州的元代迁来的伯颜后裔繁衍;有明朝的移民形成的大批回族村庄;也有元明朝的军队驻屯形成的聚居区;甚至有来自东南亚苏禄国的国王后裔。广泛的来源,尤其是运河的漕运经济,吸引了许多回族向运河沿岸靠拢,修建了如此多的清真寺理所当然。

山西是元代回回聚集的重要区域,明初从山西洪洞大槐树向河南、河北等地的大规模移民是当地回族的重要来源,这一事实也证实山西在元代有大量回回居住,尤其是修建于元代的大同清真寺外。长治清真北寺始建于明景泰五年(1454),长治市清真南寺始建于明代初期,清顺治十五年(1658)重建,后屡有修缮,该寺亦称崇真寺。据寺内碑文载:"唐贞元之建新,宋景祐之重修。屡代造新,国朝(清)之振新。"现存建筑多为明、清遗构。据当地回族先民活动情况推断该寺亦建于明代比较可信。

东北的清真寺也最早修建于明朝,沈阳清真南寺是东北地区历史最古老的清真寺,为东北地区最大最有名望的伊斯兰教礼拜寺。该寺创建于1627—1636年,应该是明初中期从山东迁居沈阳的回族将领铁铉后裔繁衍而来。燕王朱棣与明建文帝争夺帝位时,铁铉时任山东参政,因效忠建文帝,坚守济南。后铁铉兵败被杀,其族人逃难于山海关外,隐居在锦沙西郎君洞,明末清初迁沈阳,其族裔繁衍成一大望族。据《铁氏宗谱》载:"先祖铁魁清初有军功,官拜骑督尉,封显将军、光禄大夫,热心教门事业,门庭显赫,施舍家资而建南清真寺于小西关回民聚居区内,扩大寺址始具规模。"锦州市清真寺于嘉靖二年(1523)由常云山大伊玛目所建。追溯该寺的前身,据《锦县志略》记载:"清真寺俗呼礼拜寺,自明宣德间传教至锦,入籍者仅十余户。"市内回族老人每每忆起清真古寺时,还念念不忘"我们的清真古寺建在南门外火神庙东邻骆驼店附近"。据记载锦县古寺建于明宣德三年(1428),以后由于关内穆斯林陆续来锦,人口不断繁衍,清真古寺已不适应当时的情况,由大伊玛目常云山出面,疏通官府,用重金购买城内北街四方地一块,重建清真寺,遂成该寺。北镇县清真古寺又名广宁寺,广宁古代名称幽州,是古代战略重镇,广宁寺始建于明嘉靖年间(1522),显然是回族军士驻扎后修建。庄河市青堆镇清真寺,明朝中期由当地回族穆斯林捐资修建。开原市荒地清真寺始建于明嘉靖二年(1523),当时该地仅有张、马、王等几十户人家。清顺治年间,山东、河北等地许多人逃荒至此,该地人口增加到百余户,回族居民出资重新修建清真寺。黑龙江依兰清真寺修建是因为在明泰昌年间(1620),回族通过民间贸易等多种形式从宁古塔(今宁安县)等地迁入,并在城西建一简陋草房为礼拜寺。后随着人数不断增加,清乾隆二年(1737)在马伊玛目倡导和众穆民努力下,选址新建一较为完整的清真寺,即现寺,亦称三姓清真寺。东北其他地区回族主要是清朝时期内地回族,尤其是山东等地迁入繁衍而来。

从以上明代主要清真寺的修建和分布来看,明代是回族在中国奠定分布格局的主要时期。回回这一群体在元末明初正式形成一个新的民族——回族,并以元代的分布为基础,向更广泛和更深入地扩展,其分布已经有了"大分散,小聚居"特点。回族由元代的主要分布在东南沿海的商业城市向全国范围运动,这个过程既有元末明初回族开国将领沐英等率领的包含大批回族士兵的军队的驻扎,也有明政府有组织的移民活动,更有回族居民因选择经商向商业和交通枢纽的自主迁移。运河沿线、河南、北京、西北、云南等地区成为回族分布的主要地区,但全国几乎所有的省份都有回族的分布和清真寺的修建。而回族向全国大部分农村的迁移分布是明末到清朝的运动过程。从"1990 年调查,山东、河南、安徽、浙江四省现存清真寺 1212 坊,其中唐代1 坊,宋代 18 坊,金代 1 坊,元代 23 坊,明代 158 坊,清代至新中国成立前近1000 坊"。[①] 这一数据显示,广大农村回族寺坊主要是在清朝时期形成的。

由以上元代与明代中国各地清真寺的修建和分布的变化反映了回回的分布变化的过程。元代"回回遍天下,而江南尤多"是大概的描述,但从元代清真寺的分布仍可看出,清真寺主要在一些大城市出现,尤其江南以及北京较多,反映出元代回回的分布是以江南城市以及重要的交通线路,如丝绸之路和漠北丝绸之路一些重要中转站为主,如和林、黑城等城市清真寺的出现;再如云南在元代有多座清真寺修建,主要原因是赛典赤·赡思丁云南任职,带去大批回回人,修建清真寺。总之,元代作为移民的回回人落居中国以沿海、交通要道和官员任职地区为主,反映了回回人在元代主要从事海外贸易和官商身份的事实。明代清真寺的分布向更广泛和更深入的地区扩散,清真寺几乎在全国所有的省份都已出现。并除了省会城市和交通要道的大城市,在许多省份的许多县已出现清真寺。同时清真寺向内陆地区扩展,并不仅限于江南,说明明代回族的分布向更加分散发展,并在县、市形成聚居区,许多城市的清真寺建在繁华街市或者由于回族的迁移聚集,回坊周围逐渐成为繁华街市。由于大量西域回回的内附,西北回族分布更多,成为全国回族最大的分布区。运

---

① 王树理:《大运河与元代回族散杂居格局的形成》,《回族研究》2001 年第 4 期。

河沿岸在元末明朝出现了一大批清真寺,说明回族向运河沿线迁移,使运河经济带成为回族商业的重要区域。河北、河南、云南等元代已有许多回回分布的省份,在明代回族向更广泛的县市迁移。

回回从元代到明代的分布转变过程不是简单的单一现象,这一过程:第一,反映了回回群体从移民向国民转变的过程。从元初的侨民到元中后期操汉语、着汉服的编民,再到明朝的彻底中国化的国民转变历程。第二,反映了回回商人根植中国社会的过程。从蒙古帝国到元初中期从事中亚至蒙古草原的贸易、跨越印度洋、东南亚航道的回回海商到元末向运河的迁移,到明代向更广泛地区的迁移说明回回商人正从海外、国外贸易转而探索国内贸易的商机,经营国内贸易,开始向区域间、城市间甚或县城之间的贸易转变。这一现象显示回回商人更多地参与国内社会生活,根植于中国地区间的市场需求,致力于国内商品的贸易。第三,反映了回族形成的动态过程。回族的族源外来性是其重要特征,也是回族形成的困境,从元代到明代回回族源的扩散分布过程恰恰促使了外来族源与中国社会的相结合。大批与当地居民的通婚扩充了其群体规模,但又以教内婚的形式使得与回回通婚者大多被纳入穆斯林的行列。元末明初,回回华化的趋势十分明显,更多地融入农业社会,从事农业耕作的同时兼营商业贸易,在明代兼营农商业成为各地回回的普遍经济形式,又因回回商人的普遍和频繁的流动性使商人成为沟通各地回回的主要中介。元末明初各地"大分散、小聚居"分布格局下的回回在商人的沟通和伊斯兰教文化的凝聚下完成整合,最终形成一个独立的民族。

第十章　回商在回族形成中的作用

第一节　元明伊斯兰文化在中国的调适与华化

一、伊斯兰文化与异质文化的冲突与调适

元代伊斯兰教作为一种移民文化,尽管不是初入中国,但元代穆斯林人口的迅速增加、来源极其复杂以及来华穆斯林在元代特殊的地位,伊斯兰文化仍然面对着各种冲突和矛盾。其中伊斯兰文化与蒙古文化、伊斯兰文化与汉文化、伊斯兰文化与基督教等之间都曾经发生矛盾和冲突,这是回回民族形成以及伊斯兰教中国化必然经历的过程。

1.伊斯兰文化与蒙古文化的冲突

伊斯兰文化作为外来文化,在蒙古帝国与元朝时期面对的第一种异质文化即是蒙古文化。以商业为特色的伊斯兰文化与游牧特征的蒙古文化,在各层面都有极大的差异。而蒙古西征最先灭亡的花剌子模子民成为被征服者,被大批调往东方,成为蒙古人的子民。在蒙古人看来,回回作为被征服者,是他们的奴仆。尽管在后来的历史中,回回人往往充当了蒙古人的左膀右臂,但蒙古人主观上对双方"主奴"关系的界定使得两种文化发生摩擦和冲突时必然以回回人的退让为解决争端的方式。

蒙元时期东来的回回人与蒙古人的冲突主要表现在生活习俗方面,尤其是饮食禁忌和习俗、信仰带来的观念冲突以及其他生活习惯等。其中最为严重的冲突是伊斯兰文化中特殊的饮食禁忌与蒙古文化中的饮食习惯,主要表现为回回人宰杀羊只的"割喉法"与蒙古人的"开膛法"之争。

至元十六年(1279)十二月二十四日,忽必烈下诏书:"成吉思皇帝降生,日出日没,尽收诸国,各依风俗。这许多诸色民内,唯有回回人每为言:俺不吃

蒙古之食上。'为天护助，俺收抚了您也，您是俺奴仆，却不吃俺底茶饭，怎生中？'么道，便教吃。'若抹杀羊呵，有罪过者。'么道，行条理来。这圣旨行至哈罕皇帝时节。自后，从贵由皇帝以来，为俺生的不及祖宗，缓慢了上，不花刺地面里，答刺必八刺达鲁·沙一呵的，这的每起歹心上，自被诛戮，更多累害了人来。自后必阇赤赛甫丁、阴阳人忽撒木丁、麦术（原作"木"——引者注）丁也起歹心上，被旭烈大王杀了，交众回回每吃本朝之食。更译出木速合文字与将来去。那时节合省呵，是来。为不曾省上，有八儿瓦纳又歹寻思来，被阿不合大王诛了。那时节也不省得。如今直北从八里灰田地里将海青来底回回每，'别人宰杀来的俺不吃'，么道，骚扰贫穷百姓每来底上头。从今已后，木速蛮回回每、术（原作"木"——引者注）忽回回每，不拣是何人，杀来的肉交吃者，休抹杀羊者，休做速纳者。若一日内合礼拜五遍的纳麻思上头，若待加倍礼拜，五拜做纳思麻思呵，他每识者。别了这圣旨，若抹杀羊胡速急呵，或将见属及强将奴仆每却做速纳呵，若奴仆首告呵，从本使处取出为良，家缘财物，不拣有的甚么都与那。若有他人首告呵，依这体例断与。钦此。"①所谓"抹杀羊"，即采取断喉法宰杀羊只；所谓"做速纳"，即按照伊斯兰教规，男孩子在一定年龄行割礼。

这段史料是研究元代回回历史的重要资料，历来为治史者所重视，并与《元史》、波斯史料《史集》相对照。《元史》关于此事件的记载较为简单："（至元十六年十二月）丁酉，八里灰贡海青。回回等所过供食，羊非自杀者不食，百姓苦之。帝曰：'彼吾奴也，饮食敢不随我朝乎？'诏禁之。"

《史集》的记载更为全面详细："桑哥任维希儿期间，有群穆斯林商人自豁里、巴尔忽与乞儿吉思前来合罕之廷，以白爪红喙之隼及白鹰为献。合罕厚加恩赏，并赐己案上之食品予之。然彼等不之食。彼询曰：'汝等缘何不食？'彼等对曰：'此食物于我辈为不洁。'合罕为此言所激怒，乃下令曰：'嗣后穆斯林及其他奉圣书之人等，除依蒙古风俗宰羊时刨其胸膛外，不得以它法宰羊。有犯者将按同法处死，没其妻女、财产，以予告发之人。'有爱薛迭屑怯里马赤者，当时之邪恶无行人也，利用此法令而得旨，凡宰羊于家中者皆处死。彼等

---

① 《元典章》卷57《刑部十九·禁回回抹杀羊做速纳》。

遂以此为借口,多肆勒取人之财货。并引诱穆斯林之奴仆曰:'有能告其主者,我等将纵之为良。'诸奴仆为求放良而污控其主。爱薛怯里马赤及其恶徒行事一至至此,至使四年之内,诸穆斯林皆不能为其子行割礼。彼等且诬陷神圣之伊斯兰教赛普丁之门徒不儿罕丁遣送其往蛮子之地而死。情况之发展至使留居此境之大部分穆斯林均离契丹而去。于是,此国之主要穆斯林人物——巴哈丁、沙的左丞、乌马尔、纳速剌丁灭里、祈都左丞及其他贵族——贡献大量礼品于维昔儿,故彼奏闻合罕云:'所有穆斯林商人均离此地而去,穆斯林诸国商人亦裹足不来,税收不足,珍贵之贡品不至,如此已七年矣!'皆缘宰羊之令。"①《史集》不仅记载了发生于至元十六年的"禁回回人抹杀羊做速纳"事件本身,还记载了这一事件带来的后果以及最终的解决方法。即禁令颁布之后,穆斯林商人裹足不来,元廷商业大受影响,七年后,即至元二十四年,由当时回回人中的七位重要人物向时任宰相的桑哥行贿,桑哥向忽必烈陈述禁令导致的严重后果,忽必烈遂下令解除禁令。

有学者认为忽必烈突然对回回人不随蒙古习俗如此大动干戈是有特殊背景的。"此事的起因是回历636年(公元1238—1239年)不花剌(今乌兹别克斯坦布哈拉)发生答剌必起义、回历661年年初(公元1262年年末)伊利汗国旭烈兀汗杀宰相赛甫丁、回历675年(公元1276—1277年)伊利汗国阿八哈汗杀八儿瓦纳,三件事都是因回回人不满蒙古人统治而发生的。"②此说不无道理,回回人不从蒙古习俗杀羊在成吉思汗时代就已存在,虽然成吉思汗就此事专门下旨禁止,但并未严格执行。在蒙古帝国时代,虽就此问题屡有争议,但并未酿成大的冲突。

在窝阔台时代,耶律楚材曾就成吉思汗时期即已设立的驿站制度上书:"奉圣旨,若曰:闻各路往来使臣,要城别无公事,不经站路走递。称有牌札,索取祗应。有公事使臣到城,走马二匹,或三匹,却领不干碍十人、二十人,及牵私己马匹,取祗应草料。应付猪、牛、马、羖䍠等肉,不肯食用,须要羊肉。纵与羊肉,却又称瘦。回回使臣到城,多称不食死肉,须要活羊。又不肯于馆驿

① 【波斯】拉施特著,余大钧、周建奇译:《史集》(第二卷),商务印书馆1997年,第346页。
② 邱树森:《元代伊斯兰教与基督教之争》,《回族研究》2001年第3期。

内安下，至欲于达鲁花赤、管民官家内止宿，如此习蹬。……若有多索酒食活羊马匹草料之人，仰达鲁花赤、管民官差人，一同前去断事官折证治罪施行。"①可见从蒙古帝国开始，回回人"不食死肉，须要活羊"的需求被与"不肯于馆驿内安下，至欲于达鲁花赤、管民官家内止宿"，"多索酒食马匹草料之人，仰达鲁花赤、管民官差人"等行为共同被列为违反驿站规章的"扰民行为"，应"折证治罪"。

回回人"不食死肉，须要活羊"或"断喉法"宰杀羊只的习惯皆因宗教信仰和生活习俗。按照伊斯兰教法，《古兰经》中明确规定穆斯林禁食自死物、血液、猪肉以及非诵真主之名宰杀的动物。这一习俗与蒙古人的"开胸法"宰杀羊只的习俗相违背，视为被禁止的行为。产生这一冲突的最主要原因在于伊斯兰文化与蒙古游牧文化在禁忌、习俗、观念等方面的差异。蒙古族作为游牧民族，长期信仰萨满教，万物有灵观念在他们的狩猎、游牧生活中占有重要的地位，尤其是与生产有关的禁忌是蒙古游牧文化的重要组成部分。蒙古扎撒中规定，春夏两季人们不能在白天入流水中洗手，不能用金银器皿汲水，不能在草原上晾晒衣服，认为这样会增加雷鸣闪电。春夏两季是草原暴雨、雷电多发季节，蒙古人认为用金属汲水、在草原上晾晒衣服等行为都会导致雷电，所以严加禁止。这都是建立在信仰之上的生活习俗。

伊斯兰教文化与蒙古传统文化的冲突早已存在，尤其是在生活习俗和宗教文化的冲突方面，忽必烈的圣旨是这种冲突的总爆发，由此引发极大的社会影响。

据《史集》载，叙利亚基督徒爱薛就利用"禁回回抹杀羊做速纳"事件打击穆斯林，引诱其奴仆告发主人，造成京城毛拉不花剌人不儿哈纳丁被押送南方，死于该地，此即有名的"不儿哈纳丁案"。此案在《多桑蒙古史》及《史集》中均有记载，可见元朝的禁令虽然严苛，但回回人仍然暗中采用割喉法宰杀羊只。但这样做的后果是随时有可能被告发，于是穆斯林多"避而不来"，这才导致了《史集》中记载的此禁令最终解决过程。

伊斯兰文化与蒙古传统文化存在的巨大差异导致两种文化在发生互动过

---

① 《经世大典一·站赤》，《永乐大典》卷 19416，中华书局影印本，1960 年。

程中必然存在冲突。但回回人在蒙元时期能够被蒙古人重用,并对元朝历史产生重大的影响,说明两种文化有相通之处。纵观蒙古及元朝历史,回回人屡被重用,主要是因为回回人擅理财、擅经商的特长。伊斯兰文化崇商传统与蒙古文化重商价值有相通之处。伊斯兰教产生于阿拉伯半岛,由于半岛处于连接印度洋与地中海以及连接欧亚大陆与非洲的特殊的地理位置以及干旱缺水的独特地貌,使得阿拉伯半岛自古以来发展起繁荣的商业贸易,尤其是沿红海的商道闻名世界。伊斯兰教创立以来,鼓励穆斯林经商,中世纪穆斯林独执世界贸易之牛耳。所以伊斯兰文化中崇商的成分浓厚,蒙古人重用回回人也往往因为看重这一点。相比伊斯兰文化,蒙古游牧文化也比较重视商业。游牧经济往往不能自足,急需农业及手工业的补充,所以在蒙古帝国时代,成吉思汗、窝阔台等就鼓励商人到漠北草原经商,并给予穆斯林商人各方面的优渥,使得漠北草原商人云集。元朝建立后,回回商人更成为蒙古统治者参与世界海上贸易的代表和执行者。蒙古统治者屡屡重用回回人,徘徊在汉法与回回法之间,也是因为回回法有可以满足其需要而不能为汉法所取代的价值。

伊斯兰宗教习俗与蒙古原始宗教、传统习俗发生冲突的最后结局既有蒙古统治者的妥协,也有回回人主动的调适。蒙古统治者因为颁布了禁令使回回商人裹足不前导致商业贸易受损,于是主动取消禁令。终蒙古帝国及元朝时代,回回以宗教为基础的生活和信仰习俗屡与蒙古游牧文化产生冲突,但作为统治阶级的蒙古人基本未对回回习俗采取强硬之手段。而回回人在面对统治者的压力时并未放弃宗教禁忌,而是采取隐蔽法处理也不失为一种适时调适。

2. 伊斯兰文化与基督教等的冲突

伊斯兰教与基督教作为世界三大宗教中的两种,它们之间渊源很深。两大宗教都产生于阿拉伯半岛,伊斯兰教晚于基督教 500 年产生,在许多方面深受基督教的影响,但两大宗教间的冲突从伊斯兰教产生之初就不断,这是众所周知的。对于中国来说,伊斯兰教和基督教都是外来宗教,都在元代迎来一个传播高潮。元政府对外来宗教的宽容态度使得两个宗教都在中国获得极大发展,但同时,两大宗教的冲突也因此延续到了中国。

早在蒙古帝国时代,甚至更早,基督教就在蒙古人中传播。在基督教传教士的努力下,克烈部即接受了景教。乃蛮部、汪古部及突厥种 Qūn 人等相继接受基督教。在这样的背景下,基督教在蒙古人中开始兴盛起来,一些蒙古大臣即信奉基督教,最著名的代表就是镇海与合答。蒙古宫廷也有信仰基督教的,如拖雷正妻唆鲁合帖尼、旭烈兀妻脱古思可敦等。① 基督教徒活跃于漠北汗廷,在哈刺和林就有基督教教堂,"……十二座属于各种不同民族的异教徒的庙宇,两座伊斯兰教寺院(在寺院里公布着摩诃末的教规),一座基督教徒的教堂(坐落在城市的最末端)"。② 志费尼这样说:"他(引者注:指贵由)因此极力礼遇基督徒及其教士;当这事到处盛传时,传教士就从大马士革、鲁木、八吉打、阿速和斡罗斯奔赴他的宫廷;为他服劳的也大部分是基督教医师。因为合答和镇海的侍奉,他自然倾向于攻击穆罕默德的宗教。既然这个皇帝天性疏懒,他就把政事的紧和松、弛和张委诸合答和镇海,要他们对好坏和祸福负责。结果基督教的教义在他的统治期兴盛起来,没有穆斯林敢于跟他们顶嘴。"③可见,基督教在贵由时期达到极盛,势力也因此而急剧膨胀。这一时期可以说是基督教在蒙元时期的黄金时代。

基督教得到大汗的支持,积极打击伊斯兰教,致使两教之间冲突升级,基督教传教士鲁不鲁乞的游记中有大量关于此时期两种宗教在蒙古汗廷中的冲突:"坐在阿里不哥旁边的,是蒙哥汗宫廷的两位贵族,他们是萨拉森人。阿里不哥知道存在于基督教徒与萨拉森人之间的争吵,就问修士,他是否认识这两个萨拉森人。修士回答说:'我认识他们是狗。你为什么和他们做伴?'这两个萨拉森人对修士说:'我们没有侮辱你,你为什么侮辱我们?'修士回答说:'我说的是真理。你们和你们的摩诃末都是下贱的狗。'于是他们作为回敬,就开始说辱骂基督的话。阿里不哥阻止了他们……"④"那一天,某些萨拉森人在路上走到修士面前,激怒他并同他辩论。当他们嘲笑他,因为他不能讲出道理来为自己辩护时,他做出要用他手中拿着的鞭子抽打他们的架势。他

---

① 周良霄:《元和元以前中国的基督教》,《元史论丛》,中华书局1982年。
② 【法】威廉·鲁不鲁乞:《鲁不鲁乞东游记》,详见【英】道森著,吕浦译,周良霄注:《出使蒙古记》,中国社会科学出版社1983年,第203页。
③ 【伊朗】志费尼著,何高济译:《世界征服者史》(上),商务印书馆2007年,第301—302页。
④ 【法】威廉·鲁不鲁乞:《鲁不鲁乞东游记》,详见【英】道森著,吕浦译,周良霄注:《出使蒙古记》,中国社会科学出版社1983年,第205页。

吵闹得这样厉害,因此他的言语和行动被报告到宫廷。宫廷发出了命令:要我们(引者注:指鲁不鲁乞等人)把帐幕和其他使者们安置在一起,而不是安置在宫廷前面,像我们迄今为止所做的那样。奉派带口信给我的那个人是一个萨拉森人,他曾经充当派遣到瓦思塔修思那里去的使者。……于是这个萨拉森人开始问我许多关于教皇和法兰西国王的问题,以及到他们那里去的道路。修士听到这些,秘密地警告我不要回答他。这样,这个萨拉森人就说出了侮辱我的话(我不知道他说的什么),这使得聂思脱里派教士要去控告他。如果这样,他就将被处死或打得半死,但是我不允许他们去控告。"① 因两种宗教在汗廷中争论不休,1254 年 5 月 25 日,蒙哥汗下令:既然基督教徒、穆斯林和道人都声称自己的宗教最好,自己的经典最正确,那么,"他希望你们都聚会在一起,并举行一次辩论会,每一个人都把他的话记下来,以便他能够知道谁说的是真理"。② 这次的辩论因为还有道教、佛教的参与,最终,伊斯兰教与基督教联手,还联合了佛教徒,一致攻击信仰多神的道教,辩论的结果是"聂思脱里派教徒和萨拉森人都高兴歌唱,而道人们则保持沉默"。③ 这次的佛教、伊斯兰教、基督教的联合显然是三派为了打败道教而采取的暂时的权宜之计,另外也说明道教与佛教、伊斯兰教以及基督教也有矛盾和争夺。暂时的联合并没有缓解伊斯兰教与基督教之间的矛盾。

元朝建立后,忽必烈曾下令禁止回回人"抹杀羊做速纳",基督教徒趁此机会打击穆斯林,挑拨穆斯林内部关系,"爱薛怯里马赤及其恶徒行事一至至此,至使四年之内,诸穆斯林皆不能为其子行割礼。彼等且诬陷神圣之伊斯兰教赛甫丁之门徒不儿罕丁,遣送其往蛮子之地而死"。④ 作为朝廷重臣的基督徒爱薛抓住任何机会攻击伊斯兰教,企图以此打击以阿合马为首的回回权臣。

拉施特在《史集》中还记载了这样一件事:"合罕(指世祖,笔者注)的时

---

① 【法】威廉·鲁不鲁乞:《鲁不鲁乞东游记》,详见【英】道森著,吕浦译,周良霄注:《出使蒙古记》,中国社会科学出版社 1983 年,第 206 页。

② 【法】威廉·鲁不鲁乞:《鲁不鲁乞东游记》,详见【英】道森著,吕浦译,周良霄注:《出使蒙古记》,中国社会科学出版社 1983 年,第 208 页。

③ 【英】道森著,吕浦译,周良霄注:《出使蒙古记》,中国社会科学出版社 1983 年,第 209 页。

④ 【波斯】拉施特著,余大钧、周建奇译:《史集》(第二卷),商务印书馆 1997 年,第 347 页。

代,基督教徒在宗教上对待木速蛮极不宽容,蓄意谋害他们。[基督教徒]遂禀告说,在《古兰经》中有这样一段经文:'要无例外地把一切多神教徒都杀掉';合罕对此生了气,就问道:'这是他们从什么地方听来的?'他们回答道:'关于这一点,阿八哈汗左右的人中来过一封信。'合罕要来了那封信,召了一些有学问的木速蛮来,向他们中间年长的别哈丁·别海问道:'在你们的《古兰经》中有这样的经文没有?'他回答道:'有'。[合罕就]说道:'既然神吩咐杀异教徒,为什么你们不杀[他们]呢?'那人回答道:'时间没有到来,我们[还]没有可能。'合罕勃然大怒,说道:'我有可能了!'便下令把他处死。

"丞相异密阿合马和也具有丞相官级的法官别哈丁,以及异密答失蛮,借口应当也问问其他人,把他阻住了。他们召来了毛拉哈米答丁,过去的一个撒麻耳干人,是个法官,人们以同一事询问了他。他回答道:'有这样的经。'合罕问道:'为什么不杀呢?'那人回答道:'至高无上之神命令杀多神教徒;如果合罕允许,我才说出谁被认为是多神教徒。'[合罕]说道:'说吧。'[于是]他说道:'因为你在诏书的开端写着上帝的名字,所以你不是多神教徒,多神教徒乃是不承认[唯一的]上帝并且硬给他加上一些同道者而不接受伟大的上帝。'合罕[对此]非常高兴,这些话正合他的心意。他对毛拉哈米答丁以礼相待,并抚慰了他。其余的人由于他的一番话而获得了释放。"①

爱薛与阿合马之间的矛盾大概代表了伊斯兰教与基督教在元政府内的冲突,但更多的是基督教利用伊斯兰教与统治者之间的矛盾打击伊斯兰教,借此提高基督教在蒙古宫廷的地位。

元代来泉州的基督教徒也有提及泉州的回回人的。一个是刺桐主教、教友佩里格林的信。他在信中说:"在萨拉森人的伊斯兰教寺院中,我们常常去讲道,希望他们或许会改信基督教。"这封信写于耶稣纪元 1318 年 1 月 3 日,即元仁宗延祐四年十二月初一日。另一个是佩鲁贾人安德鲁的信。他说:"我们可以良友地和安全地讲道,但是犹太人和萨拉森人中没有一个人改信基督教。偶像教徒中,接受洗礼的极多,但是他们在接受洗礼以后,并不严格

---

① 【波斯】拉施特著,余大钧、周建奇译:《史集》(第二卷),商务印书馆 1997 年,第 363—364 页。

遵守基督教的习惯。"信尾是"耶稣纪元 1326 年 1 月,写于刺桐",即元泰定帝泰定二年十二月至三年正月间。① 这两封信说明在元代回回人也是来华传教的基督教传教士传教的对象,可见两支宗教间也存在正常的沟通和互动,但穆斯林信教笃深,没有一个穆斯林改信基督教的。

《史集》中忽必烈时代"泉州是一个多元文化、多元宗教的社会,不同宗教文化之间产生冲突也是常有的事。一个例子很典型,1342 年,罗马教皇的特使马黎诺里临离开泉州之前,没有忘记特意铸了两口钟,然后'举礼'悬挂于穆斯林居住区的中央。这个奇怪的举动,不像是无目的的恶作剧,可能是出自对伊斯兰教势力在泉州发展的忌妒和不满。因此,明知穆斯林最忌恶钟声的马黎诺里,其所作所为便带有不同宗教文化之间矛盾冲突的明显特征。另外,伊本·白图泰在游历中国时,虽然对中国的富饶、美丽赞不绝口,但最终却因对'异教徒'的风俗和文化很不适应而离开了中国"。②

终蒙元一朝,伊斯兰教与基督教虽然时有冲突,但因伊斯兰教传入中国以来主要以信徒的东迁以及与非穆斯林通婚而使信教群众自然增加等途径获得较大发展,③伊斯兰教并未大规模向非穆斯林传播宗教,所以在蒙元时期伊斯兰教与基督教的矛盾和冲突并非为争夺教徒资源,而主要是争夺蒙古统治者对各自宗教的支持,向统治者争宠是主要动机,有时也表现在两种宗教的代表势力之间的权力争夺。蒙古人对宗教的宽容政策使得基督教与伊斯兰教在蒙元时并未产生太大的冲突,而两者之间偶有的争端对双方并没有产生重大的影响。甚至两教之间有过短暂的联合,有过积极的交往。

3. 伊斯兰文化与汉文化的冲突与调适

伊斯兰文化与以汉地儒家文化为中心的汉文化的冲突,贯穿了蒙古帝国和整个元朝。冲突的焦点并非宗教信仰本身,而是根植于宗教或文化系统下

---

① 【英】道森著,吕浦译,周良霄注:《出使蒙古记》,中国社会科学出版社 1983 年,第 271、275 页。

② 廖大珂:《宋元时期泉州的阿拉伯人》,《回族研究》2011 年第 2 期。

③ 元代回回人实行族内婚,穆斯林男子可以娶外族女子,但该女子必须皈依伊斯兰,穆斯林女子则不许嫁给非穆斯林,蒙元时期来华的穆斯林主要身份是军士、商人、工匠、教士、使者等,应以男子为多,来华与非穆斯林女子通婚,这些非穆斯林女子一般都会皈依伊斯兰教,这使得在华穆斯林人数迅速增加。

的价值体系和社会治理方式,即"回回法"与"汉法"的冲突。所谓"回回法"
与"汉法"的冲突主要表现在治理国家或管理社会的价值取向方面,回回法重
视商业,重视挖掘社会财富,而以儒家文化为核心的汉法提倡休养生息,藏富
于民,重视农业,鄙视商业。回回法与汉法的冲突与商人有着直接或间接的关
系,所以元代伊斯兰文化与汉文化的冲突主要表现在义利之争、价值观念
之争。

蒙古帝国时期,奥都·剌合蛮与耶律楚材之间的冲突是伊斯兰文化与汉
文化的第一次冲突,至 1328—1329 年由回回人参与的天历之变为止,回回法
与汉法的冲突和斗争贯穿了几乎整个蒙元。前第四章所论述回回官员参与蒙
古宫廷斗争的历史事实上即是回回法与汉法的斗争历程,其中在不同时期蒙
古统治者对两派的态度决定了元朝回回法与汉法的斗争结果,在此不再赘述。

伊斯兰文化与汉文化的差异和隔阂也反映在生活习俗以及对生活习俗的
认识方面,明初高启记载:"泰定主崩,文总自金陵入继位,杀故相回回倒剌
沙,命平章曹立巡东南,纠其党,授尚方剑得专诛。按行至常熟,君从长史逆诸
境,民有告回回百余人逆海渚杀猪会饮,谋为乱;平章亟遣卒捕之,君当承行,
辄请曰:'是诈也,愿毋烦兵。'平章怒曰:'吏何用知之?'君曰:'回回不食猪,
今言杀猪,诈可行也。'不听,果往无获。获一舶,贾胡数人,讯之,盖讼公尝与
互市,负其赀不能偿,欲投间陷之也。遂抵讼者罪。君之民查类此。"①史料所
记汉族人因欠回回人商贾钱而乘倒剌沙被杀之际诬告回回人杀猪会饮谋乱,
曹立不了解回回习俗发兵抓捕。类似不了解回回习俗或者即使知道也存在许
多误解的现象在元代应该比较普遍,元杂剧《郑孔目风雪酷寒亭》中张保描述
自己在回回官员府中做杂役的情形:"小人江西人士,姓张名保。为天兵戡
乱,遭驱被俘,来到回回马合麻沙宣差衙里。往常时在侍长行为奴作婢。他家
里吃的是大蒜臭韭,水答饼,秃秃茶食,我那里吃的? 我江南吃的是海鲜……
他屋里一个头领,骂我蛮子前蛮子后。我也有一爷二娘,三兄四弟,五子六孙,
偏你是爷生娘长,我是石缝里逆出来的……"这段元杂剧唱词反映了即便在

---

① （明）高启:《高青丘集·凫藻集》卷 5《元代婺州路兰溪州判官致仕胡君墓志铭》,上海
古籍出版社 1982 年,第 952 页。

回回人分布较多的江南,回回人与汉人的文化差异导致的相互歧视依然存在。

整个蒙元时期,伊斯兰文化与汉文化的冲突以"回回法"与"汉法"的斗争为主要表现形式,矛盾尖锐而影响深远。但冲突意味着两者之间的交流,交流必然带来相互的了解和影响。元代在诸多层面,伊斯兰文化与汉文化有交流和相互影响。在元代蒙古人作为统治者的背景下,统治者的选择往往对伊斯兰文化和汉文化带来极大的影响。元代来自于蒙古文化和伊斯兰文化的价值观对汉文化的改变极大。如蒙古人看重理财,回回人擅于理财,而汉人也深受影响并不断调整自己的传统价值观。朝廷中的汉族官吏也开始重视理财,而且民间产生许多商人,尤其是以江南地区最为明显,这显然是受元代统治者以及回回法的影响。元朝虽为蒙古人建立,但汉文化却依然是主流文化,所以各种文化在中原汇集,与汉文化的对话与适应是生存的基础,而东来的伊斯兰文化调适的结果是回回人更多地融入汉文化体系中,如对汉语的使用以及对儒家文化的认同。元代在各处做官的回回官吏不仅自己重视汉文化的学习,同时也重视社会汉文化的教育,如赛典赤·赡思丁在云南时主建孔庙、明伦堂,还购经史、授学田,使云南的学风渐兴。赡思丁死后,学田被佛寺所夺,其子忽辛掌云南时又复夺之,并令各郡遍立庙学,使文风大兴。而从元代中后期产生的一批回回儒生、诗人等可看出至迟在元代中后期回回人对汉文化的接受程度已经很深,中国伊斯兰文化逐渐走向华化的过程。

二、伊斯兰文化的华化潮流

太宗窝阔台于乙未年(1235)开始实行乙未籍户:"不论达达、回回、契丹、女真、汉儿人等,如果军前掠到人口,在家住坐,作驱口;因而在外住坐,于随处附籍,便系是皇帝民户,应当随处拆发,主人见,更不得识认。"①可见在窝阔台时期,"回回"即是与达达、契丹、女真、汉人是同样的分类,是一个被官方认可的族群。在宪宗蒙哥二年(1252)扩户时,正式立"回回户",回回户的确立使他们正式成为国家编民。这种户口的划分使得"回回"由典型的"他称"逐渐被回回人认同,成为"自称",也促使了回回群体的同质化过程。

---

① 《通制条格》卷 2《户令·户例·驱良·蒙古牌甲户驱》。

1.风俗的华化

回回民族的主体先民无疑是蒙元时代大批来华的中亚、西亚、西域穆斯林。唐宋时期,也有许多西亚等地的穆斯林来华定居,是回回先民的重要组成部分,但人数有限,不构成回回先民的主体。"可以说如果没有元代大批回回人的入华,就不可能形成今天的回族。"①元代大批来华的穆斯林居于中土,面对来自统治阶层的蒙古文化、中国主流文化汉文化以及基督教文化等异质文化,想要在中国立足并生存下来,必然面对文化的调适,尤其是本土化的历程。

居于中原的回回,暗都刺曾说:"予非敢变予俗,而取摈于同类也。其戾于道者变焉。居是土也,服食是土也;是土之人与居也。予非乐于异吾俗而求食于是也,居是而有见也,亦惟择其是者而从焉。"②当时来华的穆斯林许多人基于这样的思想在坚持基本信仰基础上从诸多方面顺应华俗,遵从华俗。

首先名字的变化直观地反映了这一变化过程。东来的穆斯林在初期大多保存着自己的名字,在元初各种资料显示回回名字大多采用阿拉伯名字,但在中国留居后受到汉文化的影响,姓氏较原来也多有变化。在元代中后期,回回人中有的取原先名字的前一字作为自己的姓,有的取末一字为姓,有的干脆取汉名,读书人多半都取汉名、立字,尤其是回回中地位高、学问深的大多依汉法为自己取汉字名,如丁鹤年作为元末的著名诗人,其曾祖父阿老丁及阿老丁之弟乌马儿是元初来华的商人,其曾祖父辈初来华,名字是典型的阿拉伯名,到丁鹤年时,名字完全取汉字。再如哈只哈心子凯霖,改汉姓"荀",取字"和叔";薛超吾,改汉姓"马",取字"昂夫"、号九皋;伯笃鲁丁,改汉姓"鲁",取字"至道";萨都刺,字"天赐";买闾,字"兼善";赡思,字"得之";哲马鲁丁,字"师鲁";别里沙,字"彦诚"。洪武九年闰九月丙午,海安府海州儒学正曾秉正言:"臣见近来蒙古、色目人多改为汉姓,与华人无异;有求仕为官者,有登显要者,有为富商大贾者。"③

---

① 刘迎胜:《有关元代回回人语言问题》,《元史论丛》第十辑。
② (元)许有壬:《西域使者哈只哈心碑》,引自白寿彝《回族人物志·附录之二》,宁夏人民出版社1985年。
③ 金吉堂:《回教民族说》,李兴华主编:《中国伊斯兰教史参考资料选编》(上),宁夏人民出版社1985年。

"很多蒙古、色目人还在礼俗方面改从汉制,例如元代制度规定,汉人、南人做官者必须按汉制丁忧,蒙古、色目人则各从本俗,不必丁忧,但还是有不少人自愿为父母丁忧,退官守庐墓,服斩衰,如廉希宪,蒙古人达理雅饬(字子通),回回人丁鹤年等。"①可见,某些风俗的华化潮流是移居中土的少数民族以及外来的移民共同的选择。

江南文人王礼为作《义冢记》说:"我元创业朔漠,……泊于世祖皇帝,四海为家,声教渐被,无此疆彼界。朔南名利之相往来,适千里者如在户庭,之万里者如出邻家。于是西域之仕于中朝,学于南夏,乐江湖而忘家国者众矣。岁久家成,日暮途远,何屑屑首邱之义乎。呜呼,一视同仁,未有盛于今日也。"②这段论述真实地反映了由西域等地迁入中土的外来移民习俗渐渐华化,融入中国社会的状况。

元代回回人在经济生活中也逐渐融入中华。回回人崇尚商业,长于手工业,农业并非回回人的主要经济方式,但在迁入中国后,中国文化的重农轻商传统对回回人也有重要的影响。福建泉州晋江陈埭丁氏族谱中记录有当地回回买卖土地的文书,③其中蒲阿有卖地文契四件和1336年麻合抹卖地的文书四件,为研究元代土地典卖制度提供了十分重要的原始材料,也为研究元代回回的生活提供了重要材料。由此可见,至少在元代中后期,泉州回回有一些已经营农业。泉州是回回商人最为集中之地,而泉州丁埭回回也有可能是商人经商利润买得土地,经营农业,更深地融入当地社会。

再如典型的伊斯兰教建筑——清真寺的建筑风格也逐渐华化。"中国唐宋时期的清真寺建筑风格完全是阿拉伯式的,很少受中国木结构的影响。而到蒙元时期,这种阿拉伯式的清真寺建筑风格已经受到中国传统建筑风格的影响,不再完全是阿拉伯风格,只在外观造型上基本保留了阿拉伯式风格。它已逐步吸收中国传统建筑的布局和木结构体系,出现了从阿拉伯形式向中国

---

① 陈得芝:《从元代江南文化看民族融合与中华文明的多样性》,《北方民族大学学报》2010年等5期。
② (元)王礼:《麟原集》前集卷6,转引自陈得芝:《从元代江南文化看民族融合与中华文明的多样性》,《北方民族大学学报》2010年等5期。
③ 施一揆:《元代地契》,《历史研究》1957年第9期;庄景辉编校:《陈埭丁氏回族宗谱》,香港绿叶教育出版社1996年。

伊斯兰教建筑过渡的形制,成为中阿混合型的清真寺建筑风格,这也说明了伊斯兰教开始中国化。"①而到明代,清真寺的建筑风格已完全采用中国式的木制亭台楼阁式。

作为穆斯林共同的文化特质——伊斯兰教,在元代已经出现本土化的趋势,但来华穆斯林的宗教信仰应该并未表现出华化的趋势。虽然在元代有诸如江浙行省的乌马儿主持祭祀天妃仪式等行为,但不能视为是背离伊斯兰教信仰,而是作为元朝官员,适应中国文化和传统的表现。

元代,尤其是在元末,一些回回人参与佛事活动,如修建佛寺,甚至遁入空门,但他们是否抛弃伊斯兰教而改信其他宗教一直是引起争论的话题。陈垣先生在《元西域人华化考》中列举丁鹤年入佛,说:"鹤年之依佛,殆一种避祸不得已之苦衷,暂行遁迹空门而已。"鹤年之学佛,"不过借此苟全性命耳"。而法国学者伯希和则认为:"殊不知蒙古时代中国的回教徒曾采一种很自由的折衷主义。"②而杨志玖先生认为伯希和所说之折衷主义是一种灵活性和适应性,"即在不违背伊斯兰教的基本准则下,在特定的环境中采取的随机应变的措施"。③ "尽管宗法观念和宗族制度与伊斯兰教的宗教信仰存在某些相互抵触的内容,但由于域外迁入的回回早已融入了本土的社会生活,在宗教信仰与本土文化中寻求平衡也已成为他们的生存之道。"④

2. 语言的华化

语言的华化是留居中土的回回人的必然选择,也是回回民族形成一个民族共同体的前提之一,因为"元初入华的西域人被统称为回回人,但其内部成分复杂,语言不一,来自伊斯兰世界西部的人多操阿拉伯语,但为数不会很多。元代回回人的主体的故土在东部伊斯兰世界,即以操波斯语居民为主的呼罗珊四郡,即你沙不而(今伊朗呼罗珊首府马什哈德附近)、麻里兀(今土库曼斯

---

① 马娟:《试论伊斯兰教在蒙元时期的传播及其特点》,《青海社会科学》2003 年第 1 期。
② 冯承钧译:《西域南海史地考证译丛三编》,第 87 页。
③ 杨志玖:《关于元代回回人的华化问题》。
④ 丁慧倩:《社会资源与家族化进程——以明清青州穆斯林家族为例》,《兰州大学学报》2010 年第 9 期。

坦南部谋夫城郊)、也里(明代称哈烈,今阿富汗西部赫拉特)和巴里黑(今阿富汗北部马扎里沙里夫附近)和原粟特故地的不花刺、撒马尔干等地,如赛典赤家族等;有的来自花刺子模和中亚其他操突厥语区,如牙刺瓦赤家族等;还有的操各种印度语言(如祈都回回)"。① 这些回回族源虽族属、语言不同,但在十世纪起,东部伊斯兰世界中波斯语代替阿拉伯语占据了统治地位。而蒙元时代入华的回回人主要是东部伊斯兰各民族,故其整体波斯文化色彩浓郁,元代波斯语的使用也十分广泛,波斯语成为当时汉语、蒙古语之外在官方也普遍使用的一种语言。

波斯文在元代被列为三种官方语言之一,这不仅因为波斯语是在元代来华的色目人中使用最为广泛的语言,作为色目人的最主要组成部分,东部伊斯兰世界,都以波斯语为母语。而波斯语作为元代官方语言也促使在华穆斯林的语言整合,其他为数较少的语言使用者也逐渐放弃原来语言,改而使用波斯语或汉语。但分布各地使得汉语终究成为所有回回人的共同选择。

在元代因为官方语言有三种,汉语、蒙古语和波斯语,故而在各级重要机构中均设有回回译史、回回掾史、回回令史等官职,以便于文书的翻译。更有许多译史、通事皆需会蒙古语、汉语、波斯语多种语言或两种语言。到元朝中后期,蒙古、色目官员能说汉语的逐渐增多,元英宗时监察御史许有壬就提出建议:在监察部门任职的蒙古、色目官员"大率多通汉人语言",其不通者仅屈指可数,因此可以取消通事以节省行政费用。② 据刘迎胜先生从语言学角度考证,在元朝中期,回回人中开始了一个特殊的双语时期,汉语和波斯语交互使用,双语时期一直持续到明朝前期。"相当一部分回回人在元中后期已改操汉语,有些人虽然仍能够写几个波斯字,但其思维方式是汉语式的。"③语言的汉化与回回民族的形成几乎同步,可见语言统一为汉语也是集不同族属、不同语言的回回民族最终形成的标志之一。白寿彝先生指出:"在 17 世纪初年……这时,汉语之成为回回共同使用的语言,已可说不是新鲜事情了。我们

---

① 刘迎胜:《有关元代回回人语言问题》,《元史论丛》第十辑。
② (元)许有壬:《至正集》卷74《公移·冗食妨政》。
③ 刘迎胜:《有关元代回回人语言问题》,《元史论丛》第十辑。

从此上推五六十年,说 16 世纪中叶汉语已经成为回回的共同语言,也许会失之较晚,而绝不会失之过早的。"①

3. 对儒学的认同

虽然在元代,汉文化经历了一波又一波与蒙古文化、伊斯兰文化的拉锯战,但从忽必烈时期,更多地采用汉文化、儒家传统治理国家越来越成为潮流和趋势。而在元初被废弃的科举考试在元仁宗皇庆二年(1313)重新被恢复,成为选拔人才的主要途径。元朝规定科举考试"蒙古、色目人,第一场经问五条,《大学》《论语》《孟子》《中庸》内设问,用朱氏章句集注。其义理深明,文辞典雅者为中选。第二场第一道,以时务出题,限五百字以上。"②由此可见,元政府对蒙古、回回人入仕的选拔也通过汉族传统的四书作为考试内容,也就是说,穆斯林欲做官从政必须精通汉语、熟读四书、深谙汉文化。在这样的情况下,东来的穆斯林在语言方面汉化的基础上出现文字的汉化迹象,这也是穆斯林适应新环境、伊斯兰教适应新环境的表现。

"元代恢复科举考试后,因为儒学而先后登录右榜进士的有原籍西域的回回人伯笃鲁丁;原籍别失八里的回回人默里契沙,其父为位苦思丁;获独步丁及其兄海鲁丁和穆鲁丁;荣僧;吉雅谟丁,其祖父名苦思丁;迈黑磨德;札剌里丁;丁鹤年之兄爱理沙;马合末;马合谋;安鲁丁等。"③而虽未科举入仕却掌握汉字的回回人不可数计。

萨都剌早年经商,后闭门学习,于泰定年间中进士,是回回人习儒而进仕的典范,而阿鲁浑人丁鹤年也是元代汉文化程度深厚的回回人。在陈垣先生《元西域人华化考》中,所列习儒的回回人还有很多。史载元末回回人丁鹤年,其"曾祖阿老丁与弟乌马儿皆元初巨商。世祖皇帝徇地西土,军饷不继,遂杖策军门,尽其资归焉"。④ 可见丁鹤年的曾祖父阿老丁及阿老丁之弟乌马儿是元初巨商,曾资助元朝征讨西北诸国有功,乌马儿后招降吐蕃有功,自宣

---

① 白寿彝:《回回民族的形成和初步发展》,《回族史论集》,宁夏人民出版社 1984 年。
② (明)宋濂等:《元史·选举志一·科目》。
③ 刘迎胜:《有关元代回回人语言问题》,《元史论丛》第十辑,中国广播电视出版社 2005 年。
④ (元)戴良:《九灵山房集》卷19,丛书集成本。

慰使擢升甘肃行中书省等职。①

回回学者中最佼佼者属赡思，其"邃于经，而学尤深。至于天文、地理、钟律、算术、水利，旁及外国之书，皆空极之。……所著述有《四书阙疑》《老庄精谐》《奇偶阴阳消息图》《五经思问》《镇压阳风土记》《续东阳志》《重订河防通议》《西国图经》《西域异人传》《审听要诀》及《文集》三十卷，藏于家"。不仅著述颇丰，赡思还精于书法，是回回习儒的典范。元代回回中还有长于中国绘画艺术的高克恭。这些回回人都是认同并追随中国文化的代表。

以上例证说明，在元代中后期，回回人不仅会说汉语，且回回人中汉文化程度高至科举中榜者不乏其人。

元朝后期，伊斯兰文化华化的另一个典型例证是汉文清真寺碑刻的出现。据陈垣、桑原骘藏、白寿彝等前辈学者的考证，现存回族汉文碑刻最早是元代至正十八年（1358）的《河北定州重修清真寺碑》，济南《来复铭》等以儒诠经的清真寺碑刻，更是中阿文化交融的丰碑，也验证了伊斯兰教文化本土化、回族形成的时间最早是在元朝后期。正如白寿彝先生所说："元时之回教人虽然并不异于唐宋，但二者之间又有一极重要之区别。即唐宋时之外来回教人并不自认为中国人，而元时之外来回教人定居中国后不久，即自认为中国人是也。"②穆斯林中国人意识的明确标志着伊斯兰教由唐宋时期侨民的宗教转变为中国回回人的宗教。

元末明初，回回民族形成，而伊斯兰教华化倾向更为明显，而"明代以后的回族碑刻，汉文化色彩越来越浓"。③ 泉州《重建陈埭毅斋公祠碑记》，揭示了宋元时期由海上丝绸之路来华侨居沿海港市的西域穆斯林后裔陈埭丁氏与

---

① 见戴良《九灵山房集》卷19《高士传》。文中称阿老丁资助的皇帝为元世祖，并说他们"仍数从征讨，下西北诸国如拉朽"。按，元世祖时无征讨西北诸国事，其事在太祖、太宗时。又说，阿老丁因年老不愿做官，由乌马儿任宣慰使，"其后招降吐蕃，有大功，遂自宣慰拜甘肃行中书左丞"。按，招降吐蕃（今西藏）在先大宗十一年（1239年，据《中国大百科全书·元史卷》117页），非世祖时。乌马儿投甘肃左丞事未见《元史》记载。总之，阿老丁资助事应在世祖前，约为太宗时事。

② 白寿彝：《元代回教人与回教》，《中国伊斯兰教史参考资料选编》（上册），宁夏人民出版社1985年。

③ 雷晓静：《回族历史碑刻的重要价值及其发掘与研究现状》，《宁夏社会科学》2010年第4期。

当地文化融合的过程以及其祖先的崇拜习俗,更加说明回回民族的形成以及回族文化的形成恰恰是在伊斯兰教信仰基础上对汉文化的吸收。

在各地围寺聚居的格局使得元代回回在以伊斯兰教文化、习俗为基础形成了不同种族的相似文化体系,这种文化体系以伊斯兰文化为核心,吸收了中华文化的一些内容形成,在语言、服饰甚至名字等方面吸收了中华习俗,有华化的趋势。汉语为越来越多的回回人所采用,服饰也开始着汉服,这一切都表明回回民族在中国的整合和形成。

如果把"中华体系看作在北方草原和青藏高原游牧部落与低地农业社会相互依赖的基本历史情境中经过长期互动而得以成型的社会系统",①那么形成于元末明初的回族无疑是元明时期中亚、西亚伊斯兰文化与东亚汉文化相结合的产物。

三、伊斯兰文化成为元代文化的重要组成因素

元朝是中国历史中较为特殊的朝代,不仅因为元朝是北方少数民族建立的第一个中央一统王朝,更因为元代特殊的文化形态为中国历史所罕见。"元代不仅是我国多民族国家发展史上的重要阶段,也是我们中华'多元一体'文明发展史上丰富多彩、熠熠流灿的时期。"②

元朝文化的特殊形态既表现为北方游牧文化与中原汉文化的结合,又表现为中西合璧的国际化特征。国际化特征的形成与大批来华的外籍移民有直接的关系,其中回回是人数最多、文化异质化最为明显的一支。以回回为主的宗教和文化是元代文化国际化特征的重要表现和组成部分。

首先,语言的多元化,波斯语成为官方三种语言之一。元朝是中国历史上唯一同时使用三种官方语言的朝代,也是唯一以汉语之外的外来语言作为官方语言之一的朝代。元代各地各级政府组织中大量通事、译使的使用以及培养通事、译使的语言学校在中国历史上都是独特的。各地出土的元代牌子等文物中具有几种文字也反映了元代语言文字的特点。而色目官吏,尤其是操

---

① 王明珂:《游牧者的抉择:面对汉帝国的北亚游牧部族》,广西师范大学出版社 2008 年。

② 陈得芝:《从元代江南文化看民族融合与中华文明的多样性》,《北方民族大学学报》2010 年第 5 期。

波斯语的回回官吏遍及全国,在回回商人云集的城市中波斯语的使用是比较常见的现象。

除语言外,元朝大到国家政治、经济、军事甚至对外交往,小到社会生活等,无处不有回回人以及伊斯兰文化的痕迹和影响:按照元朝官制,各级政府长官一般要由蒙古人担任,色目人次之。各省、各县平章政事、达鲁花赤等常由回回人担任。回回商人的活动更是对元代经济产生着极为重要的影响,前面已有论述。蒙古军在征服中亚后,回回签军成为蒙古军队的重要组成部分,参加对西夏、金、南宋的征战。元朝建立后,虽然大部分回回签军入籍编民,但仍有一些穆斯林军队参与元朝的对外征战以及蒙古宗王等之间的战争。

在社会生活以及国家上层建筑层面,回回人以及伊斯兰文化对元代的影响巨大。蒙古帝国和元代蒙古统治者重视理财,其国策中重视理财的制度设置和实施过程无不充满伊斯兰文化的影响。"回回法"成为与"汉法"相抗衡的国策之一。斡脱的产生也是深受伊斯兰文化和东来的回回人影响。这些问题在前面章节多有论述,此不赘述。元代中国海外贸易以及航海达到极高的水平,这与擅经商的回回商人以及中国、阿拉伯航海技术、造船技术结合基础上形成的元代高超的航海和造船技术密不可分。

元代瓷器烧制也达到一个更高的水平,尤其作为中国陶瓷的重要里程碑的元青花的产生标志着中国陶瓷工艺发展到一个顶峰。元青花是在各种因素的作用下应运而生的,其中来自波斯的青料以及回回工匠的技术无疑是元青花不可缺少的条件。"产于西亚波斯的钴青料和各种技术工匠的输入,中国多民族文化艺术的融合及中、西亚地区对美瓷的需求,使美轮美奂的青花瓷器在元代进入辉煌时期,翻开了中国陶瓷史上光辉的一页。"①蒙古的大规模西征以及广袤的被征服地使得产于波斯的大量优质回回青被输入中国;同时,大量阿拉伯、波斯回回工匠被带到中国。元许有壬的《至正集》卷九载:"西域有国,大食故壤。地产异珍,户饶良匠。匠给将作,以实内帑。人用才谞,邦周攸爽。"可见,元代确实有来自阿拉伯地区的工匠在将作院工作。这些在将作院抑或在浮梁瓷局工作的西亚工匠,必然懂得青料的用途,也熟知用青料作彩

---

① 彭涛:《元代景德镇青花瓷器的外销及相关问题》,《南方文物》2003 年第 2 期。

料烧造蓝彩陶器的技法,而将作院里又有进口的回回青。因此,当他们把自己所掌握的知识与景德镇本地陶瓷工匠所拥有的高度制瓷技术相结合,元青花就水到渠成般地产生了。"西亚工匠和景德镇当地的陶瓷工人一起催生了元青花的诞生。因此,元青花一面世就带有浓郁的异国情调,打上了很深的伊斯兰文化的烙印。从元青花的装饰风格来看,那种多层次、密而不乱、空间极为狭窄的构图方法和装饰风格,也具有伊斯兰图案装饰的浓厚特色。"①

元代历算也深受阿拉伯历算的影响。扎马剌丁制造了"多环仪""方位仪""斜纬仪""平纬仪""天球仪""地球仪""观象仪"等七种西域天文仪器,以辨东、西、南、北,日影长短,星辰向背。并根据西域历法编写"万年历",即"回回历"。扎马剌丁绘制元代地图,对编写《大元一统志》也作出了巨大的贡献。

除此之外,元代城市建设、皇室生活中也无处不有伊斯兰文化的影响和回回人的身影。各种珠宝玉器、纳石失等广泛用于蒙古贵族的服饰中,回回医药、②蒙古贵族身边的斡脱等都使得蒙元的文化和生活呈现出明显的国际化色彩。

明清一些汉人学者认为元代的中国文化遭到重创和倒退并非事实,元代文化应该说是开创了中国历史上最具多元化、民族性、国际化的发展特色。如元代流行的白话,陈得芝先生以大量的文献记载证明其明显受到蒙古文直译文体的影响。蒙古文直译(或称硬译)体文字的特点主要是照搬蒙古文词序,动词与宾语倒置,并使用表示时态的文字,使用表示黏着于名词的格助词(介词)字样和词序,使用特定的蒙古词汇译语字等。③

多元文化并存,产生许多汉人、南人等学蒙古语、波斯语,着蒙古服及其他民族服饰等现象。明初方孝孺著文论《正俗》说:"宋亡,元主中国八十余年,

---

① 彭涛:《元代景德镇青花瓷器的外销及相关问题》,《南方文物》2003 年第 2 期。
② 大都回回药物院和上都回回药物院,掌回回药事,蒙古宫廷中也专门有回回医药机构。白寿彝:《元代回回人物传》,第 68 页。
③ 陈得芝:《从元代江南文化看民族融合与中华文明的多样性》,《北方民族大学学报》2010 年第 5 期。

中国之民言语、服食、器用、礼服不化为夷者鲜矣。"①因此建议朱元璋加以禁止。说明元代受北方民族,尤其是蒙古和来自中亚的回回人的影响,文化面貌发生了多方面的变异。

中国一些城市形成很大的外国人聚居区,如伊本·白图泰记载的杭州"第三市区,居穆斯林。其街道美丽,市场之布置一如伊斯兰国家。有礼拜寺,亦有传呼礼拜者。吾辈方入此区,即闻传呼者传呼教众作晌刻之礼拜,于是吾辈乃入居奥斯玛·伊本阿法之子孙阿甫哈丁之宅。奥斯玛为一著名商人,喜此市区,亦住于此。故此市区即以彼名名之,曰奥斯玛市区。彼在此建有宏丽之学舍,施多财供给学人。区中之大礼拜寺,亦彼所建,且捐有巨款,以为寺产,一如学舍"。② 以一个城市中一个穆斯林聚居区能以一个来自西域的外国人的名字命名,足见穆斯林居民在该城的影响力。白寿彝先生在《回族人物志》(元代)推断伊本·白图泰所记在杭州创建礼拜寺的奥斯玛与田汝成在《西湖游览志》中所载于延祐年间在杭州修建礼拜寺并担任教长的阿老丁极有可能是同一个人。③ 这仅仅是一个推断,以杭州穆斯林人口在元代如此之多建有两座以上清真寺并不稀奇。

元代文化的国际化倾向从蒙古帝国时代的和林已初现端倪,欧亚大陆许多地区和国家的商人、传教士等各种人物来到和林,带来全新的宗教文化和生活方式。元朝建立后,北方大都,南方泉州、杭州、扬州、广州等城市的国际性特征表现最为鲜明。形成较大的"蕃坊",在泉州修建起七座清真寺,出现"回半城"的盛况,回回商人控制着中国与世界各地的海上贸易,也不断招徕各国商人来华经商、定居。

伊斯兰文化在元代与中国本土文化及其他异质文化的冲突过程推动了伊斯兰文化的华化过程,而伊斯兰文化在元明的华化趋势促进了回族的形成。在元代江南等城市呈现的国际化特征,即对不同于中国本土文化的异质文化的宽容态度给外来的伊斯兰文化以宽松的发展空间,使得伊斯兰教在中国生

① (明)方孝孺:《逊志斋集》卷3,转引自陈得芝:《从元代江南文化看民族融合与中华文明的多样性》,《北方民族大学学报》2010年等5期。

② 【摩洛哥】伊本·白图泰著,马金鹏译:《伊本·白图泰游记》,宁夏人民出版社1985年。

③ 白寿彝:《回族人物志》(元代),宁夏人民出版社1985年,第128—129页。

存下来,同时也给中国伊斯兰文化不同载体间的融合提供了必须的土壤,使各族群很快实现华化,但保留了共同的伊斯兰教信仰以及生活方式,这对回族的形成是至关重要的。

第二节　回商对回族形成的意义

中国回族的形成是中世纪握执世界贸易牛耳的穆斯林商人活动于中国的结果。与伊斯兰教在西亚、中亚甚至是北非的武力传播不同,阿拉伯商人的海上活动使南印度、东南亚的交通要道许多地区逐渐伊斯兰化,穆斯林商人在中国活动并与中国各族通婚繁衍形成了回族。所以,回商对于回族的形成意义非凡。

一、回商为回族的形成创造了经济基础

“在中国传统的古代社会里,商品经济与农业经济在更多的场合,是作为经济的共生体而长期存在的。”①完全脱离农业的中国商人在历史上很少见,商人往往将经商利润用于购置土地,成为土地拥有者,保持与土地的联系。回族的先民来到中国,以经商等方式嵌入中国社会。元代大批中亚回回人是作为军士入驻中国,战事停止后,“下马则屯聚牧养,与编民等”,在各地从事农业生产,逐渐融入农业中国。由军而农、由军而商是元初国事安定后驻扎各地的回回军士的共同选择。在一些地区,回族聚居以军士驻扎为特征,但其发展往往是:第一步军士驻扎,第二步即发展商业经济。据傅崇兰先生考证,永乐间德州城市的平民户口二千八百三十六人,军户居民五千六百人,共八千四百三十六人。② 军户人口多于平民人口,充分显示了德州这一军事化城市的特征。永乐朝后,因运河的再次疏通,德州的地位优势凸显,商业迅速发展起来,商人云集,当地居民也加入商业行业,德州很快由一个军事防御城市转而成为商业都市,而德州是元末明朝回商活跃的运河城市之一。

---

① 陈支平:《中国商人历史研究中的制度与文化:一个新的路径》,《学术月刊》2004 年第 4 期。

② 傅崇兰:《中国运河城市发展史》,四川人民出版社 1985 年,第 179 页。

明代随着回族人口的增长和分布区域的扩散,回族人在中国各地从事农业生产更是普遍。元末明初跟随朱元璋南征北战的回族将领部下之回族军士也都随着战事的平息,分散各地从事农业。在农业经营的同时,回族人并未放弃擅长的商业经营,而是寻找和创造各种商机,牛羊饲养、牛羊屠宰加工、皮毛、药材、食品、珠宝、布匹、食盐、茶叶、香料等行业最为常见。其中一些是元代以来所擅长的传统行业,如珠宝、玉器、香料、药材等业。北京曾有香儿李家,自明代以来,祖传制香有几百年的历史。以香料业闻名元代的蒲寿庚家族后裔迁居各地后仍然制作和销售香料。① 一些是因为饮食禁忌和饮食习惯而发展起来的新行业。穆斯林禁食猪肉、自死物及未奉真主之名而宰杀的动物,为了自食,回族在各地饲养牛羊等家畜。除贩卖牛羊肉之外,掌握了牛羊皮料的硝制技术,皮毛业因此发展于各地,成为明清回族重要的行业,形成一批皮毛贸易城市。如"明代,北京宣武门外,以宰羊为业的回民就有上万人之多,后来这一直成为回民的传统行业"。②

其他行业因地因时而易,回族商人的重要特征是灵活多变,如在西北的汉藏贸易中,回族商人将藏区急需的农业和手工业品贩运至藏区,如茶叶、布匹、铁器等,将藏区的特色产品如皮毛、藏药等运至汉地。这些经营根植于中国社会,尤其是利用分布地区资源,将不利资源化解为有利资源,分布于云南、西北一些不利于发展农业的地区,农业收入往往不足以支撑生计,于是发挥擅经商的特长,利用西南边境和西北汉藏、汉蒙地的交接地带的不同需求,从西南边境、西北汉藏交界地开拓出一条条商路,结成商帮往来于各市场之间。马帮、驼帮、脚户等是继元代斡脱、官商后回商重新的身份定位。

有些回族人为了经商方便,选择迁移到一些交通要道、商业重镇,还有一些县城级的城市回族居民创建清真寺,围寺而居,吸引更多的回族人移居此地,并很快在聚居区域发展起商业、服务业,使该区域成为城市最繁荣的商业区。

在大多数农业地区的回商都是亦农亦商的双重经济格局,尤其是秋冬季

---

① 庄为玑、庄景辉:《泉州宋船香料与蒲家香业》,《回族史论集》,宁夏人民出版社1983年。

② 编写组:《回族简史》,宁夏人民出版社1978年,第14页。

农闲时期的短途贩运是回族农民最普遍的经商格局。这样的经济形式为回族的形成奠定了经济基础。亦农亦商是元明以来回商适应中国传统的巨大变化。

二、回商为民族认同的形成提供了有效机制

"回回"一词最早是他称,是蒙元时期蒙古人对来自中亚的穆斯林的称谓,后来成为既定称呼,这一来自"他者"界定的群体包含了来自不同地域、不同族群、不同语言、不同文化的共同信仰伊斯兰教的人们。虽然在个别时候"回回"也包含了部分非穆斯林,但在大多数时候,这一群体的"他称"主要是指穆斯林。这一称呼被沿袭使用,成为各民族对当时中国所有外来穆斯林的称呼,所以从最初的称谓来看,回回这一族群有着清晰的边界。中亚史学家巴托尔德的解释是:"在蒙古人看来 Sartg 或 Sartagta 与其说是表示某一民族的人意思,不如说是表示某种文明类型的意思。"①

一个民族的形成是该族群与其他族群交往的结果,而民族称谓也必须是"他称"与"自称"的结合。有些民族称谓是先由自称而得到其他族群的认可变为他称;有些民族是先有他称,后得到该族群的认可成为自称。"回回"族群称谓是典型的"他称"到"自称"的过程。"回回"由"他称"转变为"自称"是回族凝聚力形成的过程,也是回族形成的过程。来自不同地区、操不同语言、不同部族的回回人的认同过程主要是在回回商人沟通四方中完成的。

历史上的回族是流动性与多元性共生的民族,正是在流动性中多元的整合构成了回族的族群认同。回族在元明时期的流动有以下几种类型:第一种是基于不同区域市场需求的商人的流动;第二种是基于宗教教育,即经堂教育的宗教职业者的流动;第三种是基于族内婚、教内婚的通婚对象的流动;第四种是基于教坊间关系的海乙制的跨区域流动。在元朝,回族的流动主要表现在商人的跨区域、跨国的流动;明朝时期,回族的流动性仍然主要表现在商人的流动,但流动范围发生变化,跨国的流动主要在陆上沿丝绸之路的与中亚的

---

① 【苏】巴托尔德著,罗致平译:《中亚突厥史十二讲》,中国社会科学出版社 1989 年,第13 页。

贡赐贸易中以及在云南回族商人开始尝试国际的,如到缅甸、印度、泰国的贸易。大部分的商人流动是国内区域间的流动。经堂教育兴盛于明朝后期,随之涌现的经堂教育的从业人员的流动增加,但较之商人的流动在范围和频次上要逊色得多。寺坊间的海乙制的流动主要出现在清朝以后中国伊斯兰教教派门宦形成之后。而通婚的人员流动虽然频次很高,但流动范围也比较有限,且主要表现在女性的流动方面。

　　综上所述,回族历史上具有民族形成意义的流动主要是回商的流动,这一类型的流动对回族的形成意义巨大。首先,这一流动加大了回回群体与各地区其他民族,尤其是汉族的交往互动。频繁的族际互动使得各地、操各种语言的回回的语言、服饰等很快实现华化,尤其是操汉语的结果加快了不同语言的回回族源间的整合。其次,流动带来了广泛的族外通婚,元明时期的回回商人以穆斯林男子为主,商人与其他民族女子间的通婚扩大了回回群体的规模,使大批其他民族女子融入回回群体行列。最后,回回商人的流动奠定了回族的分布格局,形成"大分散、小聚居"的格局。回回由元代的主要留居东部沿海城市向明代分布全国的转变主要有两个原因:一因军户的驻扎,二因商人的迁移,其中军户驻扎后也开始了农商业的经营,加入到市场交易中。"历史上正是伴随回族商业的发展,商人的流动,商品的交换,以市场为纽带进一步强化了不同区域之间、城乡之间的回族社区的联系与大分散的回族的族群认同,同时进一步拓展了回族的生存空间,形成了一些新的回族聚居区。"①这样因商业来往而形成的回族社区在全国有许多,尤其是在明清时期,一些县城的回族居民都是经商而来,接着修建清真寺,繁荣当地商业,回族聚居区往往都会发展成该地最繁荣的商业中心。"对于大分散的不同地区的回族社区而言,流动的回族商人就直接成为沟通不同社区的重要主体之一,一方面伴随回族商人的流动在一些商贸集散的城镇或关渡津要之地形成新的回族社区,从而扩大了回族的生存空间;另一方面正是人的直接交往,保证了不同地区的回族社区的信息交流以及不同地区的回族群体之间的感情增进,从而强化了回族的

---

　　① 杨文炯:《哲麻提(Jamaat)、稳麦(ummah)与汉文化语境下的族群认同的建构》,《郑和下西洋与文明对话国际研讨会论文汇编》。

内部认同。亦如我们在历史上看到的,伊斯兰教在中国的传播商人起了重要作用一样,事实上,回族在一波三折的历史发展过程中,在沟通和维系大分散的回族族群认同方面,回族商人仍然发挥了重要作用,他们是中国回族网络社会的主要编织者之一。"①

回回商人的流动性从唐宋时期即已奠定。元代,回回商人的足迹更是无所不在,到明代,虽然有西域内附回回,但域外进入的回回成分大大减少,回回商人、军士在中国与其他民族通婚,并四散分布于全国各地,操持的是农商业,在地区间贸易中逐渐寻得新的商机,在小范围内或全国范围内频繁流动。至清代中期,回族商人已经在全国建立起庞大的市场网络:西南以云南为中心的跨境和入藏商业网络;西北以兰州等城市为中心的汉藏、汉蒙贸易网络;运河沿线以北京、临清等城市为中心的运河商圈。这几大商圈由回族商人创建,并由他们联络其间,商圈网络初步创建于明朝,是回回商人由国际贸易转向国内贸易过程中的重要转型。这些商业网络大至地区间商业城市的沟通,小至乡镇集市,由不同层级市场构成。所以在各级市场间起到沟通作用的商人在历史上就是回族形成过程中各地族源间沟通和凝聚的中介和桥梁。回族商人的流动性为分散全国的回族形成凝聚力提供了可能性。

如果不是回族擅经商,来往于各地,不断迁移的特点,很难说会不会像元时来华的许多其他外族一样融入中国社会,完全汉化。

三、回回商人为回族的形成创造了伊斯兰教中国化的基础

经济的发展是文化繁荣的基础。在元明时期,虽然各地回回经历了经济的成功转型,扎根于中国社会,形成了经济发展的新格局,但是如果没有以伊斯兰教为核心的文化整合,回族很难真正立足中国。

在回族的形成中伊斯兰教的凝聚力量最为关键。从唐宋时期海陆来华的穆斯林到明朝内附的中亚回回,回族的族源多种多样,包含不同地区、不同种族、不同语言的复杂的族源,但在元末明初凝聚形成回族,是在共同的宗教信

---

① 杨文炯:《哲麻提(Jamaat)、稳麦(ummah)与汉文化语境下的族群认同的建构》,《郑和下西洋与文明对话国际研讨会论文汇编》。

仰下的整合。但伊斯兰教在中国扎下根是不断本土化的结果,尤其是兴起于明末清初的伊斯兰教中国化运动对伊斯兰教在中国的长期发展起到至关重要的作用。明朝中后期,作为母语的波斯语、阿拉伯语等语言逐渐被汉语取代。各地虽建起清真寺,但缺乏经师,伊斯兰教经典《古兰经》系阿拉伯语书写,各地穆斯林即便参与宗教活动,因为阿拉伯语教育的缺失,一般穆斯林对教义不甚了解,"教义不彰,经文匮乏",甚至对教义常有歪曲、误解之事,回族伊斯兰教出现严重的信仰危机,亟须挽救。正是在这样的背景下,经堂教育适时而出,关键时刻挽救了回族的宗教信仰,并以宗教为中心加强了各地回族的凝聚力。经堂教育的创始者胡登洲出生于陕西咸阳,幼时曾习儒,也曾跟随高祖师学习伊斯兰教经典。成年后,外出经商,往来于陕西、西域、京城等地,一次经商路途中,偶遇来自阿拉伯的穆斯林朝贡者,因自幼习经,遂向其请教经中教义,两人遂建立起密切的关系,甚至"联骑抵渭南旅社,剪烛共语"。① 阿拉伯长者朝贡完毕,胡登洲一直追随左右,一直西送出嘉峪关。幼时所学加上从这位阿拉伯长者所学,以及自己的悉心钻研,胡登洲遂在家设帐讲学,前来学经者络绎不绝,"授徒约百人",②亲传弟子冯、海二先生,再传冯伯庵、冯少川、冯晓泉、冯养浩、张少川、马明龙、张行四、马真吾、马君实、常蕴华、李延龄、袁盛之等27人,③于是"关中八百里秦川成为经堂教育中心,群英荟萃,人才济济,继圣薪传,旋歌不绝"。④ 胡登洲先师的弟子和再传弟子将设帐讲学或设经堂于寺中的教学方式传播到各地并推动了中国伊斯兰教的复兴。经堂教育根植于回族社区,清真寺逐渐成为回族民族宗教教育的核心,经学堂成为明代以来清真寺建筑的重要组成部分,教坊内穆民负担包括经堂教育中老师——阿訇,学生——满拉的生活开销。而经堂教育建立之初就建立了阿訇的流动聘用制度和满拉的流动学习制度,这一教育体制的建立很快在全国回族社区普及,在大分散的回族社会铸造起一致的精神家园。"中国穆斯林居住分散,民族不

---

① 赵灿:《经学系传谱》,青海人民出版社1989年。

② 赵灿:《经学系传谱》,青海人民出版社1989年。

③ 纳国昌:《经学先河,源远流长》,西安市伊斯兰文化研究会编:《伊斯兰文化研究》,宁夏人民出版社1998年。

④ 纳国昌:《经学先河,源远流长》,西安市伊斯兰文化研究会编:《伊斯兰文化研究》,宁夏人民出版社1998年。

同、语言、习俗各异,而经堂教育通过共同的信仰和价值观把各穆斯林民族熔铸于一个文化之中,从事经堂教育的德高望重的阿訇,由于聘任制的作用,冲破地域和民族的界限,不断地游学于各穆斯林地区,用同样的教义、教规,同样的语言向穆斯林群众宣教游说,从而加强了各地穆斯林之间的联系,增强了团结。"①

在这场以经堂教育为序幕的伊斯兰教中国化运动中,回族商人起到重要的作用。胡登洲作为回回商人,其南来北往的经历为他学经提供了便利的条件。其弟子虽并未全部是商人出身,但学成后他们往往到商业较发达的回族聚居城市传教,如常蕴华、李延龄长期在山东运河名城——济宁讲学,促使经堂教育山东学派最终形成。而回族商人的频繁和高度流动性特征又促使了经堂教育更广泛的传播。可以说回族商人在中国伊斯兰教发展历史上起到了极其重要的作用:修建清真寺以及联络各地穆民,沟通宗教文化。扬州仙鹤寺在明代时由于重要的商业地位吸引大批穆斯林来此经商,清真寺已不敷使用,遂数次重修扩建,于"洪武二十三年(1390)哈三重建,嘉靖二年(1523)商人马宗道同住持哈敏重修"。②

"14世纪中后期,大明帝国和帖木儿帝国几乎同时兴起于东亚和中亚,中原和西域间的交通又渐形成一较大高潮。穆斯林商人又重新担负起了沟通中西丝绸之路贸易来往的重任。作为这种贸易往来的一个间接结果就是:在西域地区传播的伊斯兰教经籍,伊斯兰教苏非主义尊行,教义教理学说,清真寺教学制度等等,也随着穆斯林商人或兼作义务教学的有学商人的负载传至中原内地。而中原内地也有经商好学者或求学兼商者赴西域,同样也带回了伊斯兰教经籍等等。这样就为回族伊斯兰教的走向完善提供了外部素材,催化了经堂教育的倡兴,汉文伊斯兰教译著活动的开展,回族伊斯兰教统一形式的分化和门宦教派的形式等等。"③流动的回族商人在不同地区间以清真寺为中心,参与不同地区间回族的宗教活动,一方面加强了各地回族的联系,另一方

①　马明良:《西北伊斯兰教育文化》,《甘肃民族研究》1995年第2期。

②　嘉靖《维扬志》。

③　李兴华:《试论穆斯林商人在回族伊斯兰教发生、发展中的某种关键作用》,《西北民族研究》1994年第1期。

面,推动了伊斯兰教的传播,在构建宗教认同和宗教整合方面起到了推动作用。

伊斯兰教中国化运动的核心地区往往是回族商业最繁荣的地区,这进一步佐证了回族商人对这场运动的特殊意义。明清以来"经堂教育""汉文译著"、伊斯兰教门宦教派形成的中心区域:陕西西安、山东济宁、云南昆明、江苏南京、甘肃河州等城市都是明清回族商业的中心城市,回族商人云集,商品经济发达,并都处于地区商业市场网络中的一级中心市场。回族商人活跃于以其为中心的地区商业网络中,其流动频率和范围较宗教职业者更高更广,一定程度上促使了伊斯兰教在这些地区的发展以及传播到其商业网络中。因为他们往往是新的商业城镇清真寺修建的捐助者,宗教教育的支持者,以及经堂教育经师的聘请者和经堂教育的参与者。

德州、临清、济宁是明清时期京杭运河沿岸的重要城镇,在明清时期是全国最大商业城市之一,这里商人云集,也是回族商人聚集最多的城市。"明清时期的京杭运河区域是中国东部的一条经济繁荣带、文化兴盛带、城镇隆起带和人才流动带。无疑,在如此剧烈的运河区域社会变迁中,商人商帮的活动起到了推波助澜的作用。"①就在这条文化兴盛带,肇始于明代的中国伊斯兰教经堂教育和汉文译著运动都活跃于这一带,德州、临清、济宁是经堂教育三大中心之一的山东学派的核心区。而汉文译著的核心区域是南京,西安经堂教育倡兴以来,南京回族积极响应,纷纷前往求学并聘请胡登洲三位弟子,有名的经师张少山、马真吾等到南京净觉寺、旱西门、卢妃墓诸教坊开学讲经。在他们的培养下,南京成长了一批有名的经师,马君实、马之骐、袁盛之、马进益等成为胡登洲的四传弟子。而后来致力于以儒诠经的南京著名回族学者王岱舆、伍遵契、袁懋昭、张中、刘智等人,他们经汉两通,无一不出身南京回族世家名门。南京不仅是回族阿儒皆通的回族大儒聚集的地区,更是运河回族商业中心城市之一,南京处于运河与长江的交汇地,明代回族商人云集,尤其是珠宝商闻名全国。云南也是经堂教育中心之一,形成有名的云南学派,这里同样

---

① 王云:《明清时期活跃于京杭运河区域的商人商帮》,《光明日报》(史学理论版)2009 年 2 月 3 日。

是回族商人频繁活动的地区,从元末到明朝,云南的回族开拓了许多新的商业网络,明清更发展为回族商帮的重要一支——回族马帮。河州在明清时期随着河湟民族分布格局的变迁,逐渐成为回族聚居区,被称为中国"小麦加",清朝时期伊斯兰教在这里产生教派门宦,分化出几十个分支,而河州同时可以称得上明清以来汉藏贸易的核心地区,是中国回族商帮之一——河州脚户的发源地。以上伊斯兰教中国化运动的核心地区无一例外都是回族商业最发达的城市和地区,无疑,回族经济的发展,或者说回族商业的繁荣推动了伊斯兰教的发展和繁荣,从这个角度看,回族商人的活动直接推动了伊斯兰教的中国化运动,间接巩固了回族的形成。

参 考 书 目

一、史籍文献

策·达木丁苏隆编译,谢再善译:《蒙古秘史》,中华书局 1956 年版。

陈得芝、邱树森、何兆吉点校:《元代奏议集录》,浙江古籍出版社 1998 年版。

陈高华点校:《大元圣政国朝典章》,中国广播电视出版社 1998 年版。

道润梯步新译简注:《蒙古秘史》,内蒙古人民出版社 1978 年版。

【英】道森著,吕浦译,周良霄注:《出使蒙古记》,中国社会科学出版社 1983 年版。

黄时鉴点校:《通制条格》,浙江古籍出版社 1986 年版。

黄时鉴点校:《元代法律资料辑存》,浙江古籍出版社 1988 年版。

(元)孔齐:《至正直记》,上海古籍出版社 1987 年版。

【波斯】拉施特著,余大钧、周建奇译:《史集》,商务印书馆 1997 年版。

(金)刘祁:《归潜志》,中华书局 1983 年版。

(宋)彭大雅等:《黑鞑事略》,中华书局 1985 年版。

(清)钱大昕著,陈文和主编:《嘉定钱大昕全集》,江苏古籍出版社 1997 年版。

(明)宋濂等:《元史》,中华书局 1976 年版。

(元)苏天爵:《元朝名臣事略》,中华书局 1985 年版。

(元)苏天爵:《元文类》,上海古籍出版社 1993 年版。

(元)苏天爵著,陈高华、孟繁清点校:《滋溪文稿》,中华书局 1997 年版。

(元)陶宗仪:《南村辍耕录》,中华书局 1959 年版。

(元)徐元瑞著,杨讷点校:《吏学指南》,浙江古籍出版社 1988 年版。

(明)叶子奇:《草木子》,中华书局 1959 年版。

(清)永瑢、纪昀主编,周仁等整理:《四库全书总目提要》,海南出版社 1999 年版。

(明)余继登著,顾思点校:《典故纪闻》,中华出版社 1981 年版。

(元)俞希鲁著,杨积庆等点校:《至顺镇江志》,江苏古籍出版社 1999 年版。

(清)张廷玉等:《明史》,中华书局 1974 年版。

【伊朗】志费尼著,何高济译:《世界征服者史》,商务印书馆 2007 年版。

(宋)周密:《癸辛杂识》,中华书局 1991 年版。

二、论著

白寿彝:《民族宗教论集》,河北教育出版社 2001 年版。

编委会编:《山东回族古籍》,宁夏人民出版社 2008 年版。

蔡美彪:《元代白话碑集录》,科学出版社 1955 年版。

晁中辰:《明代海禁与海外贸易》,人民出版社 2005 年版。

陈达生:《泉州伊斯兰教石刻》,宁夏人民出版社 1984 年版。

陈高华:《陈高华文集》,上海译文出版社 2005 年版。

陈高华:《元史研究论稿》,中华书局 1991 年版。

陈献国主编:《蒙古族经济思想史研究》,辽宁民族出版社 2004 年版。

陈垣:《元西域人华化考》,《陈垣学术论文集》,中华书局 1980 年版。

达振益:《中国南方回族碑刻匾联选编》,宁夏人民出版社 1999 年版。

德山:《蒙古族古代交通史》,远方出版社 2006 年版。

德山:《元代交通史》,辽宁民族出版社 1995 年版。

方龄贵:《元史丛考》,民族出版社 2004 年版。

冯承钧:《元代白话碑》,上海商务印书馆 1931 年版。

福建省泉州海外交通史博物馆:《泉州伊斯兰教研究论文选》,福建人民出版社 1983 年版。

【德】傅海波、【英】崔瑞德著,史卫民等译:《剑桥中国辽西夏金元史》,中国社会科学出版社 1998 年版。

高荣盛:《元代海外贸易研究》,四川人民出版社 1998 年版。

国家民委全国少数民族古籍整理研究室:《中国少数民族古籍总目提要·回族卷(铭刻类)》,中国大百科全书出版社 2008 年版。

【日】箭内亘著,陈捷、陈清泉译:《元代蒙汉色目待遇考》,台湾商务印书馆 1975 年版。

李幹:《元代社会经济史稿》,湖北人民出版社 1985 年版。

李兴华:《中国名镇伊斯兰教研究》(上、下),宁夏人民出版社 2011 年版。

李治安:《元代政治制度研究》,人民出版社 2003 年版。

刘晓:《耶律楚材评传》,南京大学出版社 2001 年版。

刘迎胜:《海路与陆路》,北京大学出版社 2011 年版。

马建春:《元代东迁西域人及其文化研究》,民族出版社 2003 年版。

蒙思明:《元代社会阶级制度》,中华书局 1980 年版。

潘清:《元代江南民族重组与文化交融》,凤凰出版社 2006 年版。

史卫民:《元代社会生活史》,中国社会科学出版社 1996 年版。

唐长儒:《山居丛稿》,中华书局 1989 年版。

王德毅编:《元人传记资料索引》,中华书局 1987 年版。

王铭铭:《逝去的繁荣——一座老城的历史人类学考察》,浙江人民出版社 1999 年版。

王子华、姚继德:《云南回族人物碑传精选》,云南民族出版社 2004 年版。

吴文良:《泉州宗教石刻(增订本)》,科学出版社 2005 年版。

萧启庆主编:《蒙元的历史与文化——蒙元史学术研讨会论文集》,台北学生书局 2001 年版。

杨树藩:《元代中央政治制度》,台湾商务印书馆 1978 年版。

杨志玖:《元代回族史稿》,南开大学出版社 2003 年版。

杨志玖:《元史三论》,人民出版社 1985 年版。

么书仪:《元代文人心态》,文化艺术出版社 1993 年版。

姚从吾著,姚从吾先生遗著整理委员会编辑:《姚从吾先生全集》,台湾正中书局 1982 年版。

叶新民:《元上都研究》,内蒙古大学出版社 1998 年版。

张帆:《元代宰相制度研究》,北京大学出版社 1997 年版。

赵琦:《金元之际的儒士与汉文化》,人民出版社 2004 年版。

周良宵、顾菊英:《元史》,上海人民出版社 2003 年版。

三、论文

【俄】Э.С.库利平-古拜杜林、赵晓佳:《金帐汗国——中世纪的国际贸易中心》,杨怀中主编:《中国回商文化》(第 1 辑),宁夏人民出版社 2009 年版。

【日】爱宕松男著,李治安译:《斡脱钱及其背景——十三世纪蒙古元朝白银的动向》,《蒙古学信息》1983 年第 2 期。

白坚:《试论明初的西域政策》,《兰州学刊》1988 年第 5 期。

鲍志成:《元大都和杭州的国际性》,《大同高专学报》1998 年第 12 卷第 1 期。

陈高华:《元代泉州舶商》,《中国史研究》1985 年第 1 期。

陈高华:《元代的航海世家澉浦杨氏——兼说元代其他航海家族》,《海交史研究》1995 年第 1 期。

陈高华:《蒲寿庚事迹》,《陈高华文集》,上海译文出版社 2005 年版。

陈国光:《蒙元统治者与西域穆斯林》,《甘肃民族研究》1996 年第 2—3 期。

陈尚胜:《海外穆斯林商人与明朝海外交通政策》,《文史哲》2007 年第 1 期。

陈实、陈广恩:《元代的回回茶饭》,《广西民族学院学报》2002 年第 5 期。

陈晓丽:《小议元杂剧中的"斡脱钱"》,《辽东学院学报》2006 年第 3 期。

陈晓丽:《小议元杂剧中的"斡脱钱"》,《辽东学院学报》2006 年第 6 期。

陈园园:《宋元明泉州港海外贸易研究述评》,厦门大学 2014 年硕士论文。

程彤:《杭州凤凰寺波斯文阿拉伯文碑铭——兼谈元代穆斯林在杭州的足迹》,《上海文博论丛》2006 年第 1 期。

【日】船田善之:《色目人与元代制度、社会——重新探讨蒙古、色目、汉人、南人划分的位置》,《蒙古学信息》2003 年第 2 期。

【日】大谷通顺:《波斯进宝的形象——与财神像的关系》,北京师范大学古籍研究所编:《元代文化研究》,北京师范大学出版社 2001 年版。

丁国范:《真金与权臣的斗争》,南京大学历史系元史组编:《元史及北方民族史研究集刊》第 8 辑,1984 年版。

丁明俊:《明朝与中亚穆斯林贡贸关系探析》,《西北第二民族学院学报》2004 年第 2 期。

冯今源:《漫谈回族商业经济的历史变迁》,《中国民族》1981 年第 3 期。

高荣盛:《元代海外贸易的管理机构》,《元史论丛》第七辑,江西教育出版社 1999 年版。

高占福:《元代的甘肃回回人》,《宁夏社会科学》1992 年第 3 期。

葛壮:《明代社会中的伊斯兰教和穆斯林》,《世界宗教研究》2002 年第 1 期。

韩永静:《历史上回族人口迁移与数量变动》,《宁夏社会科学》2010 年第 1 期。

和龑:《明代西域回回入附中原考》,《宁夏社会科学》1987 年第 4 期。

和龑:《明朝与瓦剌"贡赐"贸易中的回回——回回民族研究之五》,《内蒙古社会科学(汉文版)》1987 年第 5 期。

和龑:《关于明代回回的移向问题》,《中央民族学院学报》1987 年第 6 期。

和龑:《明代西域入附回回人口及其分布》,《内蒙古社会科学(汉文版)》1990 年第 2 期。

和龑:《明代丝路贸易中的回回》,《中央民族学院学报》1991 年第 1 期。

和龑:《明代西域入附回回的职业结构》,《宁夏社会科学》1992 年第 3 期。

和洪勇:《明前期中国与东南亚国家的朝贡贸易》,《云南社会科学》2003 年第 1 期。

何启龙:《从和林碑文看元代和林城的回回与汉人》,刘迎胜主编:《元史及民族与边疆研究集刊》(第 18 辑),上海古籍出版社 2006 年版。

何兆吉:《元代回回乌马儿史事札记》,《西北第二民族学院学报》1998 年第 4 期。

胡兴东:《斡脱:蒙元时期民事制度的一个创新》,《云南师范大学学报》2003 年第 5 期。

胡云生:《论明代回回的朝贡贸易》,《回族研究》1997 年第 2 期。

黄天柱、廖渊泉:《古代泉州阿拉伯穆斯林与泉州港的盛衰》,《东南亚》1984 年第 1 期。

赖存理:《元代回回商人与唐宋时期"蕃商"的区别》,《青海民族学院学报》1987 年第 3 期。

赖存理:《元代回回商人的活动及其特点》,《宁夏社会科学》1988 年第 1 期。

赖存理:《明代回族商业的发展》,《中南民族学院学报》1988 年第 4 期。

郎维伟、马俊峰:《明代对回政策与回族民族特征的形成》,《贵州民族研究》2008 年第 6 期。

李德宽:《"识宝回回"传说探研》,《西北第二民族学院学报》1995 年第 3 期。

李凤鸣:《蒙元初期的塞北回回商旅》,《中国穆斯林》1995 年第 3 期。

李幹、周祉征:《略论元代的海外贸易》,《历史教学》1983 年第 10 期。

李幹、周祉征:《元代回回及其历史贡献》,《黑龙江民族丛刊》1990 年第 1 期。

李海棠:《斡脱钱》,《文史杂志》2000 年第 2 期。

李松茂:《元史与回回史》,《文史知识》1994 年第 7 期。

李文博:《试论明代西域商队的贸易风险》,《新疆教育学院学报》2008 年第 1 期。

李晓娟:《元代杭州的商业经济》,《江苏商论》2004 年第 3 期。

李晓英:《元代回回商人在甘宁青的活动和特点》,《青海民族研究》2008 年第 1 期。

廖大珂:《元代私人海商构成初探》,《南洋问题研究》1996 年第 2 期。

廖大珂:《元代官营航海贸易制度初探》,《厦门大学学报》1996 年第 2 期。

廖大珂:《海南的占城移民与回族的形成》,《"东南亚民族关系"学术研讨会论文汇编》2002 年 9 月。

刘艳霞:《伊斯兰教在蒙元时代的中国化》,西北师范大学硕士论文,2006 年。

刘有成:《地位上升而又明确附会汉法的元代伊斯兰教》,《湖北民族学院学报》2002 年第 1 期。

刘祯:《略述元代的回回》,《内蒙古社会科学(汉文版)》1982 年第 2 期。

骆桂花:《回族在明代经济文化交流中的历史作用》,《青海民族学院学报》1997 年第 2 期。

马芳:《浅析蒙元王朝回回商人的经济和政治待遇问题》,《和田师范专科学校学报》2005 年第 6 期。

马建春:《明代回回人对贡赐贸易的垄断》,《丝绸之路》1996 年第 6 期。

马建春:《蒙·元时期的波斯与中国》,《回族研究》2006 年第 1 期。

马建春:《元代西域人的商业活动》,《暨南学报》2006 年第 3 期。

马建春:《元代居留江浙行省的西域人》,《社会科学》2006 年第 3 期。

马建春:《明代西域回回人马克顺(皮尔马黑麻)事迹考》,《回族研究》2008 年第 2 期。

马建春:《"识宝回回"与中国珠宝业的发展》,杨怀中主编:《中国回商文化》(第 1 辑),宁夏人民出版社 2009 年版。

马娟:《对元代色目人家族的考察——以乌伯都剌家族为例》,《回族研究》2003 年第 3 期。

马娟:《元代回回法与汉法的冲突与调适》,《回族研究》2004 年第 3 期。

马娟:《元代伊斯兰法与蒙古法冲突与调适——以〈元典章·禁回回抹杀羊做速纳〉为例》,《元史论丛》第九辑,中国广播电视出版社 2004 年版。

马娟:《元代哈剌鲁人老的沙述略》,《回族研究》2005 年第 2 期。

马明达:《朱元璋歧视色目人》,《回族研究》2006 年第 1 期。

马天博:《元代回回人研究三题》,中央民族大学硕士论文,2007 年。

马天博、马建福:《论元代东迁回回人文化心理的转变》,《西北民族研究》2006 年第 3 期。

马志福:《元代中国穆斯林及宗教活动管窥》,《甘肃民族研究》1992 年第 2—3 期。

孟元召:《宋元时期泉州沿海地区瓷器的外销》,《边疆考古研究》2007 年第 5 辑。

穆宝修:《元代回回人的手工业》,《甘肃民族研究》1989 年第 2 期。

穆德宝:《元代回回以中原为家的分布路线》,《西北民族学院学报》1987 年第 1 期。

穆德全:《明代回族的分布》,《宁夏大学学报》1987 年第 3 期。

聂德宁:《元代泉州港海外贸易商品初探》,《南洋问题研究》2003 年第 3 期。

潘清:《元代江南蒙古、色目侨寓人户的基本类型》,《南京大学学报》2000 年第 3 期。

钱伯泉:《明代哈密回回首领写亦虎仙的叛乱》,《西域研究》2008 年第 1 期。

邱树森:《元代回回人的商业活动》,《元史论丛》第六辑,中国社会科学出版社 1997 年版。

邱树森:《元"回回哈的司"研究》,《中国史研究》2001 年第 1 期。

邱树森:《马可波罗笔下的中国穆斯林》,《元史论丛》第八辑,江西教育出版社 2001 年版。

邱树森:《明武宗与明代回回人》,《回族研究》2004 年第 1 期。

邱树森:《元代广州的商业文化》,《江苏商论》2004 年第 8 期。

任树民:《元代的回回珠宝商》,《西北第二民族学院学报》1998 年第 3 期。

单于德:《回回香药渊源》,《回族研究》1997 年第 4 期。

尚衍斌:《元代色目人史事杂考》,《民族研究》2001 年第 1 期。

尚衍斌:《唐代"兴胡"与元代"斡脱"名义考辨》,《新疆大学学报》2001 年第 2 期。

施新荣:《明代哈密与中原地区的经济交往——以贡赐贸易为中心》,《西域研究》2007 年第 1 期。

【日】寺田隆信、钟美珠:《明代泉州回族杂考》,《世界民族》1986 年第 2 期。

谈谭:《明代皇族与伊斯兰教关系研究》,宁夏大学硕士论文,2004 年。

田培栋:《明朝前期海外贸易研究——兼论郑和下西洋的性质》,《首都师范大学学报》1983 年第 4 期。

汪兴和:《元代大都的商业经济》,《江苏商论》2004 年第 2 期。

汪兴和:《元代上都的商业经济》,《江苏商论》2004 年第 4 期。

王东平:《元代的回回、回回法和回回哈的司》,《民族史研究》第 1 辑,民族出版社 1999 年版。

王东平:《元代关涉回回立法初探》,《中央民族大学学报》2001 年第 6 期。

王继霞:《试析回族在草原文化传承中的贡献》,《阴山学刊》2007 年第 4 期。

王平:《"识宝回回"的历史传统与时代创新》,《回族研究》2008 年第 4 期。

王仁杰:《宋元之际的回回巨商蒲寿庚》,《江苏商论》2004 年第 3 期。

王四达:《宋元泉州的社会转型及其文化特征初探》,《华侨大学学报(哲学社会科学版)》1998 年第 2 期。

王颋:《敛财之臣与忽必烈》,南京大学历史系元史组编:《元史及北方民族史研究集刊》第 5 辑,1981 年版。

王希玲:《浅谈元朝的斡脱钱》,《大庆师范学院学报》2008 年第 1 期。

王秀丽:《海商与元代东南社会》,《华南师范大学学报》2003 年第 5 期。

魏德新:《回商蒲寿庚的历史功过》,收入杨怀中主编:《中国回商文化》第 1 辑,宁夏人民出版社 2009 年版。

翁独健:《斡脱杂考》,《燕京学报》1941 年第 29 期。

吴柏春:《试论忽必烈的"汉法"政策》,《内蒙古民族大学学报(社会科学版)》2002 年第 1 期。

喜蕾:《从高丽文献看元代的回回人》,《内蒙古大学学报》2006 年第 38 卷第 4 期。

萧功秦:《英宗新政与"南坡之变"》,南京大学历史系元史组编:《元史及北方民族史研究集刊》第 4 辑,1980 年。

修晓波:《元朝斡脱政策探考》,《中国社会科学院研究生院学报》1994 年第 3 期。

修晓波:《元代色目商人对泉州港的经营》,《中国边疆史地研究》1995 年第 2 期。

修晓波:《大蒙古国及元初政坛上的西域商人》,《社会科学战线》1996 年第 1 期。

修晓波:《元代色目商人的分布》,《元史论丛》第六辑,中国社会科学出版社 1997 年版。

修晓波:《元代斡脱经营海外贸易的原因及影响》,《元史论丛》第七辑,江西教育出版社 1999 年版。

修晓波:《元朝对色目商人的管理》,《中国社会科学院研究生院学报》2001 年第 5 期。

徐黎丽:《论蒙元时期宗教政策的演变对民族关系影响》,《西北民族学院学报》1996 年第 1 期。

杨德华、胡兴东:《元代"约会"制度初探》,《云南师范大学学报》(哲学社会科学版)1999 年第 5 期。

杨怀中:《元代东来的回回世家》,《回族研究》1991 年第 1 期。

杨永平:《元代商业和回回人》,云南师范大学硕士论文,2003 年。

杨志玖:《关于元朝统治下"经济的破坏"问题》,《史学月刊》1957 年第 6 期。

杨志玖:《补〈元史〉札八儿火者传》,《回族研究》1991 年第 3 期。

姚桂轩:《阿合马其人》,《内蒙古社会科学(汉文版)》1981 年第 5 期。

姚景安:《忽必烈与儒学和儒臣》,《中国史研究》1990 年第 1 期。

于秀萍:《明初移民对沧州的再开发》,《沧州师范专科学校学报》2006 年第 3 期。

【日】宇野伸浩著,完泽译:《窝阔台汗与穆斯林商人》,《世界民族》1990 年第 3 期。

张建中:《对明代前期南京回回迁徙的再探讨》,《南京晓庄学院学报》2004 年第 20 卷第 1 期。

张文德:《入附明朝的撒马儿罕回回》,《西北民族研究》2003 年第 3 期。

张云:《答失蛮其人及其经略吐鲁番考实》,《中国边疆史地研究》1993 年第 4 期。

张中复:《论元朝在当代回族形成过程中的地位——以民族史建构为中心的探讨》,萧启庆主编:《蒙元的历史与文化——蒙元史学术研讨会论文集》,学生书局 2001 年版。

钟焓:《民族史研究中的"他者"视角——跨语际交流、历史记忆与华语秩序语境下的回回形象》,《历史研究》2008 年第 1 期。

钟焓:《"回回识宝"型故事试析——"他者"视角下回回形象的透视》,《西域研究》2009 年第 2 期。

钟银梅:《元代河西回回人经济活动论析》,《许昌学院学报》2006 年第 3 期。

周清澍:《马可波罗书中的阿儿浑人和纳失失》,《元史论丛》第八辑,江西教育出版社 2001 年版。

庄景辉:《略论泉州的繁盛及其原因》,《福建学刊》1989 年第 1 期。

庄为玑:《泉州宋船为蒲寿庚私船考》,《中国与海上丝绸之路》,福建人民出版社 1991 年版。

庄为玑、庄景辉:《泉州宋船香料与蒲家香业》,《回族史论集》,宁夏人民出版社 1983 年版。

附录：回商研究成果辑录

一、研究论著

陈高华、史卫民:《元上都》,吉林教育出版社 1988 年版。

陈高华、史卫民:《中国经济通史——元代经济卷》,经济日报出版社 2000 年版。

陈高华、吴泰:《宋元时期的海外贸易》,天津人民出版社 1981 年版。

陈垣:《元西域人华化考》,上海古籍出版社 2008 年版。

丁克家:《至真至美的回族文化》,宁夏人民出版社 2008 年版。

丁汝俊、敏文杰、丁克家:《我们走在青藏高原上:洮商考察纪行》,中国社会科学出版社 2009 年版。

德山:《元代交通史》,辽宁民族出版社 1995 年版。

德山:《蒙古族古代交通史》,远方出版社 2006 年版。

高荣盛:《元代海外贸易研究》,四川人民出版社 1998 年版。

姜歆:《中国回商(回族民间商业文化)》,宁夏人民出版社 2008 年版。

刘半农译:《苏莱曼东游记》,商务印书馆 1937 年版。

刘天明:《伊斯兰经济思想》,宁夏人民出版社 2001 年版。

刘迎胜:《西北民族史与察合台汗国史研究》,南京大学出版社 1994 年版。

刘迎胜:《海路与陆路》,北京大学出版社 2011 年版。

罗贤佑:《元代民族史》,四川民族出版社 1996 年版。

陆韧:《云南对外交通史》,云南民族出版社 1997 年版。

马燕、田晓娟:《四海通达的回族商贸》,宁夏人民出版社 2008 年版。

南京郑和研究会编:《走向海洋的中国人:郑和下西洋 590 周年国际学术研讨会论文集》,海潮出版社 1996 年版。

邱树森:《中国回族史》,宁夏人民出版社 1996 年版。

【日】桑原骘藏:《唐宋贸易港研究》,商务印书馆 1935 年版。

【日】桑原骘藏:《蒲寿庚考》,中华书局 1954 年版。

【日】桑原骘藏:《中国阿拉伯海上交通史》,商务印书馆 1934 年版。

魏明孔:《西北民族贸易研究》,中国藏学出版社 2003 年版。

王明达、张锡禄:《马帮文化》,云南人民出版社 2008 年版。

吴丕清：《沧州回族》，中央民族大学出版社 1999 年版。

杨怀中：《中国回商文化》（第 1 辑），宁夏人民出版社 2009 年版。

严梦春：《河州回族脚户文化》，宁夏人民出版社 2007 年版。

叶新民：《元上都研究》，内蒙古大学出版社 1998 年版。

杨志玖：《元代回族史稿》，南开大学出版社 2003 年版。

【法】张日铭著，姚继德、沙德珍译：《唐代中国与大食穆斯林》，宁夏人民出版社 2002 年版。

周燮藩、沙秋真：《伊斯兰教在中国》，华文出版社 2000 年版。

周智生：《商人与近代中国西南边疆社会——以滇西北为中心》，中国社会科学出版社 2006 年版。

二、研究论文

（一）回商文化综合研究

陈广元：《中国伊斯兰教界消除贫困的主张和行动》，《中国宗教》2000 年第 6 期。

丁克家：《试论回商文化及其时代意义》，《回族研究》2008 年第 2 期。

丁士仁：《伊斯兰教法对临潭回族经济的影响》，收入杨怀中主编：《中国回商文化》（第 1 辑），宁夏人民出版社 2009 年版。

丁士仁：《穆斯林的商业道德和经商之道——以临潭回族商人的商业行为为例》，《西北第二民族学院学报》2008 年第 6 期。

冯增列：《论回族研究的系统结构》，《宁夏社会科学》1989 年第 1 期。

高红艳、崔海波：《回族崇商重商伦理价值观对构建市场经济伦理道德的影响分析》，《兰州学刊》2006 年第 9 期。

高红艳、崔海波：《回族崇商重商的伦理价值取向与市场经济伦理道德的契合》，《集团经济研究》2006 年第 26 期。

高占福：《回族商业经济的历史变迁与发展》，《宁夏社会科学》1994 年第 4 期。

高占福：《历史的透视：回族商业经济与回族社会地位的关系》，《黑龙江民族丛刊》2001 年第 1 期。

顾世群：《伊斯兰教经济伦理原则及其特点探析》，《青海社会科学》2005 年第 5 期。

郭春霞：《论回族商业伦理》，《中共银川市委党校学报》2009 年第 5 期。

郭永胜、郑晓峰：《早期伊斯兰经济思想析论》，《河北师范大学学报》2005 年第 4 期。

管萍、杨洁明：《回族宗教经济伦理观支配下的分配与交换方式》，《三峡大学学报》2006 年增刊。

黄廷辉：《略谈回族经济史研究的历史与现状》，《回族研究》1998 年第 2 期。

回建：《中国散居回族经济发展研究》，《档案天地》2009 年第 1—9 期。

回建：《中国散居回族经济发展研究》，《档案天地》2008 年第 7、8、10、11、12 期。

姜歆：《回族民间商业的招幌》，《中国民族》2007 年第 3 期。

金贵:《汉文译著家对伊斯兰经济问题的阐述》,收入杨怀中主编:《中国回商文化》(第 1 辑),宁夏人民出版社 2009 年版。

李德宽:《西北回族"复合型经济"与宏观地缘构造的理论分析》,《回族研究》2003 年第 4 期。

李松茂:《关于回族经济史的研究》,《中央民族大学学报》1990 年第 2 期。

李兴华:《回商、回商文化与回族文化》,收入杨怀中主编:《中国回商文化》(第 1 辑),宁夏人民出版社 2009 年版。

李兴华:《试论穆斯林商人在回族伊斯兰教发生、发展中的某种关键作用》,《西北民族研究》1994 年第 1 期。

刘斐:《宗教背景下穆斯林经济活动研究》,南京理工大学研究生学位论文,2007 年。

罗莉:《中国伊斯兰教清真寺经济的历史考察》,《青海社会科学》2005 年第 3 期。

赖存理:《回族善经商的历史经验》,《青海社会科学》1988 年第 3 期。

赖存理:《回族商业的发展对我国边远民族地区开发的贡献》,《开发研究》1987 年第 5 期。

马广德:《论回商的经营之道》,《回族研究》2008 年第 3 期。

马广德:《试析回族人物的地理分布与时代特征》,《回族研究》2003 年第 2 期。

马惠兰:《穆斯林商业道德的特点和作用》,收入杨怀中主编:《中国回商文化》(第 1 辑),宁夏人民出版社 2009 年版。

马建春、张颖:《回族重商传统的文化思考》,《兰州大学学报》2001 年第 6 期。

马建春:《回族重商思想散论》,《西北民族学院学报》1997 年第 2 期。

马进虎:《伊斯兰教经济学与构建和谐社会初探》,《青海社会科学》2005 年第 4 期。

马经:《云南回族经济三十年》,《回族研究》2008 年第 3 期。

马礼:《河湟地区回族传统商贸的发展及对策分析》,《西北第二民族学院学报》2008 年第 6 期。

马敏:《〈古兰经〉中对经济商贸的有关规定》,收入杨怀中主编:《中国回商文化》(第 1 辑),宁夏人民出版社 2009 年版。

马志峰、丁俊:《伊斯兰教的代治理念与回族人的重商精神及其实践》,收入杨怀中主编:《中国回商文化》(第 1 辑),宁夏人民出版社 2009 年版。

马赫穆德·穆萨·拉希德、马尚洛·法里达、丁一成:《伊斯兰经济的理论和方法论基础》,收入杨怀中主编:《中国回商文化》(第 1 辑),宁夏人民出版社 2009 年版。

马平:《回商伦理思想及其他》,收入杨怀中主编:《中国回商文化》(第 1 辑),宁夏人民出版社 2009 年版。

马文慧:《回族商业经济发展的制约因素略谈》,《青海民族学院学报》1998 年第 4 期。

马雪峰:《从商业看云南穆斯林的历史:一点省思》,收入杨怀中主编:《中国回商文化》(第 1 辑),宁夏人民出版社 2009 年版。

马学贤:《回族商业经济的形成与发展》,《青海社会科学》1990 年第 6 期。

马学贤：《青海传统民族贸易中回族商贸经济的形成与发展》，《青海社会科学》2004年第6期。

马燕：《历史地理环境的特殊性与河湟地区回族的变迁》，《青海民族学院学报》2009年第1期。

马宗保：《回族经济社会发展状况的结构分析》，《西北民族研究》2000年第1期。

麻秀荣、周期：《回族商业意识的形成与发展》，《黑龙江民族丛刊》1997年第3期。

牛海桢：《伊斯兰教浸染下的回族商业伦理精神》，《甘肃联合大学学报》2009年第1期。

申旭：《回族与西南丝绸之路》，《云南社会科学》1994年第4期。

孙俊萍：《关于回商文化的哲学思考》，《回族研究》2008年第4期。

孙滔、马忠：《封建社会回族经济初探》，《宁夏社会科学》1986年第6期。

孙晔：《回族民商事习惯法研究》，山东大学博士学位论文，2009年。

孙颖慧：《伊斯兰经济思想与中国西北地区穆斯林社会经济实践——宁夏同心县喊叫水乡杨庄子村调查》，《宁夏社会科学》2002年第6期。

王帆：《社会网视角下的西北清真寺经济》，中央民族大学研究生学位论文，2009年。

王伏平：《伊斯兰教对回族商业活动的影响》，《中共济南市委党校，济南市行政学院，济南市社会主义学院学报》2002年第1期。

王莉、翁乾麟：《广西回族经济发展概述》，收入杨怀中主编：《中国回商文化》（第1辑），宁夏人民出版社2009年版。

王树理：《中华回商》，《中国穆斯林》2001年第5期。

王希隆、连芙蓉：《论西北回族重商文化形成的原因》，《中南民族大学学报》2008年第4期。

王正军：《内陆回族商业活动析论》，《固原师专学报》2006年第2期。

王正伟：《回族：一个善于经商的民族》，《市场经济研究》1998年第5期。

王正伟：《伊斯兰经济制度论纲》，中央民族大学博士学位论文，2003年。

王永亮：《西北回族经济活动史略》，《回族研究》1996年第2期。

吴海鹰：《论回族历史上的商贸经济活动及其作用》，《中国经济史研究》2003年第3期。

肖芒：《伊斯兰文化对回族商业活动的影响》，《西南民族学院学报》2000年第12期。

薛正昌：《历史与现实：变迁中的回商文化》，收入杨怀中主编：《中国回商文化》（第1辑），宁夏人民出版社2009年版。

杨德亮：《托茂家的伊斯兰信仰及其经济生产》，收入杨怀中主编：《中国回商文化》（第1辑），宁夏人民出版社2009年版。

杨国涛、谭晶荣：《试论回族传统文化与经济发展的关系》，《安徽农业大学学报》2002年第5期。

杨启辰、拜庆平：《论回族经济发展的最佳取向、社会作用和发展趋势》，《西北民族研究》2002 年第 3 期。

杨怀中:《重振回商精神》,《回族研究》2009 年第 3 期。

杨婷婷:《回族商业民俗文化变迁研究》,新疆大学研究生学位论文,2008 年。

朱琳:《回族经济思想研究的意义和构想》,《贵州民族研究》2008 年第 2 期。

(二)唐宋时期回族商业研究

陈宝强:《宋朝香药贸易中的乳香》,暨南大学硕士学位论文,2000 年。

陈高华:《北宋时期前往高丽贸易的泉州舶商——兼论泉州市舶司的设置》,《陈高华文集》,上海译文出版社 2005 年版。

程皓、周跃雪:《宋代海外贸易法律制度研究》,《理论月刊》2009 年第 10 期。

丁建伟、连玉新:《唐宋时期穆斯林对西北商业经济的开发》,《兰州商学院学报》2003第 3 期。

丁克家:《唐宋时期我国与阿拉伯帝国的贸易往来及文化交流》,《阿拉伯世界研究》1990 年第 4 期。

盖巍:《宋代穆斯林蕃客社会习俗探析》,《开封大学学报》2008 年第 4 期。

关履权:《宋代广州的外商》,《学术研究》1985 年第 2 期。

黄纯艳:《宋代来华外商述论》,《云南社会科学》1997 年第 4 期。

黄天柱、廖渊泉:《古代泉州阿拉伯穆斯林与泉州港的盛衰》,《东南亚》1984 年第 1 期。

韩毅:《宋代穆斯林开发西北区域经济的经验与启示》,《青海民族学院学报》2002 年第 4 期。

韩毅:《唐宋时期回族先民对西北商业经济的开发与贡献》,《青海民族研究》2002 年第 3 期。

韩毅:《唐宋时期回回民族对海外农业和药材业品种的引进与输入》,《青海民族研究》2003 年第 4 期。

韩毅:《唐宋时期的伊斯兰教及其与西北经济开发》,西北师范大学硕士学位论文,2001 年。

介永强:《唐代的外商》,《晋阳学刊》1995 年第 1 期。

景兆玺:《唐朝与阿拉伯帝国海路贸易的发展及其原因探析》,宁夏大学硕士学位论文,2004 年。

吕变庭、王丽芹:《论穆斯林对宋代社会风俗的影响》,《青海民族研究》2006 年第 1 期。

廖大珂:《蕃坊与蕃长制度初探》,《南洋问题研究》1991 年第 4 期。

李金明:《唐代中国与阿拉伯的海上贸易》,《南洋问题研究》1996 年第 1 期。

刘莉:《试论唐宋时期的蕃坊》,《中央民族大学学报》1999 年第 6 期。

刘莉:《古代回坊的形成与发展》,《青海民族研究》2004 年第 3 期。

林树建:《唐五代浙江的海外贸易》,《浙江学刊》1981 年第 4 期。

李瑞哲：《试论胡商在丝绸之路上的活动以及中原王朝对待胡商的政策》，《敦煌学辑刊》2009 年第 2 期。

麻健敏：《略述南宋对泉州蕃客的政策——兼论阿拉伯商人对繁荣泉州所起的历史作用》，《中央民族学院学报》1990 年第 6 期。

马娟：《唐宋时期穆斯林蕃坊考》，《回族研究》1998 年第 3 期。

米寿江：《扬州早期的穆斯林与伊斯兰教东传》，《世界宗教研究》1999 年第 2 期。

邱树森：《唐宋"蕃坊"与"治外法权"》，《宁夏社会科学》2001 年第 5 期。

邱树森：《宋代的外贸与"蕃商"》，《江苏商论》2003 年第 6 期。

宋立：《唐宋时期国都商业市场比较研究——以长安和汴京为例》，陕西师范大学硕士学位论文，2007 年。

王东平：《唐宋穆斯林史实杂考》，《回族研究》2004 年第 1 期。

王广平、马永：《唐、两宋时期伊斯兰教在广州史考》，《广州大学学报》2006 年第 1 期。

王利民：《唐宋时代在华的外国商人》，《文史知识》1998 年第 4 期。

王义康：《唐代"蕃族"赋役制度试探》，《民族研究》2004 年第 4 期。

薛平拴：《论隋唐长安的商人》，《陕西师范大学学报》2004 年第 2 期。

杨作山：《试论宋代牙人在蕃汉贸易中的作用》，《西北第二民族学院学报》2007 年第 3 期。

张晓曦：《唐代广州蕃坊与地方经贸关系之研究》，中央民族大学硕士学位论文，2005 年。

章深：《宋代外商城市居住权探析》，《开放时代》2002 年第 6 期。

（三）元代回商研究

爱宕松男、李治安：《斡脱钱及其背景——十三世纪蒙古元朝白银的动向》，《蒙古学信息》1983 年第 2 期。

鲍志成：《元大都和杭州的国际性》，《大同高专学报》1998 年第 12 卷第 1 期。

船田善之：《色目人与元代制度、社会——重新探讨蒙古、色目、汉人、南人划分的位置》，《蒙古学信息》2003 年第 2 期。

陈晓丽：《小议元杂剧中的"斡脱钱"》，《辽东学院学报》2006 年第 3 期。

陈高华：《元代泉州舶商》，《陈高华文集》，上海译文出版社 2005 年版。

陈高华：《蒲寿庚事迹》，《陈高华文集》，上海译文出版社 2005 年版。

陈国光：《蒙元统治者与西域穆斯林》，《甘肃民族研究》1996 年第 2 期。

陈实、陈广恩：《元代的回回茶饭》，《广西民族学院学报》2002 年第 5 期。

高荣盛：《元代海外贸易的管理机构》，《元史论丛》（第 7 辑），江西教育出版社 1999 年版。

高占福：《元代的甘肃回回人》，《宁夏社会科学》1992 年第 3 期。

胡兴东：《斡脱：蒙元时期民事制度的一个创新》，《云南师范大学学报》2003 年第 5 期。

何兆吉:《元代回回乌马儿史事札记》,《西北第二民族学院学报》1998 年第 4 期。

何启龙:《从和林碑文看元代和林城的回回与汉人》,收入刘迎胜主编:《元史及民族与边疆研究集刊》(第 18 辑),上海古籍出版社 2006 年版。

Э.С.库利平-古拜杜林、赵晓佳:《金帐汗国——中世纪的国际贸易中心》,收入杨怀中主编:《中国回商文化(第 1 辑)》,宁夏人民出版社 2009 年版。

李海棠:《斡脱钱》,《文史杂志》2000 年第 2 期。

赖存理:《元代回回商人与唐宋时期"蕃商"的区别》,《青海民族学院学报》1987 年第 3 期。

赖存理:《元代回回商人的活动及其特点》,《宁夏社会科学》1988 年第 1 期。

刘祯:《略述元代的回回》,《内蒙古社会科学(汉文版)》1982 年第 2 期。

李松茂:《元史与回回史》,《文史知识》1994 年第 7 期。

李凤鸣:《蒙元初期的塞北回回商旅》,《中国穆斯林》1995 年第 3 期。

李晓娟:《元代杭州的商业经济》,《江苏商论》2004 年第 3 期。

李幹、周祉征:《元代回回及其历史贡献》,《黑龙江民族丛刊》1990 年第 1 期。

李幹、周祉征:《略论元代的海外贸易》,《历史教学》1983 年第 10 期。

李晓英:《元代回回商人在甘宁青的活动和特点》,《青海民族研究》2008 年第 19 卷第 1 期。

廖大珂:《元代私人海商构成初探》,《南洋问题研究》1996 年第 2 期。

廖大珂:《元代官营航海贸易制度初探》,《厦门大学学报》1996 年第 2 期。

廖大珂:《元代官营航海贸易制度述略》,《中国经济史研究》1998 年第 2 期。

刘艳霞:《伊斯兰教在蒙元时代的中国化》,西北师范大学硕士学位论文,2006 年。

穆宝修:《元代回回人的手工业》,《甘肃民族研究》1989 年第 2 期。

马志福:《元代中国穆斯林及宗教活动管窥》,《甘肃民族研究》1992 年第 2 期。

马天博、马建福:《论元代东迁回回人文化心理的转变》,《西北民族研究》2006 年第 3 期。

马芳:《浅析蒙元王朝回回商人的经济和政治待遇问题》,《和田师范专科学校学报》2005 年第 25 卷第 6 期。

马娟:《对元代色目人家族的考察——以乌伯都剌家族为例》,《回族研究》2003 年第 3 期。

马娟:《元代哈剌鲁人老的沙述略》,《回族研究》2005 年第 2 期。

马娟:《元代伊斯兰法与蒙古法冲突与调适——以〈元典章·禁回回抹杀羊做速纳〉为例》,收入刘迎胜主编:《元史论丛》(第 9 辑),中国广播电视出版社 2004 年版。

马娟:《元代回回法与汉法的冲突与调适》,《回族研究》2004 年第 3 期。

马天博:《元代回回人研究三题》,中央民族大学硕士学位论文,2007 年。

马建春:《元代西域人的商业活动》,《暨南学报》2006 年第 3 期。

马建春:《蒙·元时期的波斯与中国》,《回族研究》2006 年第 1 期。

马建春：《元代居留江浙行省的西域人》，《社会科学》2006 年第 3 期。

聂德宁：《元代泉州港海外贸易商品初探》，《南洋问题研究》2003 年第 3 期。

潘清：《元代江南蒙古、色目侨寓人户的基本类型》，《南京大学学报》2000 年第 3 期。

邱树森：《元代回回人的商业活动》，《元史论丛》（第 6 辑），中国社会科学出版社 1997 年版。

邱树森：《马可波罗笔下的中国穆斯林》，《元史论丛》（第 8 辑），江西教育出版社 2001 年版。

邱树森：《元代广州的商业文化》，《江苏商论》2004 年第 8 期。

任树民：《元代的回回珠宝商》，《西北第二民族学院学报》1998 年第 3 期。

尚衍斌：《唐代"兴胡"与元代"斡脱"名义考辨》，《新疆大学学报》2001 年第 2 期。

尚衍斌：《元代色目人史事杂考》，《民族研究》2001 年第 1 期。

王秀丽：《海商与元代东南社会》，《华南师范大学学报》2003 年第 5 期。

王四达：《宋元泉州的社会转型及其文化特征初探》，《华侨大学学报》1998 年第 2 期。

王继霞：《试析回族在草原文化传承中的贡献》，《阴山学刊》2007 年第 4 期。

王希玲：《浅谈元朝的斡脱钱》，《大庆师范学院学报》2008 年第 1 期。

王仁杰：《宋元之际的回回巨商蒲寿庚》，《江苏商论》2004 年第 3 期。

翁独健：《斡脱杂考》，《燕京学报》（第 29 期），1941 年。

汪兴和：《元代大都的商业经济》，《江苏商论》2004 年第 2 期。

汪兴和：《元代上都的商业经济》，《江苏商论》2004 年第 4 期。

王东平：《元代关涉回回立法初探》，《中央民族大学学报》2001 年第 6 期。

魏德新：《回商蒲寿庚的历史功过》，收入杨怀中主编：《中国回商文化》（第 1 辑），宁夏人民出版社 2009 年版。

喜蕾：《从高丽文献看元代的回回人》，《内蒙古大学学报》2006 年第 38 卷第 4 期。

修晓波：《元朝斡脱政策探考》，《中国社会科学院研究生院学报》1994 年第 3 期。

修晓波：《大蒙古国及元初政坛上的西域商人》，《社会科学战线》1996 年第 1 期。

修晓波：《元代色目商人的分布》，《元史论丛》（第 6 辑），中国社会科学出版社 1997 年版。

修晓波：《元朝对色目商人的管理》，《中国社会科学院研究生院学报》2001 年第 5 期。

修晓波：《元代色目商人对泉州港的经营》，《中国边疆史地研究》1995 年第 2 期。

修晓波：《元代斡脱经营海外贸易的原因及影响》，《元史论丛》（第 7 辑），江西教育出版社 1999 年版。

姚桂轩：《阿合马其人》，《内蒙古社会科学（汉文版）》1981 年第 5 期。

杨永平：《元代商业和回回人》，云南师范大学硕士学位论文，2003 年。

杨怀中：《元代东来的回回世家》，《回族研究》1991 年第 1 期。

杨志玖：《关于元朝统治下"经济的破坏"问题》，《史学月刊》1957 年第 6 期。

杨志玖：《补〈元史〉札八儿火者传》，《回族研究》1991 年第 3 期。

【日】宇野伸浩著,完泽译:《窝阔台汗与穆斯林商人——斡耳朵内的交易与西亚商品》,《世界民族》1990年第3期。

张云:《答失蛮其人及其经略吐鲁番考实》,《中国边疆史地研究》1993年第4期。

周清澍:《马可波罗书中的阿儿浑人和纳失失》,《元史论丛》(第八辑),江西教育出版社2001年版。

庄景辉:《略论泉州的繁盛及其原因》,《福建学刊》1989年第1期。

庄为玑、庄景辉:《泉州宋船香料与蒲家香业》,《回族史论集》,宁夏人民出版社1983年版。

庄为玑:《泉州宋船为蒲寿庚私船考》,载《中国与海上丝绸之路》,福建人民出版社1991年版。

钟银梅:《元代河西回回人经济活动论析》,《许昌学院学报》2006年第3期。

(四)明代回商研究

丁明俊:《明朝与中亚穆斯林贡贸关系探析》,《西北第二民族学院学报》2004年第2期。

葛壮:《明代社会中的伊斯兰教和穆斯林》,《世界宗教研究》2002年第1期。

胡云生:《论明代回回的朝贡贸易》,《回族研究》1997年第2期。

和龑:《明代西域入附回回的职业结构》,《宁夏社会科学》1992年第3期。

和龑:《关于明代回回的移向问题》,《中央民族学院学报》1987年第6期。

和龑:《明代丝路贸易中的回回》,《中央民族学院学报》1991年第1期。

和龑:《明代西域回回入附中原考》,《宁夏社会科学》1987年第4期。

和龑:《明代西域入附回回人口及其分布》,《内蒙古社会科学(汉文版)》1990年第2期。

和龑:《明朝与瓦剌"贡赐"贸易中的回回——回回民族研究之五》,《内蒙古社会科学(汉文版)》1987年第5期。

和洪勇:《明前期中国与东南亚国家的朝贡贸易》,《云南社会科学》2003年。

赖存理:《明代回族商业的发展》,《中南民族学院学报》1988年第4期。

骆桂花:《回族在明代经济文化交流中的历史作用》,《青海民族学院学报》1997年第2期。

李德宽:《"识宝回回"传说探研》,《西北第二民族学院学报》1995年第3期。

李文博:《试论明代西域商队的贸易风险》,《新疆教育学院学报》2008年第1期。

郎维伟、马俊峰:《明代对回政策与回族民族特征的形成》,《贵州民族研究》2008年第6期。

穆德春:《明代回族的分布》,《宁夏大学学报》1987年第3期。

马建春:《明代回回人对贡赐贸易的垄断》,《丝绸之路》1996年第6期。

马建春:《明代西域回回人马克顺(皮尔马黑麻)事迹考》,《回族研究》2008年第2期。

马建春:《"识宝回回"与中国珠宝业的发展》,收入杨怀中主编:《中国回商文化》(第1

辑），宁夏人民出版社 2009 年版。

马明达：《朱元璋歧视色目人》，《回族研究》2006 年第 1 期。

钱伯泉：《明代哈密回回首领写亦虎仙的叛乱》，《西域研究》2008 年第 1 期。

邱树森：《明武宗与明代回回人》，《回族研究》2004 年第 1 期。

陈尚胜：《海外穆斯林商人与明朝海外交通政策》，《文史哲》2007 年第 1 期。

施新荣：《明代哈密与中原地区的经济交往——以贡赐贸易为中心》，《西域研究》2007 年第 1 期。

单于德：《回回香药渊源》，《回族研究》1997 年第 4 期。

田培栋：《明朝前期海外贸易研究——兼论郑和下西洋的性质》，《首都师范大学学报》1983 年第 4 期。

谈谭：《明代皇族与伊斯兰教关系研究》，宁夏大学硕士学位论文，2004 年。

王平：《"识宝回回"的历史传统与时代创新》，《回族研究》2008 年第 4 期。

于秀萍：《明初移民对沧州的再开发》，《沧州师范专科学校学报》2006 年第 3 期。

钟焓：《"回回识宝"型故事试析——"他者"视角下回回形象的透视》，《西域研究》2009 年第 2 期。

张建中：《对明代前中期南京回回迁徙的再探讨》，《南京晓庄学院学报》2004 年第 20 卷第 1 期。

张文德：《入附明朝的撒马儿罕回回》，《西北民族研究》2003 年第 3 期。

（五）清代回商研究

丁慧倩：《坚守与融通：清代华北回族聚居区的内部管理和外部调适——以沧州城回族聚居区为个案》，《回族研究》2007 年第 4 期。

何威：《明清时期河州商人与山西商人比较研究》，《青海民族研究》2008 年第 2 期。

胡铁球：《"歇家牙行"经营模式的形成与演变》，《历史研究》2007 年第 3 期。

胡铁球、霍维洮：《"歇家"概况》，《宁夏大学学报》2006 年第 6 期。

胡铁球：《"歇家牙行"经营模式在近代西北地区的沿袭与嬗变》，《史林》2008 年第 1 期。

胡铁球：《"歇家"介入司法领域的原因和方式》，《社会科学》2008 年第 5 期。

何玉畴、王迎喜：《论清代对回族的政策》，《甘肃社会科学》1989 年第 2 期。

何威：《明清时期河州穆斯林商帮兴起初探》，收入杨怀中主编：《中国回商文化》（第 1 辑），宁夏人民出版社 2009 年版。

刘炳涛：《明清沙苑回、汉民的经营方式与生态环境变迁》，《史学月刊》2008 年第 5 期。

李刚：《论明清陕西商人对中央政策的有效利用——兼论明清陕西商帮的产生》，《西北大学学报》1996 年第 4 期。

李刚、卫红丽：《明清时期山陕商人与青海歇家关系探微》，《青海民族研究》2004 年第 2 期。

李丕祺：《试析乾隆朝关涉回族的特别法令》，《回族研究》1999 年第 2 期。

李兴华：《清代回族清真寺的寺产问题》，《世界宗教研究》2000 年第 2 期。

刘卓：《清代驼运之于新疆》，《西部》2002 年第 9 期。

马安君：《近代青海歇家与洋行关系初探》，《内蒙古社会科学（汉文版）》2007 年第 3 期。

马明达、张利荣：《明清的回回宰牛业》，《回族研究》2007 年第 2 期。

马明忠、何佩龙：《青海地区的"歇家"》，《青海民族学院学报》1994 年第 4 期。

马寿千：《清代前期回族的经济发展》，《宁夏社会科学》1987 年第 2 期。

马维良：《清代初中期云南回族的矿冶业》，《回族研究》1994 年第 1 期。

穆德全：《清代回族的分布》，《宁夏社会科学》1986 年第 5 期。

勉卫忠：《清朝前期河湟回藏贸易略论》，《西北第二民族学院学报》2005 年第 3 期。

勉卫忠：《清末民初河湟回藏贸易变迁研究》，中央民族大学硕士学位论文，2006 年。

勉卫忠：《回藏贸易中的盐业问题》，《盐业史研究》2007 年第 3 期。

勉卫忠、喇秉德：《明清时期青海回族与新兴商业城镇的兴起》，收入杨怀中主编：《中国回商文化》（第 1 辑），宁夏人民出版社 2009 年版。

申莉琴：《清代前期陕西回族农业经济研究》，《西北农林科技大学学报（社会科学版）》2008 年第 6 期。

申莉琴：《论清代陕西回族经济生活变迁原因》，《西北农林科技大学学报（社会科学版）》2009 年第 3 期。

王彬、朱竑：《明清时期广东回族来源及分布》，《热带地理》2007 年第 6 期。

王熹、林永匡：《清乾隆年间新疆的"回布"贸易问题》，《新疆社会科学》1987 年第 5 期。

王致中：《"歇家"考》，《青海社会科学》1987 年第 2 期。

翁乾麟：《清代广西的回族碑刻概述》，《回族研究》2004 年第 2 期。

许文继：《歇家与明清社会》，中国社会科学院历史研究所明史研究室：《明史研究论丛》（第 6 辑），2004 年 8 月。

杨晓春：《清江清真寺现存清代碑刻的初步研究》，《西北第二民族学院》2007 年第 2 期。

【日】中田吉信、陈健玲：《清代回族的一个侧面》，《回族研究》1992 年第 1 期。

（六）近现代回商研究

【英】A.D.W.福布斯著，关学军、郭庆译：《泰国北部的"钦浩"（云南籍华人）穆斯林》，《民族译丛》1988 年第 4 期。

丁娥：《牙人故事》，中央民族大学硕士学位论文，2005 年。

丁宏：《西道堂模式——一个宗教派别的社会实践及带给我们的思考》，《中央民族大学学报》1996 年第 5 期。

杜鹃：《民国时期的马帮驿运》，四川大学硕士学位论文，2004 年。

朵建东：《窑街回族经济社会发展研究》，兰州大学硕士学位论文，2008年。

段继业：《青藏高原地区藏族与穆斯林群体的互动关系》，《民族研究》2001年第3期。

丁克家：《临潭回族的社会经济、宗教及文化教育述略》，《宁夏社会科学》1995年第4期。

丁万录：《陕西回族发展变迁的历史考察》，《宁夏大学学报》（人文社会科学版）1988年第4期。

答振益：《民国时期回族民族工业剖析》，《回族研究》1996年第1期。

答振益：《民国时期回族商业概论》，《中南民族学院学报》1998年第1期。

范婧婧：《西安市河南籍回族的历史与现状》，陕西师范大学硕士学位论文，2007年。

樊如森：《天津开埠后的皮毛运销系统》，《中国历史地理论丛》2001年第1期。

甘敏岩：《甘肃伊斯兰教西道堂历史与现状调查——以伊斯兰教如何与社会发展相适应为主》，《西北民族研究》1994年第2期。

葛壮：《近代上海回商群体的特征与文化贡献》，《回族研究》2008年第4期。

高占福：《马明仁与西道堂的经济发展》，《西北民族研究》1993年第1期。

黄明：《试论北洋军阀统治对甘肃青近代化的影响》，《西北史地》1997年第3期。

何平：《云南回族与滇缅贸易》，《思想战线》1992年第3期。

胡铁球：《近代青海羊毛对外输出量考述》，《青海社会科学》2007年第2期。

胡铁球：《近代西北皮毛贸易与社会变迁》，《近代史研究》2007年第4期。

何晓：《晋商 徽商 回商：品牌的地域性和民族性》，《中国检验检疫》2009年第2期。

侯宣杰：《回族与广西城镇社会的历史变迁》，《贵州民族研究》2005年第6期。

胡云生：《河南回族社会历史变迁研究》，复旦大学博士学位论文，2005年。

黄正林：《近代西北皮毛产地及流通市场研究》，《史学月刊》2007年第3期。

黄正林：《同治回民事变后黄河上游区域的人口与社会经济》，《史学月刊》2008年第10期。

景军、张世平、陈胜利：《临夏的回族经商与民族经济》，《西北民族研究》1991年第1期。

靳瑞明：《近代甘宁青商路与市镇分布研究》，兰州大学硕士学位论文，2009年。

靳瑞明、宁宇：《近代甘宁青商路分布探究》，《新学术》2009年第1期。

【日】吉松久美子、涂华忠、姚继德：《云南回族入缅商路与移居点考》，《回族研究》2008年第2期。

刘斌、胡铁球：《失之东隅 收之桑榆——近代以来中国西北地区回族商业发展述略》，《青海民族研究》2008年第1期。

李海英：《近现代青海地区清真寺院商品货币经济形态浅析》，《青海师范大学学报》2003年第3期。

喇琼飞：《民国时期的回族皮毛生意》，《宁夏大学学报》1989年第2期。

李仁：《回商与晋商的比较研究》，收入杨怀中主编：《中国回商文化》（第1辑），宁夏人民出版社 2009 年版。

黎仕明:《20 世纪甘宁青中等城市与区域发展研究》,四川大学博士学位论文, 2004 年。

李晓英:《文化·网络与羊毛贸易:近代甘宁青回族商人(1894—1937 年)》,厦门大学博士学位论文,2007 年。

李晓英:《近代甘宁青羊毛贸易中的回族商人及其贸易网络》,《西北师范大学学报》2008 年第 4 期。

李晓英:《近代甘宁青的皮筏运输——以羊毛贸易为中心的考察》,《西北师范大学学报》2009 年第 5 期。

李云:《试析近代广西回族工商业发展状况及其特征》,《南宁师范高等专科学校学报》2005 年第 3 期。

李云:《近代回族与边疆地区经济开发研究——以广西为视域》,广西师范大学硕士学位论文,2006 年。

刘卓:《新疆的内地商人研究——以晚清、民国为中心》,复旦大学博士学位论文, 2006 年。

渠占辉:《近代中国西北地区的羊毛出口贸易》,《南开学报》2004 年第 3 期。

马安君:《略论马步芳家族官僚资本与青海近代化》,《柴达木开发研究》2007 年第 5 期。

马红艳:《民国时期甘肃、青海回藏民族关系》,宁夏大学硕士学位论文,2003 年。

马佳:《山东青州回族文化变迁研究》,西北民族大学硕士学位论文,2008 年。

马景:《甘肃宣化冈道堂的商业经济(1889—1949)》,收入杨怀中主编:《中国回商文化》(第 1 辑),宁夏人民出版社 2009 年版。

敏俊卿:《中间人:流动与交换》,中央民族大学博士学位论文,2009 年。

马丽娟:《历史上云南回民的经济特征》,《民族研究》2000 年第 5 期。

马丽娟:《云南回民经济的传统与目前的任务》,《回族研究》2001 年第 4 期。

马丽娟:《近代回族商业经济的历史贡献及其作用》,《西北第二民族学院学报》(哲学社会科学版)2008 年第 5 期。

马平:《近现代回族经济"行业垄断"问题剖析》,《回族研究》2002 年第 1 期。

马平:《近代甘青川康边藏区与内地贸易的回族中间》,《回族研究》1996 年第 4 期。

马苏冲:《新疆回族社会经济初探》,《新疆社会经济》1994 年第 3 期。

敏生光:《回族穆斯林经济特点与西道堂经济发展模式》,《回族研究》1994 年第 1 期。

敏生光:《伊斯兰"稳慢"制度对西道堂的影响》,《世界宗教研究》1995 年第 1 期。

马通:《西北回族穆斯林的过去与未来》,《西北民族研究》1992 年第 2 期。

马通:《基布兹与西道堂》,《西北民族研究》1994 年第 2 期。

敏文杰:《临潭回族的商业变迁研究》,兰州大学博士学位论文,2008 年。

敏文杰:《临潭回商(洮商)及其精神评述》,收入杨怀中主编:《中国回商文化》(第 1

辑),宁夏人民出版社 2009 年版。

马维良:《云南回族的对外贸易》,《回族研究》1992 年第 2 期。

勉卫忠:《近代(1895—1949)青海民间商贸与社会经济的扩展》,中央民族大学博士学位论文,2009 年。

勉卫忠:《清末民初西宁回族商业的发展及其城市变迁》,收入杨怀中主编:《中国回商文化》(第 1 辑),宁夏人民出版社 2009 年版。

马学贤:《青海传统民族贸易中回族商贸经济的形成与发展》,《青海社会科学》2004年第 6 期。

马燕:《历史上河湟地区回族与藏族的经济交往》,《青海民族学院学报》2007 年第4 期。

马燕:《回商文化与晋商文化之比较》,收入杨怀中主编:《中国回商文化》(第 1 辑),宁夏人民出版社 2009 年版。

马颖生:《咸同年间大理回商巨贾马名魁》,收入杨怀中主编:《中国回商文化》(第 1辑),宁夏人民出版社 2009 年版。

马宗保:《回族商业经济与历史上的西部开发——以民国时期西北回族商业活动为例》,《宁夏大学学报》2005 年第 5 期。

马占奎、丁化:《临夏回族商业的发展历史及特点》,《回族研究》1994 年第 2 期。

马宗保:《近现代回族商业经济的繁荣及其原因——兼与晋商、徽商的比较》,《宁夏社会科学》2009 年第 2 期。

马志宏:《大理回族工商资本的代表——炳兴祥商号》,收入杨怀中主编:《中国回商文化》(第 1 辑),宁夏人民出版社 2009 年版。

马志荣:《临夏回族村镇经济的历史考察与发展对策》,《西北师范大学学报》2001 年第 2 期。

牛海桢、李晓英:《近代包头商业城市的兴起及回族商人的作用》,《回族研究》2007 年第 1 期。

庞海红:《云南马帮与滇泰贸易》,《乐山师范学院学报》2006 年第 6 期。

彭年:《北京回族的经济生活变迁》,《回族研究》1993 年第 3 期。

濮晓婧、米寿江:《回商与徽商的异同及当代启示》,收入杨怀中主编:《中国回商文化》(第 1 辑),宁夏人民出版社 2009 年版。

邱兴旺、杨连民:《山东聊城地区的回回民族》,《宁夏社会科学》1996 年第 1 期。

佘建明、袁纣卫:《绥远回族商帮的内部结构》,《回族研究》2006 年第 4 期。

田广:《试论回族解放前的社会经济》,《固原师专学报》1986 年第 2 期。

王伏平:《民国时期吴忠回商及商号》,《回族研究》2008 年第 2 期。

王平:《论民国时期的河州牛帮商队》,《西北第二民族学院学报》(哲学社会科学版)2008 年第 6 期。

王平:《河州历史上的回族运输商帮》,收入杨怀中主编:《中国回商文化》(第 1 辑),

宁夏人民出版社 2009 年版。

王平:《新疆回族驼运业的调查与研究》,《回族研究》2006 年第 3 期。

王小英:《民国时期甘肃的回汉民族关系》,兰州大学硕士学位论文,2006 年。

王子华、王剑:《云南回商的特点和经营理念》,收入杨怀中主编:《中国回商文化》(第 1 辑),宁夏人民出版社 2009 年版。

王正儒:《吴忠回商在包头》,《回族研究》2009 年第 3 期。

王正儒、袁纣卫:《回商与晋商经营绩效比较研究——1833—1954 年包头皮毛行业案例分析》,《回族研究》2009 年第 1 期。

许宪隆:《近现代回族经济发展中市场学思想初探》,《黑龙江民族丛刊》1998 年第 3 期。

严梦春:《关于河州脚户的调查研究》,《民族研究》2004 年第 2 期。

姚继德:《云南回族向东南亚的迁徙》,《回族研究》2003 年第 2 期。

姚继德:《云南回族马帮的组织与分布》,《回族研究》2002 年第 2 期。

姚继德:《泰国北部的云南穆斯林——秦霍人》,《思想战线》2002 年第 3 期。

姚继德:《泰国北部的云南穆斯林》,《回族研究》2001 年第 4 期。

杨珍:《历史上的山东回族经济》,《回族研究》1998 年第 3 期。

杨志娟:《近代西北回族商人的没落与重新崛起》,收入杨怀中主编:《中国回商文化》(第 1 辑),宁夏人民出版社 2009 年版。

袁纣卫、佘建明:《苏州回族的伊斯兰文化与商品经济》,《宁夏社会科学》1997 年第 6 期。

袁纣卫:《苏南回族商帮》,《回族研究》1998 年第 1 期。

袁纣卫:《包头回族皮毛贸易(1879—1945)》,《回族研究》2007 年第 3 期。

袁纣卫:《近现代回族皮货的生产与销售网络》,《回族研究》2008 年第 3 期。

袁纣卫:《近代回族皮毛贸易研究(1861—1937)》,《第二次回族学国际学术研讨会论文汇编(银川)》,2006 年。

张泽洪:《近现代四川回族经济文化述略》,《宁夏社会科学》1995 年第 1 期。

张静:《二十世纪前期回族与新疆政局的关系》,新疆大学硕士学位论文,2003 年。

张莉:《包头皮毛贸易的兴起和发展(康熙中叶—抗日战争前)》,内蒙古师范大学硕士学位论文,2009 年。

周梦诗:《河州穆斯林与骆驼文化》,《河州》2006 年第 3 期。

【美】詹姆斯·艾·米尔沃德:《1880—1909 年回族商人与中国边境地区的羊毛贸易》,《甘肃民族研究》1989 年第 4 期。

郑勉之:《近代江苏回族经济概貌》,《宁夏社会科学》1985 年第 4 期。

郑勉之:《近代富甲江南的回回家族——金陵蒋氏》,《回族研究》1993 年第 3 期。

张世海:《民国时期安多地区的回藏贸易》,《回族研究》1997 年第 2 期。

赵天福:《宁夏市场变迁(1368—1949)》,陕西师范大学硕士学位论文,2008 年。

钟银梅:《近代甘宁青地区的皮毛贸易》,宁夏大学硕士学位论文,2005 年。

钟银梅:《近代皮毛贸易在甘宁青地区的兴起》,《青海民族研究》2006 年第 2 期。

钟银梅:《马家军阀专制时期的甘宁青皮毛贸易》,《宁夏师范学院学报》2007 年第 4 期。

钟银梅:《论近代甘宁青皮毛贸易发展的影响性因素及特点》,《青海民族研究》2007 年第 4 期。

钟银梅:《近代甘宁青官方垄断性皮毛贸易的形成与开展》,《西北第二民族学院学报》2007 年第 5 期。

钟银梅:《近代甘宁青民间皮毛贸易的发展》,《宁夏社会科学》2007 年第 3 期。

钟银梅:《近代甘宁青皮毛贸易中的回族商人》,收入杨怀中主编:《中国回商文化》(第 1 辑),宁夏人民出版社 2009 年版。

张志诚:《上海地区的回族及其经济活动概述》,《回族研究》1994 年第 4 期。

周智生:《云南商人与近代中印商贸交流》,《学术探索》2002 年第 1 期。

周智生:《云南商人与近代滇藏商贸交流》,《西藏研究》2003 年第 1 期。

（七）当代回商发展研究

必达、赵伟:《临夏模式:形成、发展与转型》,《经济地理》2005 年第 5 期。

巴基洛夫·拉希德、马赫穆德·穆萨·拉希德、丁一成:《伊斯兰经济商业活动的资金运作理论与实践》,收入杨怀中主编:《中国回商文化》(第 1 辑),宁夏人民出版社 2009 年版。

巴基洛夫·拉希德、马赫穆特·拉希德、丁一成:《伊斯兰银行的功能和特点》,收入杨怀中主编:《中国回商文化》(第 1 辑),宁夏人民出版社 2009 年版。

陈波:《拉萨穆斯林群体调查》,《西北民族研究》2000 年第 1 期。

陈静:《中国穆斯林经济的社会作用和发展趋势》,《中国穆斯林》2000 年第 2 期。

文海江:《论回族在西部开发中的作用与地位》,《青海社会科学》2001 年第 5 期。

陈文烈:《青海回族经济型构的式微与衍生性发展研究》,《青海民族学院学报》2008 年第 1 期。

蔡宇安:《西安回族清真餐饮业现状调查与发展探索》,陕西师范大学硕士学位论文,2006 年。

东噶仓·才让加:《近年来回族在青藏高原地区的商贸活动述论》,《回族研究》1997 年第 4 期。

丁汝俊、敏生兰:《可持续发展与西北回族地区贫困问题探析》,《甘肃理论学刊》2005 年第 5 期。

费孝通:《临夏行》,《瞭望周刊》1987 年第 23 期。

冯瑜、虎恩德:《回商企业集群发展的思考》,收入杨怀中主编:《中国回商文化》(第 1 辑),宁夏人民出版社 2009 年版。

郭成美:《当代蕃坊的崛起——义乌穆斯林社区发展历程的初步调查》,《回族研究》

2007 年第 2 期。

　　高桥健太郎:《回族穆斯林在拱北尔曼里的商业活动——以宁夏洪岗子拱北为例》,收入杨怀中主编:《中国回商文化》(第 1 辑),宁夏人民出版社 2009 年版。

　　高永久:《论甘宁少数民族地区的贫困问题——以回族为例》,《西北第二民族学院学报》2002 年第 1 期。

　　高占福:《甘肃临夏回族传统经济兴衰的思考》,收入杨怀中主编:《中国回商文化》(第 1 辑),宁夏人民出版社 2009 年版。

　　贾保平:《回商企业发展的机遇和挑战》,收入杨怀中主编:《中国回商文化》(第 1 辑),宁夏人民出版社 2009 年版。

　　金忠杰:《略论回商的时代新发展——以宁夏"阿语翻译及商务代理"为例》,收入杨怀中主编:《中国回商文化》(第 1 辑),宁夏人民出版社 2009 年版。

　　李彬、丁冠一:《淄博市回族村镇的市场适应》,《中国都市人类学会第一次全国学术讨论会论文集》,1993 年。

　　李德宽:《西北回族"复合型经济"与宏观地缘构造的理论分析》,《回族研究》2003 年第 4 期。

　　李德宽:《从"清真"到"HALAL":——谈中国回族"清真食品"的本土化与产业国际化》,收入杨怀中主编:《中国回商文化》(第 1 辑),宁夏人民出版社 2009 年版。

　　李华英、拜存星:《河南怀川两大回族典型经济述略》,收入杨怀中主编:《中国回商文化》(第 1 辑),宁夏人民出版社 2009 年版。

　　罗莉:《我国伊斯兰教清真寺经济的现实分析》,《宁夏社会科学》2004 年第 6 期。

　　刘天明:《西北回族社区现代化模式的独特性与多样性》,《宁夏社会科学》2000 年第 3 期。

　　刘伟:《宁夏回族地毯经济概述》,收入杨怀中主编:《中国回商文化》(第 1 辑),宁夏人民出版社 2009 年版。

　　拉·乌·尤素波夫、丁一成:《中亚回族的商业活动》,收入杨怀中主编:《中国回商文化》(第 1 辑),宁夏人民出版社 2009 年版。

　　喇延真:《清真饮食文化及其食品行业管理研究》,兰州大学硕士学位论文,2009 年。

　　马宗保:《回族经济社会发展状况的结构分析》,《西北民族研究》2000 年第 1 期。

　　马春贞:《回商在义乌》,收入杨怀中主编:《中国回商文化》(第 1 辑),宁夏人民出版社 2009 年版。

　　马冬梅:《经济人类学视野中的回族"乜贴"》,《大连民族学院学报》2005 年第 4 期。

　　马东平:《八坊民俗文化中商业文化特征及其建构》,收入杨怀中主编:《中国回商文化》(第 1 辑),宁夏人民出版社 2009 年版。

　　马慧兰:《关于通贵乡回族对蒙贸易状况的调查报告》,《回族研究》2000 年第 1 期。

　　马慧兰:《城乡结合部回族经济文化特点初探》,《回族研究》2000 年第 3 期。

　　马景:《当代都市清真寺寺院经济研究——以兰州市城区为例》,《西北第二民族学院学报》2005 年第 3 期。

马经:《改革开放二十年云南回族经济概观》,《回族研究》2002 年第 2 期。

马礼:《河湟地区回族传统商贸的发展及对策分析》,《西北第二民族学院学报》2008 年第 6 期。

勉礼和:《清真食品管理工作亟待加强——固原市原州区清真食品市场调查分析》,《中国穆斯林》2003 年第 5 期。

马明良:《伊斯兰教与西部大开发》,《青海民族学院学报》2002 年第 2 期。

马平、马敏:《关于回族特色企业参与国际竞争的若干问题》,收入杨怀中主编:《中国回商文化》(第 1 辑),宁夏人民出版社 2009 年版。

马晴、海天相:《宁夏清真食品产业现状及其发展对策研究》,收入杨怀中主编:《中国回商文化》(第 1 辑),宁夏人民出版社 2009 年版。

马寿荣:《都市化进程中民族社区经济活动的变迁——昆明市顺城街回族社区的个案研究》,《云南民族大学学报》2003 年第 6 期。

马文慧:《回族商业经济发展的制约因素略谈》,《青海民族学院学报》1998 年第 4 期。

马小华:《回族寺坊组织运行及其影响》,《云南社会科学》2009 年第 4 期。

马晓琴:《当代回商的文化自觉——以三营的回族商人为例》,收入杨怀中主编:《中国回商文化》(第 1 辑),宁夏人民出版社 2009 年版。

马燕坤、牛广轩:《经济变迁中的回族妇女——来自滇东北龙头山乡的调查报告》,《蒙自高等师范专科学校学报》2003 年第 3 期。

马迎雪:《一个回族社区经济生活的变迁》,中央民族大学硕士学位论文,2008 年。

沙鹏程、萧希洵:《当代回商的历史使命与责任》,收入杨怀中主编:《中国回商文化》(第 1 辑),宁夏人民出版社 2009 年版。

沙鹏程:《新世纪对回族企业家的素质要求》,《回族研究》1999 年第 1 期。

束锡红《走进西道堂——对中国西部一个回族社区的个案研究》,《回族研究》2000 年第 2 期。

束锡红、刘炜:《试论伊斯兰经济思想与社会主义相适应》,《宁夏社会科学》2002 年第 2 期。

孙振玉:《当前部分少数民族欠发达地区农村劳动力之发展困境与出路》,《兰州大学学报》2000 年第 2 期。

田晓娟:《略论当代回商现状及其发展》,《回族研究》2009 年第 4 期。

王帆:《社会网视角下的西北清真寺经济》,收入杨怀中主编:《中国回商文化》(第 1 辑),宁夏人民出版社 2009 年版。

王希隆、喇延真:《西北城市清真寺经济结构浅析——以兰州市清真寺为例》,收入杨怀中主编:《中国回商文化》(第 1 辑),宁夏人民出版社 2009 年版。

王晓琴、黄海珠:《杭州市伊斯兰经济运营调查研究——以清真餐饮业为例》,《中国穆斯林》2008 年第 2 期。

王宇洁:《当代蕃坊:现状与未来》,收入杨怀中主编:《中国回商文化》(第 1 辑),宁夏人民出版社 2009 年版。

冶福龙:《青海回族撒拉族经济发展再透析》,收入杨怀中主编:《中国回商文化》(第 1 辑),宁夏人民出版社 2009 年版。

杨桂萍:《当代西北清真寺和道堂经济的运行机制》,《回族研究》2008 年第 4 期。

伊斯马佐瓦·吉利巴尔、阿希洛夫托费克:《中亚回族居住区的社会经济状况》,收入杨怀中主编:《中国回商文化》(第 1 辑),宁夏人民出版社 2009 年版。

杨文笔:《回族商业的传统与时代复兴——走向世界市场的"回商"》,收入杨怀中主编:《中国回商文化》(第 1 辑),宁夏人民出版社 2009 年版。

杨晓纯:《散杂居回族经济与回汉民族关系研究》,中央民族大学博士学位论文,2007 年。

周瑞、李生宝、李智忠:《兴隆镇单家集肉牛屠宰加工调查》,《黄牛杂志》1999 年第 2 期。

赵燕:《温州模式与临夏模式比较研究》,西北师范大学硕士学位论文,2003 年。

杨志银:《关于"天课"在社会经济活动中的作用度的调查研究:以云南沙甸、鸡街镇穆斯林的天课为例》,《世界宗教研究》2000 年第 1 期。

后　　记

　　这本书是我主持的教育部课题《元明回商研究》的最终成果,也得到了山东省社会科学规划项目的资助。这个项目从立项到完成经历的四年,也是我生活最艰难的四年。这四年中,我感受过失去亲人的锥心之痛,也独自陪伴年幼的儿子生活了四年。儿子从幼儿园小班到如今已经成为一名小学生。多少个晚上,别的孩子由妈妈陪着在外玩耍的时候,儿子却只能一集接着一集地看动画片。我在旁边做课题,几乎没有好好陪过他,在内疚中看着他长大。

　　尽管做了最大的努力,但在研究中仍然感到还存在许许多多的不足:资料难有突破;各种原因造成的同行间交流的不够;等等,都会带来成果中的不足。

　　本课题从计划到完成都得到烟台大学党委书记、博士生导师崔明德教授的帮助和支持,他无私助人的胸怀令人感动。烟台大学马克思主义学院马晓丽教授不仅从学术上予以支持,更在生活中给予我极大的帮助。烟台大学马克思主义学院赵文静院长、学报编辑部李国栋主任等都对这部著作的问世提供了诸多帮助。在此,向他们一并表示衷心的感谢。

　　旧的工作虽未尽善,新的征程却已开始。这个课题虽然艰难,却积累了相当多的资料、想法,在做元明回商研究的过程中,越来越感觉运河沿岸回族的聚集有相当大的研究价值,遂申报了国家社科基金项目"运河沿岸伊斯兰文化遗存与回族'运河商圈'研究",项目已经获得立项和开展,期待在新的研究中有更多的收获和突破。

杨志娟

2016 年 7 月

责任编辑：刘　畅
封面设计：王欢欢

图书在版编目（CIP）数据

世界的信使：元明回商研究/杨志娟 著. —北京：人民出版社,2017.9
ISBN 978－7－01－017622－2

Ⅰ.①世… Ⅱ.①杨… Ⅲ.①回族-商业史-研究-中国-元代②回族-商业史-
研究-中国-明代 Ⅳ.①F729.4

中国版本图书馆 CIP 数据核字（2017）第 088072 号

世界的信使

SHIJIE DE XINSHI
——元明回商研究

杨志娟　著

人民出版社 出版发行

（100706　北京市东城区隆福寺街 99 号）

北京汇林印务有限公司印刷　新华书店经销

2017 年 9 月第 1 版　2017 年 9 月北京第 1 次印刷
开本：710 毫米×1000 毫米 1/16　印张：19.25
字数：292 千字

ISBN 978－7－01－017622－2　定价：68.00 元

邮购地址 100706　北京市东城区隆福寺街 99 号
人民东方图书销售中心　电话（010）65250042　65289539